NORGES HISTORIE

NORGES HISTORIE

Redaktør Knut Mykland

BIND 7

GJENNOM NØDSÅR OG KRIG

1648–1720

av
Knut Mykland

J. W. CAPPELENS FORLAG A·S

Billedredaksjon, billedtekster og layout
Anders Røhr

«Norges Historie» er satt med 10 pkt. Baskerville. Sats og trykk i
Centraltrykkeriet a/s, Oslo 1977. Bindet er tegnet av Leif Bakke.
Bokbinderarbeidet er utført av H. M. Refsum a/s, Oslo.
Papiret er levert av Saugbrugsforeningen, Halden.
© J. W. Cappelens Forlag a·s 1977

ISBN 82-02-03433-7   ISBN 82-02-03453-1 (komplett)

INNHOLD

NORGE I SOLKONGENS TIDSALDER 9

FRA ADELSMONARKI TIL ENEVOLDSREGIME

DET NORSKE BONDESAMFUNNET
OG NYE HERSKERKLASSER

RIKSDEL OG RIKSPOLITIKK

KART

NORGE I SOLKONGENS TIDSALDER

«Thi der har været så stor elendighet udi Bergenhus len formedelst mangel på korn og livsophold, at mange, besynderlig udi Sogn, Hardanger og Sundhordlen, haver måt opholde sig af bark på trærne og af rødder, som de haver opgravet af jorden og brugt istedetfor brød, hvorover mange af sult i dette år beklageligen ere hendøde og mange jorder ligger usåt.» Slik skildret borgermester Ove Jensen og de to rådmennene Herman Garman og Kristian Hansen i Bergen forholdene i Bergenhus len i 1661, og de la til: «Gud nådeligen forbarme sig over de arme fattige folk.»

Året før de tre bergensborgerne festet denne skildringen til papiret, var Ludvig 14. blitt myndig, og gjennom 55 år skulle han bli den ledende monark i Europa. Gjennom den storslåtte byggevirksomheten i Versailles skulle han skape en ramme om det kongelige hoff og seg selv, som Europas store og små fyrster skulle forsøke å kopiere så langt de økonomiske ressurser rakk. Gjennom sin utenrikspolitikk skulle han øve sin innflytelse overalt i Europa, og det hans diplomater ikke oppnådde med bestikkelser og subsidier, trusler og løfter, skulle hans store armeer forsøke å realisere på slagmarken i krig etter krig: Frankrikes hegemoni i Europa.

Kristian 4.s nesteldste sønn, den 6-årige prins Fredrik, kledd som musketer. Utsnitt av Peter Isaacsz' maleri fra 1615. I 1648 etterfulgte prinsen sin far på tronen som Fredrik 3., og i 1660 gjorde han slutt på det danske adelsveldet og innførte enevelde, som skulle bli rikenes statsform de siste 154 årene av den dansk-norske foreningstiden. I bakgrunnen sees Frederiksborg slott i Hillerød, oppført av Kristian 4. i årene 1602–20 (se s. 319).

De ordene de tre bergensborgerne brukte i 1661: «Gud nådeligen forbarme sig over de arme fattige folk,» kan på mange måter stå som en innledning til norsk historie i Ludvig 14.s tidsalder. De danner den dystre kontrasten til all prakten som utfoldet seg om Solkongen i Versailles og ved de andre fyrstehoffene i Europa. Det var ikke bare i Bergenhus len folk døde av sult i 1661. Andre deler av landet var blitt enda hardere rammet i krigen som sluttet året før. 1661 skulle heller ikke bli det eneste nødsåret i Norge i siste halvpart av 1600-tallet og begynnelsen av 1700-tallet. Den raske økonomiske veksten og den store økningen i folketallet som var begynt omkring 1500, stanset opp ved midten av 1600-tallet, og de to neste mannsaldrene skulle bli preget av uår, store epidemier, økonomisk stagnasjon og nedgang i befolkningsveksten. Ludvig 14.s tidsalder ble den store nødsperioden i Norges nyere historie. Den ble også den store krigsperioden, og krigene betydde store skatter, hard utskriving av mannskap til hær og flåte, herjing og brannskatting av fiendtlige styrker.

I disse samme årene, preget av nød og krig, skulle det foregå dyptgripende endringer på det politiske og sosiale plan. I 1660, da Ludvig 14. besteg den franske trone, ble det danske adelsveldet avløst av et kongelig enevelde, og det adelige lensstyre av et sentralisert byråkrati.

Mens den danske adelen beholdt sine store jordegodskomplekser, forsvant de siste rester av den fåtallige norske adelen i mannsalderen fram til omkring 1700, og en borgerstand og en kongelig embetsstand skulle her innta plassen som de to ledende samfunnsgrupper i Norge.

Krigene, uårene, epidemiene, den økonomiske og befolkningsmessige stagnasjon Norge opplevde i Solkongens tidsalder, står som et intermesso i den raske økonomiske og befolkningsmessige utvikling som danner den store hovedlinje i norsk historie fra slutten av 1400-tallet og fram til idag.

Den statsformen som ble grunnlagt i 1660, skulle bli rikenes styreform fram til 1814, og det sentraliserte byråkrati som fikk sin endelige utforming etter statsomveltningen, danner fremdeles kjernen i landets statslige forvaltnings-

*Epokens toneangivende monark, Ludvig 14., danser en menuett
med en av hoffets damer i anledning den tyske riksstaden Stras-
bourgs kapitulasjon for de franske tropper 30. september 1681.
Solkongen stod på høyden av sin makt på denne tid. Intet så ut til
å kunne stoppe ham. Utsnitt av et kobberstikk i en almanakk fra
1682.*

apparat. Og den borgerstanden og den embetsstanden som i
siste halvpart av 1600-tallet inntok plassen som de ledende
herskerklasser i bondelandet Norge, skulle beholde sine
maktposisjoner, og deres forhold til det norske bondesam-
funn skulle bli et hovedtema i Norges indre historie gjen-
nom to hundre år.

Norsk historie i Solkongens tidsalder grupperer seg såle-
des om to store problemkretser, den økonomiske og befolk-
ningsmessige stagnasjon, og den politiske og sosiale omvelt-
ning.

FRA ADELSMONARKI TIL ENEVOLDSREGIME

Sentraliseringslinjens seier

Det siste kongevalg og den siste håndfestning

Alt en mannsalder før Kristian 4. døde, hadde han fått sin eldste sønn, Kristian, valgt til rikenes tronfølger, og valget var blitt fulgt av hylling både i Danmark og Norge. Men i 1647 døde Kristian, og stendene ble innkalt til et nytt tronfølgervalg neste år. Men før dette skjedde, døde også den gamle Kristian 4., og da stendene trådte sammen i april 1648, stod de overfor oppgaven å velge rikenes nye konge og utforme den håndfestningen som skulle være rikenes grunnlov for den nye kongens regjeringstid.

Ved Kristian 4.s død falt suvereniteten i samsvar med hans håndfestning tilbake til riksrådets hånd, og i mars 1648 kom riksrådene til København for å delta i det nye kongevalg og utformingen av den nye håndfestningen. Som ved tidligere kongevalg ble også stendene innkalt, og 18. april ble stendermøtet offisielt åpnet med 34 representanter for adelen, 45 for geistligheten og 115 for borgerskapet.

Den 5. mars var Kristian 4.s eldste gjenlevende sønn, hertug Fredrik, kommet til København. Han var da 39 år gammel. I motsetning til sin far var han en mørk og innesluttet natur. Mens Kristian 4. hadde utlevert både seg selv og sine medmennesker i frodige farger både i ord og handling,

Fredrik 3. Utsnitt av et maleri som antagelig er utført av Abraham Wuchters. Var Fredrik 3. den store statsmann som slu og målbevisst gjennomførte sine vidtrekkende planer, eller var han et null som lot seg lede av sin hustru og kloke rådgivere. Historieforskningen har ennå ikke gitt et bindende svar på spørsmålet og vil kanskje aldri kunne gjøre det. Wuchters' maleri kan tydes både i den ene og den annen retning.

tenkte hertug Fredrik lenge før han tok en avgjørelse og overveide enhver sak enda lenger før han betrodde den til papiret. Han var en mann med vide interesser, opptatt av vitenskap, kunst og litteratur. Som yngre sønn var han i midten av 1630-årene blitt fyrste i stiftene Bremen og Verden, som han måtte rømme ti år senere da fyrstedømmene ble inntatt av svenskene. Året før farens død ble han så utnevnt til stattholder i hertugdømmene.

Hertug Fredrik hadde ikke sin fars veldige livsappetitt. Da han ble gift 34 år gammel, hadde han bare én arving som han offisielt vedkjente seg, sønnen Ulrik Frederik, som han i samsvar med kongehusets praksis skulle adle med navnet Gyldenløve, og som gjennom en mannsalder skulle bli stattholder i Norge. I 1643 var Fredrik blitt gift med den unge prinsessen Sofie Amalie av Braunschweig, som i sitt vesen var en fullstendig kontrast til sin mann – lettlivet, praktglad, hofferdig, intrigant og monoman i sitt hat mot de mennesker som krenket hennes stolthet eller krysset hennes planer.

Både innen riksrådet, mellom riksråd og stender, og mellom stendene hersket det bitre motsetninger da de trådte sammen for å velge den nye kongen og utforme den nye håndfestningen. Den menige adelen, landadelen, stod på linje med de lavere stender når det gjaldt å redusere riksrådets maktstilling, og det stod på linje med riksrådsadelen når det gjaldt å verne om adelens privilegier og beskjære den nye kongens maktstilling. Det var riksrådet som førte det avgjørende ordet under kongevalget og utformingen av håndfestningen, men neppe noe sted var motsetningene så store som nettopp der. I Kristian 4.s siste år hadde kongens mange svigersønner – gift med hans og Kirsten Munks døtre – tilrevet seg en stadig større makt, og mellom disse inntok Corfitz Ulfeldt og Hannibal Sehested den dominerende stilling. Ulfeldt hadde som rikshovmester vunnet en stadig større innflytelse på rikenes politikk, og da Kristian 4. døde, hadde han sammen med kansleren, Christian Thomesen Sehested, ført rikenes styre inntil riksrådet trådte sammen. I Norge hadde Hannibal Sehested som stattholder bygd seg en lignende maktposisjon som Ulfeldt hadde i Kø-

*Fem år før tronbesti-
gelsen i 1648 hadde
hertug Fredrik giftet
seg med den 15 år gam-
le prinsesse Sofie Ama-
lie av Braunschweig-
Lüneburg. Det hers-
ket neppe noen dypere
sympati mellom ekte-
fellene, men den livs-
lystne og lidenskape-
lige kvinnen fikk stor
innflytelse over sin
innesluttede mann.
Utvilsomt var hun en
drivende kraft bak øns-
ket om et kongelig ene-
velde. Dette bildet av
henne som dronning er
utsnitt av et maleri av
Abraham Wuchters
(se også s. 323).*

benhavn. Selv om det kunne herske store motsetninger mel-
lom svigersønnene og ikke minst mellom Sehested og Ul-
feldt, var det også mye som bandt dem sammen, og som gjor-
de at de hadde til dels samme mål i de dager kongevalget på-
gikk. Det gjaldt fremfor alt å få Kristian 4.s ekteskap med
Kirsten Munk anerkjent som et lovgyldig ekteskap, en aner-
kjennelse som ville bety at deres felles barn ville være ekte-
fødte, og Kristian 4.s svigersønner ville dermed innta en
særstilling innen adelen. For Ulfeldt og Sehested gjaldt det
fremfor alt å beholde den maktstilling de hadde vunnet i
rikenes styre, Ulfeldt i København, Sehested i Norge.

Selv om hertug Fredrik var Kristian 4.s eldste gjenle-
vende sønn, var ikke valget fra riksrådets synspunkt uten
betenkeligheter. Fredrik hadde i flere år vært fyrste i Bre-
men og Verden, og var mer for en tysk fyrste å regne enn en
dansk. Hans hoff bestod for en stor del av tyskere. Tyske

15

To av rikenes fremste statsmenn ved Fredrik 3.s tronbestigelse:
Christian Thomesen Sehested (1590–1657), til venstre, og Corfitz
Ulfeldt. Utsnitt av samtidige malerier. Christian Thomesen Sehe-
sted – som var en fetter av Hannibal Sehested – ble rikenes kans-
ler under Kristian 4. i 1630 og kongens kansler ti år senere. Han
var en både sindig og uegennyttig mann. Det samme kan vanske-
lig sies om Ulfeldt, som av fiender karakteriseres som sinnssyk og
av andre som halvgal. Etter hvert glemte han alt annet enn de
forurettelser han til stadighet mente å være utsatt for.

var også hans nærmeste personlige rådgivere, kammersekre-
tæren Theodor Lente og kammerskriveren Christoffer
Gabel. Som tysk fyrste var han også en ivrig tilhenger av en
sterk kongemakt, og hadde selv under lange kamper styrket
fyrstens maktstilling i Bremen og Verden. I hertugens krets
ble det åpent uttalt at han var arvekonge til Norge, og at
valget bare gjaldt Danmark, et synspunkt som også kom
klart til uttrykk i de to lavere stenders valgbrev. – Fra Ul-
feldts og Sehesteds synspunkt, og fra riksrådets synspunkt,
var det ikke uten en viss engstelse man valgte hertug Fred-
rik til konge. Men på den annen side var rådet bundet. Der-
som man ikke valgte ham til dansk tronfølger, ville det bety
at den kongelige del av hertugdømmene ville bli skilt fra
Danmark; og det var en politisk umulig løsning. Riksrå-
det hadde ikke noe valg. Fredrik måtte velges; desto vikti-

gere ble det å binde kongen med en streng håndfestning, som Ulfeldt mer enn noen annen skulle få ansvaret for. På område etter område ble kongens myndighet beskåret. Kristian 4. hadde måttet forplikte seg til ikke å begynne krig eller slutte fred uten riksrådets samtykke. Fredrik 3. kunne ikke engang slutte avtaler med fremmede makter uten å innhente rådets godkjenning. Kristian 4. hadde gang på gang søkt å svekke riksrådets stilling ved å la være å besette ledige rådsplasser; i en periode var tallet på rådsmedlemmer bare 9. Fredrik 3. måtte skrive under på at rådet for fremtiden skulle bestå av 23 personer. Kristian 4. hadde kunnet utnevne hvem han ønsket til de høyeste statsembetene, riksadmiral, rikskansler (formann for riksrådet når det satt som høyesterett) og stattholder i Norge. Nå skulle riksmarsken, riksadmiralen og stattholderen velges av kongen blant tre kandidater rådet foreslo. Størst var imidlertid innskrenkningene på det finansielle område. Om riksrådet i Kristian 4.s tid hadde bevilgningsretten, hadde kongen likevel på tre måter kunnet øke rikets inntekter: ved å slå slettere mynt, slå sammen len og kreve høyere avgift av lensmennene og ved å legge på Øresund-tollen. Om han også hadde rett til å regulere annen toll, var uklart. Disse mulighetene ble stengt for Fredrik 3. Han kunne ikke uten riksrådets samtykke slå sammen len, forhøye lensavgiftene og slå dårligere mynt. Heller ikke måtte noen «told, accise eller anden pålæg, i hvad nafn det hafve kand, foruden samptlige riges råds samtycke påbydes eller forandres».

Den 3. mai var forhandlingene om håndfestningen avsluttet, og fire dager senere skjedde det formelle valget av hertug Fredrik til rikenes konge. Neste dag satte han sitt navn under den foreløpige håndfestningen. Hyllingen foregikk først 6. juli i København i høytidelige former, og med en ærbødighet for den nyvalgte kongen som stod i klar kontrast til den ydmykende håndfestningen han hadde måttet undertegne. Adelsveldet syntes mer grunnfestet enn på mer enn et hundreår.

Bare 13 år senere skulle adelsveldet knekkes, og Fredrik 3. legge grunnlaget for et arveenevoldsregime som skulle bestå urokket de siste 154 årene av den mer enn 400 år lange dansk-norske foreningstiden.

Grunnlaget for dette skiftet var på mange måter forberedt lenge før 1648, men det var dyptgripende hendelser i de 12 årene fram til 1660 som skulle føre til kongemaktens definitive seier. Det var først og fremst begivenheter på dansk grunn som førte fram til statsomveltningen, men også Norge fikk betydning for det vidtrekkende skifte på det rikspolitiske plan. Det trådte klart fram alt under hyllingen av Fredrik 3. i Kristiania vel en måned etter hyllingen i København.

Hannibal Sehested og hyllingen i Norge

I løpet av de seks årene Hannibal Sehested hadde vært stattholder i Norge, hadde han organisert en norsk hær, skapt en flåte av defensjonsskip, omdannet landkommissariatet på Akershus til et sentralt forvaltningsapparat for Norge, som virket både som rentekammer og armédepartement for Norge. Mens størsteparten av de norske statsinntektene tidligere var blitt sendt til København for å disponeres der, ble de nå under Sehested brukt i Norge til underhold av hæren. Samtidig hadde Sehested personlig blitt en overmåte rik mann, og eide i 1651 $\frac{1}{16}$ av alt jordegods i Norge foruten en rekke bergverker. Verdien av alle eiendommene anslo han selv til det veldige beløp av 226 000 riksdaler. Var Corfitz Ulfeldt «faktotum» i Danmark, skrev M. Durell til Karl Gustav i 1650, var Hannibal Sehested i like høy grad «konge i Norge».

Når Sehested hadde kunnet skape seg en så mektig maktposisjon i Norge, skyldtes det dels støtte fra de norske stender, adel, borgere, geistlighet, som han kalte inn til gjentatte rådslagninger og stendermøter. Men fremfor alt var kongens støtte hovedgrunnlaget for hans makt. Mens Ulfeldt i København hadde stilt seg på riksrådets side mot Kristian 4., hadde Sehested atter og atter gått inn for å vinne den gamle kongens tillit, og understreket at det var kongens interesser han støttet gjennom sin politikk i Norge.

Når Kristian 4. hadde gitt Sehested et stadig videre mandat i Norge, skyldtes det opprinnelig krig med Sverige og maktforskyvningen i Norden. Utbyggingen av forsvaret i Norge hadde måttet fremskyndes, og Sehesteds store administrative evner pekte ham ut som den selvskrevne leder. At han fikk kommandoen over hæren, betydde imidlertid at kongen måtte gi ham ledelsen av rikets finanser. Dette at Sehested ble øverste feltherre i Norge og samtidig rikets «finansminister», førte igjen til at det måtte bygges ut et sentralt forvaltningsapparat under hans ledelse. Når kongen under Sehesteds stattholdertid tilstod Norge en stadig større selvstendighet, var det således for en vesentlig del fremtvunget av den utenrikspolitiske situasjon og krigen med Sverige. Men Kristian 4. så samtidig Sehesteds gjerning i Norge også i et større perspektiv.

I Kristian 4.s siste år var Hannibal Sehested hans trofaste venn og rådgiver. Han støttet kongen overfor riksrådsadelen. Mange av kongens forslag som gikk ut på å redusere adelens stilling, var inspirert av Sehested. Kristian 4. handlet således uten tvil i nær forståelse med den norske stattholderen når han i 1646 utstedte lensbrev på en rekke hovedlen til kronens fordel. Ved å støtte kongen kunne Sehested til gjengjeld vinne forståelse for sin norske politikk; også den var et ledd i kampen mot riksrådets overmakt. Det er typisk at tanken på Norge som et arverike stadig dukket opp i disse årene. Da riksrådet i 1646 for eksempel forlangte at rentekammeret skulle revidere Sehesteds regnskaper, ble det avvist av kongen nettopp med argumentet at Norge var hans arverike, og han oppnevnte selv en kommisjon til å foreta revisjonen. Når Sehesteds myndighetsområde i Norge stadig ble utvidet, når han ble øverste sjef for Norges hær, når han fikk rikets finanser under sin kontroll, når det faktisk ble slik at han dikterte og kongen skrev under, betydde ikke det i Kristian 4.s øyne at kongemakten ble svekket. Det var tvert om et viktig trekk i kampen mot riksrådet, en konsekvens av at Norge var hans eiendom, hans arverike.

Med engstelse hadde riksrådet betraktet den innenrikspolitiske situasjon sommeren 1647. I Danmark hadde den danske provinsadelen tvunget igjennom at den skulle ha kontrollen med finansieringen av hæren. I Norge hadde nok Hannibal Sehested gjennomført en omfattende sentralisering og trukket alle tråder sammen i sitt generalkommissariat. Men fra riksrådenes synspunkt var dette en desentralisering på linje med det som var foregått i Danmark. Sehesteds politikk i Norge var farlig. Den kunne føre til enevelde. Den kunne også føre til sprengning av riksenheten. Konflikten mellom riksråd og Sehested var alt begynt i Kristian 4.s siste år. Den skulle fortsette med økt styrke etter tronskiftet. For Sehested ble målet å vinne den nye kongens gunst, slik han hadde nytt Kristian 4.s spesielle tillit.

Da meldingen om kongens død nådde Kristiania, reiste Sehested omgående til København for å være i hovedstaden under kongevalget. Mens Ulfeldt opptrådte arrogant, og hans gemalinne, Eleonore Christine, åpent krenket dronning Sofie Amalie, inntok Sehested en mer vennlig og underdanig holdning overfor den nye kongen, som han søkte å vinne. Dette var tydelig alt under oppholdet i København. Det skulle fremfor alt prege hyllingen i Kristiania.

Den 9. mai 1648 utferdiget riksrådet et åpent brev til stendene i Norge om hertug Fredriks hylling i Kristiania 24. august samme år. Til møtet ble innkalt alle adelsmenn, superintendenter og lagmenn, to kanniker med fullmakt fra hvert kapittel, to prester fra hvert skipreide, én borgermester, to rådmenn og to fornemme borgere fra hver kjøpstad, to lagrettemenn og to «embedsmænd» fra hvert prestegjeld. I juni, juli og august foregikk valgene av deputerte, og i dagene før 21. august kom representanter for de norske stendene til Kristiania. Det møtte 33 adelsmenn med stattholderen i spissen, alle de fire biskopene og ni av de ti lagmennene. Den tiende, Jørgen Henriksen på Steig, var så gammel og syk at han ikke kunne møte. Foruten de fire biskopene var kapittelgeistligheten representert med ni representanter, og de menige prestene og prostene med 83 deputerte. Fra landets elleve kjøpsteder møtte i alt 48 borgerrepresentanter. Under hyllingen i København møtte ikke en eneste bonde. I Kristiania utgjorde de flertallet, idet

I anledning hyllingen av Fredrik 3. på Akershus i 1648 ble det slått en minnemedalje i forgylt sølv, modellert av Johan von Rieger. Reversen viser Akershus festning med den norske løve over. Medaljen er 64 mm i diameter, og er antagelig preget ved Den kongelige mynt, som holdt til like utenfor festningsområdet i årene 1628–95.

524 av de 712 delegatene ved hyllingshøytidelighetene var bønder. De kom fra alle kanter av landet, like fra Andenes fogderi og Senja len i nord.

I begynnelsen av august seilte kong Fredrik og dronning Sofie Amalie med stort følge fra København med fire store orlogsskip og to små fregattskip. Den 12. august kom de til Bastø hvor de ble hilst velkommen av stattholderen, og dagen etter ankret skipene opp utenfor Akershus, hvor kongens komme ble feiret med 450 kanonskudd.

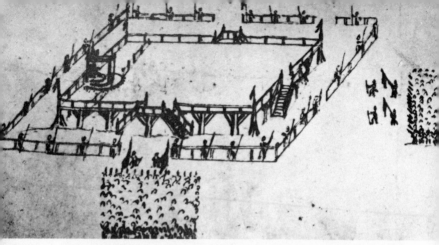

Den nederlandske befestningsingeniøren Isaac van Geelkerck, som blant annet ledet byggearbeidene på Akershus i Hannibal Sehesteds tid, har laget denne skissen fra hyllingen på Hovedtangen 24. august 1648. Av skissen fremgår det at det på tre sider fører trapper opp til plattformen hvor kongen sitter under en baldakin. 26 pikenerer vokter «paladset». Etter edsavleggelsen vendte kongen tilbake til Akershus slott, og mengden stormet «paladset» for å sikre seg noe av det sorte klede og fløyelen som tribunen var trukket med. Ved den etterfølgende fest var det over 1000 innbudte. Det ble servert ni retter med store kvanta øl og vin. 1647 glass gikk i knas! Et praktfullt fyrverkeri avsluttet det hele.

I dagene 21.–23. august var stendene samlet i domkirken for å overlevere sine fullmakter. Selve hyllingen foregikk den 24. på Hovedtangen hvor det var bygd et «palads eller tribune» trukket med sort klede eller fløyel. I hvert av de fire hjørnene vaiet en silkestandart, og over det hele var det bygd en tronhimmel. Oppe på «paladset» stod kongestolen på en fem-seks fot høy trone, kledd med sort fløyel med Norges våpen og kongens navn. Nordenfor stod Kristiania borgerbevæpning i «deris fulde gewehr», på østsiden slottsgarnisonen i blå, på vestsiden to kompanier i røde uniformer, mens et kompani pikenerer ble brukt til «værn imod den indtrengende almues idelige indfald». Med høytid inntok kongen plass på tronstolen, mens åtte adelsmenn holdt en fløyelshimmel over ham under selve tronhimmelen. Riksrådene tok plass på begge sider av tronen. Da kon-

gen hadde satt seg, trådte Hannibal Sehested fram og holdt
en tale for kongen, hvor han uttalte at Norges stender med
glede hadde hørt om hans lykkelige ankomst, og hadde møtt
for å hylle ham. Alle nordmenn, høy som lav, satte det håp
til ham at han likesom sine forfedre ville regjere med mild-
het og kjærlighet og holde alle stender med deres privile-
gier og ved den evangeliske religion. – Deretter avla statt-
holderen hyllingseden, og så fulgte adel, biskoper og lag-
menn, presteskapet, borgerrepresentantene og til slutt bøn-
dene. Etter som stendene steg opp på tribunen, falt de på
kne for kongen og fremsa hyllingseden, og kongen rakte
fram hånden til hver enkelt, bortsett fra bøndene. Selve
høytideligheten ble avsluttet med 800 kanonskudd.

Klokken 4 om ettermiddagen lot kongen «alle stænderne,
høy og nedrig, på slottet og i bestilte store logementer i by-
en, kongeligen og rundeligen traktere med stor omhu, at alle
og hver kunde blive tilbørlig accomoderede». Især viste
kongen så stor omtanke for de «nedrige stænder (. . .) at
han lod hans liv medicum, hofprediker og andre fornemme
marskalker besøge hver logement særdelis, at have tilsyn
med at den nederste så vel som den øverste kunde blive til-
børligen og rundeligen trakteret, hvilket gav en stor for-
undring blant alle stænder og stater».

Alt dagen etter hyllingen begynte kongen å behandle alle
de supplikker som var innlevert av stender, korporasjoner,
bygdeallmuer og enkeltmenn, og mange av bønneskrivene
ble helt eller delvis oppfylt. Kongen stadfestet Oslos og
Trondhjems kapitlers privilegier, og bestemte at presteenke-
ne i Norge skulle være berettiget til å få den beste av preste-
bolets gårder etter prestegården til enkesete. Prestene i
Nordland ble fritatt for halv skatt i det kommende år, og
prestene i Nordvigens prosti i Båhuslen for rosstjenestepen-
ger. – Bergen, Kristiansand og Skien fikk sine privilegier
stadfestet, Konghelle ble fritatt for skatt og toll i to år, og
Bergen fikk skattefrihet i tre år. Marstrand fikk rett til å
holde et årlig marked, og bakerne i Bergen fikk laugsskrå.
Ikke minst bøndene hadde mange supplikker. Noen av disse
ble innvilget, men andre fikk advarende ord. Den 31. au-

gust utstedte således kongen et åpent brev om bøndenes klager i Akershus, hvor han advarte mot «urolige hoveder».

De mest vidtrekkende krav kom fra adelen, som fikk nytt privilegiebrev, hvor kongen stadfestet alle dens friheter, det vil si privilegiene av 1646. I navnet fikk adelen i Norge samme rettigheter som adelen i Danmark for det gods den hadde, hals og hånd over sine bønder i hovedsoknet og i nærmeste annekssokn, og skattefrihet for sine bønder i hovedsoknet. Adelen fikk også aksisefrihet og fri skyss, bortsett fra i Båhuslen.

Størst interesse har imidlertid den velvilje kongen viste stattholderen. Riktignok forbeholdt kongen seg retten til å innsette og avsette kommissærer og høyere offiserer, og begrenset stattholderens adgang til å kalle inn de norske stender. Men bortsett fra det, beholdt Sehested den maktstilling han hadde hatt i Kristian 4.s siste år. Som stattholder fikk han «nest os sielf øverste commando, inspektion og direktion» over hæren. Han fikk også ledelsen av generalkommissariatet med rett til å ta imot alle norske skatter og tollinntekter, og sende videre det som skulle til København. Han fikk også rett til å ansette tollere og skulle føre tilsyn med bergverkene. «Lensmennene og bispene skal han en gang om året på beleilige tider og steder forskrive, og med dennem traktere og handle om alt det gavnligt og fornøden er til vores og vores rigers beste.» Sehested hadde med sin nye instruks fått et klart vitnesbyrd om kongens og dronningens store gunst. Men hvorfor gikk kongen til så store innrømmelser overfor stattholderen? En grunn var utvilsomt all den prakt og gjestfrihet som var blitt utfoldet under hans opphold i Kristiania og som var satt i scene nettopp av stattholderen. Et annet og utvilsomt viktigere moment var de ord som hadde falt om kongen som Norges arvekonge.

Alt to dager før hyllingen skal den gamle norske adelsmannen Jens Bjelke ha uttalt at «Hans kongl. Majst. hertug Fredrik var Norriges Riges rette arveherre og konge, og der er ingen nærmere til riget, som nu lever, end denne gode herre». Samme tanke var mer direkte uttrykt i hyllingsbrevet fra de deputerte fra Kristiania, Bergen, Tønsberg og Skien, og i supplikker fra geistligheten, hvor kongen omtaltes direkte som «Norges riges rette arveherre» og som «udvald konning til Danmark og arving til Norge». Bak disse formuleringene stod uten tvil én mann, Hannibal Sehested, og gjennom dem kunne kongen lese et klart program, som også måtte få konsekvens for hans stilling i Danmark. Dersom kongen fikk anerkjent arverett til Norge, måtte arveretten til Danmark også bli en realitet. Riksrådets maktstilling ville dermed knekkes om ikke rikene skulle skilles. – Den utstrakte myndighet Sehested fikk i Norge, og de store inntektene han fortsatt skulle ha av Akershus len, var – må vi tro – kongens betaling for utsiktene til å vinne anerkjennelse som Norges arvekonge.

Fredrik 3.s avskjed med Kristiania ble derfor like storslått og praktfull som ankomsten. Da kongens skip forlot byen, «blev avfyret 226 stykker her fra slottet allene. Thi flåden var tilforn med stilhed afseylet». Kongen reiste til Danmark med håp om en gang å bli anerkjent som Norges arvekonge og dermed vinne i kampen med riksrådet. Hannibal Sehested satt igjen i Kristiania som den sikre seierherre, som fortsatt inntok en sentral stilling i styret av kongeriket Norge.

Men i riksrådet i København hersket det andre stemninger. Der var angsten for svigersønnpartiet sterkere enn noen gang før. Sehested hadde vunnet det første oppgjør i drakampen om kongen i Kristiania; riksrådet hadde også maktmidler det kunne bruke, maktmidler som snart skulle fremtvinge rikshovmesterens flukt og stattholderens fall.

Stattholderens fall

Under forhandlingene om håndfestningen våren 1648 hadde riksrådet dels søkt å redusere kongens maktstilling i rikenes fremtidige styre, dels å redusere den innflytelse den menige adel – landadelen – hadde klart å tilkjempe seg i Kristian 4.s siste år, og sist, men ikke minst, knuse svigersønnpartiet med rikshovmester Corfitz Ulfeldt og stattholder Hannibal Sehested i spissen.

Riksrådet stod selv på mange måter i en dobbeltstilling. Rådsadelen var rekruttert nettopp fra det rikeste lag av adelen, jordegods var deres viktigste inntektskilde. De hadde også len de styrte. Dette betydde at de betraktet rikets styre fra godset, fra lenet, fra provinsen. Men som riksråder stod de også i rikets sentrum og betraktet rikene fra sentraladministrasjonens synspunkt. Under denne synsvinkel kom mange spørsmål til å fortone seg annerledes enn når en så dem fra provinsen. Riksrådets forhandlinger kom derfor ofte til å bære preg av denne dobbeltheten. Enkelte riksråder betonte sterkt de lokale krav, andre hensynet til riket. Men etter som rådet fikk stadig større myndighet, måtte lensmannen vike for riksråden, de lokale interesser for riksinteressene, jordegodseieren og lensmannen for statsmannen.

Alt under valgforhandlingene i 1648 var riksrådet besluttet på å ta et oppgjør med provinsialismens forkjempere. Landadelen i Danmark var sterk. Rådet kunne ikke ta avstand fra alle dens krav og forslag. Men det er tydelig konsekvens i hva riksrådet gikk med på og hva det avslo. Alt som kunne bety en innskrenkning i kongens makt og alt som kunne bety en utvidelse av adelens privilegier, aksepterte rådet uten innvendinger; alt som kunne bidra til å gi den menige adel politisk makt, satte den seg imot. Den politiske ledelse skulle ligge i riksrådets hender.

Riksrådet delte seg når det gjaldt spørsmålet om opphevelse av landkommissariatene, bolverket for den danske provinsadelen. Det stod samlet når det gjaldt å redusere svigersønnpartiets maktstilling. Av Kristian 4.s svigersønner var det ingen som hadde fått slik makt og samlet slik personlig rikdom som den begavede, elegante, verdenserfarne Corfitz Ulfeldt, som var gift med kongens yndlingsdatter, Eleonore Christine. Det var uten tvil Ulfeldt som var hovedmannen bak den strenge håndfestningen kongen måtte skrive under på. Og Eleonore Christines krenkelser under kongevalget ble husket av dronning Sofie Amalie, som, når tiden kom, skulle ta en blodig hevn. Ulfeldts embetsførsel var heller ikke plettfri; han hadde som rikshovmester skaffet seg en veldig formue. Få måneder etter kongevalget ble

Corfitz Ulfeldt og Eleonore Christine, eller Leonora Christina som hun også kalles. Samtidig satirisk kobberstikk. I bakgrunnen skimtes skampælen som ble reist på Gråbrødretorv i København der Ulfeldts gård ble jevnet med jorden etter en høyesterettsdom for landsforræderi sommeren 1663. Høyesterett dømte ved samme anledning Ulfeldt til halshogging, men han ble ikke pågrepet og døde i Tyskland året etter. Hans hustru ble i august 1663 satt i Blåtårn hvor hun satt innesperret i 22 år. I Blåtårn skrev Eleonore Christine sin berømte «Jammersminde».

han riktignok sendt i viktig diplomatisk oppdrag til Nederland. Mens han var borte, vokste motstanden mot ham, og etter han kom hjem, ble han innviklet i en omfattende sladderhistorie som gjorde hans forhold til hoffet vanskelig. Det hele endte med at han forlot Danmark og flyktet til Sverige. Da han ti år senere vendte tilbake til Danmark, var det som Karl 10. Gustavs rådgiver og forhandler og Fredrik 3.s motstander. – Bare opphold i landflyktighet reddet den gamle rikshovmester fra å ende sine dager på skafottet. Eleonore Christine, derimot, ble offer for Sofie Amalies hat og måtte tilbringe mer enn tjue år i fengsel.

Mens riksrådet hadde kunnet regne med kongens støtte både når det gjaldt landadelen og i forholdet til Ulfeldt, var holdningen en annen til Hannibal Sehested. Det var blitt klart demonstrert gjennom de utstrakte fullmakter stattholderen hadde fått stadfestet under hyllingen i Kristiania. Det samme skulle også bli bekreftet da stattholderen besøkte København. Da Sehested i begynnelsen av 1649 var i hovedstaden, omgikkes han i fortrolighet med kongen. Da kongen klaget over at stattholderen bare brakte med 6000 riksdaler av tollinntektene i Norge, svarte Sehested at Ulfeldt hadde utstedt så mange anvisninger nettopp på disse pengene at det ikke var mer igjen. Dersom kongen bare gav ham samme makt i Norge som han hadde hatt i Kristian 4.s tid, skulle han nok skaffe penger. «Dette behagede kongen, og Hannibal drak derpå rus med kongen.»

Det var riksmarsken, Anders Bille, som fremfor noen hadde knekket landkommissærenes maktstilling. Det skulle også bli han som kom til å rette et hovedangrep mot Sehested. I juli 1649 uttalte han offentlig på rådstuen i København at nå ble alle skatteinntektene i Norge brukt i Norge, mens det fram til 1640 var sendt omkring 100 000 riksdaler årlig til Danmark. Han antydet også at en langt større del av tollinntektene i Norge burde sendes til Danmark. Det er muligens en direkte konsekvens av dette at kongen 20. juli 1649 utnevnte den engelskfødte Anthonius Knip til generaltollforvalter for hele Norge, med overoppsyn med hele det norske tollvesenet, noe som innbefattet rett også til å utnevne tollembetsmenn. Samtidig ble det innskjerpet at bare kongen og ingen annen hadde rett til å utstede anvisninger på de norske tollinntektene. Dette var et støt rettet både mot Ulfeldt og Sehested.

På et møte i riksrådet i august samme år kom det neste store oppgjøret. Alt i 1647 var Sehested blitt tvunget til å redusere den norske hæren og skjære ned forsvarsutgiftene i Norge. Den neste reduksjonen var foretatt i forbindelse med tronfølgervalget. Nå reiste Christian Skeel krav om ytterligere reduksjon. Sehested, som selv var til stede, kjempet innbitt for sin norske forsvarsplan. En sterk norsk landmilits var etter hans mening en nødvendighet, noe «det sidste anstød alt for meget desværre på mindede os om». Den årlige bevilgningen til den norske hæren ble etter veldig press fra rådet skåret ned til 60 000 riksdaler.

Samme dag riksrådet tvang igjennom reduksjonen av de norske forsvarsutgiftene, tok det et skritt med langt større rekkevidde. Det forlangte at det norske generalkommissariatets regnskaper fra begynnelsen av Torstensson-feiden med tilhørende «beviser og ordrer» skulle sendes til København, og generalkommissær Nils Lange fikk ordre om å møte i hovedstaden innen 1. mai 1650 for å avlegge regnskap. Samtidig reiste den sjællandske adel krav om at Norges inntekter skulle sendes ned til Danmark og brukes der «til rigens hjælp, tarv og nytte, som alltid før brugelig haver været». Dessuten ble det reist krav om at inntektene av Akershus len, som Sehested hadde, skulle komme kronen til gode «os undersåtter til forskånsel og de fattige til forlettelse».

Nye krav fra riksmarskens side om ytterligere nedskjæringer i de norske forsvarsutgiftene ble støtet til at Sehested utarbeidet et stort forsvarsskrift på 300 foliosider som han la fram for konge og råd. Skriftet var dels en oversikt over og et forsvar for Sehesteds virke som stattholder i Norge, dels et program for hvordan Norges forsvar burde organiseres. Han tilbakeviste bestemt antydningen om at han ville «separere» de to rikers finanser. Hans lensinntekter av Akershus var riktignok store, men han var ikke «den første eller eneste mand udi begge riger som mere haver proponeret ved kongelige benådninger end ved nogen stor arv, når al ting bliver eftertænkt». Når det gjaldt Norges forsvar, hersket det ingen tvil. Han hadde ingen tro på fremmede leietropper. De var dyre, vanskelige å verve, kostbare å underholde og gjorde ofte mytteri eller deserterte når de ikke fikk sin besoldning i rett tid. Han ønsket derfor et utskrevet norsk landvern, en forsvarsordning på ren nasjonal basis.

I august 1650 begynte revisjonen av Nils Langes regnskaper, som var beheftet med mange mangler. De forskjellige inntektene var ikke skikkelig spesifisert. En rekke utgiftsbilag manglet. De fleste mønstringsruller for hæren var utilstrekkelige. De samme utgifter var til dels ført opp to ganger. De samme offiserene og soldatene kunne være ført under forskjellige regimenter. De beløp som var ført opp til kjøp av kuler, krutt og geværer, syntes altfor høye, og nederlenderen Selius Marselis hadde åpenbart fått altfor mye for sine leveranser av skip og varer. Offisielt var Nils Lange ansvarlig for regnskapet, men under press la han hovedansvaret på stattholder Sehested. «Thi af mig er hr. statholders afregning gjort og fattet efter fremlagde og producerede dokumenter.» Den 4. april 1651 ble Sehested og Lange stevnet for riksrådet som domstol, og Sehested ble pålagt å svare for sin «administration, inspektion og direktion» som stattholder og kommanderende general.

Mens rikshovmester Ulfeldt «malcontent» holdt seg borte fra hoffet, var Sehested «såvel hos kongen som hos rigsråderne (...) i stor anseelse», beretter Karl Gustavs korrespondent i Hamburg. Vurderingen av rådenes syn på Sehested kan være tvilsom, men det er klare bevis for at kongen fortsatt så med velvilje på den norske stattholderen, og støttet ham gjentatte ganger mot riksrådets angrep. Selv etter Sehested og Lange var stevnet for rådet for å forsvare seg mot de anklager som var reist, var kongen stemt for å komme til en forsoning med stattholderen. Så sent som 24. april 1651 skrev han således til riksrådet og bad det komme med forslag om «hvorledes de norske regnskabers misligheder, så vidt statholderens person angår, bedst udi mindelighed kunde afhjælpes og bringes til ende».

Grunnene for kongens forsonlige holdning overfor Sehested i 1649 og -50 var utvilsomt de samme som under hyllingen i 1648. Kongen kunne ikke unnvære hans støtte om arveregjeringen i Norge skulle bli realitet. Da stendene i juni 1650 samlet seg i København for å foreta tronfølgervalg, forlangte kongen således at valgbrevet bare skulle lyde på «denne krone», det vil si Danmarks. Borgerskapet og geist-

Fredrik 3.s egenhendige brev av 6. juni 1651 til riksrådet i an-
ledning Hannibal Sehesteds innstevning til herredagen i Køben-
havn. Tolv dager senere fulgte Sehesteds tilståelse av «mislighed
forseelser». Hans stattholdertid i Norge var til ende.

ligheten imøtekom kongens ønsker og erklærte prinsen valgt
til «regimentet», mens riksråd og den menige adel stod på
det gamle standpunktet: valget gjaldt også Norge.

To måneder etter at kongen oppfordret riksrådet til å kom-
me til en ordning med Sehested, ble det satt et definitivt
punktum for Sehesteds stattholderskap. Den 18. juni skrev
han et brev hvor han tilstod å ha begått «mislighed og forse-
elser», og bad om at hva han hadde forsett seg «af misfor-
stand eller forfarenhed» måtte slettes og etterlates ham.
Seks dager senere skrev han under en revers oppsatt i kan-

selliet, hvor han takket for den «clemens og nåde» kongen hadde vist ham ved å etterlate ham «adskillige store forseelser». Han forpliktet seg til «under æres og livs fortabelse» å avstå til kongen og kronen alt sitt gods i Norge, unntatt sitt rørlige løsøre og enkelte inntekter. «Og efterdi jeg for adskillige årsagers skyld befinder mig ubekvem til herefter at befatte mig noget med rigens sager, da vil jeg hermed på det underdanigste have Hans Kongel. Majt. ombedet, at jeg fra statholders og råds bestilling og sæde nådigst forloves.»

Hvorfor så denne plutselige kapitulasjonen, som innebar at Sehested ikke bare forlot sitt embete, men avstod sin store formue til kongen? – Kanskje har han selv ansett feilene i generalkommissariatets regnskaper fellende. På riksrådets initiativ var de to adelsmennene Sten Bille og Niels Krabbe sendt til Norge for sammen med Jørgen Bjelke å undersøke stattholderens embetsførsel. De vendte tilbake i midten av juni 1651. Deres rapport er ikke bevart, men den kan ha inneholdt nye anklagepunkter i tillegg til alle feilene i generalkommissariatets regnskaper. Hans definitive kapitulasjon var iallfall et faktum.

Ett var Sehesteds ydmyke revers. Noe annet kongens endrede holdning. Så sent som 24. april oppfordret han riksrådet til å finne fram til en forsoning og løsning av problemene. To måneder senere lot han ikke bare Sehested falle som stattholder, men tok samtidig hele hans veldige formue, som Sehested selv anslo til en verdi av 226 000 riksdaler. – Intet materiale forteller om kongens motiver; men en gjetning ligger nær. Tanken på å få anerkjent arveretten til Norges krone hadde vært et hovedmotiv for kongen under hyllingen i 1648 og under tronfølgervalget i 1650. Nettopp her var Sehesteds støtte ønskelig. Men det var en Sehested som inntok en plass som uplettet stattholder. Med de mange anklager som var reist mot ham, og med den dom en måtte vente, var han ikke lenger noe brukbart redskap for kongens politikk. Nå kunne derimot hans fall bety store inntekter for kongens kasse. Fredrik 3. solgte, for å bruke den danske historikeren J. A. Fridericias uttrykk, «sin tilgivelse» til den tidligere stattholderen for Sehesteds eiendommer i Norge.

Gregers Krabbe (1594– 1655) etterfulgte Hannibal Sehested som stattholder i Norge i 1651 og satt i embetet til 1656. Utsnitt av et samtidig maleri av en ukjent kunstner.

Dommen over Sehested var også dommen over det sentrale forvaltningsapparatet han hadde skapt i Norge. Alt 19. mars 1651 fikk lensmennene kongebrev om at de ikke skulle sende skatt og tollinntekter til generalkommissariatet i Kristiania, men foreløpig beholde dem i sin varetekt. Den 9. januar året etter ble påbudt at generalkommissariatet skulle oppløses. Bidragene til den norske hæren skulle ytterligere beskjæres, og resultatet ble at den kom i raskt forfall. Sehesteds etterfølger som stattholder, den danske adelsmannen Gregers Krabbe, ble ikke stattholder stort mer enn i navnet. Han fikk endog et snevrere mandat enn Kristoffer Urne hadde hatt, som var stattholder før Sehested kom. I Urnes tid hadde lensmennene og tollerne sendt kronens inntekter til stattholderen, som igjen sendte dem videre til rentekammeret. Nå ble lensmennene pålagt å sende skatten direkte til København, og generaltollforvalter Anthonius Knip, måtte gjøre det samme med tollen. Kristoffer Urne hadde i sin tid flere ganger forestått utskrivning av båtsfolk; ved kongebrev 2. desember 1652 ble dette overdratt de

33

enkelte lensmenn, som også fikk tilbake den formelle militære ledelse innen sine len. Norge stod igjen hvor det hadde stått før Sehesteds tid. Fra et forvaltningsmessig synspunkt var landet atter redusert fra et rike til en samling len. I 1651 var således alle tilløp til provinsialisme slått ned. De danske landkommissariatene hadde mistet sin betydning. Den mektige rikshovmesteren, Corfitz Ulfeldt, var rømt. Hannibal Sehested var felt og generalkommissariatet i Kristiania oppløst. Som før stod de norske lensmennene direkte i forbindelse med kanselliet og rentekammeret i København. Sentraliseringslinjen hadde seiret. Riksrådet hadde samlet alle tråder i sine hender. Men på lang sikt betydde dette også en seier for kong Fredrik, et skritt på veien mot arvekongedømme og enevoldsmakt. Men det var først etter nye og dramatiske kriger mot Sverige Fredrik 3. kunne ta det avgjørende oppgjør med riksråd og adel.

Nye kriger og nye grenser

Fredrik 3.s revansjeplaner

Samme år Fredrik 3. besteg Danmark og Norges trone, ble Trettiårskrigen avsluttet med freden i Osnabrück og Münster, hvor Sveriges stormaktsstilling ble traktatmessig slått fast. Foruten de store besittelsene Sverige alt hadde i øst, Ingermanland, Estland og Livland, fikk det nå Forpommern, Wismar og stiftene Bremen og Verden vest for Elben. Tre år før hadde Sverige også fått Jemtland og Herjedalen. Maktbalansen var definitivt forskjøvet. Mens Danmark ved inngangen til 1600-tallet hadde vært den sterkeste makt i Norden, var rollene nå skiftet. Sverige var blitt en europeisk stormakt. Fredrik 3.s riker var omkranset av svenske besittelser i nord, øst, sør og vest. For Fredrik 3. ble det derfor et hovedmål å få revansje, å skape politisk balanse igjen i Nord-Europa. De første og nærmeste målene var å gjenvinne de avståtte norske landskapene Jemtland og Herjedalen og fremfor alt stiftene Bremen og Verden, hvor Fredrik selv

Da Sverige ikke ville innrømme de franske katolske utsendinger høyere rang og de tyske protestantiske stender ikke ville motta meglingsforslag fra pavelige utsendinger, måtte fredsforhandlingene etter Trettiårskrigen foregå to steder. Den tyske keiser forhandlet med Sverige og tyske protestanter i Osnabrück og med de katolske land i Münster. Dette bildet er fra ratifikasjonen i Münster i 1648. Utsnitt av Gerard Terborchs samtidige maleri.

hadde sittet som bispefyrste et tiår fram til midten av 1640-årene da han ble fordrevet.

En årsak til Kristian 4.s store nederlag under Torstensson-feiden var dels Sveriges styrke, dels Nederlands holdning. For å skaffe seg større inntekter og for å bli mest mulig uavhengig av riksrådet, hadde Kristian 4. stadig økt Øresundtollen. På kort sikt hadde det betydd store inntekter i kongens partikulærkasse, men det betydde også at Nederland støttet Sverige under Torstensson-feiden, og bidrog til det danske nederlaget. Rikshovmesteren, Corfitz Ulfeldt, hadde vært en av de fremste talsmenn for å vinne Nederland,

Ved Gustav 2. Adolfs død i 1632 ble hans mindreårige datter, Kristina, dronning. Etter selv å ha overtatt regjeringsmakten i 1644, inviterte Kristina en rekke lærde til sitt hoff, blant dem den franske filosofen René Descartes som hun sees i samtale med her (dronningen lengst til venstre). I 1654 abdiserte Kristina og gikk over til katolisismen. Resten av sitt liv tilbrakte hun hovedsakelig i Roma under navnet Alexandra etter pave Alexander 7. som betraktet abdikasjonen med stor tilfredshet.

og i 1649 mens han ennå var i nåde, ble han sendt til Generalstatene for å forhandle om en allianse med Nederland om en ordning av Sund-tollen. Takket være et belevent vesen, stor forhandlingsdyktighet og utstrakte bestikkelser lyktes det Ulfeldt å oppnå begge delene, både en ordning av Øresund-tollen og en defensiv dansk-nederlandsk allianse. For fremtiden skulle Nederland betale en fast avgift for alle nederlandske skip som passerte Sundet på 140 000 riksdaler årlig, og som forskudd skulle det betales 100 000 riksdaler ved traktatens underskrift og 200 000 når den ble ratifisert. Denne redemsjonstraktaten ble imidlertid opphevet etter få år. Derimot fikk den dansk-nederlandske forsvarstraktaten som ble inngått lengre varighet og større betydning. Traktaten fastsatte at i tilfelle det ene av rikene ble angrepet av en annen makt, skulle den annen kontraherende part komme til hjelp med en styrke på 4000 mann.

I 1651 brøt det ut krig mellom England og Nederland, og alt da ble traktaten aktuell. Men da krigen ble ført som en sjøkrig, fikk ikke Nederland bruk for fotfolkene fra Danmark, og Danmarks engasjement i krigen ble relativt beskjedent. Noen engelske skip ble beslaglagt i København, og noen danske og norske skip ble beslaglagt i England. Men utover dette ble ikke Danmark-Norge berørt av krigen. Fredrik 3. var imidlertid representert ved fredsslutningen i Westminster i 1654, og samme år ble det sluttet en engelsk-dansk vennskapstraktat. Diplomatisk hadde det dermed lykkes Fredrik 3. å ta de første forberedende skritt til et revansjeoppgjør mot Sverige. Men før han rakk å gå videre, hadde Sveriges nye konge, Karl 10. Gustav, begynt et nytt og alarmerende seierstog på det europeiske kontinent.

I 1654 skjedde den oppsiktsvekkende begivenhet i Sverige at Gustav 2. Adolfs datter, dronning Kristina, abdiserte, forlot Sverige for senere å gå over til katolisismen, mens hennes fetter, Karl Gustav Kasimir, besteg tronen som Karl 10. Gustav. Karl Gustav var da vel tretti år gammel, en erfaren

Kristinas fetter, hertug Karl, krones til svensk konge som Karl 10. Gustav 6. juni 1654. Utsnitt av et samtidig kobberstikk.

Konung Carl Gustaf
Sverie, Naßi graf af Svabrig
Cleburg, Johan Caßemirs älsta son.

hærfører, hadde en veldig livsappetitt og dristighet og skulle vise seg som en politisk og militær spiller som har få likemenn i historien. Tross sin korte regjeringstid skulle han også befeste og utvide det svenske stormaktsveldet, og gjennom store danske og norske landavståelser forme det politiske kartet over Norden for fremtiden.

Det umiddelbare støtet til den nye krigen i Norden kom fra Russland. Etter år preget av indre oppløsning begynte en ny konsolidering av den russiske storstaten. Kort etter tronskiftet i Sverige innledet tsar Alexej et angrep mot svensk Ingermanland. Dette ble støtet til at Karl 10. Gustav besluttet seg for å begynne krig mot Polen, hvor hans slektning Johan 2. Kasimir var konge. Som den erfarne hærfører, gikk Karl Gustav raskt fra seier til seier. Johan 2. Kasimir måtte flykte fra sitt rike. Den store kurfyrsten, Fredrik Vilhelm av Brandenburg, ble tvunget til å støtte Sverige. Endog Nederland kom, tross sin traktat med Danmark, Karl Gustav delvis i møte i den såkalte Elbingtraktaten. Sveriges stormaktsstilling syntes ytterligere befestet, Danmark-Norges stilling tilsvarende truet.

I denne situasjonen vokste angsten og krigslysten i København. Krigslysten dominerte ved hoffet, angsten i riksrådet. Men etter en tids vakling ble riksrådet vunnet for krigsplanene. På et stendermøte i Odense i 1657 vant krigsforkjemperne nye seire, hvor det ble bevilget store summer til verving av tropper og innkjøp av militært utstyr. Fra et utenrikspolitisk synspunkt syntes ikke situasjonen ugunstig da Fredrik 3. 1. juni 1657 offisielt erklærte Sverige krig. I Ingermanland fortsatte russerne sin fremrykning. I Polen hadde krigslykken snudd seg for Karl 10. Gustav, og Johan 2. Kasimir hadde vendt tilbake til sitt rike og stod som leder for en sterk katolsk-nasjonal reisning. I København fortalte den spanske gesandten at keiser Ferdinand 3. stilte seg po-

---

Dronning Kristina synes ikke å ha vært fremmed for tanken om et ekteskap med fetteren hertug Karl Gustav, men etter at hun ble regjerende dronning, ble planene definitivt skrinlagt. Karl Gustav slo seg ned på Öland, og det fortelles at han to ganger om dagen spiste et 24-retters måltid og drakk tre liter vin og tre liter øl. Abraham Wuchters' maleri av Karl 10. Gustav fra 1658 vitner både om kongens livsappetitt og maktbrynde.

sitiv til et forsvarsforbund med Danmark. Ønsket om revansj og håpet om støtte utenfra drev Fredrik 3. til den fatale krigserklæringen, som førte til den mest skjebnesvangre krig i dobbeltmonarkiets lange historie før krigen 1807–14. Som i 1640-årene ble krigen ført både i Danmark og Norge. Selv om de avgjørende slagene ble utkjempet i Danmark og krigshandlingene i Norge fikk liten betydning for de avsluttende fredsforhandlinger, hører krigen i Norge og Norge under krigen med i en norsk historie.

Forsvar av Båhuslen, erobring av Jemtland

«Vi bede eder og nådigst ville,» skrev Fredrik 3. til Nils Trolle, som i 1656 hadde fulgt Gregers Krabbe som statt- holder på Akershus, «at I lader gjøre den anordning, at mi- litien der i riget såvel sønden- som nordenfjelds på sine vis- se anordnede steder med forderligste forsamles, så at det kan være ferdig til at marsjere og gjøre fienden al mulig af- bræk, såsnart som rupturen er skeet». Slik lød meldingen om den nye krigen med Sverige. Den kom ikke uforberedt.

Den hæren Hannibal Sehested hadde skapt i Norge i 1640- årene, hadde i en viss utstrekning gjort sin nytte, og i de krigsplanene Fredrik 3. la opp for krigen med Sverige, reg- net han med at utskrevne norske styrker skulle angripe Sve- rige både fra det sønnafjelske og det nordafjelske. For så vidt fulgte han Sehesteds program, men på et avgjort punkt var planene nye. Sehested hadde samlet hele den norske hær under sin kommando, og hadde også hatt ansvaret for finan- sieringen gjennom generalkommissariatet. Nå ble myndig- hetsområdet delt opp. Som stattholder var Nils Trolle øvers- te sivile myndighet under krigen, men han fikk en langt mer begrenset oppgave enn Hannibal Sehested. Lensmannen i Båhus og kommandanten på Båhus festning, Iver Krabbe, fikk oppgaven som «generalmajor til hest og til fods at com- mandere ganske militie søndenfjelds i vort rige Norge, som der nu allerede findes eller herefter did komme kan». Krab- be ble imidlertid pålagt å reise til Kristiania og utarbeide planene for felttoget sammen med stattholderen, og disse to

I 1656 etterfulgte Nils Trolle Gregers Krabbe som stattholder og lensherre på Akershus. Dette maleriet viser ham sammen med hustruen, Helle Rosenkrantz. I Kristiania la mange Nils Trolle for hat fordi han i 1658 lot forstedene stikke i brann. Etter hans oppfatning representerte de en fare ved en eventuell beleiring av Akershus.

fikk sammen den vanskelige oppgave å organisere de militære avdelinger sønnafjells, skaffe forsyninger av våpen og mat, supplere offiserskorpsene og sørge for utskrivning av flere soldater.

Trolles og Krabbes myndighet ble avgrenset til bare det sønnafjelske. I Trondhjems len var den gamle renteskriveren, Peder Vibe, blitt lensmann i 1656, men han hadde sin erfaring som diplomat og renteskriver, ikke som offiser. I Trøndelag gjennomførte man derfor en lignende ordning som i det sønnafjelske. Den unge norske adelsmannen Jørgen Bjelke ble pålagt oppgaven å kommandere militsen nordafjells «under og næst os elskelige Peder Vibe og ved hans råd».

Etter den store reduksjonen av den norske hæren som riksrådet hadde tvunget igjennom i 1649, ble de samlede utskrevne styrkene redusert til tre regimenter, Båhus, Akershus og

Iver Krabbe (1602–66) ble i 1657 generalmajor i det sønnafjelske Norge. I egenskap av det ledet han krigshandlingene i Båhuslen og Västergötland i 1657–58. Til tross for at den norske hær hadde mye fremgang under den såkalte Krabbe-krigen, gikk store norske områder tapt ved freden i Roskilde. 1661–64 var Iver Krabbe stattholder i Norge. Utsnitt av Abraham Wuchters' maleri.

Trondhjems regiment, hvert regiment delt opp i åtte kompanier. Hvert år ble en del av kompaniene kalt inn til eksersis og vakt, men de sparsomme bevilgningene som stod til disposisjon, satte også en grense for hvor mange soldater som kunne kalles inn. Alt før Kristian 4. døde, hadde man imidlertid begynt på en omfattende utbedring av hovedfestningene, et arbeid som ble fortsatt tross de store reduksjoner i bevilgningene. På Båhus festning hadde et omfattende reparasjonsarbeid begynt alt i 1647, og seks år senere ble det også satt i gang omfattende utbedringer av Akershus festning og av festningsverkene ved den nye byen Kristiansand.

Da de konkrete krigsplanene begynte å ta form ved inngangen til 1657, ble myndighetene i Norge pålagt å forsere utbyggingen av forsvaret. De to regimentene i det sønnafjelske ble delt i fire regimenter, og det ble utskrevet soldater slik at styrkene talte omkring 6000 mann fotfolk, mens 885 ryttere og 311 skyttere – fyrrører – ble vervet fra utlandet. Det samme gjaldt også offiserskorpset, som hovedsakelig kom til å bestå av utlendinger.

En lignende utbygging av forsvaret foregikk i det norda-
fjelske, hvor det tidligere trondhjemske infanteriregiment
ble delt i to, det gamle trondhjemske infanteriregiment og
det nye trondhjemske infanteriregiment. – Den regulære
styrken i Trøndelag kom til å bestå av omkring 3400 mann.
Her som sønnafjells var mengden av soldater utskrevne. Of-
fiserene var stort sett utlendinger, mens underoffiserene som
regel var norske. Endelig ble det satt opp tre kompanier i
Nordland. Alt i alt kunne Norge under krigen stille en styr-
ke på omkring 11 000 mann til fots og til hest. I tillegg gjor-
de cirka 2350 nordmenn tjeneste i Danmark, dels i infante-
riet, men først og fremst som matroser i orlogsflåten.

Krigen i det sønnafjelske og det nordafjelske skulle få et
vesensforskjellig forløp. I det sønnafjelske fikk krigen i de
første månedene karakter av en rekke trefninger langs gren-
sen, ved Tjurholmen i første halvpart av juli hvor svenske-
ne vant en mindre seier, ved Uddevalla litt senere hvor de
norske styrkene slo et svensk angrep tilbake og i Vinger-
distriktet hvor ingen av partene vant noen egentlig seier.
Utpå høsten 1657 innledet Krabbe mer offensive operasjo-
ner, brannskattet Västergötland, men klarte ikke å forføl-
ge seieren, «efterdi at vi ingen middel hafde til brød, og sol-
datene derover bleve meget syke og råpte på brød». Derfor
var det av «samtlige krigsrådet eraktet at marsjere tilbage
og folket omkring ligge, intill at man kunne få råd og
midler til brød».

Alt ved krigsutbruddet hadde Karl 10. Gustav gitt G. O.
Stenbock, som ledet felttoget mot Sør-Norge, ordre om å gå
til angrep når vinterføret kom, og et halvt år senere gjentok
han sin oppfordring: «Och oansedt the seer något bijstert
uth uppå vår sijda, så är det icke att twifla opå gudz til
hielp, tij han mig aldrig förlåter.» I samsvar med sin ordre
rykket Stenbock med en styrke på omkring 3500 mann inn i
Båhuslen, og fremmarsjen gikk raskt da Krabbe hadde måt-
tet redusere de norske styrkene sterkt av mangel på mat.
Noen måneder før hadde Krabbes styrker brannskattet de
svenske bygdene. Nå brannskattet Stenbocks styrker nors-
ke bygder.

Men Stenbocks fremrykning stanset også opp. Krabbe fikk samlet større norske styrker, og bøndene i Båhuslen deltok aktivt i krigen og skapte mange vanskeligheter for de svenske avdelingene. Stenbock måtte derfor gjentatte ganger trekke seg tilbake, og 12. februar stod styrkene hans atter på andre siden av grensen. Men det var bare rester igjen. Iver Krabbe forteller at av de 3000 fotfolk Stenbock hadde med seg til Båhuslen, «førde han ey 700 mand ud igien, som nogenledis kunde bære gevær». Nå er kanskje Krabbes tall overdrevne, men Stenbock motiverte også selv sitt tilbaketog etter tre og en halv ukers krig med den «suåre siukdåmmen såm så gresselig grasserer». – «Månge ähre fördervadte och månge döde blefne.» Dermed var kamp-handlingene i det sønnafjelske avsluttet.

Mens kampene i sør endte med status quo, hadde de norske styrkene en rask seiersgang inn i Jemtland. På svensk side var mesteparten av det krigsføre mannskapet trukket sørover til områder man fra et strategisk synspunkt anså mer viktig. Det betydde at de norske styrkene under Jørgen Bjelkes le-delse kunne rykke inn i Jemtland nesten uten å møte mot-stand. De største kampene foregikk omkring den befestede Frösöskansen, men svenskene gav seg etter en kort belei-ring. Den 19. november var de to landskapene Jemtland og Herjedalen igjen under sine gamle herskere, og befolknin-gen var stort sett lojal mot sine gamle landsmenn. Fra et militært synspunkt hadde Norge igjen fått de samme gren-ser i øst som det hadde hatt siden sagatiden.

Men gjenerobringen av Jemtland betydde ikke noe ved det endelige fredsoppgjøret i Roskilde. Der var begivenhe-tene på dansk grunn avgjørende.

Krigen i Danmark og freden i Roskilde

Karl Gustav oppholdt seg i den vestprøyssiske byen Thorn da han 20. juni 1657 fikk melding om at Fredrik 3. hadde erklært krig mot Sverige. Krigserklæringen kom ikke uønsket. Han hadde alt for lengst diskutert planen om krig med Danmark med det svenske riksrådet, og det var bare

alliansen mellom Danmark og Nederland som holdt ham
fra å gå til angrep. Men i og med at det var Danmark som
erklærte krig, behøvde han ikke regne med å få krig også
med Nederland, for den dansk-nederlandske alliansetrak-
taten var rent defensiv. Den trådte først i kraft dersom en
av partene ble angrepet av en annen makt. Nederlagene i
Polen betydde også at Karl Gustav ønsket å fjerne seg fra
polsk område, og den danske krigserklæringen gav ham et
påskudd. Med en styrke på 6000 mann begynte han en rask
marsj vestover. I svensk Pommern sluttet Karl Gustav
Wrangel seg til med store styrker, slik at kongens hær talte
mellom 9000 og 10 000 mann da han passerte den holstenske
grense. I kretsen av rådgivere kunne han nå også regne Cor-
fitz Ulfeldt, som håpet endelig å få hevn over Fredrik 3. og
dronning Sofie Amalie.

*Erik Dahlbergs samtidige tegning av den svenske feltherren Karl
Gustav Wrangels palass i Stockholm viser at det ikke bare var Kø-
benhavn som langt overgikk de norske byer med hensyn til rikt
utstyrte bygninger.*

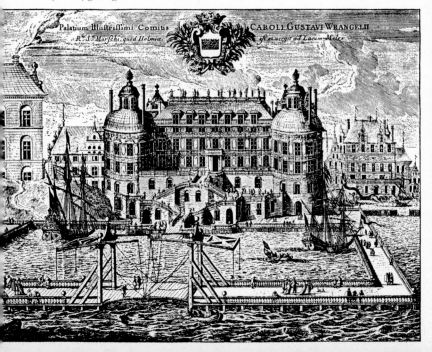

*Fredrik 3. hadde latt oppføre festningen Frederiksodde ved Lille-
bælt på Jylland for å forhindre en fiendtlig styrke i å ta seg over
til Fyn. Frederiksodde var ennå ikke fullført da Karl 10. Gustavs
tropper plutselig oppdaget festningen 23. august 1657, men den
virket likevel så sterk at svenskekongen ikke våget å storme den.
Til høyre sees byen Midelfart på Fyn. (Kompassrosen viser nord
nedover.) Utsnitt av et samtidig kobberstikk av Erik Dahlberg i
rikshistoriografen Samuel Pufendorfs verk om Karl 10. Gustavs
bragder (De rebus a Carolo Gustavo gestis).*

Tallmessig disponerte den danske riksmarsken Anders
Bille en langt større styrke enn Karl Gustav. Men hans av-
delinger hadde mindre trening, og en stor del av hæren var
sendt mot sørvest for å erobre Bremen og Verden, som
betydde så mye for Fredrik 3. rent prestisjemessig og var en
permanent trusel mot Danmark så lenge de to stiftene stod
under svensk kontroll. Karl Gustavs innfall betydde at Bille
måtte gi de danske styrkene ordre om å forlate Bremen og
Verden, men det skjedde for sent. Uten å bry seg om de
danske festningsbyene i sør rykket Karl Gustav med sin hær
raskt nord gjennom Jylland, som i løpet av mindre enn fire
måneder kom helt under hans kontroll. 24. oktober falt den
siste og viktigste bastion i det danske forsvaret, festnings-

byen Frederiksodde (Fredericia), hvor det lå 7000 danske soldater som skulle forhindre en eventuell overgang til Fyn.

Men tross fremgangene var Karl Gustavs stilling langtfra gunstig. I Livland og Ingermanland rykket russerne fram og la under seg begge provinsene bortsett fra et par festninger. I Polen var svenskene trengt tilbake til Preussen, og Karl Gustav måtte også regne med et mulig angrep på svensk Pommern av østerrikere, polakker og brandenburgere, samtidig som Nederland stilte seg mer og mer kjølig til hans politikk. Skulle han redde seg fra en militær katastrofe, gjaldt det å handle raskt og tvinge Fredrik 3. til kapitulasjon før Karl Gustavs øvrige motstandere klarte å samle seg. Red-

Etter å ha utspionert Frederiksoddes svake punkter gikk general Karl Gustav Wrangel til angrep 24. oktober 1657. Det var en umåtelig skuffelse for danskene at Frederiksodde under kommando av selveste riksmarsken Anders Bille ikke klarte å holde stand. 1500 av de 6000 forsvarerne falt, 3000 ble tatt til fange. Utsnitt av et kobberstikk i Pufendorfs verk.

*Ved den lille byen Hejls like sør for Kolding Fjord samlet det seg
omkring 6000 kavalerister og 2500 infanterister fra svenske vinter-
kvarterer på Jylland i januar 1658. Ved middagstid 29. januar in-*

ningen kom, og redningen ble en langvarig kuldeperiode
som betydde at de danske bæltene frøs til.

Den 30. januar 1658 begynte Karl Gustav på et av de mest
hasardiøse felttog i historien. Med en styrke på 6000 ryttere
og 2500 mann fotfolk begynte han marsjen på isen over Lille-
bælt fra Jylland sør for Kolding til Tybring Vig på Fyn. Tre
dager senere var hele Fyn under hans kontroll. Fra Nyborg
på Fyn drog han videre med hæren over isen til Langeland,
fra Langeland til Lolland, og 10. februar stod han på Sjæl-
land med en hær på 7000 mann.

I København skapte Karl Gustavs dristige, men vellykke-
de fremrykning lammelse. Riktignok hadde man klart å

*spiserte Karl 10. Gustav troppene, og neste dag ble det besluttet å
våge marsjen over isen på Lillebælt via den lille øya Brandsø.
Utsnitt av et samtidig stikk i Pufendorfs verk.*

trekke styrker fra Skåne til København, og byens borgere
og studentene ble organisert for å delta i forsvaret av ho-
vedstaden. Men i realiteten hadde ikke Fredrik 3. noe
valg. Den 8. februar fikk Joachim Gersdorff og Christian
Skeel i oppdrag å innlede forhandlinger med Karl Gustav,
og i en hemmelig artikkel fikk de to fullmakt til å slutte fred
på de best mulige vilkår. På den andre siden av forhand-
lingsbordet skulle de møte Sten Bielke og den tidligere
danske rikshovmesteren, Corfitz Ulfeldt. Fredsforhandlin-
gene begynte i Vordingborg 11. februar, fortsatte på Tåst-
rup prestegård, og de ble avsluttet med freden i Roskilde
som ble undertegnet 27. februar, men datert 26. februar 1658.

Tross det dristige toget over bæltene og de militære seirene var Karl Gustavs stilling ikke ubetinget gunstig. Et omslag i været kunne bety at han ble låst fast med sin styrke på Sjælland, og nederlandske styrker kunne komme Danmark til hjelp sjøveien. Den store seieren kunne dermed raskt bli forvandlet til et like stort nederlag. Etterretninger fra utlandet varslet heller ikke godt. Både fra Brandenburg og Nederland kom det rapporter om rustninger til støtte for Danmark. Derfor gjaldt det for Karl Gustav å få i stand en fredsavtale så fort som mulig, og for å oppnå det måtte han

DANMARK OG SØR-
SVERIGE ETTER FREDEN
I ROSKILDE 1658

Dansk territorium

Svensk territorium

Holsten–Gottorp

- - - - - Karl 10. Gustavs tog mot København 1657–58

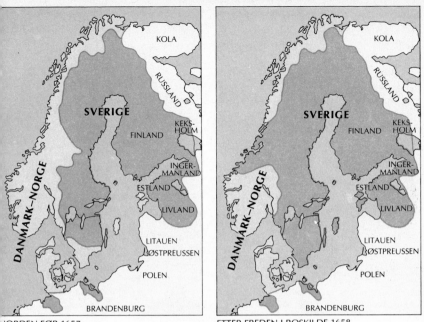

slå av på sine opprinnelige fordringer. De nærmere detaljer i en alliansetraktat ble således skutt hen til senere forhandlinger, og de territorielle kravene ble kraftig redusert. Men ikke mer enn at freden ble et knusende slag for Fredrik 3. De danske landskapene Skåne, Halland, Blekinge og Bornholm, og de norske landskapene Båhuslen og Trondhjems len med Romsdal skulle avståes omgående. Det betydde at Danmark ville miste noen av sine rikeste landskaper i sør, og at Norge ble delt i to, Nord-Norge og Sør-Norge, skilt av et svensk Trøndelag, Nordmøre og Romsdal.

Etter fredstraktaten skulle Båhuslen avståes alt 18. mars, Trondhjems len og Romsdal 1. mai. Den 18. mars forlot den norske garnisonen på omkring 300 mann under Iver Krabbe Båhus festning, og rikstøymester Erik Stenbock red i spissen for fem kompanier ryttere og ni faner fotfolk inn i Kungälv for senere å ta borgen i besittelse. Under krigen hadde bøndene i Båhuslen støttet opp om de norske styrkene, og en samtidig kilde forteller at de vendte seg til Iver Krabbe for å forhindre med våpenmakt den avståelsen som

51

Kungälv og Båhus festning ved midten av 1600-tallet. Utsnitt av et samtidig kobberstikk i «Theatrum europæum». Festningen, som var anlagt av Håkon 5. i 1308, var for alltid tapt for Norge ved Iver Krabbes avlevering av Båhus til Erik Stenbock i mars 1658.

var diktert i Roskilde-freden. Men Krabbe nektet å imøtekomme oppfordringen. Han var lojal mot fredsavtalen, og hadde selv store godsmengder i Skåne. Enkelte båhusleninger som hadde deltatt i krigen, flyktet til Norge, men stort sett foregikk avståelsen uten hindringer av betydning.

Da meldingen om Roskilde-freden nådde Trondhjem, forlot Jørgen Bjelke Trøndelag, og det ble lensmannen, den gamle renteskriveren Peder Vibe, som fikk den utakknemlige oppgaven å overdra lenet til svenskene. I samsvar med fredstraktaten ble Jemtland og Herjedalen rømt av de norske styrkene alt i april, og den 1. mai overdrog Peder Vibe Trondhjems gård og lenet til friherre Lorentz Creutz, som hadde fått i oppdrag å ta Trøndelag i besittelse. Vibe forsøkte å forhindre at også Romsdal ble avstått, men ble tvunget til å overdra lenet ved kongelig befaling. Ved grensedokumenter datert 28. mai, 28. juni og 5. juli ble de nye grensene fastlagt i detalj. For Peder Vibe og Jørgen Bjelke var avståelsen av Trøndelag en dyp skuffelse. Men det er få vitnesbyrd om at det har vært noen reaksjon blant trønderne selv på at landsdelen skulle avståes til Sverige. I den tiden som gikk mellom freden ble kjent og svenskene overtok, hersket det riktignok betydelig uro utover bygdene. «Bonden agter nu ingen befaling, men slår sig fra al tjeneste og lydighed, formedelst Eders kongl. Ma. regjering over dennem varer nu så stakket,» skrev Peder Vibe til kongen. I Trondheim hvor de ledende borgere var av utenlandsk opprinnelse, var det uten tvil av underordnet betydning hvilket land de hørte til bare de fikk stadfestet sine privilegier. De viste seg derfor avgjort kjølige overfor de gamle myndighetene før svenskene overtok, og tilsvarende imøtekommende da svenskene holdt sitt inntog i byen. Bare én mann nektet å avlegge troskapsed til den svenske kongen, biskop Erik Bredal, som ble utnevnt av Fredrik 3. til biskop i Nordland.

Freden i Roskilde var et stort nederlag for Fredrik 3., og hovedresultatene skulle bli stående for fremtiden. Men ikke fullt ut. Skåne, Halland og Blekinge og Båhuslen skulle forbli en del av Sverige. Bornholm, derimot, skulle igjen bli knyttet til Danmark, og Trondhjems len og Romsdal skulle atter forenes med resten av Norge. Men dette skjedde etter en ny dramatisk krig hvor Karl 10. Gustav for annen gang var den ubestridte hovedmann.

Karl 10. Gustavs nye erobringsplaner

Etter freden i Roskilde var avsluttet, hadde de to monarkene, Karl 10. Gustav og Fredrik 3. et møte på Frederiksborg slott. Offisielt bar møtet preg av den største hjertelighet og vennlighet. Fredrik 3. reiste Karl Gustav i møte. Da de var kommet på pistolskudds avstand fra hverandre, steg de ut av sine vogner, gikk hverandre i møte og hilste hverandre med omfavnelse. Deretter tok de begge sete i Fredrik

53

En knapp uke etter undertegnelsen av den ydmykende freden i Roskilde 26. februar 1658 inviterte Fredrik 3. seierherren til to døgns overdådig fest på Frederiksborg slott i Hillerød. Dette utsnittet av Erik Dahlbergs tegning i Pufendorfs verk om Karl 10. Gustavs bragder viser de kongelige ved festbordet. Karl 10. Gustav sitter mellom Fredrik 3. og dronning Sofie Amalie. Ved bordet har også fem av svenskenes fremste hærførere fått plass mens den danske generalløytnant Hans Schack (se s. 79) sees blant de oppvartende kavalerer.

3.s karosse for å reise til Frederiksborg slott, hvor svenske soldater kort forut hadde oppholdt seg. De to monarkene tilbrakte to dager sammen, og festet hver natt til langt ut i de små timer. Men parallelt med den offisielle og etikettebestemte selskapelighet foregikk det fortrolige samtaler mellom de to kongene, mellom den korpulente og dristige feltherre og den fåmælte og beregnende Fredrik 3.

Den vennskapelighet som ble demonstrert på Frederiksborg, var bare et intermesso som ikke svarte til de virkelige følelser og planer. Fredrik var fylt av bitterhet over nederlagene og håpet å vinne igjen de landsdelene som var tapt. Karl Gustav tumlet i sin frodige fantasi med en rekke for- skjellige og høytflyvende planer. Med Roskilde-freden var krigen i Danmark avsluttet. Men Karl Gustav hadde en stor hær. Fram til 1. juni skulle den ifølge fredstraktaten ha sitt underhold i Danmark; men etter den tid, hva skulle han da gjøre med hæren? Han manglet ikke motstandere, og pla- nene skiftet raskt fra uke til uke. Først tenkte han på å gjen- vinne Preussen, men tanken på å føre en ny krig i Polen tiltalte ham ikke. I mars tenkte han på å begynne krig mot Østerrike med fransk støtte, og i begynnelsen av april var målet Brandenburg, som han betraktet som Sveriges far- ligste fiende. Men før det kunne realiseres, måtte den plan- lagte alliansen mellom Sverige og Danmark formelt bringes i havn. I april stod fremdeles ennå mange spørsmål uløst, blant dem var spørsmålet om stengningen av Sundet for fremmede orlogsskip det vanskeligste, fordi det var av vital betydning for de store sjømaktene, Nederland og England. For å bli kvitt de svenske styrkene som stod på dansk grunn,

Fredrik 3. tar farvel med Karl 10. Gustav utenfor Frederiksborg 5. mars 1658. Svenskekongen drog med sitt følge til Helsingør og ble hilst med salutt fra Kronborg slott da han drog over Øresund for å ta sine nye provinser i besittelse. Utsnitt av et stikk hos Pufen- dorf.

gav de danske forhandlerne etter på en rekke viktige punkter. Karl Gustav, derimot, inntok en stadig mer skjerpet holdning overfor Danmark; i virkeligheten bar det mot en ny svensk krig, med Karl Gustav som den store iscenesetter og aktør. I all hemmelighet trakk han sammen store militære styrker i Kiel, og den 6. august seilte han med en stor flåte lastet med militære styrker og våpen ut fra Kiel med Sjælland som mål.

Den 7. august 1658 var Karl Gustavs flåte nådd fram til Korsør, og for annen gang steg hans styrker i land på Sjælland. Appetitten hadde vokst. Nå var det ikke lenger bare spørsmål om riksdeler, men om å skape en nordisk storstat under svensk ledelse. Danmark skulle deles inn i fire departement, Norge få sin egen stattholder. København skulle raseres, og Malmö innta Københavns plass og bli den store flåtestasjonen. «Jeg tilstår Dem at det tog jeg nå har innladt meg på, vil føre til den høyeste anseelse eller foranledige mitt fall,» uttalte han under overfarten til Sjælland, til den franske diplomaten Terlon.

Den annen svensk-danske krigen var dermed begynt.

Gjenerobringen av Trøndelag

Det var den unge norske adelsmannen Jørgen Bjelke, sønn til Norges gamle kansler Jens Bjelke og bror til Ove Bjelke, lensmann på Bergenhus, som hadde ledet felttoget i Jemtland og gjenerobret landskapet. Han var dristig, handlekraftig og resolutt, og hans memoarer viser at han heller ikke manglet tro på seg selv og sin egen betydning. Etter seirene i nord var han opptatt av planer om å komme Iver Krabbe til hjelp i sør, men før planene ble realisert var freden i Roskilde et faktum. Den 6. april gav kongen ham ordre om å komme til København, hvor han skulle få mange vitnesbyrd om at han nøt Hans Majestets gunst. Det er således betegnende at han nå ble utnevnt til generalløytnant for hele den norske hær uten å underordnes stattholderen.

Bjelke fikk tidlig på sommeren 1658 antydninger om at Karl 10. Gustav ikke aktet å holde Roskilde-freden. Den

*Brødrene Ove (1611–74) og Jørgen (1621–97) Bjelke hadde begge
oppholdt seg i utlandet i sin ungdom. Ove hadde et studieopp-
hold i Padova bak seg før han ble ansatt i det kongelige kanselli.
Fra 1648 var han lensherre på Bergenhus inntil han i 1666 ble stift-
amtmann i Trondheim. Fra farens død i 1659 var han Norges kans-
ler. Den ti år yngre Jørgen (til høyre) hadde vært i fransk krigs-
tjeneste før han ble kaptein under Hannibalsfeiden. Han erobret
Jemtland og Herjedalen i 1657, ledet gjenerobringen av Trønde-
lag i 1658 og kampen om Halden året etter.*

nederlandske ambassadøren uttalte således «at dersom hand
var riges raad, da skulle hand ikke hvile natt eller dag, før-
end denne stad var bragt i defention». Bjelke trodde selv at
faren for en ny krig med Sverige var overhengende, men
han møtte ikke forståelse for tanken hos ledende danske
politikere. – Kansleren, Christian Thomesen Sehested, av-
viste ham med svaret: «Freden er så fast giord, at dend ikke
kand brydis.» Rikshovmesteren, Joachim Gersdorff, uttalte

seg på lignende måte. Til sist søkte Bjelke audiens hos kongen, som han, ifølge sine memoarer, overbeviste om faren som truet og behovet for at han som generalløytnant reiste snarest mulig til Norge. «Så kysste hand begge deris Mayesteters hender og bad, at de icke ville bekymre dennem for Norges rigis defention, men for at få Kiøbenhafn;bragt udi god defention».

Den 30. juli seilte Bjelke ut Sundet, og tre dager senere nådde han fram til Kristiania hvor han møtte stattholderen, Nils Trolle, på Akershus slott. Mindre enn fjorten dager senere hadde Bjelke og Trolle kongens ordre om «at al landfolket i vort rige Norge strax bliver opmanet og samlet, til at holde god vagt og kundskab, og at al ting ellers der i riget holdes udi bedste ordre, muligt er, om fienden der noget lader tentere». Bjelkes spådom hadde slått til; krigen med Sverige var en realitet. Mens Nils Trolle, etter Bjelkes beretning, ble nedtrykt og motløs, gikk Bjelke inn på sitt kammer og fattet en skriftlig «generaldisposition offensive nordenfields og defensive syndenfields» samt en instruksjon for sin bror Ove Bjelke om hvordan han skulle «annimere borgermester og råd udi Bergen og de cantorske at udrede de defensionskib og skaffe klær og proviant til soldatene i det bergenshusiske regiment».

I dagene som fulgte, la Bjelke de detaljerte planer for felttoget. Tropper både fra Akershus len og fra Bergenhus skulle settes inn i angrepet. Generalmajor Georg von Reichwein fikk kommandoen over styrkene fra Akershus, og han rykket selv med hovedstyrken over Røros og derfra ned gjennom Gauldalen til Trondheim. En annen avdeling rykket opp gjennom Gudbrandsdalen. Under den første svenskekrigen hadde en kunnet spore en viss passivitet blant allmuen. Nå opplevde man en ren folkereisning. Fogden i Gudbrandsdalen, Jørgen Philipsen, samlet 516 bønder bevæpnet med «hellebarder og bøndergevær», kommandert av sine egne bondekapteiner. Da Reichweins styrker nådde Trondheim, talte de omkring 2000 mann.

På Vestlandet ble lensherren Ove Bjelke den drivende kraft når det gjaldt utrustningen av det regimentet som skul-

le delta i gjenerobringen av Trondheim. Men han fant stor
støtte ikke minst i selve Bergen. Ingen ville kunne si hva som
kunne skje med nordlandshandelen dersom Trøndelag og
Romsdal ble fortsatt under varig svensk kontroll. En kamp
for en gjenerobring av Trøndelag var for bergenserne iden-
tisk med en kamp for å beholde byens viktigste oppland i
Nord-Norge. Når Ove Bjelke sammen med Reinhold von
Hoven, som fikk kommandoen over det bergenhusiske in-
fanteriregiment, satte i gang arbeidet for å utruste styrkene,
hadde de en stor fordel; en stor del av offiserene fra de to
trondhjemske infanteriregimentene var kommet til Bergen
og Vestlandet etter at Trøndelag var avstått til svenskene.
Det fantes således mange erfarne offiserer. Men bortsett fra
dette manglet nær sagt alt: våpen, krutt, klær, mat. Alt ble
imidlertid i en fart brakt til veie. Bergens skredderlaug syd-
de i løpet av noen få uker 1821 soldaterbukser. Bergens sko-
makere satt natt og dag ved lesten, og i oktober kunne de
sende nordover 1698 par sko. Størst problemer skapte selve
transporten langs kysten i stormfulle høstmåneder. I løpet
av kort tid ble det samlet en liten flåte av skjærgårdsbåter og
jekter, på til sammen 40 fartøyer, og som eskorte ble det leiet
en armert bergensk spaniafarer som het Samson, og et ar-
mert zeelandsk koffardiskip, Adam og Eva.

Den 28. september stod den bergenske flåten inn Trond-
heimsfjorden. Skipene Samson og Adam og Eva ankret opp
ute ved Munkholmen, en del av soldatene ble satt i land på
Lade, mens en annen del av styrken ble ført videre innover
fjorden. Kort etter kom Preben von Ahnen fra Nordland
med bortimot 300 mann, og 1. september nådde Reichweins
styrker fram til Steinberget. Byen var dermed omringet av en
styrke på mer enn 3000 mann.

For Stiernskiöld, den svenske guvernøren i Trøndelag,
var det bare en ting å gjøre: trekke de cirka 700 soldatene
han disponerte over inn i byen og vente på forsterkninger fra
Sverige. Men forsterkningene kom ikke.

Fra svensk side hadde man regnet med muligheten av et
angrep mot Trondheim, og sendte oberstløytnant Draken-
berg med 500 mann av det upplandske kavaleri til unnset-

59

Trondheims beleiring 28. september 1658. Utsnitt av et samtidig kobberstikk i Pufendorfs verk. I forgrunnen sees noen av de danske orlogsskip ved Munkholmen. Til venstre sees Lade hvor flere avdelinger ble landsatt og til høyre Reichweins styrker ved Steinberget. Både fra Bakklandet og Ilevollen bombarderes byen, som er befestet mot Nidelva. Kalvskinnet får en fulltreffer.

ning. Innmarsjen i Norge skulle etter planen skje gjennom fjellpassene ved Sul og ned Værdalen. En nordmann som var holdt igjen på Frösö Skanse i Jemtland, fikk kjennskap til Drakenbergs unnsetningsoperasjon, og fikk i hemmelighet sendt melding om dette til de norske styrkene. Eilerik Visborg og Povel Bjerk ble derfor sendt til Værdalen med to kompanier nordhordlendinger og sogninger, og takket være det vanskelige terrenget i traktene oppover mot Sul klarte de med sine 438 nyutskrevne bondesoldater å rive opp Drakenbergs trenede kavaleri, slik at han «nödgades sig retirera». Karl Gustav ble rasende da han hørte om nederlaget og skrev full av harme: «Eder ordre hafwer warit att gå til Trundheimb och icke tilbaka».

I løpet av sommeren ble Lorentz Creutz avløst av friherre Claes Stiernskiöld som øverstkommanderende og guvernør i Trøndelag. Det var han som fikk oppgaven å innkalle til stendermøte og motta stendenes troskapsed. Det ble også han som skulle lede forsvaret av byen under beleiringen. Stendermøtet ble holdt 1. september. Foruten presteskap, borgere og bonderepresentanter var også sorenskriverne i landsdelen innkalt. Ytre sett foregikk hyllingen i tradisjonelle, pompøse former. På en tre fots forhøyning som var bygd på Kongsgården, var det reist en tronstol overtrukket med blått klede. Over denne holdt fire rittmestere en fløyelshimmel prydet med gullfrynser, samt forgylte stenger og knapper. Hyllingsakten begynte med at guvernøren holdt en trontale og deretter kom delegatene fram, knelte for den tomme tronstol og avla troskapseden. Etter hyllingen gav guvernøren et festmåltid for stendene i «tvende dertil beredte sale her på Kongsgården».

Trondheimsborgernes glede over å komme under svensk herredømme var snart blitt dempet. Alt 25. mai fortalte Peder Vibe at borgerskapet måtte underholde de seks kompanier som var forlagt til byen, og «de ville ikke lade sig fornøie med fladbrød og tyndt øl, som norske soldater gjorde den tid, de lå her udi garnison, men ville være tracteret på det bedste, hvorover en del av borgerskapet er nu mere perpleks, end de vare tilforn glade for en ny øvrighed, de med længsel forventede».

Nye krav skulle dessuten snart øke misstemningen. Kort etter at svenskene hadde overtatt landsdelen, ble det skrevet ut en månedsskatt. Da romsdølingene nektet å betale den, måtte Creutz sende et kompani og femti ryttere til Romsdal for å drive den inn. Borgerne i Trondheim hadde håpet å vinne store fordeler ved å komme under Sverige, men forhåpningene slo ikke til. Svenskene forlangte langt høyere toll enn før, og gjentatte henstillinger om reduksjon førte ikke fram. Sommeren 1658 seilte alle nordlendingene utelukkende til Bergen; de våget ikke å gå inn til Trondheim. Byen var dermed avskåret fra en viktig del av sitt oppland. Alvorligst var likevel ordren om at det i Trøndelag, Nordmøre og Romsdal skulle skrives ut åtte kompanier ryttere og to infanteriregimenter som skulle gå i svensk tjeneste. Rytterkompaniene klarte man riktignok ikke å stable på bena, men med løfter, trusler og makt ble det utskrevet 2000 infanterister, og en uke før hyllingen begynte de på den lange vandringen østover gjennom Sverige med Livland som det endelig mål. Endel klarte riktignok å desertere underveis, men 1400 nådde fram til Østersjøen, og bare et fåtall synes å ha kommet tilbake til Norge.

Alt under hyllingen 1. september hersket det i Trøndelag og blant borgerne i Trondheim en sterk misnøye med de nye makthaverne, og denne misnøyen slo til dels ut i rent raseri da de norske styrkene en måned senere begynte beleiringen av byen uten at Stiernskiöld viste tegn til å kapitulere. Stiernskiölds styrker manglet mat, våpen og utstyr. Hus i byen ble revet for å skaffe brensel, og husene på Bakkland-siden ble brent for å skape utsikt til fienden. Kanonkuler som nordmennene brukte under bombardementet av byen, ble gravd opp for igjen å brukes mot nordmennene. Et forsøk på å slå seg gjennom de norske styrkene på Ilevollen påførte nok nordmennene store tap, men svenskene ble tvunget til å trekke seg inn i byen igjen. Men Stiernskiöld var like fast bestemt på å fortsette forsvaret av byen. Den 22. oktober oversendte Reinhold von Hoven og Preben von

I anledning Trøndelags gjenerobring i 1658 ble det slått en gull-medalje i Trondheim. På adversen sees Fredrik 3.s monogram om-kranset av seierspalmer og på reversen de danske løver.

Ahnen en trommeslager med forslag om kapitulasjon, men svaret ble et bestemt nei. «Hermed demitterades trumbslagaren, hafvandes ett godt rus.»

Først 11. desember kapitulerte Stiernskiöld etter forhandlinger som også fra norsk side var tilrettelagt med sans for god forhandlingstaktikk, om en skal tro regnskapsbilagene: «Betalt for 24 kander spanskvin, som de svenske blev tracteret, der var udsendt fra Trundhjem at accordere . . . 24 rdr». Stiernskiöld og hans styrke fikk fri avmarsj og militær honnør. De skulle stå under norske troppers beskyttelse og ha fri befordring og kvarter fram til grensen. Den 17. desember rykket Stiernskiöld med sine soldater ut av byen, og de tapre forsvarerne ble hyllet av de norske seierherrene med salutt på ni kanonskudd og 2500 norske soldater i gevær. Dermed var felttoget i Trøndelag til ende.

Da Jørgen Bjelke hadde fått meldingen om krigsutbruddet, hadde han formet sin «generaldisposition»: offensiv nordafjells, defensiv sønnafjells. Med gjenerobringen av Trøndelag var første del av hans oppgave som øverstkommanderende i Norge løst. Men et spørsmål var ennå uløst: Betydde gjenerobringen en varig gjenforening eller var den bare et kortvarig mellomspill som hans erobring av Jemtland året før. Det spørsmålet skulle avgjøres gjennom fortsatt krig i Danmark, i Sør-Norge og – ved stormaktenes forhandlingsbord i Haag.

Krigen i Danmark og i Sør-Norge

Den andre svenskekrigen i Danmark fikk et helt annet forløp enn den første. Riktignok hadde Karl 10. Gustav den 7. august gått inn til Korsør med 2000 ryttere, 4000 fotfolk og femti kanoner uten å møte motstand, og bare fire dager etter landstigningen stod hans styrker foran Københavns voller. Men overraskelsesmomentet hadde likevel ikke samme virkning som seks måneder før. Mens landgangen i februar hadde skapt lammelse og delvis panikk i hovedstaden, vakte den nå en sterk motstandsvilje. Kongen selv angav tonen med sine berømte ord fra Jobs bok: «Jeg vil dø i min rede.» Forsvaret av hovedstaden ble ledet med fasthet av den tyske offiseren Hans Schack. Folk i byen følte seg som en enhet samlet om det ene målet å bygge ut forsvarsverket rundt staden. Soldater, matroser, studenter, borgere arbeidet på spreng, og kongen fulgte personlig ivrig med i arbeidet. Overalt møtte man samme stemningen: forsvaret av hovedstaden var et forsvar for rikenes fortsatte uavhengighet.

Karl 10. Gustavs overraskende angrep på København dannet innledningen til halvannet års beleiring. Etterretningen om landgangen i Korsør ble i september fulgt av en ny stor skuffelse for Fredrik 3.: Kronborg var tatt av svenskene uten at det var kommet til noen egentlig kamp om festningen. For første gang var inngangen til Sundet kontrollert av svenske styrker.

Men tross beleiringen av København og Kronborgs fall var stillingen langtfra mørk for Fredrik 3. I slutten av oktober klarte en stor nederlandsk flåte å gå gjennom Sundet og dermed bryte blokaden og komme forsvarerne til hjelp. Den 8. februar 1659 gav Karl 10. Gustav ordre om å storme byen, men planen ble røpet av en svensk overløper. Stormen mislyktes og førte til veldige tap for angriperne både når det gjaldt mannskap og materiell.

Nederlenderne var kommet til København sjøveien. Kort etter krigen var brutt ut, rykket brandenburgske, polske og keiserlige styrker inn i hertugdømmene, og tvang Karl Gustavs svigerfar og allierte, hertug Fredrik av Gottorp, til å erklære seg nøytral. Deretter rykket de raskt opp gjennom Jylland, og i mai 1659 falt det siste svenske støttepunktet på halvøya, festningsbyen Frederiksodde. Riktignok opplevde også Fredrik 3. tap og tilbakeslag, men den store rekken av seire ble fullbyrdet da også Fyn ble tatt 15. november 1659. Rapporter fra Norge stadfestet dessuten Jørgen Bjelkes overmodige løfte fra 1657: kongen behøvde ikke bekymre seg «for Norges riges defention».

Fra Karl 10. Gustavs beleiring av København i august 1658. Utsnitt av et kobberstikk i Pufendorfs verk etter en tegning av Erik Dahlberg. Byen er sett fra vest mot Øresund. De svenske troppene i forgrunnen befinner seg der hvor Fredrik 3. noen år senere oppførte Frederiksberg slott. I bakgrunnen sees blant annet Rosenborg slott og Runde tårn, oppført av Kristian 4. henholdsvis i 1608–17 og 1637–42.

Classis Suedica

oosenburgh   16   Vett. Porta Septentrionalis   Templ. S.S. Trinitatis   S. Petr

T.S. Iohann

Stagnum   Pebling
dictum

3

A

Før den andre svenske krigen brøt ut, hadde Karl 10. Gustav planlagt å skaffe seg et sikkert fotfeste i Sør-Norge, og generalmajor Stake, som ble utnevnt til guvernør i Båhus, ble pålagt å lede felttoget. Alt 13. september 1658 rykket han over grensen til Enningdal med 1200 ryttere og 275 fotfolk. En stor del av de norske styrkene, som normalt skulle være stasjonert på Østlandet, var sendt til Trondheim, og i hele østlandsområdet fantes det neppe mer igjen enn 4000 mann. Bare en liten del av disse befant seg i Halden, som var første målet for Stakes operasjoner. I byen fantes det ikke engang en militær sjef, og fogden i Idd og Marker, Peder Olsen Nordmand og toller Matias Bjørn i Halden tok kommandoen, og fikk stilt på bena en styrke på omkring 900 mann. Bare omkring 400 av disse var øvede soldater, resten borgere og bønder. Men styrken gjorde sin nytte. Da Harald Stake rykket fram med sine styrker mot Halden 16. september, ble hans angrep besvart med så kraftig ild fra Peder Nordmands og Matias Bjørns improviserte hær at svenskene etter sju timers kamp ble tvunget til å trekke seg tilbake og igjen rykke inn i Sverige.

I begynnelsen av februar 1659, omtrent samtidig som Karl 10. Gustav planla den første stormen på København, rykket Stake for annen gang inn i Norge med omkring 4000 mann. Men heller ikke nå lyktes det å bryte igjennom. Norske styrker var kommet tilbake til Østlandet etter at Trøndelag var gjenerobret, og Jørgen Bjelke hadde fått tid til å organisere det norske forsvaret i sør. Den 4. februar gikk Stake for annen gang til angrep på selve Halden, hvor Tønne Huitfeldt ledet forsvaret. Den nordre delen av byen ble riktignok brent, men svenskene klarte ikke å trenge over broen til den søndre bydelen. Etter en kort, men heftig kamp måtte Stake trekke seg tilbake, og igjen fant han det nødvendig å bringe sine styrker i sikkerhet bak grensen på svensk side. Det andre svenske angrepet på Halden var dermed slått tilbake.

Etter rekken av store nederlag i Danmark, erobringen av Jylland, gjentatte mislykte stormingsforsøk av København, tapet av Fyn, ble Karl 10. Gustavs interesser rettet sterkere mot Norge, hvor han håpet å vinne kompensasjon for tapene i Danmark. Riktignok var han villig til å gi opp Trøndelag, men til gjengjeld ville han ha Akershus stift og Agdesiden. Disse planene ble bakgrunn for det tredje og største angrepet mot Sør-Norge, hvor Halden atter en gang var første mål. Kommandoen av styrkene ble nå betrodd den 70 år gamle Lars Kagg, som først på nyåret passerte norskegrensen med en styrke på til sammen 4500 mann. De første svenske angrepene mot Halden hadde ført til en omfattende utbygging av forsvarsverkene rundt byen. Creetzenstein, den senere Fredriksten festning, ble den egentlige kjerne i forsvaret, beskyttet mot øst av de to skanseverkene Brådlandsskansen og Rolandsskansen og i vest av forsvarsanlegg på Rødsberget. Da svenskene nærmet seg, overdrog Jørgen Bjelke forsvaret av Halden til en styrke på 2100 mann under ledelse av Tønne Huitfeldt, mens han selv lå med den norske hovedstyrken ved Hafslund. Da en svensk trompeter om kvelden 13. januar oppfordret Huitfeldt til å gi opp byen, ble han avvist bestemt med svaret at man var bestemt på å «maintenere til sidste mand». Den neste dag foregikk den første

Tønne Huitfeldt (1625–77) hadde fra 1659 kommandoen over de provisoriske befestningsanleggene på Creetzenstein ved Halden og forsvarte byen under svenskenes angrep i 1660. Blokkhuset Creetzenstein fra 1645, oppkalt etter oberstløytnant Creetz, måtte etter avståelsen av Båhus forsterkes betraktelig. Tønne Huitfeldt tok betydelig del i arbeidet med å reise vår nye grensefestning mot sør — som fikk navnet Fredriksten.

kampen om Brådlandsskansen, som i første omgang ble tatt av svenskene, men senere gjenerobret av de norske styrkene. Planen om å innta Creetzenstein via Brådlandsskansen ble dermed foreløpig oppgitt.

De neste dagene drev svenskene en form for nervekrig og utmattelseskrig overfor mannskapet på festningen og borgerne i Halden. Den 21. januar inntok de forsvarsverkene på Rødsberget, og fjorten dager senere hindret de Jørgen Bjelke i å komme Tønne Huitfeldt til unnsetning med en styrke på 3800 mann i et slag ved Hunnebunnen i Borge. Dermed anså Kagg tiden moden for et nytt angrep på festningen, og 13. februar forsøkte han for annen gang å storme Rolandsskansen og Brådlandsskansen; men heller ikke nå lyktes det å bryte gjennom de norske forsvarsverkene. Etter at Kagg en uke senere hadde fått nye forsterkninger fra Sverige, gav han sine styrker for tredje gang ordre om å bryte gjennom skanseverkene rundt Creetzenstein, men resultatet ble det samme som ved de to første stormingsforsøkene. Det ble også slutten på Kaggs og svenskenes felttog mot Halden og Creetzenstein. Den 22. februar gav han ordre om tilbaketrekning, og etter et par uker stod ikke en svensk soldat igjen på norsk jord.

Fra svenskene begynte sitt angrep 14. januar 1659 og helt fram til 22. februar, var Halden nærmest for en beleiret by å regne og et fast mål for det fiendtlige artilleri, men intet hadde kunnet knekke motstandsviljen. Avslutningen på det svenske felttoget ble gjennomført med den brente jords taktikk. Byen ble utsatt for et siste heftig bombardement. Sagbrukene og tømmerlagrene i Tistedalen gikk opp i flammer, og etter hvert som svenskene trakk seg tilbake gjennom Enningdalen, ble deres retrettvei markert med gårder i brann.

Jørgen Bjelke hadde lagt opp en klok plan også for forsvaret av Halden, som Tønne Huitfeldt hadde ledet med fasthet og styrke. De norske styrkene støttet av haldensborgerne hadde ved en ubøyelig forsvarsvilje hindret Kagg og svenskene i å bryte gjennom de norske forsvarslinjene. Men når han plutselig 22. februar avbrøt beleiringen av Fredriksten og Halden og trakk seg tilbake til Sverige, lå

Fra beleiringen av Halden 21. januar til 22. februar 1660. Utsnitt av et kobberstikk i Pufendorfs verk. Like til venstre for Tistedals-elvas munning ligger festningsområdet med blokkhuset Creetzen-stein (S). Like øst for det ligger Brådlandsskansen (H) og Ro-landsskansen (I) som svenskene erobret 14. januar. På vestsiden av Iddefjorden sees forsvarsanlegget på Rødsberget (C).

likevel ikke forklaringen på norsk grunn, men på svensk. Den 13. februar var Karl 10. Gustav død, bare 38 år gammel, og med ham var også drivkraften i den svenske krigspolitik-ken borte.

Freden i København

Mens Preussen, Brandenburg og Polen hadde støttet Danmark direkte militært i krigen mot Sverige, inntok de tre vestmaktene Frankrike, Nederland og England fra våren 1659 rollen som megler. Den 11. mai avsluttet de tre etter initiativ fra Frankrike den såkalte første Haag-konserten, hvor de besluttet at Sverige og Danmark-Norge skulle tvinges til å slutte fred på basis av Roskilde-freden, og store nederlandske og engelske flåtestyrker som alt lå ved Sundet, skulle om nødvendig tvinge partene til å godta meglingen. Både Fredrik 3. og Karl 10. Gustav reagerte negativt på det vestlige initiativet. Fredrik 3. skrev til Generalstatene at traktaten ville bety ødeleggelse av hans riker og land. Karl Gustav mente seg behandlet som en skolegutt og ikke som en konge, og forlangte å få Norge og Kronborg for å slutte fred.

Den 14. og den 25. juli ble den andre og tredje Haag-konserten inngått etter forhandlinger mellom Nederland og England med Frankrikes stilltiende godkjenning. Målet var som ved den første Haag-konserten å tvinge Fredrik 3. og Karl 10. Gustav til å slutte fred; men på ett punkt var det foretatt en viktig endring. Mens Roskilde-freden etter den første Haag-konserten skulle legges til grunn for freden, bortsett fra bestemmelsen om at Østersjøen skulle stenges for fremmede krigsskip, inneholdt den andre og tredje Haag-konserten løfter om at Fredrik 3. skulle få beholde Trøndelag og Romsdal.

Men heller ikke den andre og den tredje Haag-konserten førte til umiddelbart resultat. Karl 10. Gustav var rasende og ville ikke høre tale om megling. Truende vendte han seg mot den nederlandske gesandten idet han slo på sin kårde med ordene: «Hvis De vil lage prosjekter i tillit til Deres flåte, da har jeg noe ved min side til at forsvare meg med.» Fredrik 3. var mer positivt stemt for å motta vestmaktenes megling, og det ble innledet forhandlinger på basis av Haag-konsertene, men forhandlingene ble foreløpig resultatløse. Partene stod for langt fra hverandre.

Etter Karl 10. Gustavs død vant fredspartiet ledelsen i Sverige, og man erklærte seg villig til å slutte fred på basis av Haag-konsertene. Nå var det Fredrik 3. som holdt igjen. Men etter at Danmarks allierte innledet fredsforhandlinger med Sverige og etter fornyet nederlandsk press, så også Fredrik 3. seg tvunget til å gi etter. Den 27. mars 1660 ble forhandlingene, som var avbrutt et halvt år før, tatt opp igjen. Men dermed trer en ny mann inn i sentrum av begivenhetene, Kristian 4.s svigersønn, Norges tidligere stattholder, Hannibal Sehested.

Etter sin ydmykende avbikt i 1651 hadde Sehested oppholdt seg dels i Danmark, dels i utlandet. I august 1658 finner vi ham ved Karl 10. Gustavs hoff. Han ble hyppig gjest ved kongens taffel, og hans hustru omgangsfelle for den svenske dronningen. Det betydde at Sehested lovet Karl Gustav troskap i alt han kunne bruke ham til, og løftene fant sin naturlige bakgrunn i den sterke stilling Karl Gustav da hadde. Karl Gustav svarte med å love den gamle stattholder «retablissement». Men etter som krigslykken snudde seg for Karl Gustav, kom Sehested mer og mer til å søke å komme til forståelse med Fredrik 3. og igjen gå i dansk tjeneste, og mulighetene åpnet seg under fredsforhandlingene våren 1660. Etter et langt og innviklet forspill stod han 25. april 1660 i København med kongelig tillatelse, og i løpet av noen få dager skiftet han rolle fra å være kongen av Sveriges mann til å bli dansk forhandler. Takket være ham lyktes det igjen å bringe fart i fredsforhandlingene, som ble avsluttet med fredstraktaten i København 26. mai 1660.

Ved freden i København, som i hovedtrekkene ble utformet i samsvar med Haag-konsertenes retningslinjer, ble grensene i Norden fastlagt for fremtiden. For Fredrik 3. var også København-freden et stort nederlag om man sammenlignet den med stillingen før han utstedte krigserklæringen 1. juni 1657. Sveriges stormaktsstilling var ytterligere styrket ved at Sverige fikk beholde Båhuslen og de skånske landskap. Gottorp forble en selvstendig stat, og de ekteskapsbånd som var knyttet mellom Karl 10. Gustav og hertug Fredriks datter, skulle få sin naturlige utvidelse i en

71

NORDEN ETTER FREDEN
I KØBENHAVN 1660

politisk allianse. De neste femti årene skulle et sterkt redusert Danmark ligge i en knipetang med stormakten Sverige på den ene siden og et fiendtlig Gottorp på den annen.

Sammenlignet med Roskilde-freden betydde freden i København en seier for Fredrik 3., og seieren hadde først og fremst betydning for Norge. Landet skulle atter samles. I samsvar med den andre og tredje Haag-konserten skulle Trøndelag og Romsdal høre til Norge. Jørgen Bjelkes vel planlagte gjenerobring i 1658 skulle få sin politiske stadfesting ved freden i København.

Bortsett fra Gottorps stilling ble grensene i Norden ved freden i København fastlagt for fremtiden. Fram til 1657 hadde det dansk-norske dobbeltmonarkiet ligget som en nesten sammenhengende halvring omkring Kattegat og Skagerrak. Nå ble riket delt i to deler, atskilt med et bredt havbelte, Skagerrak og Kattegat. Sør for dette beltet lå rikets kontinentale deler, Danmark og hertugdømmene, nord for beltet rikets atlantiske deler, Norge og de gamle skattlandene Færøyene, Island og Grønland.

Ved de to svenskekrigene og freden i København hadde Fredrik 3. måttet avstå store deler av sine riker. For så vidt betydde krigen et stort nederlag. Men fra kongens synspunkt skulle krigene på det indre plan bety en seier og føre ham langt nærmere et mål som for ham tidligere neppe hadde vært mer enn en kjær drøm, arve- og enevoldsmakten.

Adelsveldets fall og eneveldets innførelse

Da freden i København ble inngått 26. mai 1660, var Danmark og Norge fattige land preget av krigens herjinger. Hardest var det gått ut over Danmark. Hovedstaden hadde lidd under ett og et halvt års blokade, stillstand i handelen og bombardement av fiendtlige kanoner. Sjælland og Fyn og Als hadde vært skueplass for store militære oppgjør, utskrivninger av mat og innkvartering av soldater. Verst var likevel Jylland rammet. Først hadde svenskene rykket inn på halvøya, og hatt sitt underhold der bortimot et år. Og da de

73

ble drevet bort, ble de fulgt av Danmarks allierte, branden-
burgerne og fremfor alt polakkene, som hadde fortsatt her-
jingene, samtidig som de brakte med seg en epidemi som
krevde titusener av liv. Store områder nord for Kongeåen
ble på det nærmeste liggende øde, og folketallet i hele lan-
det ble redusert med mer enn et hundre tusen mennesker.

Sammenlignet med Danmark hadde Norge sloppet rela-
tivt lett fra krigen, men også her var det mange vitnesbyrd
om at den hadde kostet. Bare en mindre del av landet hadde
opplevd regulære krigshandlinger, Trøndelag og først og
fremst Halden-området. Men om en hadde besøkt den en-
kelte bygd, den enkelte gård også utenfor dette området,
ville en ha fått sterke vitnesbyrd om at krig var krig. Mens
bybefolkningen hadde sloppet med relativt små skatter, var
det motsatt med bygdene. Neppe noen gang i den lange for-
eningstiden – selv ikke under Sehested-feiden – hadde skat-
tetrykket vært så stort. I 1656 ble det utskrevet en skatt på 6
riksdaler av hver fullgård og tilsvarende for halv- og øde-
gårder. Det samme skjedde i 1657. I 1658 ble det i tillegg til
kontribusjonsskatten på 6 riksdaler skrevet ut en kvegskatt
på alt kveg i hele landet. I 1659 ble kontribusjonen fordob-
let til 12 riksdaler for hver fullgård. Hver husmann eller
strandsitter måtte betale 2 riksdaler, hver håndverker på
bygdene 4 riksdaler, hver ledig kar 2 riksdaler, hver fisker
8 riksdaler. Bare i Nord-Norge ble allmuen «forskånet for
halv skat».

En ting var skattetrykket, noe annet de store utskrivnin-
gene som fulgte med krigen. Under den første krigen i 1657
var det utskrevet omkring 13 000 soldater i Norge som dels
gjorde tjeneste her nord, dels i Danmark, 13 000 soldater
– det var fire årsklasser av den beste arbeidskraften i lan-
det. Nå vendte uten tvil en stor del av de utskrevne hjem et-
ter Roskilde-freden, men mange falt i slag og trefninger, og
et langt større antall døde som følge av sykdom og kulde,
slik Gregers Krabbe har skildret forholdene for sin styrke
etter et innfall i Sverige: «Dog desverre udi den marsj blev
meget av voris folk, offiserer og andre, af frost fordervede,
hvoraf en del strax døde og en del så fordervede, at di ald-

rig igien til derris førlighed kand komme.» Krigsutbruddet
høsten 1658 førte til nye store utskrivninger til styrkene i
Norge, samtidig som det årlig ble sendt et par tusen mann
eller omlag en halv årsklasse til tjeneste i København. Den
28. desember 1658 fikk for eksempel stattholder Nils Trolle
i oppdrag å skrive ut «300 dygtige Soldater, som vi til vores
livregimente ville bruge». Vel en måned senere fikk Niels
Rosenkrantz ordre om å reise til Norge for å skaffe ytterli-
gere 600 «velklædte og vel exercerede soldater» til «at recru-
tere vores livregimente til fods». Vel en måned deretter fikk
en rekke lensmenn ordre om å skrive ut til sammen «1500
dygtige og erfarne bådsfolk» som «uden ophold og forsøm-
melse» skulle sendes til Danmark. I Trøndelag, Nordmøre
og Romsdal gjorde dessuten svenskene sine innhogg i de
kampdyktige årsklassene. De 1400 soldatene som det lyktes
å skrive ut sommeren 1658 og ble sendt til Livland, tilsvarte
to hele årsklasser, eller omkring 60 000 mann om en hadde
foretatt en lignende utskrivning på landsbasis idag.

Går en fra de folketomme bygder nord for Kongeåen,
fra det herjede Jylland, fra det utarmede Norge til rikets
rentekammer i København, blir bildet det samme. Krigen
hadde kostet. Selve krigen hadde ført til en enorm økning i
statsutgiftene; samtidig var skattegrunnlaget skrumpet ka-
tastrofalt sammen ved at store deler av landet ble besatt dels
av fiendtlige styrker, dels av allierte hjelpestyrker som også
skulle ha sitt underhold. Selv om skattene i Norge ble drevet
opp til større høyder enn noen gang før, slik at de til dels
fikk karakter av en utplyndring, fløt det små summer inn til
rentekammeret. Krigen var i stor utstrekning finansiert med
forskudd av penger og varer fra store finansmenn, som ble
anvist betaling for sine utlegg i de inntekter som i kommen-
de år ville flyte inn i form av skatt og toll i Norge. Dette be-
tydde igjen at tross de store skattene i Norge fløt mindre
og mindre summer inn til de to landkistene i Norge, en i det
nordafjelske og en i det sønnafjelske og til rentekammeret i
København. Da krigen sluttet, hadde rikene en gjeld på 5
mill. riksdaler, og den ville ha vært enda større om alle ut-
giftspostene hadde vært gjort opp og tatt med.

Krigen hadde ført til en alvorlig finanskrise som måtte løses. Det visste kongen. Det visste riksrådet. Dette ble bakgrunnen for at de danske stendene ble innkalt til møte i København 10. september 1660, og dette ble igjen støtet til adelsveldets fall og eneveldets innførelse.

Gamle idealer, nye realiteter

Ved kongevalget i 1648 hadde riksrådet bundet Fredrik 3. med en så streng håndfestning at en måtte helt tilbake til Fredrik 1. for å finne en strengere. Seieren over den danske landadelen året etter og Ulfeldts og Sehesteds fall hadde ytterligere styrket dens makt, og da stendene trådte sammen 10. september 1660, syntes riksrådets og adelens maktstilling like grunnfestet som før. Fremdeles eide adelen bortimot halvparten av Danmarks jord, og hadde utstrakte høyhetsrettigheter, hals- og håndrett, patronatsrett og birkerett – rett til å tilsette dommere. Den hadde skattefrihet for sine hovedgårder, avlsgårder og sine ukedagsbønder, og hadde som før eneretten til å inneha len og til å bli medlem av riksrådet. Håndfestningen var fortsatt rikets grunnlov som Fredrik 3. var bundet til å følge, og når han gikk bort, skulle riksrådet utforme en ny håndfestning som skulle være rikenes grunnlov for den neste kongens regjeringstid. Adelsveldet syntes fortsatt urokket.

Men tross dette var riksrådets og adelens stilling på mange måter svekket. Gjennom generasjoner var det foregått en uthuling av grunnlaget for dens makt. Mens den svenske adelen hadde kunnet fornye seg ved adling av borgerlige, var den danske adelen eksklusiv og skrumpet tallmessig sammen. I 1660 var tallet på adelsslekter ikke stort mer enn 120, og adelen var splittet i en relativt fattig landadel, og en mektig og fåtallig høyadel, som innehadde mengden av adelsgodset, satt som medlemmer av riksrådet og ble lensmenn i de store lenene. Under oppgangstiden på 1500-tallet og begynnelsen av 1600-tallet hadde den danske adelen lagt opp til en standard når det gjaldt herreseter og omgangsformer som den ikke hadde muligheter for å opprettholde

*Ulrik Frederik Gyldenløves palé i København er et av de mange
herreseter den danske adelen lot oppføre på 1500- og 1600-tallet.
Det ble oppført i 1672–83 ved Kongens Nytorv. Til høyre sees
Niels Juels palé og hans admiralskip lengst inne i Nyhavn, som
ble utgravd på denne tid. Utsnitt av Jacob Conings maleri fra
1694.*

uten å sette seg i gjeld da prisstigningen omkring 1630 ble
avløst av et prisfall. Det var derfor ikke bare en fåtallig
adel, men også en økonomisk sett svekket adel som møtte på
stendermøtet i 1660.

Et viktig fundament for den danske adelens maktstilling
lå i de store godskomplekser, et annet i den plass den inn-
tok i rikets lokalforvaltning. Fra gammelt av hadde den lo-
kale statsforvaltning vært oppdelt etter territorielle skille-
linjer, i len, og i lenet hadde den adelige lensmann vært
knutepunktet som utøvde de fleste av statens funksjoner.
Han hadde stått for innkreving av skatt og toll, hadde hatt
tilsyn med rettsvesen og kirkegods, og var den øverste mi-
litære myndighet innen sitt forvaltningsområde. Han repre-
senterte lenet overfor stat og konge, og staten overfor lenet.

Den veldige økning i statens virksomhet i hundreåret fram til 1660 hadde kunnet skje takket være rask økonomisk vekst, en veldig økning i statens inntekter og en utstrakt sentralisering av rikets styre. På lokalplanet hadde dette ført til en omfattende reduksjon i den adelige lensmannens stilling. Forholdet mellom ham og hans underordnede var blitt endret. Fogdene var ikke lenger bare hans tjenere, men også kongens. Tollvesenet stod under egne tollforvaltere, uavhengige av de adelige lensmenn. Geistligheten inntok en langt mer betydningsfull plass i samfunnet enn i mannsalderen etter reformasjonen, og begrepet superintendent holdt på å vike plassen for det gamle og langt mer respektinngytende biskop. Men størst var skillet på det militære plan.

«Hvorfor er vi herremenn? hvorfor bærer vi gullklær og eier jordegods og vil være ypperligere og høyere aktet enn andre?» lød Herluf Trolles berømte spørsmål 150 år tidligere. Han gav selv svaret. «Jo derfor at når konge og land har det behov, da skal vi rigets fiender afverge.» Disse ordene gir et tilnærmet riktig bilde av situasjonen i Herluf Trolles tid, men ikke i 1660. Den gamle krigeradelen var blitt en godseier- og embetsadel. Dette var blitt dokumentert under de to svenskekrigene som førte fram til freden i København. Det var ikke adelige rytteravdelinger som hadde forsvart landet mot Karl Gustavs overgrep, men vervede styrker og utskrevne knekter. Det var nok enkelte adelsmenn som hadde hatt viktige kommandostillinger, som Jørgen Bjelke, men de fleste av offiserene var tyske. Holsteneren Hans Schack var blitt øverstkommanderende i Danmark etter den gamle riksmarsken Anders Bille, tyskeren Ernst Albrecht Eberstein øverstkommanderende i hertugdømmene. Adelen hadde mistet selve det hovedfundamentet Herluf Trolle viste til da han forsvarte de adelige privilegier.

I hundreåret fram til 1660 var det således foregått en stadig videregående utvidelse og sentralisering av statens virksomhet i Danmark som i andre land i Vest-Europa. Dette hadde fått konsekvenser ikke bare for styret på det lokale plan, men også når det gjaldt rikets sentralforvaltning. I Frankrike hadde man funnet fram til en løsning med statssekretærer som fungerte nærmest som departementssjefer, som var direkte knyttet til kongen og foredrog alle viktige saker for ham. I mange land, som i Sverige, hadde kollegie-ordningen seiret. Mens alle saker tidligere var gått til et fel-les rikskanselli som i København, ble de nå gruppert etter fag, og de forskjellige saksgruppene ble overlatt til et kollegium, en samling av politikere og fagfolk, til drøfting; og først etter det var skjedd, gikk sakene til riksråd eller stats-overhode til endelig avgjørelse. Formene for kollegiestyre

Tyskeren Hans Schack (1609–76) hadde tjent under Kristian 4. i Trettiårskrigen, men gikk i 1630 i svensk tjeneste og i 1635 i fransk. Truet av stadig nye svenske fremstøt, anmodet Fredrik 3. denne profesjonelle kriger – som da var kommandant i Hamburg – om igjen å gå i dansk tjeneste. Etter løfter om både ære og rik be-lønning kom Hans Schack til København i 1658. Utsnitt av et sam-tidig maleri.

varierte fra land til land, men hovedprinsippet var overalt det samme: sakenes oppdeling etter fag, og behandling av et utvalg, et kollegium, av fagfolk.

Også i Danmark-Norge hadde man satt ned utvalg for å utrede enkelte spørsmål, og det generalkommissariatet som Hannibal Sehested hadde organisert på Akershus i 1647 var ordnet etter kollegiale prinsipper. Men i rikenes sentralforvaltning ble alt som før. Der lå det daglige styret i hendene på riksembetsmennene, som et hundreår før. Midtpunktet i rikets sentralforvaltning var kongens kansler; han var sjef for det danske kanselliet, som var rikets eneste ekspedisjonskontor ved siden av det tyske kanselli, som behandlet saker for hertugdømmene og en rekke utenriksspørsmål. Kansleren fungerte som en slags statsminister, og laget utkast til de viktigste lover og forordninger som gikk ut fra kanselliet. Den mektigste mannen i rikets sentralforvaltning var kanskje rikshovmesteren, som var sjef for rentekammeret, og fungerte nærmest som en slags finansminister. Landmilitæretaten var underlagt en riksmarsk og flåten en riksadmiral. Det var således foretatt en slags oppdeling av sakene mellom riksembetsmennene, men grenselinjene var langtfra klare, og de hadde alle det danske kanselli som det felles ekspedisjonskontor.

Og i det danske kanselli satt de adelige kansellijunkerne som en mannsalder før, og førte inn alle utgående skriv i de gamle protokollene med påskriftene Sjællandske, Skånske, Smålandske, Jydske og Norske Registre og Tegnelser. Et kort besøk var nok til å konstatere at den gamle forvaltningsordningen holdt på å bryte sammen. Saksmengden hadde i løpet av 1600-tallet økt slik at sekretærene ikke lenger klarte å følge med, og det hele nærmet seg kaos. I 1652 holdt kansellijunkerne på å skrive av i de respektive Registre og Tegnelser konseptene til de brev som var gått ut på den tid Kristian 4. døde. I 1658 manglet de seks år på å være à jour. Enda verre var det i det tyske kanselli. Der var de i 1660 beskjeftiget med å føre inn brevene fra 1648. Og som med det ytre formelle kontorarbeidet, var det med selve saksbehandlingen. Kompetanseforholdene mellom de

forskjellige riksembetsmennene var uklare og skapte grunn-
lag for rekker av rivninger. Det meldte seg dessuten et sta-
dig stigende behov for folk med faglig innsikt. Så lenge
saksmengden hadde vært forholdsvis liten og stort sett ens-
artet, hadde de sentrale forvaltningsorganene og riksrådet
kunnet løse de oppgavene som meldte seg. Men i 1650-årene
hadde rikene fått en hær, de hadde en relativt sett stor flå-
te, et stort og fremfor alt innviklet finansvesen. Det var alt
sammen områder hvor det trengtes fagkunnskaper. Men det
hadde ikke medlemmene av riksrådet. De hadde forstand
på lensstyre, på godseiervirksomhet, på stallfôring av ok-
ser. Men de fleste av dem hadde ikke tilsvarende viten når
det gjaldt moderne hærvesen, en moderne flåte, et innviklet
tollvesen, et komplisert finansvesen. Det trengtes således i
høyeste grad en nyordning og effektivisering av rikets sen-
tralforvaltning, men dette strandet på riksrådets bestemte
motstand. Det å trekke inn fagfolkene, ekspertene i rike-
nes styre, ville nemlig bety det samme som å trekke inn bor-
gerlige i det sentrale forvaltningsapparatet, og det represen-
terte igjen en alvorlig trusel mot den monopolstilling adelen
hadde i rikets styre.

Men tross riksrådenes betenkeligheter måtte en nyordning
av rikets styre tvinge seg fram med sin egen tyngde. I 1654
gikk riksrådet således med på at det ble opprettet et admira-
litetsråd, som året etter ble omdannet til et admiralitetskol-
legium, og på nyåret 1658 ble det også organisert et krigs-
kollegium. I begge kollegiene fant man ikke bare adels-
menn, men også fagfolk med borgerlig opprinnelse. Men
det er betegnende at riksrådet ikke ønsket å gi de nye kol-
legiene en selvstendig stilling. Begge ble støpt inn i det gam-
le forvaltningsapparatet, og også de fikk det danske kanselli
som ekspedisjonskontor.

Under krigene hadde admiralitetskollegiet og fremfor alt
krigskollegiet fått store oppgaver til behandling, og våren
1658 synes riksrådet endog å ha vært inne på tanken å inn-
føre et stenderstyre. Men etter freden i København var av-
sluttet, gikk de to kollegiene igjen mot sin oppløsning, og
planen om en revisjon av rikets sentralforvaltning ble de-

finitivt skrinlagt. Da stendene trådte sammen 10. september 1660, fikk de bare den finansielle krise og spørsmålet om en konsumpsjonsskatt til behandling. Forslaget om at konsumpsjonsskatten skulle betales av alle stender for å redde riket ut av den kaotiske finanskrise, stilte den menige adel seg bestemt imot. Den kunne nok som før gå med på å yte frivillige bidrag til staten, men den ville ikke gi opp sin skattefrihet. Men nå skulle adelens protest bare bli en demonstrasjon, det første skritt mot en statsomveltning.

Kongen hadde sterke allierte på stendermøtet, representantene for byene og prestestanden, og han hadde også militære maktmidler som kunne brukes i et eventuelt oppgjør med riksråd og landadel.

Krigens kontraktører og statens kreditorer

Mens den danske adelen i løpet av 1600-tallet var skrumpet tallmessig inn og til dels sunket ned i stor gjeld, hadde borgerskapet fått en stadig stigende betydning. Det gjaldt provinsbyene i Danmark. Det gjaldt i enda sterkere grad byene i Norge, som relativt sett hadde vokst raskere enn de danske byene, først og fremst på grunn av trelasthandelen og sagbruksdriften. Det gjaldt først og fremst København, som inntok en ubestridt lederstilling både fordi den var rikenes hovedstad, og fordi den hadde et folketall på bortimot det tredobbelte av rikenes nest største by, Bergen.

Mellom konge og borgerskap hadde det lenge hersket et visst makkerskap som vesentlig bunnet i motsetning til adel og riksråd. Kongen følte sin egen maktstilling beskåret gjennom de mange oppgaver som var tillagt riksrådet, og vurderte borgerne høyt for den stadig stigende betydning tollen fikk for statskassen. Borgerne så med forbitrelse på adelens store privilegier og dens monopolstilling i rikenes styre. Dette fellesskapet mellom konge og borgerskap hadde kommet klart til uttrykk alt på stendermøtet i Rye i 1628. Det var blitt dokumentert under kongevalget i 1648 og under tronfølgervalget to år senere. Det skulle fremfor alt manifesteres under krigene 1657–60, både militært og finansielt.

København slott var gjennom hele 1600-tallet den kongelige ho-
vedresidens og sete for sentraladministrasjonen. Hele bygnings-
komplekset er sterkt preget av et utall om- og påbygninger gjen-
nom 200–300 år (se illustr. bd. 5, s. 285). Til venstre for hoved-
tårnet sees Blåtårn hvor Leonora Christine satt innesperret i 22 år,
og i bakgrunnen skimtes Børsen reist i renessansestil under Kris-
tian 4. I 1731 ble slottet revet for å gi plass til Christiansborg.

Alt dagen etter Karl Gustavs landstigning på Sjælland
ble stendene i København kalt sammen til et møte på slottet
hvor rikshovmesteren skildret den fare som truet byen og
landet, og oppfordret stendene til å støtte opp om byens
forsvar. Borgermester Hans Nansen talte på vegne av borger-
skapet, og har uten tvil gitt uttrykk for at nye rettigheter for
byen ville være det beste middel til å vinne borgernes støtte.
Resultatet ble vidtrekkende privilegier for København, bor-
gernes lojale iver for å forsvare hovedstaden og utstrakt
støtte når det gjaldt finansieringen av krigen.

Rikets finanser var selv så sent som i 1650-årene innvik-
lede og uoversiktlige. Rentekammeret var det egentlige fi-
nansdepartement, hvor mesteparten av inntektene fra ulike
deler av riket fløt inn. Dessuten hadde kongen fortsatt sin

Hans Nansen (1598–1667) var født i Flensborg og kom tidlig til sjøs. 23 år gammel gikk han inn i det «Islandske Kompagni» i København. I løpet av få år ble han en av hovedeierne av kompaniet og en av Københavns betydeligste kjøpmenn. I 1644 ble han byens borgermester og i 1660 Københavns første president. Utsnitt av et samtidig maleri.

personlige kasse hvor blant annet Øresund-tollen var den viktigste inntektskilde. Men langtfra alle inntekter som ettertiden ville betegne som statsinntekter kom til rentekammeret eller ble disponert derfra. Prestene hadde sine prestegårder, fikk landskyld av mensalgodset, offer og andre inntekter. Fogdene og sorenskriverne fikk sportler, og hadde slik som offiserene embetsgårder, og verken sportler eller inntekter av embetsgårder gikk inn i rentekammerets regnskaper. Det gjorde heller ikke de byrder som hvilte på bøndene i form av skyssplikt, utrustning av soldater fra legdene og lignende. Ofte ble også embetsmenn eller kreditorer anvist betaling på en eller annen kasse uten at dette gikk inn i de ordinære statsregnskapene.

Tross den store økning av skatt og toll som hadde skjedd i løpet av første halvpart av 1600-tallet, hadde rikshovmesteren stått overfor en nesten permanent finanskrise, og da krigen brøt ut i 1657, ble det med ett skapt et nytt og akutt behov for penger. Det trengtes veldige beløp til hær og flåte, til våpen, utstyr og mat, til betaling av offiserer og vervet mannskap. Både i Danmark og Norge ble stendene kalt inn for å bevilge ekstraordinære bidrag, og skattesatsene ble høyere enn noen gang tidligere. Men tross dette ble de samlede inntektene i form av toll og skatt sterkt redusert fordi store deler av Danmark ble besatt av fiendtlige styrker. I denne situasjonen måtte kongen vende seg til store forretningsmenn som hadde penger eller kreditt i utlandet og slutte avtale med dem om leveranser og varer eller om lån i kontanter. Det var menn som Henrik Müller, sønn til en kjøpmann i Itzehoe i Holsten, som hadde gjort sin karriere innen det statlige embetsverket i København, kombinert med privat forretningsvirksomhet. Det var en Joachim Irgens, også fra Itzehoe, som i likhet med Henrik Müller hadde slått seg opp ved hoff- og statstjenester, og som fra 1646 faktisk satt som eneeier av Røros kopperverk. Det var de tre brødrene Marselis, Gabriel, dansk resident i Amsterdam, Leonard, dansk resident i Hamburg og Selius, som fra 1646 dels var bosatt i Kristiania, dels i København. Alt fra slutten av 1630-årene hadde familien Marselis hatt utstrakte forretningsforbindelser med Kristian 4., og de kom ved siden av menn som Henrik Müller og Joachim Irgens til å spille en hovedrolle når det gjaldt finansieringen av krigene 1657–60.

Alt før krigen brøt ut, tok rikshovmesteren kontakt med denne kretsen av store kapitalister for å løse de akutte pengebehov krigsforberedelsene skapte, og deres støtte ble en nødvendig forutsetning for at ikke alt skulle bryte sammen. I slutten av november 1657 tok for eksempel Henrik Müller, Poul Klingenberg og de tre Marselis'ene på seg oppgaven å forsyne en armé på 10 000 mann for et halvt år. En måned senere fikk Henrik Müller og Marselis'ene i oppdrag å skaffe ammunisjon til Frederiksodde for 32 673 riksdaler. Og slik fortsatte oppdragene i rask rekkefølge. De store kontraktørene skaffet varer og forsyninger, og fikk til gjengjeld anvist, assignert, penger på ulike kasser. Den 21. januar 1658 ble Müller og Selius og Gabriel Marselis anvist 32 673 riksdaler av Bergens kommissarietoll. Kort etter ble de samme tre anvist 136 000 riksdaler i dansk og norsk

Gabriel Marselis (1609–73) var en yngre bror av Selius (se bd. 6, s. 432) og i likhet med ham stor spekulant og finansmann. Det er blitt sagt om ham at han «gjerne ville seile gjennom helvete for profittens skyld». Gabriel Marselis fikk blant annet utstrakte privilegier i bergverksnæringen og ble eier både av Bærum verk og av Eidsvoll verk. Maleri av Pieter Nason fra 1669.

toll. Den 26. juli 1658 ble Henrik Müller assignert Langesunds toll «indtil han for hans ordring efter derom oprettede contract tilfulde betalt vorde». Slik fulgte kontrakt på kontrakt, assignasjon på assignasjon. Støtten fra de store finansmennene ble selve livsnerven i den danske krigføringen.

De kontrakter rentekammeret måtte gjøre med Henrik Müller, Joachim Irgens, brødrene Marselis var ikke billige, vurdert fra statens synspunkt. Men det fantes ikke noe valg. «Endog varene nogit høit er opskrevne, så haver vi dog efter lang tinging det ikke anderledis kunde nåit, og erakte rådeligere såledis med vederheftige kiøbmænd at handle, end arméen at lade mangle,» skrev et forhandlingsutvalg til rikshovmesteren da de la fram en kontrakt med Müller, Marselis'ene og Klingenberg om forsyninger til hæren.

Den samme tvangssituasjon ble rentekammerets sjef stilt overfor gang på gang. Og når det ikke lenger var tollinntekter og skatteinntekter å gi anvisning på, måtte man yte långiverne vederlag i form av utstrakte privilegier, som dem Gabriel Marselis fikk 13. mai 1657 på kopperverk i Meldalen, eller ved avståelse av jordegods, som da stattholder Nils Trolle i 1658 fikk ordre om å la Selius Marselis få jordegods i betaling for en leveranse på 41 248 riksdaler.

Assignasjon på fremtidens inntekter, utdeling av vidtgående privilegier og avståelse av jordegods måtte på lang sikt bli skjebnesvangert for kronen. Men i 1657, -58 og -59 var det nødvendig om det overhodet skulle være mulig å fortsette krigen, slik det ble uttrykt i et brev til Nils Trolle 28. februar 1659. Det var kongen «høylig angelegen, at bemeldte Selius Marselis ved ære og credit bliver erholdet, eftersom han os altid stor tjenst haver og fornemmelig udi den nu varende krig, da han os med anselige summer bare penger forstrakt haver, på de tider da vi ingen anden steder hverken penge eller credit kunde bekomme».

Ingen av de største kontraktørene møtte på stendermøtet i København, men borgerrepresentantene i stenderforsamlingen visste hva borgerskapet hadde betydd under krigen. Borgerne i København hadde deltatt i forsvaret av hovedstaden. Borgerne hadde skaffet staten penger og forsyninger når alle andre inntektskilder var stengt og stod nå som statens store kreditorer. Borgerskapets plass i den politiske kamp mellom konge og riksråd var gitt; nå mer enn noen gang stod det på kongens side mot riksråd og den høyt privilegerte adel.

Guds tjenere og kongens støtter

I løpet av de mer enn hundre årene som var gått siden reformasjonens innførelse, var det skjedd en dyptgripende endring i prestestandens stilling. Den kirken som var grunnlagt ved reformasjonen i Danmark og Norge, var en statskirke for så vidt som kongen fastsatte de trossetninger kirken skulle bygge på og sikret både prester og kirker underhold ved avkastning av lokalt kirkegods, tiende, offer osv. Men statsmakten avstod fra å gripe inn i kirkens daglige gjerning, bortsett fra at lensmennene førte tilsyn med kirkegodset. Valget av superintendenter ble overlatt til prestene i stiftsbyene, valget av prester ble lagt i menighetenes hender, bortsett fra i de prestegjeld hvor en adelsmann hadde patronatsrett. I formen kom menighetenes fri valgrett til å bestå helt fram til 1660. I den store recessen fra 1643 ble det således uttrykkelig slått fast at soknefolket ikke måtte fratas «deres fri rettighed og kald». Så sent som i 1659 heter det i et missive til bispene i Norge om presteansettelser at de måtte ha tilsyn med «at alting går lovligt til efter ordinansen og forordningen». Men det er karakteristisk for det skiftet som holdt på å foregå, at disse ordene kom som avslutning på et brev som i sine konsekvenser pekte i motsatt retning. Allerede ved begynnelsen av 1600-tallet var det vanlig at kongen begynte å utnevne biskoper, selv om det forekom helt fram til 1660 at de ble valgt av prestene. Det første store og vidtrekkende inngrepet i menighetenes frie valgrett kom med missivet av 1629, som påbød at alle som skulle ansettes som prester, skulle være uteksaminert fra universitetet. Formelt hadde nok menighetene fortsatt rett til å velge prest, men valgmulighetene ble beskåret. Det skjedde dessuten stadig hyppigere at kongen anbefalte enkelte kandidater eller grupper av kandidater til ansettelse. Den 16. september 1659 for eksempel fikk biskopene i Norge, Fyn og Jylland ordre om «fremfor andre at befordre til kald og anden leilighed studenter, som i Københavns beleiring har holdt vagt», og som kunne fremvise «Mogens Krags testemonium om deres

---

1600-tallets og begynnelsen av 1700-tallets kunst er overalt i Europa preget av barokken. I vårt land er Anders Smiths prekestol i Stavanger domkirke et praktfullt eksempel på denne stilarten.

Vår betydeligste barokkmaler – Elias Fiigenschoug (virksom i Bergen ca. 1630–60) – har malt dette bildet av sokneprest Thomas Samuelsen Uro, hans hustru og deres barn omkring 1650.

gode forhold». Men det å ha en kongelig anbefaling når man søkte et prestekall, var i praksis ensbetydende med en utnevnelse. Ingen menighet kunne sette seg ut over et kongelig anbefalingsbrev.

Bak denne utviklingen møter man kongemaktens ønsker om å gripe inn og regulere. Geistligheten kunne brukes i det utstrakte kontrollapparatet som ble bygd ut for å sikre at kronens inntekter ikke ble underslått. Ord om lydighetsplikt mot kongen kunne også flettes behendig inn i prestenes betraktninger over lydighetsplikten mot Gud.

Kongens ønsker om å knytte geistligheten fastere til seg, ble av prestene møtt med ønsket om å styrke sin egen stilling både overfor adelen og allmuen. Superintendentene kunne nok reagere når kongen grep inn i deres lovbestemte rettigheter. Men det finnes neppe noe vitnesbyrd om at de stilte seg avvisende når det gjaldt å innskrenke allmuens rett til å velge prester. Kongen og superintendentens ønsker falt her sammen. Og bak dem stod hele kretsen av universitetsutdannede prester, som ikke ønsket å «drikke sig en rus» med bøndene eller love dem «et stykke ager eller eng» eller kjøpslå om en presteenke for å bli valgt. Et anbefalingsbrev fra kongen fritok dem fra alt slikt.

Når prestestanden med biskop Hans Svane i spissen på stendermøtet i 1660 stilte seg med front mot adelen og samlet seg om kongen, var ikke dette noe nytt. Prestene i Norge hadde ved hyllingen i 1648 klart omtalt Fredrik 3. som arving til Norge, og prestestanden i Danmark hadde sammen med borgerne ved tronfølgervalget i 1650 valgt det nøytrale uttrykket «valgt til regimentet». Under krigen hadde biskopene og prestene mant menighetene til kamp mot fien-

Presteenkers pensjonering ble praktisk ordnet ved at den tiltredende prest overtok den tidligere prests enke samtidig med embetet. Det fortelles at to prestekoner i Danmark holdt ut med henholdsvis tre og fire prester hele 1600-tallet til ende! Dette maleriet fra Fakse kirke i Danmark viser den vakre prestekonen Anne Jensdatter med sine to prester – døde i 1650 og 1670.

Prestens oppgave, den-gang som nå, var blant annet å være sjelesør-ger for forbrytere. Her gir presten absolusjon til en ung mann som sitter med føttene i jern. I bakgrunnen tør-ker en kvinne en tåre. Relieff på et trekrus skåret av Halvor eller Samuel Fanden i an-nen halvpart av 1600-tallet.

den. De hadde talt formildende ord om de store skattene. Enkelte geistlige hadde, som biskop Hans Svane, kunnet yte staten store lån under krigen, og var i 1660 en av statens større kreditorer slik som borgermester Hans Nansen. Bor-geren og presten var naturlige allierte i kampen for å bryte adelsveldet. Men når Fredrik 3. kunne tvinge adelen til ka-pitulasjon, betydde det at han hadde en tredje maktfaktor han kunne bygge på ved siden av borgerne og embetsstan-den, en vervet hær under et offiserskorps som stod direkte under kongen.

En hær under Hans Majestets kommando

Begivenhetsforløpet fra stendermøtet ble åpnet 10. septem-ber fram til kongen ble tilbudt arveretten 13. oktober av en enstemmig stenderforsamling, ligger for en stor del i mør-ke. – Bevisst og systematisk hadde Fredrik 3. arbeidet for å styrke sin stilling overfor riksrådet, og et sentralt mål i denne kampen var å få anerkjent arverett til rikene. I 1650 fikk han således valgt sin eldste sønn, Kristian, til tronfølger i Danmark. Det var et klart vitnesbyrd om borgerstandens og

Prins Kristian omkring 1668. Kristian ble hyllet som tronfølger i Danmark i 1650 og i Norge i 1654. To år etter at Abraham Wuchters hadde malt dette rytterportrettet av den 22 år gamle prinsen, etterfulgte Kristian sin far på tronen som Kristian 5.

prestestandens syn at de begge brukte uttrykket «valgt til regimentet». Dermed var det ikke gitt noe positivt utsagn om at valget også skulle gjelde Norge, som kongen betraktet som et arverike. Fire år senere ble også Kristian hyllet som tronfølgearving i Kristiania, men ingen av de norske stendene brukte nå uttrykket arving til Norge, som under hyllingen av Fredrik 3. i 1648. Våren 1658 fikk kongen derimot tvunget igjennom overfor riksrådet at hans mannlige etterkommere skulle ha full suverenitet over den kongelige del av Slesvig, og ved fredsoppgjøret våren 1660, fikk han drevet igjennom at Bornholm ikke lenger skulle høre til kronen, men være Fredrik 3.s og hans slekts arveland. Dermed var han kommet et langt skritt videre mot målet, arverett til kronen.

Det bevarte kildematerialet gir ikke sikre slutninger om hvem som var hovedmannen bak statskuppet høsten 1660, om det var kongen selv eller Hannibal Sehested eller Christoffer Gabel eller eventuelt borgermester Hans Nansen. De lar oss ikke engang ane hvor initiativet egentlig ble tatt, om det var ved hoffet eller i de lavere stender. Vi får bare enkelte glimt inn i det ytre hendelsesforløpet.

Adelens forslag om skattefrihet 11. september førte til at de to lavere stender sluttet seg sammen under navnet «de konjungerede under Københavns frihed». Den 17. september ble det lagt fram fra borgerlig hold et vidtrekkende forslag som ville ha ført til en sosial revolusjon om det var blitt realitet. Under den voksende opposisjonen kapitulerte adelen for forslaget om en konsumpsjonsskatt som skulle betales av alle; men det var for sent.

Det første bevarte forslaget om å tilby kongen arveretten er datert 4. oktober 1660, men det fremgår ikke hvem som stod bak forslaget. Men i dagene som fulgte, må det være ført omfattende diskusjoner om saken både ved hoffet og i de lavere stender. Den 8. september begynte begivenhetene å rulle. I et møte på byens rådhus, hvor Hans Nansen og de andre borgermestrene og rådmennene var til stede foruten et borgerutvalg på 32 mann, ble det besluttet å tilby kongen arveretten. Kort etter holdt de borgerlig deputerte et møte, hvor de umiddelbart sluttet seg til forslaget. Hans Svane talte med varme for planen i prestestanden, men først da prestene fikk kjennskap til at «byernes deputati var alle ens derom», skrev alle i «Jesu navn» under. I et samlet møte formet de to lavere stender et brev til riksrådet og motiverte forslaget om å tilby kongen arveretten, og samme kveld la de forslaget fram for kongen som tok imot dem i den grønne sal på slottet. «Jeg vil læse det igennem, I har leveret mig,» var hans sluttord, «så skal I få besked i morgen.»

Det avgjørende øyeblikk var kommet. Prestestanden og borgerstanden hadde tilbudt kongen arveretten, men riksrådet og adelen hadde ennå ikke gitt sitt samtykke. Alt i 1648 hadde tanken på et arvekongedømme neppe ligget fjernt verken for borgerstanden eller prestestanden; men tross det hadde Fredrik 3. måttet bøye seg, og skrive under den ydmykende håndfestningen adelen forela ham. Nå, høsten 1660, var situasjonen totalt endret. Dengang hadde ikke kongen hatt maktmiddel han kunne bruke overfor riksråd og adel. Høsten 1660 hadde han en stor trenet hær og et korps av yrkesoffiserer som stod direkte under hans kontroll. Takket være deres lojalitet kunne borgerstandens og prestestandens tilbud gjøres til realitet.

Da riksrådet og adelen hårdnakket vegret å slutte seg til borgerstandens og prestestandens forslag, besluttet kongen å sette inn hæren. Natten til 11. oktober gikk det ut ordre til de kommanderende offiserer i alle landsdeler om å holde god vakt og slå ned alle uroligheter. I København ble byens porter lukket, bommer ble trukket for havneinnløpet og alle fartøyer lagt ut på strømmen. Alt ble gjort for å hindre riksrådsmedlemmene og adelen i å rømme; statsomveltningen skulle gjennomføres. Innesperret i et fiendtligsinnet København hadde ikke adelen lenger noe valg. Den måtte kapitulere, og den 13. oktober tilbød Norges stattholder, riksråd Nils Trolle, på vegne av alle stender kongen arveretten. Valgkongedømmets dager var dermed til ende. Men betydde det også slutten på riksrådets århundrelange herskerstilling i rikene?

Det spørsmålet skulle avklares i ukene som kom.

Arverett og enevelde

Da kongen ble overdratt arveretten, var et viktig spørsmål løst, men samtidig var det åpnet et nytt med større rekkevidde, et spørsmål som først fikk sin avgjørelse den 17. oktober: Hva skulle en gjøre med håndfestningen? Hvordan skulle landets fremtidige forfatning bli? Allerede samme kveld kongen ble overdratt arveretten, satte han ned et utvalg på 20 mann, fire riksråder, fire andre adelige, tre biskoper og to kapitularier og sju borgere som skulle møtes neste morgen i den grønne sal på slottet og «der med hverandre udi venlighed og sagtmodighed konferere, hvorledes I eragter den i dag ved Guds bistand besluttede sag om arveriget på bedste manér videre bør at angås». Fra møtet foreligger det bare et eneste spinkelt referat som lar ettertiden ane noe om forhandlingene. Biskop Hans Svane talte for at «de

Fra arvehyllingen i København 18. oktober 1660. Utsnitt av Wolfgang Heimbachs samtidige maleri. Fra slottet (til høyre) fører en rød løper til den store hyllingsplattformen som er oppstilt foran Børsen. Der mottok Fredrik 3. og Sofie Amalie de stenderdeputer-

gamle håndfestninger måtte kasseres»; det var nødvendig
om borgernes og geistlighetens likhetsbestrebelser skulle
kunne gjennomføres. Riksrådet ville bare endre de artikler i
håndfestningen som angikk arvefølgen. Et forsøk på å for-
me en ny grunnlov førte heller ikke fram. Resultatet av for-
handlingene ble offisielt stadfestet 17. oktober, da kongen
fikk tilbake den håndfestningen han hadde skrevet under på
tolv år tidligere. Da det nedsatte utvalg ikke kunne bli
enig om de videre skritt som skulle taes når det gjaldt for-
fatningen, ble kongen også overdratt oppgaven å «formere
en reces, således som det kan være Hs. kongelige Majestæt,
riget og enhver stand i sær til gavn og til det gemene bedste».
Dermed hadde kongen ikke bare fått arveretten; oppgaven
å utforme rikenes nye statsform var lagt i hans hender.

Med statsomveltningen var riksrådets dager til ende, men
fra 1630-årene var stendene både i Danmark og Norge hyp-

*te som knelende avla eden for deretter å kysse kongens og dron-
ningens hender. Noen Amager-bønder fikk også være med å avleg-
ge eden, men bare en av dem fikk æren av å kysse majestetenes
hender! Til venstre sees Holmen kirke.*

pig innkalt til stendermøter, og høsten 1660 var det iallfall enkelte som regnet med at det gamle riksrådsstyre skulle avløses av et stenderstyre, slik som i Sverige. Men kongen, som hadde fått frie hender til å utforme rikets nye forfatning, ønsket ikke et stenderstyre, men et enevelde, noe som ble slått fast i den arveenevoldsregjeringsakten som ble sendt ut til de danske stender til undertegning 10. januar 1661. For å unngå «de inconvenientzer» som det eldre valgkongedømme hadde ført til, og for å tilveiebringe «god fortrolighed och samdrektighed indbyrdes», burde «regieringen af it hoffuit udi freds och feyde tid bliffue administreret». Derfor skulle kong Fredrik 3. ha «arve rettighed til Danmarkis och Norgis riger samt alle jura majestatis, absolut regiering och alle regalia for hans kongl. may^t och hans kongel. may^{tz} æcte liffsarffuinger och deres æcte descendenter och effterkommere, så lenge nogen af dennem til ere, paa mandelig och quindelig linie, som en absolut souverain arffue herre».

Denne arveenevoldsregjeringsakten ble sendt rundt til underskrift og ble undertegnet av 18 riksråder, 168 andre adelsmenn, 44 biskoper og andre høye geistlige, over 1000 lavere geistlige og nærmere 400 borgermestere, rådmenn og borgere. Om noen på forhånd hadde ønsket et stenderstyre, kom det ikke nå til uttrykk noen mislyd. Underskriftene under arveenevoldsregjeringsakten vinteren 1661 bekreftet det som var skjedd i de hektiske høstmånedene. Adelsveldet var brutt i Danmark-Norge. Riksrådskonstitusjonalismen var avløst av et kongelig enevelde.

Arvehyllingen i Norge

Innførelsen av arveenevoldsregimet var blitt gjennomført på dansk grunn. Nordmennene hadde ikke hatt noen innflytelse på de vidtrekkende avgjørelser som skulle fastlegge rikenes styre for de neste 154 årene. Kongen synes selv å ha holdt fast på sin gamle påstand om at Norge var et arverike, og den første meddelelse til nordmennene om statskuppet, et åpent brev av 16. november, var formet i sam-

«Vi underskrevne den stormektigste høybårne konge og herre herr
Fredrik den tredje Danmarks, Norges, venders og goters konge,
hertug i Slesvig Holsten...» lyder innledningen til den norske
suverenitetsakten av 7. august 1661. Underskriverne har ikke selv
utformet brevet. Alt var satt i pennen i København på forhånd,
også vendingen om at stendene hadde mottatt beskjeden om arve-
hyllingen i København med «glede og fornøyelse».

svar med dette. Brevet inneholdt bare en kunngjøring om
det som var skjedd i Danmark og et løfte om at kongen vil-
le besøke Norge så snart det var mulig. Men bare to dager
etter at det åpne brevet var utferdiget, ble de norske sten-
der innkalt til arvehylling i Kristiania som skulle finne sted
alt i mai. Adelen, lagmennene og superintendentene ble inn-
kalt personlig. Dessuten skulle det møte to kanikker fra
hvert kapittel, prosten og to prester fra hvert skipreide, en
borgermester, to rådmenn og to fornemme borgere fra hver
kjøpstad og en embetsmann og to lagrettemenn fra hvert
skipreide. Etter planen skulle hyllingen foregå alt 27. mai,
og kongen lovet å komme personlig. Men tidspunktet for
hyllingen ble senere forskjøvet til begynnelsen av august, og
det ble ikke kongen selv, men prins Kristian som skulle re-
presentere ham under arvehyllingen i Kristiania.

I siste uke av juli forlot kronprinsen Helsingør. I hans føl-
ge fant man rikenes nye kansler, Peder Reetz, den nye riks-

99

marskalken, tyskeren Hans Kristof von Körbitz, den nye riksadmiralen, nordmannen Henrik Bjelke. Blant kronprinsens nærmeste rådgivere var også flere av de fremste mennene bak statsomveltningen i København, biskop Hans Svane, tidligere stattholder Hannibal Sehested, som atter var kommet i nåde, og som skulle få vende tilbake til den byen der han hadde sittet som den mektige stattholder ti år før. Den 30. juli nådde kronprinsen fram til Kristiania, hvor det siste stendermøtet skulle holdes. Lenge før kronprinsen forlot København, hadde mange av de norske utsendingene begitt seg på en lang og besværlig reise til Kristiania for å være ute i god tid før kronprinsen og følge kom fra København. – På stendermøtet i København var det møtt langt over hundre adelsmenn, på stendermøtet i Kristiania møtte det bare 17; et ytre vitnesbyrd om at den norske adelen holdt på å forsvinne som stand. Derimot møtte alle de 10 lagmennene, og kirken var representert med alle de 4 biskopene og 82 andre geistlige. Fra kjøpstedene møtte det i alt 36 menn, mens bøndene som før utgjorde den tallmessig største gruppen på til sammen 408 personer. I en omfattende instruks utferdiget i København var det gitt detaljerte regler for hvordan arvehyllingen og underskriften av en norsk arveenevoldsregjeringsakt for Norge skulle foregå. Først skulle stendene avlegge en arvehyllingsed til kongen; deretter skulle stendene få seg forelagt den norske arveenevoldsregjeringsakten til underskrift. Selve hyllingen foregikk på Hovedtangen 5. august, og de norske stender sverget den troskapseden til Fredrik 3. og hans etterkommere som var utformet med kløkt og ettertanke i København. Alt var omhyggelig iscenesatt slik biskop Jens Birkerod har skildret den høytidelige handling. «I Christiania tog Danmarkis og Norgis kronprinds her Christian, på sin her faders og det kongl. huses vegne, arvehyllingen af undersåtterne i Norge, på et til denne act oprejst og med rød klæde overtrukket himmel, imedens grosskansler Peder Reetz holdt talen til folket, og alle stænderne derpå ginge frem en efter anden, og arvehyllingens ed juxta formulam præscriptum, aflagde. Prosesjonen til og fra pladsen skjedde med særlig solennitet, og siden bleve stænderne om aftenen laute tracterede på slottet.»

I Danmark hadde stendene bare møtt fram for å avlegge arvehyllingseden. Arveenevoldsregjeringsakten var derimot sendt rundt til undertegnelse, trolig for å sikre seg mot eventuell motstand. I Kristiania, derimot, ble den norske arveenevoldsregjeringsakten forelagt de norske stender til underskrift samlet alt to dager etter arvehyllingen. Den norske arveenevoldsregjeringsakten fremtrådte ikke som et selvstendig statsrettslig dokument, men hadde formen av en stadfesting av den danske arveenevoldsregjeringsakten av 10. januar: «Thi stadfæste og bekræfte vi alle og enhver tilligemed de andre dette rigis stænder med vore åbne brev høistbemeldte Hs. Kgl. Mayst. som en absolut Souverain og arveherre, hans arverettighed til Noriges rige som og alle jura majestatis, absolut regjering og alle regalia, som Hs. Kgl. Mayst. og Hs. Mayst.s egte livsarvinger og deres descendenter og efterkommere på mandlige og kvinde linjen er udi for benævnte akt af samtlige Danmarkis riges stænder givet og overdraget.»

Kravet om å undertegne arveenevoldsregjeringsakten kom som en overrumpling uten at stendene på forhånd var informert. Da en tilsvarende arveenevoldsakt ble forelagt is-

I forbindelse med arvehyllingen i Kristiania 5. august 1661 ble det også slått en minnemedalje på Den kongelige mynt ved Akershus. Adversen viser et portrett av Fredrik 3 – reversen gjengir et bilde av Akershus slott.

lendingene til underskrift på Alltinget i 1662, nektet de å skrive under, og først etter innstendige overtalelser og løfter av riksadmiral Henrik Bjelke satte de sitt navn under det viktige dokument. Det finnes ikke noe vitnesbyrd om at det har vært ytret en lignende motstand mot undertegnelsen i Kristiania, men en bør ikke ta utsagnet i den norske arve-enevoldsregjeringsakten om at stendene hadde mottatt med «glæde og fornøielse» etterretningen om det som var skjedd, uten reservasjon. Alt som stod i den norske arve-enevoldsregjeringsakten, var nemlig utformet i detalj i København, også ordene «glæde og fornøielse».

Den norske adelen spilte en tilbaketrukket og beskjeden rolle under den norske arvehyllingen. Derimot la 43 av prestene og borgerstanden fram hver sin petisjon for kronprinsen alt dagen etter de hadde undertegnet arveenevoldsregjeringsakten, og begge disse petisjonene rommer klare sær-norske krav og forutsatte nye stendermøter. – I prestenes petisjon ble det klart uttalt ønske om at det «her i riget bliver stiftet collegia, som status, justitiae eller consistoriale», og det ble regnet med at stendermøter ville inngå som et fast ledd i rikets styre i fremtiden.

Borgerstandens petisjon, som ble undertegnet samme dag som prestestandens, inneholdt en rekke spesielle ønsker og krav som gjaldt borgerstanden selv. Men ved siden av disse inneholdt den en rekke krav om særnorske institusjoner i Norge og likestilling for nordmennene i staten. De bad om at det måtte opprettes et kommersekollegium for Norge, «så og en hofret, som årligen her udi riget kunde holdes» og at «herudi riget måtte anordnes et academia, hvor godt folks børn, der til bogelig kunster holdes», noe som kunne skje «Eders Majestæt uden stor bekostning, og var riget en herlig beprydelse, Eders Majst. en evig berømmelse og Eders Majst.s arve undersåtter et mærkeligt nytte og gavn». De bad også om at «indfødte norske må få offiserssposter fremfor fremmede. Ligeså andre verv». Og når det gjaldt privilegier, måtte norske få samme «frihed som danske».

Prestenes og fremfor alt borgernes petisjoner rommet et klart norsk program, som siktet mot å gi Norge delvis egne styringsorganer, gi nordmennene forrett til embeter i landet og nordmennene de samme privilegier som danskene. Det pekte også fram mot en styreform hvor stendene ville bli innkalt til rådslagninger. Kronprinsen og hans rådgivere gav ingen løfter. Selv om mange av prestestandens og borgerskapets spesielle krav senere skulle bli oppfylt, gikk man i stillhet forbi kravet om stenderstyre, og bare et av de særnorske kravene skulle bli oppfylt, kravet om en overhoffrett. Kravet om et norsk kommersekollegium skulle bli glemt for alltid, og det skulle gå hundre år før kravet om et norsk akademi igjen skulle bli reist, og 150 år før det ble realisert.

Med den danske arveenevoldsregjeringsakten av 10. januar 1661, den norske av 7. august samme år og den islandske og færøyske av 1662 var statsomveltningen avsluttet. Adelsveldet var brutt. Utviklingen i retning av et stenderstyre var definitivt stoppet. Det gjenstod å forme rikenes nye grunnlov, som skulle avløse de eldre håndfestningene, og organisere det nye forvaltningsapparatet som i hovedtrekkene skulle bli stående for resten av den dansk-norske foreningstiden.

Arveenevoldsstaten organiseres

Rikenes grunnlov

Med arveenevoldsregjeringsakten av 10. januar 1661 hadde kongen og hans etterfølgere fått «arverettighet til Danmarkis og Norgis riger sambt alle jura majestatis, absolut regiering og alle regalia». Men arveenevoldsregjeringsakten rommet ingen detaljerte bestemmelser om forfatningen og heller ingen faste arverettsregler for tronfølgen. Men den store makt som var overdratt kongen, gjorde det nødvendig i det minste å få fastlagt arverettsreglene for kongeslekten, og spørsmålet lå da nær, i hvilken form disse reglene skulle publiseres, enten som et testamente eller en lov.

Alt i mars 1661 hadde Fredrik 3. presentert de juridiske spørsmål som knyttet seg til tronfølgeordningen, både for

rådgivere i København og for sin gamle krets av rådgivere i Glückstadt. De siste konkluderte en lang utredning med at det ikke bare burde utformes en arvelov for rikene, men en grunnlov. Senere laget generalfiskal Søren Hansen Korne- rup og professor Rasmus Vinding et utkast til en kongelov, Lex Regia Friderici Tertii, men arbeidet ble ikke ferdig av- sluttet og fikk heller ikke kongens underskrift. Oppgaven å forme Danmark-Norges kongelov eller grunnlov ble over- latt en ung vinhandlersønn fra København, Peder Schuma- cher.

Så lenge riksrådet hadde utgjort kjernen i rikenes styre, var kretsen av høyere embetsmenn og kongens rådgivere først og fremst blitt hentet fra den danske høyadelen. Den sentrale plass Sigbrit Willums og Hans Mikkelsen inntok under Kristian 2. var rene unntagelser. Peder Schumacher står derimot som et eksempel på de muligheter som åpnet seg for en ung, begavet og ærgjerrig borgersønn etter statsom- veltningen. Bare tolv år gammel ble han dimittert til Univer- sitetet, hvor han avsluttet sitt teologiske studium kort etter 1653. De neste ni årene skulle han oppholde seg utenlands. Først drog han til Nederland. Derfra reiste han til Oxford, og i 1660 kom han til Frankrike, hvor han fikk nært kjenn- skap til den eneveldige statsform. I 1663 ble han ansatt som kongens bibliotekar og arkivar, og to år senere ble han kon- gens kammersekretær eller kabinettssekretær. Fra da av steg han raskt i gradene under Fredrik 3. og enda raskere under Kristian 5. til han i midten av 1670-årene var rikenes ube- stridt mektigste mann, adlet med det fine navnet Griffen- feld. – Det var den unge bibliotekaren Peder Schumacher som fikk oppgaven å forme rikenes nye grunnlov, eller Kongeloven som ble dens offisielle navn.

Samme år som Schumacher ble ansatt som kongelig biblio- tekar, begynte Sjællands biskop, Hans Vandal, å gi ut et stort verk på 1158 sider med tittelen De jure regio, om kon-

Peder Schumacher (1635–99). Utsnitt av Abraham Wuchters' maleri fra omkring 1672, det vil si like etter at Schumacher var blitt adlet under navnet Griffenfeld. Året etter – i 1673 – ble han ridder av Elefantordenen, i 1674 ble han rikskansler og president i høyesterett. Borgersønnen var nådd helt til topps, men der klar- te han ikke å holde seg lenger enn til 1676 (se s. 141).

gens rettigheter. I en serie forelesninger ved universitetet tok Vandal opp og tilspisset sine teokratiske synspunkter. Kongens myndighet stammet umiddelbart fra Gud. Fredrik 3. hadde fått et guddommelig hverv, og hans makt stod bare tilbake for Guds egen. Ingen jordiske lover kunne binde ham. Også kirken stod under statens varetekt, «ligesom en gjest i et herberge». Selv om en konge degenererte til å bli en tyrann, hadde undersåttene ingen motstandsrett. Hjalp ikke advarsler og bønner, var der bare én ting igjen, enten å flykte eller «hellere oppebie en hæderlig død».

Schumachers kongelov som ble datert 14. november 1665, danner en klar kontrast til Vandals teokratiske syn på staten, selv om også han hyller den eneveldige statsformen. På sine reiser ute i Europa hadde Schumacher fått inngående kjennskap til styreformene i de vest-europeiske hovedland. Han hadde opplevd England under Cromwells diktatur og Frankrike under den eneveldige Ludvig 14. Han hadde også inngående kjennskap til tidens samfunnsfilosofi, og hadde fått sterke impulser fra samtidens naturrettslærere. Fremfor alt hadde den store hollandske rettsfilosofen Hugo Grotius øvet sterk innflytelse på ham, og det var hans tanker som ble grunnelementene i Kongeloven. Mens Vandal med styrke hadde understreket kongedømmets guddommelige opphav, la Schumacher i innledningen til Kongeloven hovedvekten på undersåttenes frivillige overdragelse av makten til kongen i 1660. Den guddommelige medvirkning ble bare berørt i en betydningsløs bisetning.

Danmark Rigis Grundlov eller «Den såkaldede Souveraine Konge Lov» kom til å bestå av i alt 40 paragrafer foruten en innledning. Grovt skjematisk kan loven deles i to, en forfatningsrett som omfattet ni paragrafer mens de øvrige 31 paragrafene omhandlet formynderskap og myndighetsalder, kongens regjeringstiltrædelse, huslov for kongehuset og selve arvebestemmelsene, hvor hovedpunktene var fastlagt i paragraf 27: «Skal derfor sverdsiden udi ret lovlig ægteskab avlet altid først arve-successionen udi regieringen tilhøre, og imedens mand af mand er tilovers, så lenge skal hverken qvinde af mand, ey heller mand eller qvinde af qvinde kaldis, og aldelis ingen af mørne-stamme kronen arve, så længe fæderne-stamme nogen livsarving findes, så at endog qvinde af mand skal gange for mand af qvinde.»

Fredrik 3. deltok – i motsetning til sin hovedmotstander Karl 10. Gustav – neppe aktivt i noen krigshandling. Dette maleriet av Wolfgang Heimbach fra omkring 1660 kan derfor bare oppfattes som en representativ fremstilling av enevoldskongen, hvis makt bare stod tilbake for Guds egen.

LEX REGIA
DET ER:
DEN SOUVERAINE
KONGE LOV,
SAT OG GIVEN
AF DEN
Stoormegtigste Höjbaarne
FYRSTE OG HERRE
Har FRIDERICH Den TREDIE,
AF GUDS NAADE, KONGE TIL DANMARK
OG NORGE, DE WENDERS OG GOTHERS,
Hertug udi Schlesvig, Holsten, Stormarn, og
Dithmarschen, Greve udi Oldenborg
og Delmenhorst,
OG AF HANS MAJ. UNDERSKREVEN
d. 14 Novemb. 1665.

Tittelsiden til «Lex Regia. Den souveraine Konge Lov» ført i pennen av Griffenfeld. Ifølge loven skulle kongen være forpliktet til å bevare riket udelelig; opprettholde den kristne tro og til å følge lovens bestemmelser om tronfølge og kongehus.

I den kongelige myndighet var det bare foretatt fire små innskrenkninger: Han måtte bekjenne seg til den kristne tro «som den ren og uforfalsket er bleven foresat og fremsat udi den augsburgiske confession», han måtte ikke avstå noen del av sitt rike, heller ikke avstå noe av sin enevoldsmakt, og han var bundet til å holde Kongeloven.

Den egentlige forfatningsretten var formulert som positive utsagn om den makt som tilkom kongen. Han alene skulle ha høyeste makt og myndighet «til at gjøre love, forordninger, efter sin egen gode villie og velbehag, at forklare, forandre, formere og formindske, ja og slet at ophæve forrige af hannem selv, eller hans forfædre utgivne love». Bare Kongeloven var unntatt. Kongen skulle ha rett til å tilsette og avsette «alle betiente høye og lave, være sig hvad navn og titul de havde kunde, efter sin egen fri villie og tykke». Kongen skulle også «have våbens- og væbningsmagt, at føre krig, slutte og ophæve forbud, med hvem og når han det godt befinder, told og all anden contribution at pålægge, eftersom enhver vel ved, at riger og lande ikke tryggeligen kand besiddes uden væbnet magt, og krigs-magt kand ikke holdes uden besoldning, og besoldning ikke bringes tilveye uden skatt». Kongen skulle med den innskrenkningen at han måtte bekjenne seg til den augsburgske konfesjon, «have høyeste magt over alle cleresitet, fra den høyeste til den laveste, at beskikke og anordne alle kirke- og Guds-tieneste, møder, sammenkomste og forsamlinger om religions-sager, når han det rådeligt eragter, byde, forbyde». Alle regjeringssaker og brev og forretninger skulle skje i kongens navn, «og under hans signete udgåe».

Den utstrakte myndighet som var tillagt kongen over undersåttene, hadde sitt motstykke i paragraf 2 som fastsatte undersåttenes forhold til kongen: «Danmarkes og Norgis enevolds arve-konge skal være herefter, og af alle undersåtterne holdis og agtis for det ypperste hoved her på jorden, over alle menneskelige love, og der ingen anden hoved og dommer kiender over sig, enten i geistlige eller verdslige sager uden Gud allene.»

I innledningen til Kongeloven ble det slått fast at den skulle gjelde for kongens etterkommere på tronen og for hans og deres undersåtter, «ingen undtagen, for en fuldkommen, uryggelig og u-imodsigelig forordning og lov til ævig tid». – Så lenge ble den ikke stående. Men den ble Danmark-Norges grunnlov for de siste 149 år av den 434 år lange foreningstiden.

Med Kongeloven var kongen satt i sentrum, men han kunne ikke personlig løse alle de oppgaver loven påla ham. Statsomveltningen måtte derfor tvinge fram en gjennomgripende nyordning av rikets forvaltning, både sentralt og lokalt. Da Peder Schumacher formet Kongeloven, var hovedfundamentet alt lagt, og han skulle selv et femår senere avslutte utformingen av den dansk-norske enevoldsstatens sentraliserte byråkrati.

«Kollegier på svensk fod og manér»

Forsøket på en omstøpning av rikets sentralforvaltning i 1650-årene hadde strandet på riksrådets motstand. Riktignok ble det opprettet et admiralitetskollegium i 1655 og et krigskollegium i 1658, men det ble bare halve tiltak, idet kollegiene ble bygd fast inn i det gamle forvaltningsapparatet med kanselliet som det felles ekspedisjonskontor. – Krigen hadde ført til ytterligere kaos i det sentrale administrasjonsapparatet, og statsomveltningen ble fulgt av et febrilsk nyskapingsarbeid for å reorganisere rikets sentralforvaltning og gjøre den mer effektiv, organisere den som basis for et eneveldig regime. Alt i slutten av oktober 1660 kunne utenlandske diplomater rapportere hjem at rikets sentralforvaltning skulle organiseres etter svensk mønster, og tre utnevnelser den 26. oktober kunne bekrefte at rapportene inneholdt korrekte opplysninger. Da fikk nemlig Joachim Gersdorff bestalling som riksdrost og «præsident udi vort statscollegio», Hannibal Sehested bestalling som riksskattmester og president i kammerkollegiet og Peder Reetz bestalling som kansler og president i kanselliet. Den 30. oktober ble biskop Hans Svane oppnevnt til

Henrik Bjelke (1615–83) var bror av Ove og Jørgen Bjelke (se s. 57). Som Ove hadde også Henrik studert i Padova, før han slo inn på den militære løpebane. Etter tjeneste i Nederland ble han Hannibal Sehesteds nestkommanderende i 1645. Tolv år senere ble han riksviseadmiral, deretter medlem av statskollegiet og høyesterett og i 1662 riksadmiral. Samtidig maleri.

president i konsistorialkollegiet, som skulle ta seg av kirkesaker. Den 22. november ble slesvigeren Hans Schack etter sterk motstand fra adelen riksfeltherre og president i krigskollegiet, mens nordmannen Henrik Bjelke ble riksadmiral og sjef for det admiralitetskollegiet som allerede eksisterte. Det var planer om også å opprette et kommersekol-

Kristian 5. presiderer i høyesterett. Samtidig maleri av en ukjent kunstner. 14. februar 1661 ble rikets høyeste appellinstans, herredagen, avløst av en ny domstol, høyesterett. Kongen var stadig høyeste dommer, men i motsetning til herredagen hadde retten fast sete i København.

legium som skulle ta seg av handel, industri og sjøfart, men det ble først realitet i 1668. Rikets høyesterett ble derimot organisert etter kollegiale prinsipper 14. februar 1661. På papiret var dermed kollegieordningen gjennomført overalt i rikets sentralforvaltning i løpet av to-tre måneder etter statskuppet.

Mange trekk tyder på at Hannibal Sehested var den drivende kraft bak statsomveltningen. Sikkert er det iallfall at han var hovedmannen når det gjaldt den raske omstøpning av rikets sentralforvaltning. Alt fjorten dager etter utnevnelsen til riksskattmester forelå det ferdig instruks for skattkammerkollegiet, som dermed kom til å bli det første av de nye kollegiene og som på mange måter kom til å bli modell for de øvrige. Kollegiet skulle bestå av til sammen åtte medlemmer med Sehested som president. Fire av medlemmene var adelige, fire borgerlige. Presidenten skulle daglig i den utstrekning andre gjøremål ikke forhindret ham, kalle sammen medlemmene av kollegiet, assessorene, «og der med dem deliberere om alt, hvis voris rigers indkomster sampt dessen tro og flittig administration udi alle måder kan og bør vedkomme». Alle planer og forslag kollegiet fant vesentlige, skulle sendes inn skriftlig til kongens «egen nådigste betenkende og resolution». En gang i året skulle kollegiet legge fram en oversikt over det forgangne års inntekter, utgifter, gjeld og forråd «på det at begge rigers tilstand udi de vilkår derudav kunde sees og erfares og seg for alle udgifter tilbørlig lade kvittere». For at inntekter som fløt inn til kollegiet ble fordelt riktig, skulle det «bestilles adskillige velbeslagne kister med trende deferente nøgler og låse til hver kiste, som

Denne kisten fra omkring 1660 har vært brukt til å oppbevare de inntekter som kom inn fra Kristiania stift før de ble overført til København. Den er forsynt med to kraftige hengelåser på forsiden. Nøkkelhullet mellom dem er imidlertid laget bare for å villede eventuelle tyver. Det egentlige nøkkelhull – til den tredje låsemekanismen – finnes i lokket skjult av en liten metallplate.

pengene skulle forvaris udi efter hvad slags indkomst hvortil vi (kongen) selv den ene og vår riges skatmester den anden og den øverste assessor i kammerkollegiet skulle bruges og når behøves».

Det gamle krigskollegiet og admiralitetskollegiet hadde ikke hatt sitt eget ekspedisjonskontor. Alt dagen etter at kongen utnevnte Sehested til riksskattmester og sjef for kammerkollegiet, slo han fast i en egenhendig etterskrift at skattkammerkollegiet skulle skilles helt fra kanselliet, og i motsetning til det gamle admiralitetskollegiet og krigskollegiet ha sitt eget selvstendige ekspedisjonskontor. I instruksen ble det også slått fast hvilket personale riksskattmesteren og hans assessorer skulle ha til sin disposisjon, en generalprokurator med en fiskal, en generalbokholder med en underbokholder, to sekretærer, fire kasserere, fire kontrarulører, seks renteskrivere med tre kopister og én fyrbøter. Alle, endog fyrbøteren, skulle avlegge personlig ed til kongen.

Riktignok ble ikke alle de store planene for rikets sentralforvaltning fra høsten 1660 gjennomført. Konsistorialkollegiet trådte således aldri i funksjon, selv om det var utnevnt både kollegiepresident og kollegiemedlemmer. Kansellikollegiet synes ikke å ha trådt i regelmessig virksomhet. Her fortsatte arbeidet stort sett i gamle former med kansleren og oversekretæren som de ledende. Heller ikke det tyske kanselli ble kollegialt ordnet; men de øvrige kollegiene ble bygd opp stort sett etter samme mønster som skattkammerkollegiet. De fleste av kollegiene ble organisert høsten 1660, men admiralitetskollegiet fikk eget ekspedisjonskontor først i 1665 eller -66. Tallet på medlemmer i kollegiene kunne variere, fra kansellikollegiet, hvor det etter planen bare skulle være seks, til høyesterett, som hadde 25. Bestemmelsene om hvor ofte kollegiene skulle ha møter, kunne variere. Men hovedmønstret var likevel det samme i alle kollegiene. De bestod av en rekke likestilte medlemmer som drøftet sakene, og i de fleste av kollegiene hadde man tilsiktet paritetsprinsippet, det vil si at der skulle være like mange adelige og ikke-adelige. Hvert kol-

legium hadde, som skattkammerkollegiet, sitt eget ekspedi-
sjonskontor som stod i korrespondanse med de lokale em-
betsmenn, og det hadde sin president som la sakene fram
for kongen, enten skriftlig eller muntlig. Høyesterett dan-
net i så måte en unntagelse. Her hadde den av assessorene
som var høyest i rang forsetet.

Instruksene gir imidlertid uttrykk for et ideal, et ønske
om hvordan kollegiene skulle virke. Praksis kom langtfra
alltid til å følge teorien. Kollegienes virksomhet ville i stor
utstrekning være avhengig av kollegiesjefenes initiativ og
dyktighet. Når for eksempel Hannibal Sehested var i Kø-
benhavn, hadde skattkammerkollegiet hyppige møter og
utfoldet stor aktivitet. Var han bortreist, nøyde kollegiet
seg med å løse de rutinemessige oppgaver som meldte seg.
Fagdelingen mellom de forskjellige kollegiene var heller
langtfra klar, og det kunne hyppig oppstå kompetansestrid
mellom kollegiesjefer og kollegier. Men sammenlignet med
forholdene før statsomveltningen betegnet den nye kol-
legieordningen et langt skritt fremover når det gjaldt grun-
dig faglig behandling av sakene og raskere ekspedisjon.

Ved utgangen av 1660 var det organisert fem kollegier,
statskollegiet, skattkammerkollegiet, krigskollegiet, ad-
miralitetskollegiet og kansellikollegiet. Dessuten fortsatte
det tyske kanselli som et eget sentralt forvaltningsorgan
som behandlet saker fra hertugdømmene og mange uten-
riksspørsmål. Men ved siden av de enkelte kollegiene
trengte kongen et organ som kunne koordinere kollegienes
virksomhet, og være med og trekke opp de store politiske
retningslinjer for rikets styre. Mange trekk tyder på at
statskollegiet var tiltenkt en slik plass i rikets sentralfor-
valtning. Det er således betegnende at presidenten i kol-
legiet, Joachim Gersdorff, ble stilt først i rang blant kol-
legiesjefene. Valget av medlemmer til kollegiet peker i sam-
me retning. Der satt presidenten for skattkammerkollegiet,
krigskollegiet og kansleren. Her fant man også de to fører-
ne fra stendermøtet i 1660, borgermester Hans Nansen og
erkebiskop Hans Svane, samt kongens fortrolige tyske
rådgivere, Christoffer Gabel, Theodor Lente og Peder

To av kongens nære embetsmenn i 1660-årene, biskop Hans Svane (1606–68) og Christoffer Gabel (1617–73). Svane (til venstre) ble professor ved Københavns Universitet i 1633, biskop i 1655 og erkebiskop i 1660. Blant belønningene for sin innsats ved arvehyllingen i 1660 fikk Svane blant annet betydelige eiendommer i Norge. Christoffer Gabel var 20 år gammel blitt finansminister hos erkebiskopen av Bremen. Også etter at den tidligere erkebiskop i 1648 tok plass på Danmark-Norges trone som kong Fredrik 3., fortsatte Gabel å være hans betrodde og nære rådgiver. Bildet av Hans Svane er malt av Abraham Wuchters. Christoffer Gabels portrett er utført av Karel van Mander.

Bülche. Kollegiets sentrale plass i rikets styre trer klart fram i riksdrostens bestalling som president 26. oktober. Kollegiet skulle «betænke og os troligen angive alt, hvis som kan tjene til vores og vores rigers og landes flor, fremvæxt og bestyrkelse, så vel i riget med god politi og tjenlige anordninger at gøre, som uden riget med gavnligt venskab, korrespondance og forbund med fremmede stater, herrer og potentater at stifte, slutte og underholde». I instruksen for kollegiet av 18. november ble oppgaven å fremme rikenes «flor» erstattet med en annen, nemlig å hevde og verne «Vores suverænitet, kongelige autoritet og reputation, såvelsom Vores ganske kongelige huses interesse og velfærd, i særdeleshed Vores arverettighed og alle andre regalia».

I de første årene etter statsomveltningen kom statskollegiet til tider til å bli et koordinerende organ på det høyeste plan, en slags regjering. Det behandlet viktige spørsmål som angikk utenrikspolitikk, beskatning, reduksjon av landhæren, kjøpstadsprivilegiene. Det ble også forelagt arveenevoldsregjeringsakten til uttalelse. Men kollegiets virke kom ikke i fortsettelsen til å oppfylle de opprinnelige intensjoner; og i siste halvpart av 1660-årene holdt det bare to-tre møter i året.

Statskollegiets dalende betydning danner naturlig grunnlag for spørsmålet: Hadde kongen et geheimeråd han kunne konferere med om viktige saker og søke råd hos når det gjaldt fastleggelsen av de store linjer i rikenes politikk? Enkelte opplysninger tyder på det. Et «geheimeråd» er således nevnt i instruksen for krigskollegiet 2. januar 1661. Selv om det ikke finnes noen instruks for et slikt geheimeråd, finnes det vitnesbyrd om at kongen hadde hemmelige rådslagninger med betrodde menn «næst ved vort eget sovekammer», menn som Gersdorff, Schack, Sehested, Reetz, Christoffer Gabel og andre. Da Gabel i 1664 ble opphøyet i adelsstanden, ble han således utnevnt til geheimestatsråd, medlem av ministerrådet, «statsrådet». Men om det har eksistert et slikt råd, opptrådte det aldri utad som en institusjon i Fredrik 3.s tid. Det skjedde først etter at Kristian 5. besteg tronen og Kongelovens forfatter, Peder Schumacher, ble den drivende kraft i rikets styre.

Våren og sommeren 1670 utarbeidet Peder Schumacher nye instrukser for det danske kanselli, admiralitetskollegiet, krigskollegiet, skattkammerkollegiet, det tyske kanselli og høyesterett. Nå ble det også organisert et geheimekonsil etter fransk mønster med kongen som president, sju andre medlemmer og Schumacher som geheimestatssekretær. Dermed hadde rikets sentralforvaltning fått sin endelige form med en eneveldig konge på toppen, et ge-

117

heimestatsråd som behandlet de store retningslinjer for rikenes politikk, og under det igjen kollegiene som forberedte sakene før de ble lagt fram for kongen. I løpet av enevoldstiden fram til 1814 skulle det nok foregå forandringer i Danmark-Norges sentralforvaltning. Tallet på kollegier skulle endres, og fordelingen av sakene mellom kollegiene skulle gjennomgå forandringer. Geheimekonsilet, som var organisert i 1670, skulle til tider bli skjøvet til side og erstattet av et kongelig kabinett og et personlig enevelde. Men i hovedtrekkene hadde rikenes sentralforvaltning fått sin endelige utforming ved det nyskapingsarbeidet Hannibal Sehested innledet i 1660 med opprettelsen av skattkammerkollegiet, og som Peder Schumacher avsluttet i 1670 med opprettelsen av et geheimekonsil.

Det sentraliserte byråkrati

Omformingen av rikets sentralforvaltning ble fulgt av en gjennomgripende omdannelse av rikets lokalforvaltning. På mange områder var det foregått betydelige forandringer i det gamle lensstyre lenge før 1660, men først etter statsomveltningen skulle en gå til en systematisk omstøpning av rikenes lokalforvaltning, kjennetegnet ved en vidtgående oppdeling av embetsverket etter faglige skillelinjer, en utstrakt uniformering og en omfattende sentralisering med det hovedmål å skape en solid plattform for det eneveldige regime i det lokale embetsverk.

Lenet utgjorde kjernen i det lokale forvaltningsapparatet, men i løpet av hundreåret fram til 1660 var det foregått vidtrekkende forandringer både når det gjaldt selve lensinndelingen og lensmannens funksjoner. Det var således både i Danmark og Norge foretatt en utstrakt sammenslåing av mindre len til større len. I Norge var således tallet på len i 1660 redusert til 26, derav 9 hovedlen og 17

Fredrik 3. omgitt av noen av sine ministre ved overrekkelsen av et bokverk av livlegen Simon Paulli i 1667. Utsnitt av et stikk av kongens hoff-kobberstikker Albert Haelwegh. Simon Paulli ligger på kne. I bakgrunnen sees fra venstre: Christoffer Gabel, Erik Krag og general Hans Schack.

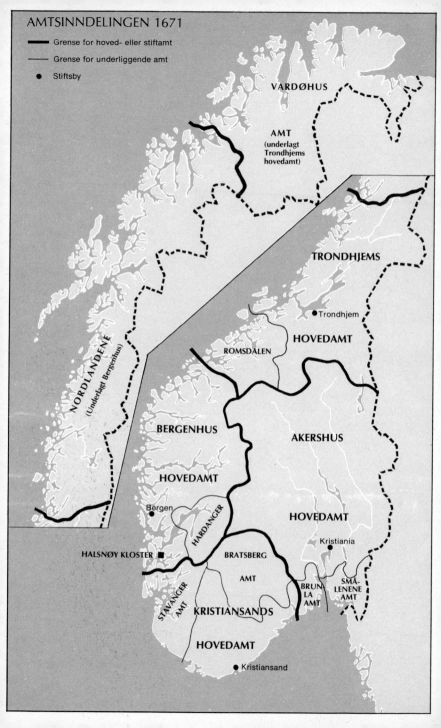

AMTSINNDELINGEN 1671

—— Grense for hoved- eller stiftamt

— Grense for underliggende amt

● Stiftsby

VARDØHUS

AMT
(underlagt
Trondhjems
hovedamt)

TRONDHJEMS

● Trondhjem

NORDLANDENE
(Underlagt Bergenhus)

HOVEDAMT

ROMSDALEN

BERGENHUS

AKERSHUS

HOVEDAMT

● Bergen

HARDANGER

HOVEDAMT

● Kristiania

HALSNØY KLOSTER ■

BRATSBERG

AMT

BRUN-
LA
AMT

SMÅ-
LENENE
AMT

STAVANGER AMT

KRISTIANSANDS

HOVEDAMT

● Kristiansand

smålen. Ved en forordning av 1. februar 1662 ble det bestemt at det gamle begrepet len skulle erstattes med det nye tyske begrepet amt, og i 1671 ble Norge delt i fire hovedamter og åtte underliggende amter:

1) Akershus hovedamt med Smålenene og Brunla amter.
2) Kristiansands hovedamt med Bratsberg og Stavanger amter.
3) Bergenhus hovedamt med Halsnøy kloster, Hardanger og Nordlandene.
4) Trondhjems hovedamt med Romsdalen og Vardøhus amt.

Denne hovedinndelingen av Norge i fire hovedamt, eller stiftamt som de snart ble kalt, skulle bestå stort sett uendret gjennom hele enevoldstiden, men innen denne rammen skulle det bli foretatt betydelige endringer i amtsinndelingen. Det første skrittet ble tatt alt i 1670-årene da Brunla amt ble oppløst og det gamle Brunla len ble omgjort til Larvik grevskap og det gamle Tønsberg len ble omgjort til Jarlsberg grevskap.

Innen amtet var stiftamtmannen, som bodde i stiftsbyen, og amtmannen lensmannens nærmeste arvtager, og overtok en lang rekke av de sivile oppgaver han hadde løst. Han var bindeleddet mellom rikenes sentralforvaltning og lokalsamfunnet og skulle få stor direkte innflytelse på styret av lokalsamfunnet, og på mange av de avgjørelser som ble fattet i kollegier og konsilet. I stor utstrekning ble kollegienes innstillinger og de kongelige resolusjoner utformet i samsvar med stiftamtmannens og amtmannens anbefalinger, og mange kongelige reskripter og resolusjoner kom som direkte svar på forslag fra dem. De kom dermed på mange måter til å få en nøkkelstilling i rikets forvaltningsapparat. Især gjaldt dette stiftamtmennene, som hadde en viss overordnet myndighet over de andre amtmennene. De var også overøvrighet for alle kjøpstedene innen stiftamtet, hvor det gamle valgte byrådet ble avløst av en kongelig utnevnt magistrat. Sammen med biskopen dannet stiftamtmannen stiftsdireksjonen, som fikk overtilsyn med kirke, skole og offentlige stiftelser innen stiftet.

Men stiftamtmannens og amtmannens myndighet var på mange områder sterkt beskåret sammenlignet med den myndighet som hadde påhvilt lensmannen. Lensmannen hadde vært den militære øverstkommanderende i lenet, hadde hatt ansvaret for oppebørselen av skatt og toll, hadde hatt tilsyn med bergverkene, krongodset og en viss kontroll med rettsvesen og kirke. Lensmannen hadde også i stor utstrekning tilsatt offentlige tjenestemenn og ombudsmenn.

Den stadig videregående differensiering i samfunnet, det voksende behov for faglig ekspertise og kongens stigende behov for kontroll hadde ført til at en rekke av de funksjoner som tidligere hadde tilligget lensmannen, var blitt overtatt av nye tjenestemenn, og etter statsomveltningen fulgte man denne linjen videre med fast konsekvens. Mye som før hadde hatt karakter av ad hoc-løsninger, som for eksempel kommandoforholdene i hæren, ble nå institusjonalisert.

Det var innen bergverkssektoren man først begynte å overdra til nye menn oppgaver som tidligere hadde påhvilt lensmannen. Alt i 1643 ble det oppnevnt en overberghauptmann med myndighet for hele riket, og ti år senere ble det ansatt en bergmester for det nordafjelske. I 1654 ble det opprettet et kollegialt ordnet overbergamt for hele Norge, som skulle ha både administrativ myndighet og domsmyndighet i bergverkssaker. Det statlige tilsyn og kontrollen med bergverksdriften var dermed skilt ut som en selvstendig administrasjonsgren.

Den raske økningen i tollinntektene skapte et stigende behov for kontroll med oppebørselen, et behov en søkte å løse på ulike måter ut gjennom 1620- og -30-årene, selv om tollforvaltningen som et hele fortsatt lå under lensmennene. Det definitive bruddet skjedde i 1648 da Hannibal Sehested i egenskap av stattholder fikk fullmakt til å oppnevne tollere og tollbetjenter. Et skritt videre betegnet utnevnelsen av Anthonius Knip til generaltollforvalter for

«Vekseléren» eller «Slottsskriveren» kalles dette bildet av Wolf-gang Heimbach fra omkring 1660. Det viser en mann i skjæret fra et talglys reflektert av et bevegelig speil, opptatt med å telle penger og føre regnskap.

hele Norge året etter med «generaldirektion med fuld-kommen autoritet og absolut kommando over tollerne og deres kvaliteter». Han skulle ha tilsyn med hele tollvese-net, passe på at man fulgte tollrullene og oversende toll inntektene til rentekammeret i København eller etter ordre disponere dem på annen måte. Dermed var tolloppkrevin-gen definitivt skilt ut fra det arbeidsfelt som hadde ligget under lensmannen. Riktignok ble det senere foretatt end-ringer i tollforvaltningen. I 1655 ble generaltollforvalter-embetet delt i to, slik at det ble én generaltollforvalter for det sønnafjelske og én for det nordafjelske. I 1670 ble generaltollforvalterne avløst av to tollinspektører med en mer begrenset oppgave enn de gamle tollforvalterne. Men hovedprinsippet ble ikke endret. Tollforvaltningen var en egen administrasjonsgren, et direktorat, uavhengig av det sivile embetsverket representert ved stiftamtmann og amtmann.

Mens tolloppkrevingen ble skilt fra lensmannens administrative oppgaver alt i slutten av 1640-årene, hadde han helt fram til statsomveltningen hovedansvaret for oppebørselen av skatter. Selve oppkrevingen ble utført av fogdene, men lensmennene var ansvarlige for regnskapene og hadde som plikt å sørge for at skattene ble videresendt til rentekammeret eller disponert på andre måter i samsvar med kongelig ordre. Etter statsomveltningen fortsatte fogdene som skatteoppkrevere, men skatteinntektene ble ikke lenger innbetalt til stiftamtmann eller amtmenn, men til en ny gruppe embetsmenn, kammererene, senere stiftamtskriverne, som hadde ansvaret for de kongelige regnskapskontorer, stiftsamtstuene, som det fantes én av i hver av de fire stiftsbyene. Stiftamtskriverne var selvstendige embetsmenn, direkte underordnet rentekammeret i København, hvor de skulle avlevere sine regnskaper. Til å begynne med fikk stiftamtskriverne bare som oppgave å ta imot skatteinntektene, men senere ble de også pålagt å ta imot tollinntektene. Hele oppebørselsvesenet var dermed skilt ut som en egen stor forvaltningsgren uavhengig av amtmennene. Bare skatten fra byene, som ble innkrevd av magistraten i de respektive byer, gikk gjennom stiftamtmennene.

Fra gammelt av hadde især lensmennene i hovedlenene eller slottslenene vært militære øverstkommanderende i sine embetsdistrikt. Krigsordinansen for Norge av 1628 forutsatte også at adelige lensmenn skulle ha kommando over de norske legdssoldatene, hver innen sitt len. Men da Hannibal Sehested i 1640-årene satte krigsordinansen ut i livet, valgte han å verve yrkesoffiserer i Tyskland og Nederland; lensmennene ble satt utenfor. Det samme gjentok seg under de to krigene mot Karl 10. Gustav. Da den norske hæren etter statsomveltningen ble fast organisert, fikk den sin egen øverstkommanderende og sitt eget yrkeskorps av offiserer, som nå ble kongelige embetsmenn.

Mens rikenes lokalforvaltning ennå ved utgangen av 1620-årene var oppdelt etter territorielle skillelinjer, med lensmannen som knutepunkt i hvert len, var det lokale forvaltningsapparatet ved utgangen av 1660-årene oppdelt i en rekke stort sett atskilte forvaltningsgrener eller etater, den sivile administrasjon, oppebørselsvesenet, bergverksadministrasjonen, militæretaten, foruten de to forvaltningsgrenene som også tidligere hadde inntatt en relativt selvstendig stilling i forhold til lensstyret, geistligheten og rettsvesenet.

Parallelt med denne oppdelingen av forvaltningsoppgavene etter fag foregikk en omfattende uniformering, som en kan registrere på det rent topografiske plan. Systematisk gikk man inn for å skape forvaltningsområder av relativt ensartet størrelse. I samsvar med det ble for eksempel det store Akershus amt oppdelt i flere mindre amt i slutten av 1600-tallet. Når det gjaldt fogderiene, gikk man den motsatte veien. Små fogderier ble slått sammen, og fra 1660 til 1700 ble tallet på fogderier redusert fra 55 til 38. Ønske om uniformering kan man også registrere på mange måter innen de enkelte etater. Hver embetsgruppe utgjorde et hierarki, og de enkelte embetskategorier hadde sin faste plass i den offisielle rangskalaen. Bordplasseringen skulle ikke skape problemer ved et eventuelt kongebesøk. En fogd eller en sorenskriver eller en stiftamtskriver hadde sin faste plass i embetsverket uansett hvor han var stasjonert i landet. Den samme bevisste vilje til uniformering gjaldt også selve saksgangen. De ulike saker skulle følge bestemte embetskanaler nedenfra og oppover og ovenfra og nedover. Forretningsgangen var fastlagt og ens i de forskjellige etater og i de forskjellige geografiske områder.

Oppdelingen av lokalforvaltningen etter fag og den gjennomførte uniformering gikk hånd i hånd med en bevisst sentralisering. Hele det lokale embetsverket skulle bygges opp som fundament for det eneveldige regime. Dette trekket trådte klart fram når det gjaldt ansettelser. Fra gammelt av var lensmann og lagmann utnevnt av kongen, og i visse tilfeller hadde kongen utnevnt biskoper, og i

125

En norsk sorenskriver, Bengt Pedersen i Hadeland og Land, iført sin embetsdrakt. Maleri av en ukjent kunstner fra 1689. Sorenskriveren holder embetsstaven i den ene hånd og hviler den andre på Kristian 5.s Norske Lov fra 1687.

enkelte tilfeller øvd en utstrakt innflytelse på valg av fogder og prester. Men det store flertall av offentlige tjenestemenn og ombudsmenn var før statsomveltningen dels utnevnt av lensmennene, dels valgt av borgere og bønder. Lensmannen hadde således fram til 1648 ansatt tollere og tollbetjenter, sorenskrivere og til dels fogder. Byborgerne hadde sammen med lensmannen valgt byrådet som utgjorde byens styre. Bønder på landet og borgerne i byene hadde valgt prester, et valg som senere skulle godkjennes av prost, biskop og til sist lensmann. Og prestene hadde igjen som oppgave å velge biskoper.

Fra 1660-årene ble alle ombudsmenn og tjenestemenn i staten embetsmenn i den forstand at de ble utnevnt av kongen og måtte avlegge ed til kongen. Dette gjaldt hele embetshierarkiet fra stiftamtmenn og amtmenn og generaler til fogder, sorenskrivere og magistraten i byene, som avløste de gamle valgte byråd. Fra slutten av 1660-årene mistet endog menighetene den siste rest av sin valgrett når det gjaldt prester. Som andre embetsmenn ble også de utnevnt av kongen, og måtte søke konfirmasjon på sitt embete ved hvert tronskifte. For alle embetsmenn gikk veien til embete gjennom kongen, og veien oppover i embetshierarkiet var avhengig av at man var i nåde hos Hans Majestet. Gjennom selve ansettelsen og karrieremulighetene ble hele embetsverket fast knyttet til kongen i et interessefellesskap. Embete betydde makt, inntekter, muligheter for å avansere oppover på den sosiale rangstigen.

Innen dette embetshierarkiet var den enkelte embetsmanns kompetanse relativt begrenset. Enhver sak av betydning skulle passere en rekke trinn på embetsstigen inntil den fikk sin endelige, i det minste formelle, avgjørelse i det sentrale forvaltningsapparatet i København.

Den gamle lensforvaltningen, som var kjennetegnet ved en oppdeling av lokalforvaltningen etter topografiske skillelinjer, ble således etter statsomveltningen definitivt avløst av en oppdeling av embetsverket etter fag. Hele det lokale embetsverket kan med et bilde karakteriseres som en rekke sidestilte pyramider som alle hadde samme fundament, den kongelige utnevnelse, og som alle pekte mot samme mål, det sentrale forvaltningsapparat i København. Styret ble et gjennomført sentralisert byråkrati med den eneveldige konge på toppen.

Det lokale forvaltningsapparatet som ble bygd opp på Island etter statsomveltningen var i slekt med forvaltningsapparatet i Norge, men enklere i sin oppbygning på grunn av Islands relativt enkle samfunnsstruktur. I Danmark, derimot, ble det lokale forvaltningsapparatet bygd opp etter samme mønster som i Norge, selv om man brukte andre betegnelser på enkelte embetsgrupper. Men når det gjaldt Norge, oppstod det et spesielt problem. I Danmark lå rikenes hovedstad. Der residerte kongen, og der lå det sentrale forvaltningsapparatet. I Norge, derimot, oppstod på grunn av de store avstander behov for sentrale forvaltningsorganer for Norge i Norge, som kunne tjene som bindeledd mellom det lokale forvaltningsapparatet og det sentrale forvaltningsapparatet i København, og som hadde mandat til å treffe avgjørelser av stor rekkevidde når det ikke var tid til å forelegge saken for konge og kollegier.

Problemet Norge

I Ludvig Holbergs Dannemarks Riges Historie trer statsomveltningen i 1660 fram som et stort, avgjørende vendepunkt i Norges historie. «Norge ble stedse anset for en provinds, indtil souverainitetets indførelse, da begge riger igjen bleve tracterede på lige fode, som tvende forenede riger under souveraine konger.» Denne oppfatningen møter en igjen hos en lang rekke av 1800-tallets jurister og historikere. Ved eneveldets innførelse sluttet Norge «at være lydrike under Danmark», skrev T. H. Aschehoug i sin norske statsforfatningshistorie, og hans politiske motstander Ernst Sars har gitt uttrykk for et lignende syn. Ved statsomveltningen ble landet igjen «i statsretslig henseende fuldkommen sideordnet med Danmark og måtte regnes som et selvstændigt rige».

Rent formelt sett er denne vurderingen delvis riktig. I Norgesartikkelen i Fredrik 3.s håndfestning måtte kongen love den danske adelen at Norge ikke skulle hete et «kongerige for sig», men være et «ledemod» av Danmark. I Kongeloven likestilles «Kongeriget Norge» med «Kongeriget Danmark». Men «Kongeriget Norge» hadde da og senere først og fremst funksjon som pynt i kongens tittel på linje med betydningsløse rudimenter som «de goters og venders konge». Noen endring i Norges folkerettslige eller statsrettslige stilling inntrådte ikke med statsomveltningen, tross Holbergs sterke ord.

På ett punkt betydde riktignok statsomveltningen et skifte for Norge. Fram til 1660 hadde landet stått under et rent *dansk* adelsregime, med riksrådet som tyngdepunkt i rikets styre. Etter statsomveltningen var København fortsatt rikenes hovedstad, og danske interesser ble også ofte etter 1660 avgjørende for den politikk som ble ført. Men det er ikke riktig å si at Norge fortsatte «å stå under Danmark». Norge stod som Danmark under den eneveldige kongen, og utformingen av de store linjer i rikenes politikk ble ofte bestemt ut fra hensynet til hele statssystemet.

Fra et folkerettslig synspunkt inntok Norge samme stilling etter 1660 som før. Bare en eneste traktat fra enevoldstiden, traktaten «angående grændserne mellom kongerigene Norge og Sverige» av 1751 ble inngått av kongen på vegne av «Kongeriget Norge». I alle de øvrige traktater med utlandet trer helstaten fram som et rettssubjekt dels under betegnelsen Danmark, dels under betegnelsen Danmark-Norge. Også fra et statsrettslig synspunkt utgjorde det oldenborgske statssystemet et hele, med et felles statsoverhode, med et felles sentralt forvaltningsapparat, og med den store politiske målsettingen å smelte sammen de spredte og heterogene riksdelene til en administrativ og økonomisk enhet. Det finnes neppe noe statsrettslig og folkerettslig fundament for å karakterisere Norge som et eget rike. Men innen det oldenborgske statssystem inntok Norge likevel på flere måter en særstilling.

Kristian 4.s lov fortsatte således å være Norges lov også etter 1660. Ved den store lovrevisjonen i 1680-årene da Danmark og senere Norge fikk en landslov, ble det riktignok gjort ivrige forsøk på å tilpasse det norske lovverket til det danske, men landet fikk fortsatt egne rettsregler for jordeiendom, odelsrett, åsetesrett, jordleie, jakt og fiske. Senere ble det utferdiget forordninger dels for hele statssystemet, dels for de to kongerikene, dels for Danmark og Norge hver for seg, og dels for mindre geografiske enheter som et stift eller en by. Norge skulle etter 1660 fortsette å være et eget rettsområde, som det hadde vært det før, selv om man mer og mer bevisst søkte å tilstrebe uniformitet når det gjaldt rettergangsordning og lovregler.

Også på det militære plan hadde Norge utgjort en selvstendig enhet før 1660, og det skulle fortsette å være det også senere. Rikene hadde riktignok en felles flåte stasjonert i København. Men den norske hæren bestod etter 1660 som en selvstendig enhet, både når det gjaldt kommandoforhold, organisasjon og finansiering.

I hundreåret før statsomveltningen var Norge blitt administrert på tre klart forskjellige måter. I de første mannsaldrene etter reformasjonen ble landet styrt som en samling len, hvor hver lensmann stod i direkte forbindelse med kanselliet i København. Det fantes ikke noe fellesorgan som representerte hele Norge. Under Hannibal Sehesteds stattholdertid hadde man gått til en motsatt ytterlighet og bygd opp et sentralt forvaltningsapparat for Norge i Kristiania med stattholderen på toppen. På den måten hadde landet fått et effektivt styre, noe som ikke minst var kommet til uttrykk under Hannibalsfeiden. Men blant riksrådene i København hersket det en viss angst for at en slik løsning kunne være farlig: Norge kunne løsrive seg.

Sehesteds fall betydde at man stort sett vendte tilbake til den gamle administrasjonsformen og styrte Norge som en samling len. Men før han ble styrtet, hadde man tatt ett skritt som pekte fram mot en tredje løsning, nemlig utnevnelsen av Anthonius Knip til generaltollforvalter i 1649. Dermed hadde man fått en embetsmann som hadde hele Norge som arbeidsområde, men hans kompetanse var samtidig avgrenset til én enkelt sektor, tollvesenet. Det var ingen fare for at han skulle bli så mektig at han kunne representere noen fare for riksenheten. Det var dette tredje prinsippet som ble fulgt i siste halvpart av 1650-årene ved opprettelsen av overbergamtet, og ved ordningen av den sivile administrasjon og de militære kommandoforhold under krigen 1657–60.

Etter statsomveltningen trådte spørsmålet om spesielle styringsorgan for Norge igjen i forgrunnen, og det ligger nær å tro at Norges gamle stattholder Hannibal Sehested her har spilt en avgjørende rolle. På nyåret 1661 forelå det således to forslag som begge siktet mot å skape sentrale forvaltningsorganer i Norge med omfattende mandat. Det ene forslag foreligger som en instruks for to landkommissærer i Kristiania, som skulle ta imot alle kronens inntekter i Norge, både «visse og uvisse rente», skatter, toll og avgifter. Instruksen nevner ikke hvem som skulle ha overledelsen av dette kommissariatet, men det ligger nær å anta at det måtte bli stattholderen. Modellen er i så fall klar: det var Sehesteds forvaltningsapparat fra 1640-årene. Det andre forslaget finner vi i et utkast til instruks for Claus Ahlefeldt, som var blitt utnevnt til øverstkommanderende i Norge, et utkast som var utarbeidet av Ahlefeldt selv. Som øverstkommanderende skulle han ha «frie hænder til at underhol-

En av dem som i 1660-årene hadde sitt arbeid ved flåtestasjonen i København var nordmannen Cort Sivertsen Adeler (1622–75). Han var født i Brevik, men tok allerede i 1637 tjeneste i den nederlandske marine. Etter mange begivenhetsrike år i venetiansk tjeneste og nye tre år i Nederland ble han i 1663 utnevnt til admiral i den dansk-norske flåte. Dette samtidige bildet av Cort Adeler viser ham i ordensdrakt og med sine hedersbevisninger i forgrunnen.

Claus Ahlefeldt (1614–74) var i likhet med Hannibal Sehested og Corfitz Ulfeldt svigersønn av Kristian 4. Han var gift med kongens yngste datter med Vibeke Kruse, Elisabeth Sophie Gyldenløve (1633–54). Etter Kristian 4.s død mistet han imidlertid flere stillinger fordi Ulfeldt som var gift med Kirsten Munks datter med Kristian 4. – hadde lite til overs for sin hustrus halvsøster. Ahlefeldt holdt seg imidlertid til Fredrik 3. og hoffpartiet, og hans makt økte i takt med kongens. I 1660 gjorde Fredrik 3. ham til øverstkommanderende for den norske hær.

de hæren uden modsigelse fra nogen side», samt «at jeg i militærsager må have absolutt inspektion; i civilsager dessuden biinspektion». Ahlefeldt ville i så fall bli den sterke mann i Norge, som ville innta en stilling ikke ulik den Sehested hadde hatt i 1640-årene. Men verken forslaget om landkommissariat eller instruksen til Ahlefeldt fikk kongelig godkjenning. Instruksen for landkommissærene ble riktignok undertegnet av kongen, men ti dager senere ble det bestemt at de bare skulle ta imot inntekter fra Akershus stift. Planen om et sterkt sentralt forvaltningsorgan for Norge i Norge falt dermed foreløpig bort.

I det videre arbeidet skulle kongen følge de retningslinjer som opprettelsen av generaltollforvalterembetet antydet.

Stattholderembetet fortsatte å bestå, men stattholderens myndighet ble sterkt begrenset. Ved siden av seg fikk han en rekke embetsmenn og organer, som skulle dekke ulike sektorer innen forvaltningen. Oppdelingen skjedde for så vidt i tråd med kollegieinndelingen i København, og den ordning av lokalforvaltningen som ble gjennomført i kongerikene. Det gamle kanslerembetet fortsatte således å bestå som øverste tilsynsorgan for rettsvesenet i Norge. Parallelle oppgaver fikk overbergamtet og generaltollforvalterne. I 1660-årene ble det dessuten opprettet en lang rekke nye embetsstillinger i Norge som skulle ha hele landet som forvaltningsdistrikt. – Claus Ahlefeldt ble, som alt nevnt, øverstkommanderende for den norske hæren, mens en annen dansk adelsmann, Erik Banner, ble generalkrigskommissær for Norge, og fikk under seg to-zahlkommissærer. I 1662 ble den danske teologen Titus Bülche utnevnt til kirkekommissær for Norge og skulle føre tilsyn med kirkegodset og prestegårdene. Året etter ble det også ansatt en generalfiskal som skulle ha som oppgave å undersøke om «forræderi og oprør kunde være forhånden». Alt på forhånd var det ansatt en generalpostmester, en skoginspektør, og i 1665 ble det også ansatt to generalveimestre for Norge, en for det sønnafjelske og en for det nordafjelske.

Da Norges stattholder, Iver Krabbe, kom i unåde, ble Fredrik 3.s illegitime sønn, Ulrik Frederik Gyldenløve, 20. februar 1664 utnevnt til ny stattholder i Norge og stiftamtmann i Akershus. Store rivninger mellom Gyldenløve og Ahlefeldt førte til at Gyldenløve året etter også ble øverstkommanderende, og han skulle inneha de to embetsstillingene som stattholder og øverstkommanderende i Norge helt fram til 1699, det vil si i resten av Fredrik 3.s regjeringstid og i hele Kristian 5.s regjeringstid. Dermed fikk Gyldenløve en lignende maktstilling i Norge som Sehested hadde hatt. Når Fredrik 3. og senere Kristian 5. ikke fant noen betenkeligheter ved ordningen, skyldtes det først og fremst Gyldenløves nære tilknytning til kongefamilien, hans store lojalitet, og at han i mesteparten av den tiden han var stattholder og øverstkommanderende i Norge, bodde i København. I Norge skulle han bare oppholde seg i to lengre perioder, 1664–67 og 1673–79.

Da de norske stendene møtte til arvehyllingen i 1661, var det reist krav om at Norge måtte få sin egen overhoffrett som høyesterett for landet. På Gyldenløves initiativ ble dette ønsket innvilget i 1666, men overhoffretten ble bare appellinstans. I alle viktige saker ble høyesterett i København også høyesterett for Norge. For så vidt skulle Gyldenløve bidra til å styrke Norges særstilling innen helstaten. På den annen side ble en lang rekke embetsstillinger med landsomfattende oppgaver på hans forslag opphevet i 1670. Det gjaldt stillingene som landkommissærer, generalkirkekommissær, generalfiskal, skoginspektør, generalveimester. Noen år senere ble også den gamle kanslerstillingen opphevet. Noen av disse stillingene ble snart gjenopprettet, som generalveimesterstillingene, mens andre forsvant for alltid.

Selv etter reduksjonen i 1670 eksisterte det fortsatt i Norge en rekke embetsmenn som hadde embetsoppgaver som omspente hele landet, og blant dem inntok Gyldenløve den ubestridt fremste plass i egenskap av både stattholder og militær øverstkommanderende. Da han trådte tilbake fra sine embeter i 1699, ble stillingen som stattholder og militær øverstkommanderende igjen skilt. Men konsekvensene av oppdelingen ble delvis oppveiet ved at det i 1704 ble opprettet en kollegialt organisert Slottslov på Akershus, som skulle bestå som et eget styringsorgan for Norge helt fram til 1722. Så lenge skulle Norge fra et forvaltningsmessig synspunkt innta en særstilling innen det oldenborgske statssystem.

Med statsomveltningen var det således foregått et gjennomgripende skifte i rikenes styre. Adelsmonarkiet var avløst av et kongelig enevelde, adelsveldet av et regime hvor borgerskapet gjorde seg sterkt gjeldende. Det gamle kanselliet var blitt avløst av et oppdelt og spesialisert sentralt forvaltningsapparat, og lensstyret hadde måttet vike plassen for et nytt embetsstyre kjennetegnet ved en oppdeling av administrasjonen etter faglige retningslinjer, uniformering og sentralisering. I Kristiania var det dessuten skapt et sen-

Ulrik Frederik Gyldenløve (1638–1704) malt av Wolfgang Heimbach to–tre år før den 26 år gamle Gyldenløve i 1664 ble utnevnt til stattholder i Norge etter Iver Krabbe. Gyldenløve var sønn av Fredrik 3. og Margrete Papen og dermed en halvbror av den åtte år yngre Kristian som i 1670 ble kong Kristian 5.

tralt styringsverk for Norge slik at landet fra et administrativt synspunkt på mange måter fremtrådte som en enhet.

Den lange rekke av nyskapninger som ble til i årene umiddelbart før og først og fremst etter statsomveltningen, skulle i hovedtrekkene bli stående fram til 1814 og til dels lenger. Det sentrale styringsverket i Norge er den eneste unntagelsen. Fra 1721, da Sveriges stormaktsstilling definitivt var til ende, ble de sentrale forvaltningsorganer i Norge gradvis avviklet, og ved utgangen av 1700-tallet var det bare rudimenter igjen.

I det samme tidsrommet fra statsomveltningen i 1660-årene til utgangen av Den store nordiske krig, skulle det norske samfunnet gjennomgå dyptgripende endringer. Restene av den gamle norske adelen skulle på det nærmeste forsvinne, og borgerskapet og en sterk embetsstand skulle bli de nye herskerklasser i bondelandet Norge.

135

DET NORSKE BONDESAM-
FUNN OG NYE HERSKER-
KLASSER

«Det ypperste hoved her på jorden»

Den 9. februar 1670 døde Fredrik 3. 61 år gammel, og hans eldste ektefødte sønn, Kristian, besteg tronen, 24 år gammel, som Kristian 5. Selve tronbestigelsen fikk et helt annet preg enn tidligere tronbestigelser. For å markere skiftet var det laget nye, praktfulle kronjuveler, som kostet flere hundre tusen riksdaler. De eldre kongene var blitt kronet av Sjællands biskop. Nå satte kongen selv kronen på hodet før han gikk inn i kirken. Selve kroningsseremonien falt således bort; bare salvingen stod igjen som en ren «devotionsakt». Ved tidligere kroninger var håndfestningen blitt lest opp, nå Kongeloven. Etter salvingen understreket biskop Vandal den makt og myndighet som tilkom kongen. Han skulle herske over undersåttenes personer, «deres gods, ejendom, deres agre og vingårde, deres bedste oljegårde, deres sæd, kvæg og asener».

Kristian 5.s tronbestigelse foregikk uten motstand fra noen kant, og det samme skulle også skje ved senere tronskifter. Fredrik og Kristian skulle følge hverandre i fast rytme på den dansk-norske trone i samsvar med Kongelovens arvebestemmelser og naturens tilskikkelse. Derimot var det ikke alltid samsvar mellom Kongelovens påbud om at kongen skulle «holdis og agtes» som «det ypperste hoved her på jorden» og de personer som kom til å inneha denne krevende rollen.

Kristian 5. Utsnitt av Abraham Wuchters' portrett fra omkring 1680. Maleriet understreker at kongen ikke var noen betydelig personlighet, men gir samtidig uttrykk for at han var i besittelse av et visst lune, at han var godmodig og fremfor alt sanselig.

Fredrik 3. var begavet, interessert i kunst og litteratur, og han har uten tvil hatt en betydelig innflytelse på rikenes styre. Men Kristian 5. hevet seg neppe over gjennomsnittet av mennesker. Hans hovedinteresser var militærparader, ridning og fremfor alt den ville parforcejakten, som skulle bidra til å forkorte hans liv med noen måneder. Hans dypsindigheter har lidd den vanskjebne å bli oppfattet av ettertiden som ufrivillige morsomheter, som hans berømte kommentar til et forslag fra Peder Griffenfeld: «Der er mange slags kød i denne frikassé.» Fredrik 4. var derimot utrolig flittig og fylt av en sterk pliktfølelse. Den danske historikeren Edvard Holm har utvilsomt rett når han sier: «Der var tømmer af en virkelig konge i ham, sikkert mere end i nogen anden af enevoldskongerne efter Fredrik 3.» Men tømmer til en konge, det var det neppe i hans sønn og etterfølger, Kristian 6., som Fredrik 2. av Preussen har skaffet evig berømmelse med sine kjente ord: «Under Fredrik 4. hadde Danmark usurpert Slesvig, under Kristian 6. ville man erobre himmelen.» I motsetning til sin far, pietisten med pipestemmen, som omgjerdet det kongelige slott med høye murer, skulle den elskelige og avholdte Fredrik 5. vie sitt liv i den grad til nytelser at han døde fullstendig nedbrutt bare 41 år gammel. Kristian 7. ble sinnssyk få år etter at han besteg tronen, og fungerte resten av sitt liv som en nødvendig underskriftmaskin i det dansk-norske statsmaskineri. Fredrik 6. ble den siste av oldenborgerne som regjerte både i Danmark og Norge. Han lignet på flere måter Fredrik 4., flittig, samvittighetsfull, åpen for sine undersåtters klager. Men mens Fredrik 4. hele sitt liv følte savnet av en skikkelig utdannelse, skjøv Fredrik 6. sine rådgivere selvbevisst til side: «Vi alene vide, hvad der tjener til vores rigers gavn og bedste.»

Ingen av de oldenborgske enevoldskongene falt inn under kategorien «det ypperste hoved her på jorden», bortsett kanskje fra Christian Frederik, den senere Kristian 8. av Danmark, som egentlig ikke var noen oldenborger. Dette betydde at rikenes styre i stor grad kom til å preges av de menn som vant kongens fortrolighet og tillit. Etter 1730

Kristian 5.s salving i Frederiksborg slottskirke i Hillerød 7. juni 1671, mer enn et år etter tronbestigelsen. Utsnitt av et samtidig maleri, muligens utført av Peder Anderssen Nordmand. Kongen plasserte selv den nye kronen på hodet før han gikk inn i kirken for å la seg salve av biskop Hans Vandal, som først hadde lest Kongeloven. I sin tale understreket biskopen at kongen er Guds stattholder på jorden, og at hans undersåtter derfor er kalt til å tjene ham som Guds utvalgte.

skulle det foregå flere og til dels dramatiske forandringer i rådgiverkretsen omkring kongen, som spente fra den holstenske godseieradelen til kongens livlege og dronningens elsker. Men de tre første enevoldskongene, Fredrik 3., Kristian 5. og Fredrik 4., fulgte en og samme hovedlinje.

Nå betegnet riktignok ikke statsomveltningen et definitivt brudd med den gamle adelen. Både Fredrik 3., Kristian 5. og Fredrik 4. gav adelen plass både i kollegiene og i høye embetsstillinger. De fleste av de viktige stiftamtmannsembetene ble således besatt med adelsmenn. De fleste medlemmer av geheimekonsilet kom også fra deres krets.

Men tross dette lot det seg ikke skjule at de første enevoldsmonarkene næret en dyp mistro til de gamle adelsslektene og frykt for en restaurasjon av det gamle adelsveldet.

139

Denne mistenksomheten var kanskje sterkest hos Fredrik 3., som systematisk utelukket adelen fra alle kommandostillinger i hæren. Men også Kristian 5. og endog Fredrik 4. var fylt av den samme frykt. I sine testamenter gav Kristian 5. klart uttrykk for at en måtte holde borte alle som var «inklinerede til forrige bestående regjeringsart», og alt som kunne skade kongens «souverainitet og høihed». Opprettelsen av en ny embets- og hoffadel av grever og baroner i 1671 hadde dels som mål å skape en stand som skulle kaste glans over kongen og var avhengig av kongen, dels å degradere den gamle adelen ved at grevene og baronene ble stilt foran dem i rang. Det er betegnende at bare i ett av de åtte nye grevskapene som ble opprettet, fant man en representant for den gamle adel.

Etter statsomveltningen i 1660 gikk Fredrik 3. inn for å tillempe paritetsprinsippet slik at det ble like mange adelige og borgerlige assessorer i hvert kollegium og i høyesterett. Da kollegiene i slutten av 1660-årene fikk mindre betydning, ble tyskeren Christoffer Gabel Fredrik 3.s nærmeste rådgiver og rikenes mektigste mann nest etter kongen.

Fredrik 3.s død førte nok til Gabels fall, og i første omgang skulle den faktiske ledelse av staten falle i hendene på et triumvirat, som bestod av kongens halvbror og Norges stattholder Ulrik Frederik Gyldenløve, den holstenske storgodseieren Frederik Ahlefeldt og vinhandlersønnen fra København, Peder Schumacher. Men etter hvert ble de to første skjøvet til side, og Peder Schumacher skulle i løpet av tre-fire år bli rikenes virkelige hersker. Ved den reorganisering han gjennomførte av kollegiene i 1670, ble han ikke bare den sentrale skikkelse i kanselliet, men fikk også en utstrakt myndighet over de andre kollegiene. Alt fra opprettelsen av geheimekonsilet ble han dets selvskrevne sekretær, for senere å bli medlem. I 1673 ble han utnevnt til rikskansler med «det fuldkomne directorium» over kanselliene og de saker som lå under dem, og året etter ble han også president i høyesterett. – Hele rikets styre var samlet i hendene på den unge borgersønnen fra København, som nå var adlet og hadde forandret navn fra Peder Schumacher til Peder Griffenfeld, og Tønsberg prostis jordegods, som han hadde fått i 1671, ble omdannet til et grevskap.

Den store mengde bestikkelser Griffenfeld hadde mottatt, hans uvørne behandling av kongen, hans tvetydige utenrikspolitikk og mange fiender, førte til hans plutselige fall. Rettssaken som fulgte, endte med dødsdom og den makabre henrettelsesscenen, hvor riksfeltherre Schack trådte fram akkurat da bøddelen hadde hevet øksen, og forkynte at kongen hadde benådet Griffenfeld til livsvarig fengsel.

Griffenfelds fall betydde en seier for hans fiender fordi den sterke mann i statsstyret var fjernet. Men for Kristian 5. førte det ikke til noen politisk kursendring på det indre plan. Riktignok voktet han seg senere for å la en enkelt mann få en tilsvarende maktstilling som Griffenfeld. Men han førte Griffenfelds linje videre når det gjaldt å trekke

Griffenfeld knelende på skafottet klokken 6 om morgenen 6. juni 1676. Utsnitt av et stikk fra omkring 1745. Griffenfeld var kledd i sørgedrakt, tok avskjed med de tilstedeværende, knelte og bad en kort bønn før han gav tegn til skarpretteren om å gjøre sin plikt. Idet skarpretteren hevet sitt sverd ble kongens pardon forkynt av general Hans Schack (til venstre). Dommen var omgjort til livsvarig fengsel. «O Herre Jesus forlate eder! Jeg var allerede udi Himmerik,» utbrøt Griffenfeld da han fortumlet reiste seg igjen. Etter fire år i Kastellet i København, ble han i 1680 ført til Munkholmen ved Trondheim, hvor han satt til høsten 1698. Sitt siste år fikk han lov til å bo i selve Trondheim.

borgerlige inn i rikets sentralforvaltning og i sin krets av rådgivere. Riktignok kom geheimekonsilet fortsatt til å bestå utelukkende av høyadelige. Men innen kollegiene fikk borgerlige en stadig større betydning. De borgerlige skulle også dominere de mange «kommisjoner i Rådstuen for København slot», som ble nedsatt fra slutten av 1680-årene og fram til 1705 da det ble opprettet et nytt kommersekollegium. Heller ikke Fredrik 4. skulle innlede noe nært samarbeid med den gamle adelen. Kristian 5.s testamente er fylt av mange advarsler mot de gamle herskere. Fredrik 4.s testamente fra 1721 er preget av direkte hat.

Norges stattholder gjennom 35 år, Ulrik Frederik Gyldenløve, kan på mange måter stå som et uttrykk for denne forbindelsen mellom den eneveldige kongemakt og borgerskapet. På den ene side var han Fredrik 3.s sønn og Kristian 5.s halvbror og kongehusets og eneveldets lojale representant. Men samtidig var Gyldenløve den store forretnings-

Kristian 5. (til høyre) i samtale med sin halvbror Ulrik Frederik Gyldenløve. Mellom dem står grev Anton av Aldenburg. Utsnitt av et maleri, antagelig utført av Peder Anderssen Nordmand.

Dette utsnittet av et fransk prospekt over Larvik fra slutten av 1680-årene viser Gyldenløves herregård som et fransk slott på høyden med byen nedenfor. Bebyggelsens beliggenhet lå imidlertid rundt havnen til venstre, og det befestede tårnet i forgrunnen har aldri eksistert i Larvik. Det mest korrekte ved bildet er understrekningen av Gyldenløves posisjon i byen.

mann. I 1670 hadde han kjøpt Fritsø hovedgård og jernverk og Halsen og Brunla hovedgårder i Brunla amt. Samtidig fikk han rett til å kjøpe alt krongods i Brunla amt og innløse det krongods som var solgt der. Dermed var grunnlaget lagt for grevskapet Laurvigen, som ble opprettet i 1671 og også kom til å omfatte Larvik, som nå fikk kjøpstadrettigheter. Dette betydde at Gyldenløve foruten å være stattholder og øverstkommanderende for de militære styrker i Norge, ble en av landets fremste forretningsmenn. Han hadde landets største jernverk og skulle bli den nest største av rikets store sagbrukseiere.

Adelsveldet var således med statsomveltningen avløst av en enevoldig konge i allianse med et sterkt borgerskap. Det var denne grupperingen som skulle forme hovedlinjene i rikenes politikk i de to første mannsaldrene etter statsomveltningen, og også ha det avgjørende ord i saker som gjaldt Norge.

143

Befolkningsutviklingen
Manntall og folketall

Innførelsen av eneveldet førte til et omfattende arbeid fra statsmaktenes side for å registrere de økonomiske og befolkningsmessige ressurser i rikene. Ikke minst ble oppmerksomheten rettet mot Norge, hvor det i 1660-årene foregikk et landsomfattende kartleggingsarbeid. Alt 17. januar 1661 ble det nedsatt en landkommisjon i Kristiania som ble pålagt å utarbeide en oversikt over alt jordegods i Norge og sette takst på alle byeiendommer i landet. Landkommisjonen satte ned et utvalg for hvert av de åtte lagdømmene, og det store registreringsarbeidet var ferdig avsluttet alt på den tid arvehyllingen foregikk i Kristiania. Den 23. januar 1665 ble det ved et kongelig reskript påbudt å utarbeide en ny matrikkel for hele Norge, og for annen gang på mindre enn ti år ble hver gård i landet registrert, vurdert og taksert. Landkommisjonens store arbeid fikk ingen praktiske konsekvenser, men den nye matrikkelen ble i hovedtrekkene bestemmende for fordelingen av skattene i Norge helt fram til begynnelsen av 1800-tallet.

Registreringen i 1661 og matrikuleringen i 1665 skulle først og fremst tjene et økonomisk og finansielt formål. Den 20. september 1663 gikk det ut befaling med et klart militært siktepunkt til stattholderen, amtmenn, biskoper, sorenskrivere og andre om «at assistere Titus Bülche anlangende matriculs forretning over kirke og præstebols eiendom, såvelsom anlangende mandtallet på mandkiønnet i hvert giæld». Prester og fogder ble pålagt å sende inn oppgaver over alle menn over 12 år i sine embetsdistrikter; bare byene ble holdt utenfor. For mange bygder sendte presten inn ett manntall, fogden et annet slik at de fikk to samtidige og ofte uavhengige manntallslister.

Den tellingen som ble påbudt i 1663 skulle bare ta med mannspersoner over 12 år. Den 30. oktober 1665 ble det gitt befaling om at det skulle tas opp et nytt manntall, hvor også gutter under 12 år skulle regnes med. Men byene ble fortsatt holdt utenfor.

Utsnitt av tittelsiden til «Mandtall offuer Ringsagger sogens Mandkiøn och deris allder beskreffuen effter Kongelig befalinger udi dett aar 1664.»

Befalingene av 1663 og 1665 ble støtet til de to første manntall i Norge, og disse to manntallene er de eldste bevarte manntall i hele verden som dekker et så stort område. Manntallslistene har som regel fem, enkelte seks rubrikker.

Første rubrikk inneholder navn og skyld på gården tellingen omfatter, andre rubrikk antall oppsittere og hvor stor del hver enkelt av dem brukte av gården. Tredje rubrikk inneholdt hjemmeværende sønner, i 1663 bare sønner over 12 år, i 1665 alle sønner. Fjerde rubrikk var reservert for tjenestefolk, og femte og siste rubrikk for folk av ulike kategorier som ble sammenfattet under betegnelsen husmenn og deres sønner. I enkelte tellingslister ble det også tatt med en egen rubrikk for knekter. La oss ta gården Vrålstad i Tovdal i Åmli prestegjeld som eksempel.

Det første manntallet for Åmli ble datert 14. april 1664 og ble undertegnet av presten, Laurids Gabrielsen Lindt. På Vrålstad, som var skyldsatt for 1½ hud, var det da fire oppsittere, Skjellov, Sveinung, Ånund og Oluf. Bare Skjellov hadde en sønn over 12 år, Tallak, og bare Oluf hadde tjenestegutt, Nils Tallaksen. Are var den eneste som ble plassert i rubrikken husmenn.

Den 3. mars 1666 sendte Laurids Gabrielsen Lindt inn sitt andre manntall, hvor han tok med også sønner under 12 år. På Vrålstad satt de samme fire brukerne som to år før, og Oluf hadde fortsatt Nils Tallaksen som dreng. Derimot leter en forgjeves etter Tallak Skjellovsens navn under Vrålstad; han kunne være død, flyttet bort eller glemt av presten. Men i rubrikken for husmenn var det nå kommet et nytt navn i tillegg til Are, Øyvind. De fire oppsitterne på gården hadde til sammen seks sønner under tolv år og det samlede tallet på mannspersoner på gården i 1666 var tretten. Parallelle opplysninger til dem vi har for Vrålstad, finner en for de fleste gårder i hele Norge. Bare for bygdene Åseral og Finsland er tellingsmaterialet kommet bort. I Finnmark ble det ikke holdt noen telling. For resten av landdistriktene finnes det bevart minst ett manntall, for de fleste bygder to og for enkelte prestegjeld tre og opptil fire manntall.

I manntallslistene må en regne med mange feilkilder. Presten kan ha slurvet. Folk kan være telt to ganger. Andre kan være utelatt eller glemt eller bortreist. Men stort sett synes oppgavene over antallet personer å være tilnærmet riktig. I de bygder hvor det er bevart to eller flere tellinger, foreligger det også muligheter for en utstrakt kontroll av tellingsmaterialet, som også kan kontrolleres ved andre typer av kilder som jordeboken fra 1665, skiftemateriale og lignende.

Mens oppgavene over antallet personer i manntallslistene synes å være relativt pålitelige, er aldersoppgavene høyst tvilsomme, noe materialet fra Vrålstad kan tjene som eksempel på. Etter manntallet fra 1664 var Skjellov 39 år, Oluf 25 år. Etter manntallet fra 1666 var Skjellov 51 år og Oluf 38 år. Også husmannen Are var blitt fjorten år eldre på de to årene fra 1664 til 1666, mens drengen Nils Tallaksen var blitt ett år yngre.

Manntallslistene fra 1660-årene ble først gjort til gjenstand for statistisk behandling av T. H. Aschehoug i 1848, som med små ressurser utførte et imponerende pionérarbeid. Etter Tallak Lindstøl hadde gjennomgått hans resultater kritisk en mannsalder senere, gav han i 1890 ut en ny sammenfattende beregning av folketallet i Norge 1665. En ny statistisk bearbeidelse av manntallene fra 1660-årene er nå under arbeid, men inntil resultatet av dette arbeidet foreligger, må en bygge på professor Aschehougs tall.

Etter Aschehougs reviderte utregninger fra 1890 bodde det 195 400 menn i landdistriktene i Norge i 1665. Han regnet med at det fantes 110 kvinner for 100 menn, og den samlede landbefolkningen ble da 410 000. Han antok videre at det bodde omkring 30 000 personer i byene, og kom til at Norges totalbefolkning 1665 må ha vært omkring 440 000. Den geografiske fordelingen av befolkningen var imidlertid forskjellig fra den vi finner et hundreår senere. I 1665 bodde således bare 33 prosent av befolkningen i Akershus stift mot nærmere 43 prosent i 1801. Især var Vestlandet relativt tett befolket, mens de indre deler av Troms og Finnmark var på det nærmeste øde. Nå ble det riktignok ikke tatt opp noe manntall i Finnmark i 1660-årene, men til gjengjeld ble det holdt en fullstendig folketelling i amtet av Henrich Adeler i 1690. Adelers telling inneholder nav-

147

Sjøsame-koner utenfor en gamme i Finnmark. Tegning av amt-
mann Hans Lillienskiold i hans beretning «Speculum Boreale» fra
1698 (se s. 262).

net på 805 navngitte hovedpersoner, og det samlede folke-
tall var 3228. Av de navngitte hovedpersonene var 519
nordmenn og 286 ble betegnet som finner, det vil si samer.
Etter Adelers telling var det i amtet omkring 1500 samer,
et tall som stemmer godt overens med en telling Thomas
von Westen foretok i 1717. Dengang bodde det 346 same-
familier i hele Finnmark, og han anslo den samlede same-
befolkning til 1720 personer. Men de fleste av disse var
sjøsamer. Bare 46 av de 346 samefamiliene var fjellsamer
og levde som nomader.

Tanken på den militære rekruttering var uten tvil bak-
grunn for utarbeidelsen av manntallene i 1660-årene. Mu-
lighetene for en ny krig ble støtet til at det 26. juli 1701 ble
utferdiget ordre til visestattholderen i Norge om at fogde-
ne, sorenskriverne og prestene skulle «strax og uden op-
hold forfatte rigtige mandtaller over alt det mandskab som
i hvers anfortroede sogn, menigheder og distrikter på lan-

det findes». Manntallet i 1701 ble langt bedre planlagt fra myndighetenes side enn manntallene i 1660-årene. Men det er bare bevart for det vesta- og nordafjelske bortsett fra Stjør- og Værdal prosti. For det østafjelske finnes det bare bevart for enkelte mindre områder. – Heller ikke nå ble det tatt opp manntall i byene, så folketallet her må beregnes på grunnlag av andre kilder.

Sammenligner en manntallslistene fra 1660-årene med manntallet fra 1701, får en et bilde av et folk i stagnasjon. I mange prestegjeld, ja endog i hele amt, hadde folketallet gått tilbake. I alle landdistriktene i det vesta- og nordafjelske hadde tallet på menn bare økt fra 105 348 til 115 077 eller 9,19 prosent. Etter de beregninger Tallak Lindstøl publiserte i 1887, hadde tallet på menn i det sønnafjelske (Akershus stift og Agder) i det samme tidsrommet økt fra 90 016 til 105 923 eller med 17,67 prosent. Ved å regne med samme kjønnsproporsjon som Aschehoug, og ved å anslå bybefolkningen til 40 000, kom Lindstøl fram til 504 000 som et sannsynlig tall for den totale befolkning i Norge i 1701.

I tiden 1665–1701 må altså den årlige befolkningsveksten i Norge ha vært 0,35 prosent eller bare omkring tiendepar-

Denne tegningen av Hans Lillienskiold viser en same utenfor gammen. Utenfor har han plassert høyet slik at ville dyr ikke skal kunne nå det.

ten av vekstraten i mange utviklingsland idag. Den var således meget sen sett fra vår tids synspunkt. Den var også sen om en sammenligner den med befolkningsveksten i Norge i siste halvpart av 1700-tallet og trolig også i århundret før 1660. Dette gjelder for det østafjelske, hvor man hadde en årlig tilvekst på 0,45 prosent. Det gjelder fremfor alt for det vesta- og nordafjelske hvor en hadde en årlig tilvekst på bare 0,25 prosent. (Diagram bd. 8, s. 85.)

Siste tredjepart av 1600-tallet danner således fra et befolkningsmessig synspunkt en stagnasjonsperiode i norsk historie. Men dermed melder det seg et sentralt spørsmål: Hva danner fra et demografisk synspunkt bakgrunn for den sene veksten? Skyldes den uår, nød, epidemier, lite overskudd av fødte eller står en overfor omfattende utvandringsår? Og hvorfor var det så stor forskjell mellom landsdelene?

Uår og epidemier

På 1600-tallet begynte man å føre kirkebøker i Norge, og dermed får en langt bedre muligheter for å studere befolkningsutviklingen i landet enn i hundreårene før. Den eldste kirkeboken i Norge begynner i 1623 og stammer fra Andebu i Vestfold. Den neste i rekken begynner i 1634 og kommer fra Bragernes. Med det nye kirkeritualet av 1685 ble det påbudt at «hver præst skal have en bog at tegne ved dag og tid deris navn udi, som han trolover og vier tilsammen, også børn som han døber i sit sogn, egte og uegte tillige med faderens navn». Dessuten ble presten pålagt å føre lister over alle som ble jordfestet. Først nå kom det for alvor fart i kirkebokføringen, og fra begynnelsen av 1700-tallet har man bevart kirkebøker for de fleste prestegjeld i Norge.

Nå er ikke kirkebøkene noen ubetinget pålitelig kilde når en vil studere tallet på fødte, døde og ekteskap fordi de gir opplysninger bare om de kirkelige handlinger, vielser, dåp og begravelser. Mange prester kunne langt utpå 1700-tallet slurve med kirkebokføringen, og det hendte

Anno 1628.

Anno 1629.

1630.

1631.

peste grasserte

Anno 1634.

1633.

1634.

Vår eldste kirkebok stammer fra Andebu i Vestfold og begynner i 1623. Her sees innførslene for årene 1628 til 1634 i denne boken. Fra 1685 ble kirkebøkene mer utførlige. Det ble da påbudt at «hver præst skal have en bog at tegne ved dag og tid deris navn udi, som han trolover og vier tilsammen, også børn som han døber i sit sogn, egte og uegte tillige med faderens navn».

151

*I middelalderkirken i Trøgstad var menigheten — som andre ste-
der i landet — vitne til at det i enkelte perioder av 1600-tallet var
mange flere begravelser enn barndåper. I det verste året — i 1654 —
ble det født 54 barn i Trøgstad mens det var seks ganger så mange
begravelser (se diagram s. 155).*

også at allmuen ikke var så nøye med å utføre de kirkelige
handlinger som kirkeordinansen påla dem.

Men tross mange feilkilder gir kirkebøkene oss et langt
rikere bilde enn før av de fundamentale begivenheter i
menneskenes liv, fødsel, ekteskap og død. I Os preste-
gjeld ble det i tidsrommet 1669–1701 døpt i alt 2931 barn
eller 88,8 barn pr. år som tilsvarer 32 barnefødsler pr. år
pr. tusen mennesker. Dette er et tall som uten tvil må be-
traktes som et minimumstall. Gjennomsnittet på landsba-
sis har trolig ligget på omkring 35 pr. tusen. Dette er nes-
ten like høyt som fødselsratene i utviklingsland idag, og

mer enn det dobbelte av fødselsraten i Norge nå. Når en tross det relativt høye tallet på fødte i siste halvpart av 1600-tallet ikke fikk en befolkningseksplosjon som i utviklingslandene idag, skyldes det fremfor alt den store dødeligheten.

I Os prestegjeld ble det som nevnt døpt 2931 mennesker i tidsrommet 1669–1701. I de samme årene ble det gravlagt 2268 personer i prestegjeldet eller 24,8 mennesker pr. tusen pr. år. Men dødeligheten i Os var relativt liten sammenlignet med dødeligheten i mange andre bygder i landet. I de 46 årene fra 1646 til 1699 ble det således døpt 2925 mennesker i Trøgstad prestegjeld, gravlagt 2911, og overskuddet av døpte i hele perioden var bare 14. Enda dystrere bilde gir kirkebøkene fra Håland prestegjeld på Jæren. I årene 1665–1701 ble det døpt 549 personer, gravlagt 629. Tallene varierer således sterkt fra prestegjeld til prestegjeld, fra Os som hadde et relativt stort overskudd av døpte til Håland som hadde underskudd.

Dersom en summerer tallene over døpte og gravlagte for en rekke prestegjeld (stigende fra 8 i 1666 til 40 i 1700) spredt over hele landet fra Hvaler i sørøst til Folla i nord for tiden 1666–1700, kommer en fram til et gjennomsnitt som kanskje kan være tilnærmet representativt for hele landet. I dette tidsrommet på 35 år ble i disse prestegjeldene døpt 23 656 personer og gravlagt 21 605, og overskuddet av fødte har bare vært omkring 10 prosent. Men dermed trer også et sentralt spørsmål i forgrunnen: Hvorfor var fødselsoverskuddet så lite når fødselshyppigheten var så stor? Hvordan skal en forklare den store dødeligheten sammenlignet med forholdene idag? Svaret må en søke i dårlig hygiene, slett ernæring, små og trekkfulle hus, mangel på leger og legenes nesten komplette uvitenhet om det faget de skulle vareta. Følger en listene over døde fra år til år, er det imidlertid to forhold som fremfor alt trer i forgrunnen og er utslagsgivende: den store barnedødeligheten og det som på fagspråket heter demografiske kriser. La oss vende tilbake til Samnanger kirke i Os prestegjeld i begynnelsen av 1670-årene.

*Selv om det ble født mange barn i de fleste ekteskap, hørte en så
stor barneflokk som denne til sjeldenhetene. Omkring en fjerde-
part av barna døde før de ble året gamle. Maleri fra 1690 av en
ukjent kunstner, antagelig utført i Trondheim.*

I 1674 ble det gravlagt 15 personer i Samnanger; 6 av dis-
se var barn under ett år. I 1675 var tallene 10 og 4, i 1676
20 og 4, i 1677 19 og 9. Og som i Samnanger sokn var det i
hele Os prestegjeld; i tidsrommet 1669–1701 ble det grav-
lagt 2286 personer. Av disse var 525 eller 23 prosent av alle
døde barn under ett år. Det er grunn til å tro at dette er
minimumstall fordi det var lettest for presten å glemme
barn når han førte inn navnene på de gravlagte i kirkebo-
ken. Men den store barnedødeligheten var ikke spesiell
for Os, og heller ikke for siste halvpart av 1600-tallet.
Gjennom hele 1700-tallet utgjorde barn under ett år om-
kring en fjerdepart av alle gravlagte. Den store spedbarns-
dødeligheten var med andre ord relativt konstant helt fram
til begynnelsen av 1800-tallet. Det er en hovedfaktor som
forklarer den store dødeligheten i den preindustrielle
periode sammenlignet med dødeligheten i landet idag. Men
den forklarer ikke hvorfor dødeligheten synes å ha vært
betydelig større i siste halvpart av 1600-tallet enn i slutten
av 1700-tallet. Her må man søke forklaringen i den andre ho-

vedfaktoren: de demografiske krisene. La oss igjen vende tilbake til Trøgstad prestegjeld.

I Trøgstad ble det som nevnt døpt 2925 barn i årene 1646–1699 og gravlagt 2911 personer. Det samlede overskudd av fødte var således bare 14. En viktig grunn til den store dødeligheten var her som andre steder i landet den høye spedbarnsdødeligheten, som sikkert har krevd like store offer som i Os. Men i tillegg til den kom de demografiske krisene da tallet på døde i løpet av et tidsrom fra noen måneder og opptil et par tre år kunne stige opp til det mangedobbelte av tallet på døde i et normalår. I 1654 døde det således 325 mennesker i Trøgstad eller omkring hvert fjerde menneske. Tre andre slike kriser skulle ramme prestegjeldet i siste halvpart av 1600-tallet, nemlig 1650–51, 1676 og 1696. I disse fire årene ble det begravd 731 mennesker i Trøgstad eller omtrent en fjerdepart av alle som ble gravlagt i hele perioden 1646–1699.

Slike kriseår med veldig stigning i dødeligheten kunne enkelte år bare ramme relativt lokalt avgrensede områder, som i 1699 da krisen stort sett var avgrenset til Østlandet. Andre år kunne den være landsomfattende. De demografiske krisene var ikke noe enestående for siste halvpart av 1600-tallet. Vi kjenner dem fra tidligere perioder med svartedauden som det mest uhyggesvangre eksempel. Det var også en rekke kriser på 1700-tallet, i 1719, 1733, 1741–43, 1771–72 og 1809. Men bare krisen 1741–43 var landsomfattende. De andre krisene synes å være avgrenset til deler av landet. Krisen 1719 rammet vesentlig det vesta- og nor-

Diagram over fødte og døde i Trøgstad prestegjeld 1648–1720. Kurvene baserer seg på en demografisk undersøkelse foretatt av Ståle Dyrvik, Knut Mykland og Jan Oldervoll, publisert i 1976. Den heltrukne linjen markerer gravlagte, den stiplede døpte.

dafjelske og skyldtes trolig en tyfusepidemi. Krisen i 1733 synes hovedsakelig å ha vært avgrenset til Vestlandet, mens krisen i 1809 var avgrenset utelukkende til Akershus stift. Det som kjennetegner siste halvpart av 1600-tallet er de mange *landsomfattende* kriser ved siden av mer lokalt avgrensede kriser.

Det bevarte kirkeboksmateriale gjør det ikke mulig å trekke sikre slutninger om hvor omfattende krisen 1650–51 må ha vært, men kirkeboken fra Andebu viser at der synes krisen å ha rammet hardere enn i Trøgstad. I 1654 er det bare kirkeboken fra Trøgstad som forteller om en katastrofeartet dødelighet, men annet kildemateriale vitner om at langt større områder enn Trøgstad ble rammet. I flere bygder har krigen 1658–59 ført til en veldig stigning i dødeligheten, som på Hvaler og i Andebu, men andre områder synes å være spart. Derimot har krisene 1668–69, 1676 og 1695–96 vært landsomfattende.

Etter det bevarte kildematerialet har overskuddet av døde 1668–69 vært så stort at en i hele femårsperioden 1666–70 har fått et betydelig underskudd av fødte. Det neste store kriseåret kom i 1676, og i mange bygder var tallet på døde mangedobbelt av det normale. Etter kirkebøkene å dømme har 1680-årene hatt et relativt stort overskudd av døpte, men den neste tiårsperioden skulle bli den hardeste i landets nyere historie. I 1691 var det stor dødelighet over hele landet, bortsett fra Østlandet, og i 1697 og -98 hadde en også et stort overskudd av døde i mange bygder. Men i årene 1695 og -96 var krisen landsomfattende, og i hele tiårsperioden 1691–1700 samlet fikk man et stort overskudd av døde om en kan bygge på det kirkebokmaterialet som er bevart. Folketallet må med andre ord ha gått tilbake.

Bildet blir således det samme om en utvider synsfeltet fra Trøgstad prestegjeld til et større antall prestegjeld spredt over hele landet. Ikke i noen senere femtiårsperiode har demografiske kriser, epidemier og nød gjort så store innhogg i landets befolkning.

Den store spedbarnsdødeligheten på 1600- og 1700-tallet lar seg forklare med slett hygiene, skittenferdighet, uviten-

De alvorlige epidemiene som rammet store grupper av befolknin-
gen med års mellomrom, er en av årsakene til de demografiske
krisene. I 1665 – året før den store brannen (se s. 239) – ble Lon-
don rammet av den siste store pesten i landets historie. Omkring
70 000 av byens 500 000 innbyggere døde, det vil si 14 prosent.
Dette samtidige tresnittet fra pesten i London viser graving av
massegraver på en kirkegård.

het. Spørsmålet om grunnen til de demografiske krisene,
som i siste halvpart av 1600-tallet gjorde like store inn-
hogg i befolkningen som spedbarnsdødeligheten, er frem-
deles sterkt omdiskutert, og to hovedforklaringer har stått
i sentrum: epidemier og hunger.

Ved den første krisen i Trøgstad i 1650–51 var hoved-
tyngden av døde barn og ungdom under 20 år. Selve alders-
grupperingen antyder en mulig epidemi, men kirkeboken
gir ingen opplysning om hvilken sykdom som måtte ha
herjet. De veldige dødstallene fra Trøgstad i 1654 skyldtes
pest, den siste pestepidemien som har herjet i Norge. Grun-
nen til den store dødeligheten i 1668 og -69 ligger ennå i
mørke, men det ligger nær å se den store dødeligheten i
1676 i sammenheng med Den skånske krig. Sammentrek-
ningen av soldater fra ulike deler av landet gikk ofte hånd
i hånd med en rask spredning av epidemier og dermed stor
økning i dødeligheten. I mange bygder ble det også klaget

over frostår og nød, som i Øvre Telemark og i Råbyggela-
get. Da fogden på tinget på Vegusdal i 1676 klaget over
veldige skatterestanser, svarte allmuen at det ikke var
«modvillighed eller fortrædelighed» som var årsak til at
de ikke kunne betale skatten, men «dend store armod som
denne besværlige krigstid, så og den store misvæxt som
udj sistleden åringer været haver». Gud skulle vide «hvad
de udi besværlige tider for deres levned, med hustruer og
børns ophold hafuer udstanden». Og dette bildet fra 1676
utdypet allmuen ytterligere i et senere tingsvitne. Meste-
parten hadde «til deris lifs ophold måttet fortære græs; der-
..est at tage rødderne af ageren som de pleyede at male til
deris føde».

Krisen i 1695–96 synes å falle i to avsnitt. Vinteren 1695
ble store deler av landet herjet av en alvorlig epidemi. Et
dramatisk bilde av farsottens herjinger finner vi i kirke-
bøkene for Håland og Egersund. I Håland døde det i året
1695 117 personer eller omkring ⅕ av hele befolkningen,
og det store flertallet av disse ble revet bort fra begynnel-
sen av februar til slutten av juni. I Egersund slutter listen
over døde i 1695 den 19. mai; kanskje er det soknepresten
selv som da er falt som offer. Men bare fram til det tids-
punkt døde mer enn 148 personer eller over en tiendedel
av hele befolkningen i prestegjeldet.

Mens den store dødeligheten i 1695 skyldtes en epidemi,
har hunger i det minste vært en medvirkende årsak til den
store dødeligheten året etter. Den 15. september 1695 for-
teller fogden i Østerdalen at kornet «overalt var bortfros-
sen», og at det alt da var «en stor elendighed blandt den
gemene almue». Klagen fra Østerdalen ble fulgt av klager
fra andre bygder, fra Løten og Romedal, fra Valdres og
Hallingdal, Heggen og Frøland, ja endog fra de gode jord-
bruksbygdene Ullensaker, Nannestad og Eidsvoll. Og
stiftamtmannen sendte klagene videre til rentekammeret
i København idet han understreket «den usedvanlige mis-
vext» og bøndenes behov for korn og skattelettelser.

Går en fra østlandsområdet til Trøndelag, var korn-
mangelen like alvorlig der. 1695 hadde vært det verste

deviiner som er ſlagen paa / er offvertrecket / ſaa
ſand mand driſve,det noget ſterckere,Det ſidſte Vand
ſkal giemmis til efterfølgende Brug: den ſom ta-
ger aff ſaa ſegemin/oc / ſaa at ſige/viſiner ſaa ſom
ret Steinbarligen hen / ſkal hver Morgen faſt,ndis
tage en Steeſuld der aſt tre eller fire gange/ med li-
det Brød ſom er ſtegt paa en Ryſt/oc faſte en Time
der paa / ſaa ſkal hand (neſt Guds Hielp) Tage
Dag fra Dag til igien.

**Et andet underlig / oc udi Naturen gandſke
forborge.n Raad / tiligemaade for dem ſom Huldet
eller Triffvelſen ſvinder hen paa**

Mand ſkal tage et Eg / der paa ſkal mand ſtaa
den Siugis Vand eller Piß/ ſaa meget at det ſtaar
toe Fingers bred offver Egget/ oc koge det haart i
ſamme Vand / ſiden med en ſpiß Pind ſticke/paa
alle Sider runden om / huller paa Egget indtil
Blommen/koge det ſaa igien i ſamme offverbleff-
ven Vand / indtil der intet bliffver tilbage i-
gien/ſaa ſkal mand omſider graffve det bort udi en
Myrehob ; Oc naar ſom heldſt Egget er fortærit/
(dog det ſiunis underlig for Menniſkens Øren /)
ſaa tager det halff viſned Menniſke til igien / oc
bliffver ſaaſom ung igien.

Nota. ſom eſſer ſtient dette ſiunis meere liig/en Fabel oc
Troldbom end Sandhed /ſaa er det dog udi Naturen et
ſandferdigt Raad/ til at læge denne ſvaghed. Jeg kunde vel/
fremfere utallige Exempler der paa / ſom mig nockſom er
bekiendt/oc Jeg mig ſelff udaff dem har ladet bruge : Er der
nedebon at ſtaa til ſvars derfore / der ſom det giordis behoff/
men

men jeg vil det (ſom Gud vil det tilſtede) i fremtiden / udi en
ſær Bog/min Næſte til Gaffn/lade komme til liuſet.

Her maa mand vel acte/at / derſom det var Menniſket ta-
ger ſaadan af kunde komme eller have ſin Oprindelſe/ udaf
nogen Kiærligheds Drick ; hvilket mange Guds forgaaene
Menniſker bruger : da kand ickun den Siuge / tage nogit
Melck udaff en Hoppe/giøre det iødt med Sucker / oc onde
tet det udaff; hielper viſſeligin.

For ſmaa Børn/naar de tager aff
paa Huldet eller Wexten.

Det ſkeer tiit/ at unge Børn/ udaff offverſtedig
Fuctighed faaer / icke alleeniſte udi Maffven oc
Tarmer/men endocſaa paa Ryggen imellem Huud
oc Kiød/Orme / at Børnene derfore ingenlunde
kand tage til/men tager Dag fra Dag aff/ oc bliff-
ver ſigeſom en Stygge : hvilcket der foraarſager
Forældrene icke liden Sorrig/ia ſaa de forſynder
dennem tiit oc offte imod deris Næſte (ſom dog er
uſkyldig der udi) med ond Miſtrancke/oc meſt imod
Gud. At mand kand forekomme dette : da ſkal
mand tage Kongſalve Roed/ ellers Conſolide ſal-
det/toe Lod. Dette ſkal kogis vel udi ſkarp Lud
(den Lud ſom bliffver giort udaff Ege Aſke tiener
beſt her til/) herned ſkal Barnet ſalffvis ſaſtendis
imod en varm Ofn/ ſaa ſkal Ormene ſticke deris
ſorte Hoffveder frem udaff Svede Hullerne : dem
ſkal mand da ſkiære aff med en Rage Kniff/oc giø-
re det ſaa nogle gange/ſaa ſkal Forældrene komme
til at glæde ſig igien offver deris Børn/ at de/ſom

O ij   til

---

*Frykten for sykdom og død var naturligvis sterk i en tid med stor
barnedødelighet og epidemier. Elias Beynons bok «Den barm-
hjertige Samaritan eller Broder-kjerlighets Raad for allehaande
legemlige Siugdomme» fra 1677 gav derfor sikkert eieren en viss
trygghet, men kunne kanskje også fremkalle hypokondri. I dette
oppslaget fra boken finner vi blant annet kapitlet: «For smaa
Børn / naar de tager aff paa Huldet eller Wexten.»*

grønnår som noen kunne minnes. Fra alle deler av stiftet
strømmet det inn klager, og stiftamtmann Kaas bekref-
tet det som ble fortalt, den «store misvext» som hadde ram-
met landsdelen, og katastrofen som truet om en ikke fikk
tilførsler av korn. Det er et vitnesbyrd om alvoret i situa-
sjonen at regjeringen nå gikk til en rekke vidtgående skritt
for å komme de hungersrammede områdene til hjelp.
Mange bygder ble innvilget skattelettelse, og korn ble delt
ut fra militære lagre og sendt opp for statens regning. Men
om hjelpen var betydelig, var den i mange bygder ikke stor

159

nok til å avverge hungersnøden. Vi kan ikke avgjøre om stiftamtmann Kaas i Trondheim stilte riktig diagnose da han i mai 1696 erklærte at det alt da var «død mange mennesker av hunger» endog i de bygder som var gunstigst stilt. Også i 1696 kan det ha vært en epidemi som var den umiddelbare årsak til den store dødeligheten. Men om så var tilfellet, hadde iallfall mangel på mat bidratt til å bryte ned motstandskraften hos folk, og dannet dermed en viktig del av bakgrunnen for den store dødeligheten.

Manntallene fra 1660-årene og 1701 gav klare vitnesbyrd om at folketallet i Norge i den mellomliggende periode hadde vokst senere enn både før og etter. Men er den store spedbarnsdødeligheten, de mange demografiske krisene og det lille overskudd av fødte tilstrekkelig forklaring på den relativt sene veksten? Og kan de samme faktorene forklare at befolkningsøkningen var raskere i det østafjelske Norge enn på Vestlandet, i Trøndelag og i Nord-Norge? Det er mulig, men vi kan ikke gi et sikkert svar på spørsmålene på grunnlag av det tross alt begrensede kirkebokmateriale som finnes fra 1600-tallet. Derimot kan vi nærme oss spørsmålene fra et annet utgangspunkt. Har innvandring og utvandring betydd noe for den totale folkeveksten i landet? I hvilken grad kan immigrasjon, emigrasjon og vandringer innenlands forklare at folketallet vokste raskere i det østafjelske Norge enn i resten av landet? Vi tar igjen utgangspunkt i et lokalsamfunn og begynner med det lille soknet Øyestad i Nedenes sorenskriveri på Agder.

Folk på vandring

Den 15. mars 1664 undertegnet fogden Peder Stephensen sitt manntall for Øyestad sokn i Nedenes amt. Arbeidet hadde ikke vært lett fordi det var «en del borgere og andre som ey deris drengers navn eller alder ville angive». Fogden hadde derfor fått hjelp av «huer lensmand under sin egen og tvende mands segel». Samme dag fogden avsluttet sitt manntall, hadde sokneprest Salve Tommesen sitt manntall for Øyestad sokn ferdig, og da han selv bodde i sok-

160

net og var lokalkjent, hadde han fått med en rekke navn som ikke finnes i fogdens manntall, mens fogden hadde noen navn som presten ikke hadde fått med. Men til sammen må vi tro disse to hadde fanget inn navnet på de fleste mannspersoner over 12 år i Øyestad sokn, og sluttsummen ble 403.

Fogden har uten tvil vært mindre omhyggelig med det manntallet han sendte inn to år senere, og kom fram til et tall som åpenbart var altfor lavt. Men han hadde nå med 49 nye navn på menn over 14 år som en ikke fant i noen av de to manntallslistene fra 1664, og det må bety at minst 49 personer har flyttet inn i soknet i løpet av den tiden som var gått mellom de to tellingene. Det må med andre ord ha foregått en innflytting til soknet på minst 6 prosent i året. Hvor mange som hadde flyttet ut, kan vi ikke slutte noe om på grunn av fogdens lite samvittighetsfulle manntallsføring.

I Os prestegjeld var det i 1663 858 menn over 12 år. I det manntallet som ble tatt opp 2½ år senere, leter en forgjeves etter 180 av de navnene som en fant i manntallet fra 1663. Anslagsvis 50 av disse kan være døde, men 130 må ha flyttet ut av prestegjeldet, eller omkring 6 prosent pr. år.

Et studium av manntallene fra 1664 og 1666 fra andre prestegjeld eller sokn, som Vegusdal østen Sundet i Råbyggelaget, Stord, Tingvoll, Overhalla viser samme trekk som tallene fra Os og Øyestad. Det norske bondesamfunnet på 1600-tallet har ikke vært stabilt i den forstand at folk har levd sitt liv innen det soknet eller prestegjeldet hvor de var født og vokst opp. På bygdene har en hatt omfattende vandringer, eller en betydelig migrasjon, for å bruke et moderne faguttrykk. Manntallet fra 1701 tyder på at det ikke bare har dreid seg om nærvandringer fra et prestegjeld til et annet, men også fjernvandringer fra en landsdel til en annen. Det bevarte kildematerialet gir bare grunnlag for å antyde to hovedretninger av slike fjernvandringer: vandringene fra bygdene til byene, og vandringer fra Vestlandet til Finnmark.

Vandringene fra bygdene til byene får man en viss aning om i det eldste bevarte borgerbokmaterialet fra Bergen og

Trondheim; men det er uten tvil bare en liten prosent av slike vandrere man fanger inn gjennom borgerboken. Det var sikkert bare et fåtall av bygdefolk i byen som nådde så langt at de kunne ta et handelsborgerskap eller få et håndverksbrev. De fleste har vært henvist til å slå seg fram som tjenere, lønnsarbeidere, sjøfolk eller ved betling. En inngående analyse av bevart skiftemateriale og kirkebokmateriale ville uten tvil kunne fortelle langt mer om disse vandringene fra landet til byene på 1600-tallet, men ennå må en nøye seg med å komme med vage og relativt ufunderte antydninger. Helt annerledes sikre opplysninger har vi derimot når det gjelder å kartlegge flytningen til Finnmark.

Det manntallet Henrich Adeler tok opp i Finnmark i 1690, gir detaljerte opplysninger om hvor mange mennesker som bodde i landsdelen, om ekteskapsforhold, familienes størrelse og hovedpersonenes opprinnelse. La oss derfor ta en stopp sammen med Adeler på Vardø tingsted:

Christian Robertsen, fød der i landet udi Vardø. Efter hans grandes beretning, som hand ei møtte, er med sin hustru, 2de børn self 4de.

Jacob Gilbretsen, fød i Qvindheret, hyrt did fra Bergen, veret der i landet i 40 år, er med sin qvinde og et lidet barn self 3de.

Olle Engebretsen, fød i Nordland, derifra til landet didkommen, veret der 24 år, er med qvinde og 4 små børn selv 6te.

Mads Jensen, fød i Christiania, didkommen til landet med nordlandsfarerne, og veret udi Findmarken i 24 år, er med qvinde og en fuldlods søn self 3de.

Niels Tommesen, fød ved Bergen, og hyrt derifra. Veret i landet 18 år, er med sin hustru og 3de børn, deraf en tager half lod, selv 5te.

Simen Joensen, fød i Sundfiord, hyrt did fra Bergen, veret der i landet 20 år, er med qvinde og et pigebarn self 3de.

Jens Nielsen, fød på Helgeland, er med lods fosterbarn self 3de.

Slik så manntallslisten ut for Vardø. Slik var stort sett manntallslistene for hvert eneste tingsted i amtet. Samene som bodde i Finnmark, var alle født i Finnmark og vokst opp der. Men bare 140 av de navngitte norske hovedpersonene var født i amtet. Resten eller 375 var kommet sørfra, og størstedelen fra kyststripen fra Jæren til Romsdal. De fleste av innflytterne var kommet fra 20 til 40 år før manntallet ble tatt opp, og flytningen nordover må ha hatt sitt klimaks i 1650- og -60-årene.

Vandringene fra landet til byene og fra Sør-Norge til Finnmark er interessante trekk i norsk migrasjonshistorie, men det kan ikke bidra til å kaste lys over det hovedproblem en står overfor i norsk befolkningshistorie i siste halvpart av 1600-tallet, den relativt sene befolkningsveksten rent allment, og dette at folketallet vokste raskere i det sønnafjelske Norge enn i det vesta- og nordafjelske. Derimot kan et studium av innvandring til Norge og utvandring fra Norge delvis gi antydninger til en løsning.

På 1600-tallet foregikk det innvandring til Norge av fire forskjellige grupper av mennesker, embetsmenn, håndverkere og kjøpmenn som tok borgerskap i byene, bergverksfolk og finner.

Embetsmennene var ingen tallmessig stor gruppe. I årene etter statsomveltningen utgjorde den neppe mer enn tusen personer, i 1720 var tallet trolig bortimot fordoblet. Alt før statsomveltningen hadde prestestanden stort sett blitt en selvrekrutterende gruppe, og flertallet av prester var født i Norge. Men de høyere embetsmenn i det sivile embetsverket var danske, og mange av fogdene og sorenskriverne hadde gjort sin karriere som lakeier ved hoffet. Offiserstanden, derimot, som var den største embetsgruppen ved siden av prestene, ble stort sett rekruttert fra Tyskland, og tysk ble derfor også kommandospråk i hæren. Først utpå 1700-tallet begynte også den å bli selvrekrutterende.

Borgerboken fra Bergen er den eneste kilde som kan danne grunnlag for en statistikk over nye borgere i en norsk by på 1600-tallet. I tiåret 1621–30 var 51 prosent av dem som tok borgerskap i Bergen født utenfor Norge, i tiåret 1691–1700 var tallet sunket til 30 prosent. Av de 31 som tok borgerskap som kjøpmenn i Trondheim i årene 1708–19, var 45 prosent født i Danmark eller hertugdømmene. Innflytningen til østlandsbyene kan ikke dokumenteres med tall som innflytningen til Bergen, men et studium av borgerskapet

omkring 1700 på grunnlag av skattemanntall, skifteproto-
koller og lignende viser at også her utgjorde innflyttere en
stor del av borgerskapet, og især dominerte sønderjydene.
Det er ikke mulig å gi et relativt sikkert tall på de utlen-
dinger som flyttet inn til de norske byene og tok borger-
skap i siste halvpart av 1600-tallet, men det må utvilsomt
ha vært flere tusen.

Utviklingen av bergverksdriften, som for alvor skjøt fart
fra midten av 1600-tallet, skapte et stort behov for tekniske
eksperter når det gjaldt gruvedrift, smelteovner etc. De få
bergverksfolkene som da fantes i Norge, kunne ikke dekke
behovet, og det ble derfor kalt inn en lang rekke utenlands-
ke bergverksfolk. Til Røros kom endel av bergverksarbei-
derne fra Sverige, men de fleste av betjentene kom fra Tysk-
land. Særlig omkring 1670 kom det mange saksiske berg-
verksfolk til bergstaden.

Enda sterkere var utvilsomt det tyske innslaget ved
Kongsberg Sølvverk. Et vitnesbyrd om det fikk man nett-
opp i kirkeordningen. Alt fra starten av ble det ansatt to
prester ved verket, en tysk og en dansk. Disse to skulle dele
oppgavene og holde høymesse hver sin uke, den ene på tysk,
den andre på dansk. Andre ekstraordinære ting som barne-
dåp, vielser, skriftemål ble delt på en lignende måte. Ennå
i 1714 var det to prester på Kongsberg. Men på det tids-
punktet var en stor del av tyskerne dels vendt tilbake til
Tyskland, dels integrert i det norske samfunnet. Etter de
opplysninger den tyske presten, Casper Wildthagen, gav,
var det da bare tjue tyske familier igjen på Kongsberg, mens
der var noen tusen danske og norske, «som ej forstår det
tydske sprog». Han foreslo derfor at «den tyske prædi-
ken måtte afskaffes». Men kanselliet mente man burde ven-
te til den danske presten var død, «som ej kand være langt
borte».

De første finnene var kanskje alt kommet til Norge i 1620-
og -30-årene, men innvandringen av finner synes først å ha
skutt fart et snes år senere. Under Fredrik 3.s opphold i
Kristiania ved hyllingen i 1648 ble det således utferdiget en
«forordning om skogfinner» som fra «svenske grense begiver

Til Kongsberg Sølvverk kom det i siste halvpart av 1600-tallet og begynnelsen av 1700-tallet en rekke utenlandske bergverksfolk, spesielt mange tyskere. Her sees en av dem, Joachim Andreas Stukenbrock, som var overberghauptmann ved Bergseminaret, og som i 1740–61 bygde den store barokk-kirken i Kongsberg (se bd. 8, s. 300). Utsnitt av en samtidig akvarell.

sig her inn i landet og tilføier våre undersåtter stor skade på deres skoger, veidefang og fiskeri». Enten måtte de forlate landet «innen jul førstkommende, med mindre de vil ha forbrutt det de har å fare med», eller så måtte de nedsette seg her i riket, svare «skatter og skylder som andre våre undersåtter og holde seg i alle måder rolig og tilbørlig».

165

Men den kongelige forordningen klarte ikke å stoppe innvandringen. I 1661 gav den store landkommisjonen en omfattende skildring av finnenes liv og levemåte. «Den ganske almue beklager sig over den skade de svenske øst-finner gjør på hans kongelige majestets almenninger og store skoger. Ti foruden at det er et barbarisk folk som holder til udi nesten øde skoger og marker, flytter og føier de sig fra sted til andet, eftersom de efterhånden avbrenner skogene og det lyster dem selv å flytte. De overfarer det ganske land, rotter sig sammen 20, 30 og mere, så de er nu formidable for almuen, som ikke tør understå sig til at antaste dem i villnissene, mange i tall som de er og dertil gode skyttere.»

Landkommisjonens skildring fra 1661 var et partsinn-legg, og derfor også på mange måter urettferdig overfor de finske innvandrerne. Tross alle strenge motforholdsregler lyktes det ikke å stoppe innvandringene. Grue ble selve kjerneområdet, og navnet Finnskogene skulle få sin plass på norgeskartet. Men i hver eneste bygd over store deler av Østlandet skjøt det opp små finneplasser godt gjemt inne i store skogstrekninger. De trengte vestover til Asker, Lier, Eiker og Hole, nordover til Land, Toten og Vardal. Etter et manntall fra 1686 var det da i Norge 1065 rene finner og 160 som hadde finsk far eller mor, i alt 1225 personer.

Tallet på de embetsmenn, håndverkere og kjøpmenn, bergverksfolk og finner som bosatte seg i Norge i siste halv-part av 1600-tallet må ha gått opp i atskillige tusen. Det er også grunn til å tro at langt over halvparten av disse har slått seg ned nettopp i det sønnafjelske eller det østafjelske Nor-ge. Der fant en alle finnene, der lå de fleste bergverkene, der lå også de fleste byene. Fra et militært synspunkt var grense-områdene i sør-øst den viktigste delen av Norge. Der lå alle de store festningene, og her ble også en stor del av offiserene plassert. Innvandringen i siste halvpart av 1600-tallet kom derfor først og fremst til å slå ut i folketallet på Østlandet.

Utvandringen fra Norge i siste halvpart av 1600-tallet gikk hovedsakelig i to retninger, mot de to store sjømakte-ne England og Nederland, og til København. Mens utvandringen til de to sjømaktene skjedde frivillig, var utvandringen til Danmark først og fremst et resultat av tvungen utskrivning eller en mer eller mindre tvungen verving til rikenes felles krigsflåte i København.

Utvandringen til England er lite studert og lite kjent. Derimot viser lysnings- og kommunikantbøker i nederlandske byer at det har foregått en betydelig innvandring dit fra Norge fra slutten av 1500-tallet fram til slutten av 1700-tallet. Den sterkeste utvandringen har foregått i tiden fra omkring 1640 til 1700. I tiden 1626–1800 ble det tatt ut lysning for 11 212 nordmenn i Amsterdam, og av disse faller 5096 innenfor årene 1651–1700. Emigrantene kom fra hele Norge fra Fredrikstad i øst til Trondheim i nord, men omkring halvparten av utvandrerne kom fra den vestlige delen av Lister og Mandal amt og fra Dalane i Stavanger amt, et område hvor den lille skogen som engang fantes, for lengst var uthogd, og hvor all mulig dyrkingsjord var ryddet.

Tallene en finner i kommunikant- og lysingsbøkene fra Amsterdam og andre nederlandske byer, må uten tvil oppfattes som minimumstall. Den virkelige utvandringen må ha hatt et langt større omfang, selv om Hannibal Sehested uten tvil overdrev sterkt når han i midten av 1660-årene mente det var 15 000 nordmenn i den nederlandske flåten.

Den direkte utvandringen til Nederland fra Norge var likevel beskjeden sammenlignet med den utvandringen som fulgte som et resultat av utskrivning og verving til flåten i København. Under Hannibal Sehested kom utskrivningen inn i fastere former ved at det ble skilt ut spesielle sjølegder. Senere ble utskrivningene delvis avløst av verving. Men resultatet ble det samme. I slutten av 1650-årene gikk det årlig 1500 sjøfolk fra Norge til København. I tiåret fra 1665 til 1675 har tallet vært omkring 6-700 pr. år. En del av sjøfolkene som ble innrullert i marinen, vendte hjem igjen til Norge, men kanskje flertallet ble ute. Noen ble fast knyttet til flåten, andre ble arbeidere på marineverftet og slo seg ned i København, atter andre tok hyre på danske, norske eller utenlandske koffardiskip. De mange krigene og den store mangelen på sjøfolk gjorde det ikke vanskelig å skaf-

167

Blant de nordmenn som kom til marinesta-sjonen i København var også den navngjet-ne Christian Jacobsen Drakenberg, som man tidligere mente ble nærmere 150 år gam-mel. I 1657–60 tjenes-tegjorde han i marinen, deretter var han kvar-termester på Holmen i fire år. Det har vært sagt at han var 111 år gammel da han giftet seg med en 60-årig skip-perenke, men hun døde fra ham få år senere. J. S. Wahls bilde av Dra-kenberg er malt i 1736, året før han giftet seg.

fe seg hyre, og det gav langt lettere inntekter enn slitet på en liten gård i Norge. Den årvisse rekrutteringen av sjøfolk til flåten er uten tvil en viktig grunn til den sene veksten i folketallet i slutten av 1600-tallet. Det bevarte materiale vi-ser også at utskrivningen og vervingen av sjøfolk måtte væ-re langt sterkere i det vestafjelske og nordafjelske Norge enn i det sønnafjelske. Men dermed har man et nytt moment som bidrar til å forklare den ulike vekst i befolkningen i det sønnafjelske og det nordafjelske i siste halvpart av 1600-tallet: Den sterke tapning av matroser til marinen, som særlig var følbar i kystdistriktene i vest.

Utvandringen fra Norge på 1600-tallet har først og fremst interesse fra et demografisk synspunkt, mens innvandringen til Norge skulle få omfattende sosiale konsekvenser, som skulle prege landet for hundreår. Finnene som var kommet fra Savolaks via Värmland på 1600-tallet, skulle beholde sitt språk og sin egenartede kultur helt opp til vårt århundre.

Om de tyske bergverksarbeiderne enten flyttet tilbake til
Tyskland eller ble assimilert i norske gruvesamfunn, skulle
de etterlate seg et varig minne i det norske bergverkssprå-
ket. Mest betydning hadde likevel innvandringen av em-
betsmenn og av borgere til byene. De skulle komme til å
danne nye herskerklasser, atskilt fra bondesamfunnet gjen-
nom hundreår ved sin rikdom, sine maktposisjoner, sin kul-
tur og europeiske orientering. Men dermed står vi også ved
problemet: den økonomiske og politiske bakgrunn for den-
ne dualismen.

*En forfører prøver sine kunster på en kvinne som holder en steke-
panne over peisilden. Relieff på en åttekantet vindovn fra Kongs-
berg jernverk 1693. Under relieffet står følgende tekst: «Jeg slaar
dig med haande/lad Lefleri fare, Dett brendis i panden/Jeg
suier min Ware.»*

Bosetning og yrke

«Bonden, roden og fundamentet»

«Bondens velstand er hovedsagen, roden og fundamentet til det ganske riges conservation,» skrev Ulrik Frederik Gyldenløve om Norge i 1693, og manntallene fra midten av 1660-årene støtter hans utsagn. Rundt 93 prosent av landets befolkning bodde da på bygdene, og det foregikk ikke vesentlige endringer i så måte i løpet av de neste seksti årene. Gården var grunnenheten i det økonomiske liv, og på gården var bonden, eller oppsitteren som han betegnes i manntallene, hovedpersonen. Etter T. H. Aschehougs og Tallak Lindstøls beregninger bodde det som nevnt (s. 147) 195 400 mannspersoner på bygdene i Norge i 1665. Av disse var 57 191 eller omkring 30 prosent oppsittere på en gård, enten som eier eller leier, og tallet på gårdsbruk må ha vært omtrent like stort.

I et skifte fra 1700-tallet finner vi denne skildringen av gården Nause i den lille bygda Vegusdal østen Sundet på Agder:

«Denne gård er forsynet med følgende ind- og udhuse. En våning med stue og loft med fornøden muring og indredning med seng og skab. Ligeså et ildhus men uden muring. Denne husvåning er tækket med næver og jord, ligeså en stolpebod tækket med næver. Disse tvende huser ringe af verdi, tvende korn løer og låve tækket med næver, brøstfældige, ey dråbefrit. En hestestald meget brøstfældig så man neppe kand have hester i den i den kalde vinter og rådnet, ej dråbefrit. Et ditto fjøs ganske forrådnet så ey kan haves kreature om vinteren, er færdig at nedfalde. Et fenår fjøs slet tåge på. En gammel høyløe råden trende vegger. Videre ved gårdens huser var ei at anføre da de var meget slette og ilde medfaren.»

Etter denne skildringen av husene fulgte så en vurdering av de herligheter som lå til gården:

«Gårdens skov er i en passelig god stand. Kan hugges måls bielker på mange steder, men ey over hele skogen kan hugges måls last og den skog består av fure, eg og videre.»

«Åkerlandet er omtrent 7 tønder udsæd og ågeren i god stand og i middelmådige åringer kand avles til 36 tønder og 40 tønder korn. På denne gård kand fødes 2de hester og 20 nød og 40 små kreature. Men med valdhø falder lidet.»

Da presten i 1664 og -66 tok opp manntall, hette bonden på Nause Kristgjerd Gjeruldsen.

Kristgjerd var en av de 57 191 oppsitterne i Norge i 1664, og Nause et av landets mer enn femti tusen gårdsbruk.

På enkelte gårder på Østlandet hadde man nok alt før 1660 fått store våningshus i to etasjer med mange rom (illustr. bd. 6, s. 127), men på flertallet av gårder var bolighusene omtrent som på Nause. Hovedbygningen, om en kan bruke et slikt uttrykk, bestod av en årestue eller røykstue. På hver gård fant en også et bur eller stolpebu til oppbevaring av korn og kjøtt. Driftsbygningen bestod overalt i landet som på Nause av mange småbygninger med stall, kufjøs, saue- og geitefjøs, låve og løer hver for seg. Ofte kunne det være opptil 10–15 små uthus på et bruk, som lå i en krans om årestua eller røykstua. Den store ruvende driftsbygningen hørte ennå til i en fjern fremtid.

Kristgjerd Gjeruldsen på Nause fikk sitt levebrød og penger til skatt og innkjøp av brennevin og andre nødvendighetsvarer fra åkerbruket, husdyrholdet og skogen. Men han kan ikke i så måte stå som en prototyp for den norske bonde. Fra et næringssynspunkt falt bøndene i en lang rekke grupper. I mange bygder på Østlandet brakte den dyrkede jorda de viktigste inntektene, og i en rekke prestegjeld hadde man overskudd av korn for salg. I andre bygder betydde husdyrholdet mer, mens skogen over store deler av Østlandet dannet en viktig innkomstkilde. På Vestlandet var skogen derimot på det nærmeste uthogd ved midten av 1600-tallet, og åkerbruk, husdyrhold med utstrakt bruk av fjellbeitene gav det viktigste næringsgrunnlaget. Men i de ytre bygdene kom fisket til som en viktig næringsgren, og det fikk større og større betydning desto lenger nord en

På Østgård i Os i Østerdalen ligger fire bruk plassert rundt hver sitt firkanttun. Denne byggeskikken med våningshuset—stuelåna— på en side og uthusene på de tre andre er særlig utbredt i Trøndelag og øvre del av Østerdalen. Helt fra middelalderen har det vært vanlig å legge de nye husene på samme tun når bruket ble delt.

kom. Jordbruksbonden og skogsbonden måtte her vike plass for fiskerbonden.

Næringsgrunnlaget på de mer enn 50 000 gårdsbrukene en fant i Norge i 1660-årene, var således forskjellig. Men det sosiale mønstret var omtrent det samme fra gård til gård, fra bygd til bygd. Storparten av befolkningen var knyttet til gården, og på gården var oppsitteren husbond og hovedperson, slik som Kristgjerd Gjeruldsen på Nause. Omkring 30 prosent av den totale mannlige befolkning var som nevnt oppsittere, omkring 36 prosent deres hjemmeværende sønner og mellom 18 og 19 prosent drenger og knekter som stort sett hadde tjeneste på gårdene. Disse tre gruppene til sammen utgjorde omkring 85 prosent av hele den mannlige befolkning på bygdene. Resten falt i to grupper, husmenn 17 000, eller 9 prosent av befolkningen, og deres hjemmeværende sønner 4–5 prosent. Endelig fant en spredt utover lan-

173

det et fåtall embetsmenn, som utgjorde en brøkdel av én prosent av befolkningen.

Oppsitteren og husmannen var de to sentrale yrkeskategoriene i manntallslistene fra 1660-årene. Men mens betegnelsen oppsittere var relativt entydig, har manntallsførerne nærmest brukt rubrikken husmenn som en sekk hvor de plasserte alle som ikke var oppsittere, oppsitternes sønner eller drenger og knekter. Endel av dem som ble ført som husmenn var nyrydningsmenn, og i mange tilfelle møter en nyrydningsplassen igjen senere som en selvstendig gård. Det har også alt i 1660-årene eksistert enkelte som var husmenn i den mening som senere er brukt, en mann som hadde et lite hus og brukte et stykke jord som hørte til en gård. En tredje gruppe innen kategorien husmenn var føderådsfolk. 16 av de personer som var ført opp som oppsittere i Lindås i 1664 for eksempel, møter vi igjen som husmenn i manntallet fra 1666. Da de alle er eldre folk, må det bety at de har overlatt gården til en sønn eller en annen mann, mot føderåd for seg og konen for resten av livet. En fjerde gruppe som innesluttes i kategorien husmenn i 1660-manntallene er inderster, det vil si innlosjerte dagleiere på en gård eller en plass. Nå gir riktignok manntallene fra 1660-årene knappe opplysninger over yrkesgruppene, men man tar neppe feil om en bruker manntallet fra 1701 for å få et mer nyansert bilde av hva som skjuler seg bak begrepet husmenn. Av de 407 som var manntallsført som husmenn i Sunnmøre fogderi i 1701, var således 151 inderster og 47 betlere. Av de 767 personer som var ført opp som husmenn i Søndre Bergenhus i 1701, opplyses det at 319 var betlere. I listen over husmenn på Voss får en følgende opplysning: «alle er fattige folk, hvoraf de fleste går omkring og betler».

Oppsitterne, deres sønner, drengene og knektene, føderådsfolkene, husmennene med jord, inderstene og kanskje mange av allmisselemmene har vært knyttet til gårdene mer eller mindre direkte. Bare en gruppe i det gamle samfunnet falt delvis utenfor dette mønstret, strandsitterne. Strandsitterne var folk som bodde i små husklynger langs kysten, og som hadde sitt levebrød ved fraktfart langs kysten, båt-

Et bondeektepar fra bergenskanten. Tegning av Matthis Ibsen fra 1717 på et kart over innseilingen til Bergen. Kvinnen spinner garn med en håndten med spinnehjul av samme type som er kjent helt fra jernalderen. Kvinnens forkle er et utpreget renessanse-trekk, for øvrig er begges antrekk av middelaldersk karakter.

bygging, håndverk, fiske. Nordpå ble ofte strandstedet identisk med fiskevær. Men for å få nærmere opplysninger om strandstedene må vi igjen gå til manntallet fra 1701. Små strandsteder finner vi da langs hele kysten. I Stavanger amt Egersund, Sirevåg, Ogna, Tananger, Kleiberg osv., i Søndre Bergenhus Store Strandvik, i Nordre Bergenhus Sogndal og Lærdalsøra, i Søndre Trondhjems amt Orkdalsøra og Hommelvik.

I Romsdal amt lå det foruten to ladesteder, Lille Fosen og Molde, en rekke strandsteder og fiskevær, Ålesund, Valderhaug, Bø, Bratvær, Grip osv. Av de 1002 personer i

Stavanger amt som ble oppført som husmenn i 1701, skulle 89 være strandsittere. Av de 1192 som ble oppført som husmenn i Nordlands amt, var 529 strandsittere, 64 værmenn og 45 fiskere. Nå kan en ikke uten videre overføre tallene fra 1701 til 1660-årene, men bildet har stort sett vært det samme da. Langs kysten har det ligget en lang rekke små strandsteder og fiskevær, hvor befolkningen ikke var integrert i gårdssamfunnene i samme grad som de andre yrkeskategoriene på bygdene.

Befolkningsveksten i Norge fra 1660-årene til 1720-årene var som alt nevnt sen, og det foregikk ikke store endringer i bosetningsmønster og yrkesstruktur. Gårdene var i 1720-årene fortsatt grunnenhetene i det økonomiske liv, og det store flertallet av landbefolkningen var knyttet til gården, mer eller mindre fast. Langs kysten lå det som før små husklynger, hvor det bodde strandsittere. Etter Aschehougs og Lindstøls beregninger var det i 1665 57 191 oppsittere. I 1723 ble det samlet inn materiale til en ny matrikkel, og tallet på oppsittere var økt til 67 213. Det var med andre ord en vekst på 17,5 prosent. Bare en liten del av tilveksten skyldtes rydding av nye gårder; den var først og fremst et resultat av deling av eldre og større bruk. Men tallet på oppsittere hadde ikke økt i samme tempo overalt i landet. Bare i et av amtene på Vestlandet og i Trøndelag lå økningen i tallet på brukere over landsgjennomsnittet, 17,5 prosent, nemlig i Søndre Bergenhus amt med 21,1 prosent. I Nordre Bergenhus var økningen 10,6 prosent, i Stavanger amt og Søndre Trondhjems amt 7,7 prosent, i Romsdals amt 2,9 prosent og i Nordre Trondhjems amt var det en tilbakegang på 2,4 prosent. Av amtene i det sønnafjelske lå bare Smålenene under landsgjennomsnittet. Størst var økningen i tallet på brukere i de indre amtene og i Bratsberg amt. I Hedemarken amt hadde tallet på brukere økt med 26,7 prosent, i Kristians amt med 30,5 prosent, i Buskerud amt med 39,7 prosent og i Bratsberg amt 42,2 prosent.

Bakgrunnen for den store forskjellen en kan registrere mellom Vestlandet og Trøndelag på den ene siden og de indre bygder på Østlandet på den annen, må en dels søke i tilgangen på dyrket jord. «Rydningsland findes ei heller udi Bergenhus len», heter det i landkommisjonens beretning fra 1661, «men hvis som tjener til at dyrkes og bebygges, er allerede så indtagen og indhegnet af de mange folk, som sidde på jordene, at de ikke kan komme videre eller gjøre sig deres jorder og brug nyttigere, end de nu ere, hvor over mange sidder nu udi stor armod og ikke kan føde sig af deres pladser, som de besidder». I Øst-Norge og fremfor alt i de store indre dalene var det ennå mye jord som kunne dyrkes, og der var det fremdeles mengder av skog som kunne bli en viktig støttenæring, og for mange en hovednæring.

OPPSITTERE OG HUSMENN 1665 OG 1723

Amt	Oppsittere		Endring		Jordbrukende
	1665	1723	i tall	i %	husmenn 1723
Smålenene	2 892	3 309	+ 417	+14,4	1 237
Akershus	2 953	3 517	+ 564	+19,1	1 692
Hedemarken	2 642	3 347	+ 705	+26,7	799
Kristians	3 102	4 048	+ 946	+30,5	1 617
Buskerud	2 183	3 050	+ 867	+39,7	· 1 569
Jarlsberg og Larvik	2 421	3 001	+ 580	+24,0	574
Bratsberg	1 924	2 736	+ 812	+42,2	987
Nedenes	2 693	3 378	+ 685	+25,4	325
Lister og Mandal	4 034	5 058	+1024	+25,4	405
Stavanger	4 101	4 417	+ 316	+ 7,7	79
Søndre Bergenhus	5 709	6 916	+1207	+21,1	15
Nordre Bergenhus	5 235	5 791	+ 556	+10,6	348
Romsdal	5 913	6 083	+ 170	+ 2,9	578
Søndre Trondhjem	3 366	3 626	+ 260	+ 7,7	810
Nordre Trondhjem	3 224	3 148	÷ 76	÷ 2,4	699
Nordland	4 049	4 690	+ 641	+15,8	51
Tromsø	750	1 098	+ 348	+46,4	29
Til sammen:	57 191	67 213	10 022	17,5	11 814

Alt i 1660-årene fantes det som nevnt husmenn med jord slik en kjenner det fra senere tid, men det har neppe vært mer enn noen tusen. Etter matrikkelutkastet fra 1723 var det 11 814 husmenn i landet. Bakgrunnen for denne raske øk-

En kvinne i typisk renessansedrakt ved spisebordet. Foran henne ligger et ovnsbakt brød og to fisker, antagelig spekemakrell. Fajansekruset med lokk inneholder nok øl, og over tinnfatet henger en stor spekeskinke. Maleriet finnes nå på Bogstad gård i Oslo, men er sannsynligvis malt i Bergen omkring 1650.

ningen ligger dels på det juridiske plan, dels på det befolkningsmessige, dels på det økonomiske. I 1670 ble det ved kongelig befaling slått fast at bonden for fremtiden skulle være ansvarlig for skatt fra hele gårdsområdet og utrede skatten for husmenn og strandsittere som tidligere selv hadde betalt skatten. Med forordningen ble det satt en stopper for rydding og utskillelse av nye bruk bortsett fra i allmenningene. Nyrydningsmannen ble for fremtiden husmann, nyrydningsplassen husmannsplass med jord.

De mange nye husmannsplassene kunne også betraktes som en konsekvens av befolkningsveksten, som et resultat av menneskers behov for å få et sted å bo og litt jord som kunne gi dem et karrig eksistensgrunnlag. Men lokaliseringen peker også mot en annen faktor som bidrog til å stimulere fremveksten av husmannsplasser: bøndenes behov for arbeidskraft. Hovedmengden av husmenn fant en nemlig i de fem østlandsamtene, Smålenene, Akershus, Hedemarken, Kristians amt og Buskerud, hvor det var stort behov for arbeidskraft til jordbruk og skogsdrift. I 1723 var det i disse amtene omkring 6914 husmenn med jord eller omkring én husmann for annenhver oppsitter. I resten av landet forholdt tallet på husmenn seg til tallet på oppsittere som 1 til 10.

Økningen i tallet på husmenn først og fremst på Østlandet peker mot en tvedeling av bondesamfunnet i en bondestand og en tyende- og husmannsstand, en tvedeling som skulle bli hovedtema i utviklingen i bygdesamfunnet på 1700-tallet. I 1723 var denne tvedelingen bare i sin begynnelse. I perioden fra 1660-årene til 1720-årene er det et annet trekk som er langt mer dominerende i bildet av den sosiale utvikling: bondestandens forhold til fremveksten av nye herskerklasser, en embetsstand og en borgerstand.

Adel og embetsstand

Den norske adelens stadig minskende betydning på 1500-tallet og utover på 1600-tallet hadde en ikke minst kunnet registrere på stendermøtene. Ved hyllingen av prins Fredrik som tronfølger i 1548 var det bare innkalt representanter for to samfunnsgrupper i Norge, riddersmenn, det vil si adel, og bønder. Borgerne var ikke nevnt i innkallingsbrevet og heller ikke prestene. Ved hyllingen av Fredrik 3. var adelen fremdeles rikets første stand, men bare 33 slekter var representert på møtet. Ved arvehyllingen i 1661 var tallet redusert til 17. Den jordeboka som ble utarbeidet av den store landkommisjonen før arvehyllingen, viste at adelen da bare eide omkring 8 prosent av all jord i Norge. Adelsgodset var konsentrert omkring Viken, det ytre Vestlandet og i Nord-Norge. Men en stor del av dette godset tilhørte adelsmenn bosatt i Danmark, og de fleste av de såkalte norske adelsmennene hadde navn som viste til fremmed opprinnelse.

Fram til 1660 hadde praktisk talt ingen norske adelsmenn oppnådd å bli lensmenn i hovedlenene. Den eneste unntagelsen var Bjelke-familien. Jens Bjelke satt således i en rekke år som lensherre på Bergenhus, og ble senere kansler i Norge. Tre av sønnene hans, Ove, Jørgen og Henrik, skulle også komme til å bekle høye embetsstillinger. Ove Bjelke satt, som faren, mange år som lensherre på Bergenhus, og ble senere kansler i Norge. Jørgen Bjelke ble øverstkommanderende i Norge under krigen mot Karl 10. Gustav, mens Henrik ble riksadmiral og sjef for admiralitetskollegiet i København.

Etter statsomveltningen ble den fåtallige norske adelen trengt ytterligere tilbake. Bare én av de gamle adelsslektene beholdt sin stilling, slekten Huitfeldt, som blant annet hadde setegårdene Tronstad i Hurum og Elingård i Onsøy. Gjennom ekteskap ble representanter for enkelte norske adelsfamilier, som Bjelke-familien giftet inn i embetsslekter

Austråt ved innløpet til Trondheimsfjorden er kjent helt fra sagatiden, men huskes spesielt i forbindelse med fru Inger Ottesdatter Rømer som var borgfrue i begynnelsen av 1500-tallet. Da Ove Bjelke overtok Austråt, rev han fru Ingers gamle gård og oppførte i 1654–56 et renessanseslott med den gamle middelalderkirkens tårn som sentraltårn. Dekorasjoner og detaljer var imidlertid i tidens stil, barokk. Ved porten ble forfedrenes våpenskjold hogd inn i kleberstein.

Austråt slik gården så ut da assessor Ove Bjelke Holtermann eide gården ved midten av 1800-tallet. Tegning av P. Holtermann. Austråt ble sterkt skadet ved et lynnedslag i 1916. Men i 1961 stod borgen gjenreist etter et omfattende restaureringsarbeid (se også illustrasjon bd. 5, s. 391).

av utenlandsk opprinnelse, som senere ble adlet, som Kaas, Marschalck, Trischler, Lützow. Økonomiske vanskeligheter tvang andre adelsfamilier til å selge gods til borgere, embetsmenn og bønder, og de sank raskt ned i bondestanden, slik som familiene Bagge, Bothner, Dahl, Galtung.

Bak beslutningen om å opprette en ny adel av grever og baroner i 1671 stod kongens halvbror, Ulrik Frederik Gyldenløve, og Peder Schumacher. Alt i 1670 hadde Gyldenløve kjøpt det store Langegodset i Brunla len, og 29. september 1671 gav kongen sin halvbror Brunla amt i forlening som arvelig grevskap med navnet Laurvigen. Alt samme år hadde Peder Schumacher byttet til seg store godsmengder omkring Tønsberg, og 23. november ble landdistriktene omkring Tønsberg omgjort til grevskapet Griffenfeld. To år senere ble grevskapet utvidet til også å omfatte Tønsberg by samtidig som det ble omdøpt til Tønsberg grevskap.

181

Rosendals historie som gods går også langt tilbake i middelalderen. I slutten av 1500-tallet var det store godset i Ytre Hardanger kommet i Bjelke-familiens eie, og i 1644 solgte Jens Bjelke eiendommen til Axel Mowat. Hans svigersønn, Ludvig Rosenkrantz (se s. 370), oppførte slottet slik det står idag i årene 1663–65. Som Austråt er også Rosendal bygd i renessansestil, men med innslag av barokk i detaljer og dekorasjoner. Dette bildet viser hovedinnkjørselen. Idag er Universitetet i Oslo eier av Rosendal baroni.

Ulrik Frederik Gyldenløve ble sittende med Laurvigen grevskap så lenge han levde, og ved hans død gikk det over til hans etterkommere, grevene Dannesskjold-Laurvigen. Ved Griffenfelds fall i 1676 overdrog kongen også Tønsberg grevskap til Norges stattholder, men i 1683 solgte han grevskapet til feltmarskalk Gustav Wilhelm Wedel, og senere skulle grevskapet tilhøre slekten Wedel. Alt før salget var imidlertid Tønsberg igjen skilt fra, og grevskapet hadde fått det navnet det skulle beholde for fremtiden – Jarlsberg grevskap.

Laurvigen og Jarlsberg var de to eneste grevskapene som ble opprettet i Norge. I løpet av 1630- og -40-årene hadde admiral Axel Mowat blitt eier av en rekke adelige setegårder og andre jordeiendommer i Sunnhordland og Hardanger. I 1663–65 bygde hans svigersønn, Ludvig Rosenkrantz, som var gift med hans eneste datter, den store hovedbygningen i Kvinnherad som ennå står, og i 1678 ble Rosenkrantz opphøyet i den nye adelsstanden som baron, og Rosendal ble baroni. Men i motsetning til Gyldenløve og Griffenfeld fikk Rosenkrantz bare høyhetsretter over bøndene på de eiendommer han selv eide.

Ved de tre ereksjonspatentene av 1671, 1673 og 1678 hadde Norge fått to grevskaper og et baroni som skulle innta en særstilling i Norge i administrativ henseende. Men innehaverne skulle stort sett bo utenfor landets grenser, og grevskapene og baroniet ble bestyrt av forvaltere. Ved rangforordningen av 1693 og 1730 ble det riktignok opprettet en ny arvelig adel for alle som hadde oppnådd embeter i de tre høyeste rangklassene, i Norge gjaldt det for eksempel familiene de Tonsberg og Hausmann. Andre ble adlet ved kongelige patenter, som familiene Knagenhjelm, Løvenskiold, Werenskiold og Sundt. Men for dem hadde adelsskapet bare betydning som en utmerkelse som gav rang. Det gav dem ikke høyhetsrettigheter i noen form slik som den gamle adelen hadde hatt, og slik som grevene av Laurvigen og Jarlsberg og baronen av Rosendal hadde fått. Adelen hadde for lengst utspilt sin rolle som en samfunnsgruppe i Norge bortsett fra i de to grevskapene og baroniet Rosendal.

På stendermøtene i Kristiania i 1648 og 1661 falt adelen i to klart atskilte grupper. På den ene siden stod norske adelsmenn som hadde setegårder og adelsgods i landet og som kunne regnes for Norges adel. På den annen side stod danske adelsmenn som hadde len i Norge. Mens den norske adelen etter hvert forsvant, ble de danske adelige lensmenn erstattet av en bred og differensiert embetsstand, som i de kommende hundreår skulle inta en herskerstilling i bondelandet Norge sammen med et sterkt byborgerskap.

183

Røttene til den norske embetsstanden gikk tilbake til reformasjonstiden, men det var først etter statsomveltningen at det ble vanlig å bruke begrepet embetsmann. En fast og organisert embetsstand ble til dels ved at en rekke yrkesgrupper, som prester, tollere, sorenskrivere, fogder etter statsomveltningen ble utnevnt av kongen og ble trukket mer direkte inn under kongens kontroll enn tidligere, dels ved at det ble opprettet en rekke nye embetsstillinger, som var en konsekvens av omstøpningen av rikenes forvaltning og oppbyggingen av et fast offiserskorps.

Yrkesmessig falt embetsstanden i tre hovedgrupper, sivile, geistlige og militære. Etter omstøpningen av statsforvaltningen i 1660-årene har det vært mellom 1000 og 1200 embetsmenn i Norge. Prestene og offiserene utgjorde de to største gruppene. Omkring 1660 bestod geistligheten av 4 biskoper, ca. 290 sokneprester, ca. 100 residerende kapellaner og et vekslende antall personelle kapellaner, som egentlig bare var embetsmenn in spe. Etter reorganisasjonen av landets militærvesen ble tallet på offiserer mellom tre og fire hundre. I 1709 talte offiserskorpset fremdeles ikke mer enn omkring 450 personer. Den sivile embetsstanden falt, i motsetning til prestestanden og offisersstanden, i en lang rekke klart atskilte grupper. I 1670 var det i Norge 4 stiftamtmenn, 8 amtmenn og 65 fogder, 8 lagmenn og 65 sorenskrivere, et titall byfogder og et lignende antall byskrivere. Fire stiftamtskrivere hadde hovedansvaret for oppebørselen, og under dem stod bortimot et halvt hundre tollembetsmenn foruten fogdene. I alle kjøpstedene fantes det en magistrat som bestod av kongelig utnevnte rådmenn – som utgjorde en del av embetsstanden.

I løpet av tidsrommet fra 1660-årene til utgangen av Den store nordiske krig skrumpet enkelte embetsmannsgrupper sammen. Tallet på fogder ble således redusert fra 63 til 38, tallet på sorenskrivere fra 65 til 59. Tallet på prester økte derimot, om enn sent, fordi hver sokneprest levde i et konstant dilemma mellom det å ha et stort prestegjeld som brakte store inntekter, og det å dele prestegjeldet, noe som ville redusere hans arbeidsbyrde, men også det han kunne

Utsnitt av Mathias Blumenthals maleri «Hageselskapet» utført for en familie i Bergen like etter 1750.

ta inn i form av tiende, offer og mange ulike ytelser for geistlige tjenester. Den store utvidelsen av hæren under Den store nordiske krig førte også til en rask utvidelse av embetsstanden, som talte ca. 1600 personer i 1720.

De høyeste sivile embetsstillingene ble i de to første mannsaldrene etter 1660 besatt dels med dansker, dels med tyskere, dels nordmenn, men tallet på norskfødte viste en klar tendens til stigning. Av de 26 som ble utnevnt til stiftamtmenn i årene 1660–1720, var 10 danskfødte, 12 norskfødte og 4 tyskfødte. I gruppen av amtmenn økte tallet på norskfødte etter som årene gikk. Av de 50 som ble utnevnt til amtmenn i årene 1660–1720 var således 26 født i Norge, 17 i Danmark og 13 var tyskfødte.

Et studium Erling Reksten har gjort av dem som ble utnevnt til fogder og sorenskrivere i Bergenhus stift i mannsalderen etter statsomveltningen, viser at tallet på norskfødte og tallet på danskfødte har vært omtrent like stort. Blant dem som var født i Danmark, hadde mange tjenestegjort som lakeier ved hoffet, og fogdeembetet eller sorenskriverembetet ble kongens takk for hofftjenesten.

De aller fleste biskopene som ble ansatt i Norge i tiden 1660–1720, var født i Danmark, men Erling Reksten har påvist at alt omkring 1660 var flertallet av dem som ble prester i Bergenhus stift født i Norge, og i stor utstrekning var de sønner til prester eller andre embetsmenn. Det foreligger ikke tilsvarende undersøkelser for de tre andre stiftene, men det ligger nær å tro at forholdene har vært lignende der.

Mens prestene alt omkring 1660 var norskfødte, bestod hele offiserskorpset nesten uten unntagelser av utlendinger og først og fremst tyskere. Dette var et faktum kjøpstadborgerne beklaget alt i sitt andragende til kongen i 1661, idet de bad om at landets innfødte «fremfor andre fremmede måtte nådigst vorde fremdragen». Men kongen fortsatte med å gi offisersstillingene til utlendinger, og ennå omkring 1700 var alle de høyeste offiserene av tysk fødsel – Gustav Wilhelm Wedel, Georg Reichwein, Hans Ernst Tritschler, Caspar Herman Hausmann, Barthold Heinrich Lützow, Georg Christian Schultz etc. Og som med de høyeste offiserene var det også med de lavere kadre i offiserskorpset; tyskerne dominerte, tysk ble kommandospråket i hæren.

Men innen offisersstanden som i de andre embetsgruppene kan man følge to klare utviklingslinjer i tiden fram til 1720. Utflytterne slo seg i stor utstrekning ned i Norge, og deres sønner og etterkommere trådte inn i det norske embetsverket. Embetsstanden ble mer og mer selvrekrutterende. Men dette betydde også at alt i 1720 var flertallet av embetsmenn i Norge også født i landet.

Domkirken i Trondheim slik den så ut ved midten av 1600-tallet. Kobberstikk av Jacob Maschius fra 1661. Kirken – som under Sjuårskrigen (1563–70) var brukt til stall av svenskene – var ved midten av 1600-tallet dårlig vedlikeholdt, og i 1689 raste det ca. 70 m høye tårnet ned og ødela store deler av kirken. Som om dette ikke var nok, ble ruinene herjet av brann både i 1708 og 1719.

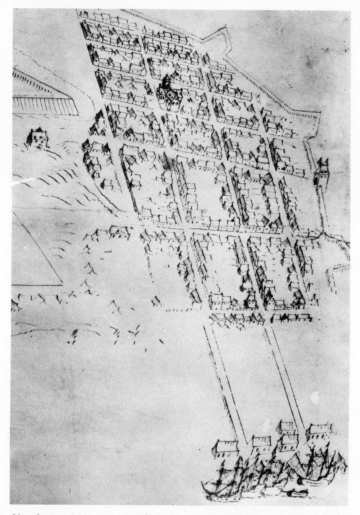

Utsnitt av Isaac van Geelkercks tegning av Kristiania fra 1648.
Byen grenser mot vest til Akershus festning og er mot nord og øst
beskyttet av en solid bymur. I forgrunnen fører en forlengelse av
Rådhusgata og Tollbugata over langgrunt vann ut til havnen. Ved
Torvet i Rådhusgata sees Hellig Trefoldigheds kirke, vigslet i
1639 og revet etter en brann i 1686.

By og borger

I det store bondelandet Norge var det bare igjen åtte tett-bebyggelser som hadde status som kjøpstad etter landavstå-elsene ved freden i København, Fredrikstad, Kristiania, Tønsberg, Skien, Kristiansand, Stavanger, Bergen og Trondheim. Det ble ikke holdt noe manntall i byene i 1660-årene, så vi kjenner ikke folketallet i den enkelte by. Men den store landkommisjonen satte i 1661 en takst på alle by-eiendommene, og disse takstene gir en antydning om stør-relsen på de ulike byene. Den samlede takst på husene i alle de åtte kjøpstedene var 684 461 riksdaler. Av dette beløpet falt halvparten eller 304 700 riksdaler på Bergen, 132 854 riksdaler på Kristiania, 127 132 riksdaler på Trondheim, og 111 775 riksdaler på de resterende fem kjøpstedene.

Nå kan en ikke slutte direkte fra hustakstene til folketal-let i de åtte kjøpstedene. Det var forskjellige kommisjo-ner som fastsatte taksten i de åtte byene, og kommisjonene kan ha lagt forskjellige prinsipper til grunn for sine vur-deringer. Men tallene gir iallfall en antydning om størrel-

Fredrikstad sett fra Kråkerøy. Utsnitt av Jacob Conings maleri fra 1698. På øya Isegran skimtes et fort, til høyre Fredrikstad fest-ning fra 1663 og i bakgrunnen Kongsten fort fra 1685. Lenger til venstre sees kirken som nettopp var gjenreist etter brannen i 1690.

Kristiania sett fra Ekeberg i 1699. Utsnitt av et maleri av Jacob Coning. I sentrum av bildet sees Akershus festning omgitt av murer. Lenger nord ligger selve byen. Utenfor Store Vollport (se Geelkercks tegning s. 188) sees byens nye kirke – Vor Frelser

sesordenen. Bergen var fremdeles Norges ubestridt største by og hadde omkring 1660 et folketall på mellom 8000 og 9000 mennesker. I Kristiania har det neppe bodd mer enn 4000 mennesker, og Trondheim var neppe større. Etter en telling fra 1665 bodde det 1544 sjeler i Kristiansand i 1665, men alle de fire andre kjøpstedene – Fredrikstad, Tønsberg, Skien og Stavanger – hadde langt færre innbyggere. I 1660 utgjorde den samlede kjøpstadbefolkningen neppe mer enn bortimot 25 000 personer.

Selv om det i 1661 bare var åtte byer som hadde status som kjøpsteder, og dermed var byer i juridisk forstand, fantes det langs kysten en lang rekke tettsteder, ladesteder, hvor befolkningen direkte eller indirekte fikk sitt levebrød av handel og omsetning, og som dermed var byer i økonomisk forstand. De fleste og de største ladestedene fant en i det sønnafjelske, som Halden, Moss, Drammen (Bragernes og Strømsø), Sandefjord, Langesund, Porsgrunn, Brevik, Kragerø, Risør, Arendal, Mandal og Flekkefjord. I det nordafjelske var det bare to, Molde og Lille Fosen, men det manglet ikke på folk som hevdet at Nordland burde få sin

*(nå: Oslo domkirke) – som stod ferdig to år før Coning malte sitt
bilde. Til venstre, på denne siden av Bjørvika, sees restene av det
gamle Oslo med Oslo Hospital som den mest dominerende byg-
ning (se illustr. bd. 6, s. 35). Alnaelva bukter seg gjennom bildet.*

kjøpstad og Finnmarken sin. – Drammen hadde i 1665 et
folketall på 2400 innbyggere, og var større enn iallfall fire
av kjøpstedene. Ladestedenes betydning trer også klart fram
i en oppstilling generaltollforvalter Knoff satte opp over
tollinntektene i de 20 tollstasjonene i det sønnafjelske for de
åtte årene 1663–70:

Svinesund (Halden)	54 025	Sandefjord	6 830
Fredrikstad	35 458	Larvik	72 460
Ellenkilen	4 530	Langesund (Skien, Pors-	
Krogstad	5 528	grunn, Brevik osv.)	120 367
Moss	11 942	Kragerø	33 235
Son	20 831	Risør	32 806
Sand (Drøbak)	26 526	Arendal	67 720
Kristiania	115 582	Kristiansand	63 771
Drammen	209 462	Mandal	13 264
Holmestrand	33 477	Flekkefjord	14 389
Tønsberg	9 071	I ALT	951 274

Etter lange og til dels opprivende kamper fikk en rekke av
ladestedene kjøpstadrettigheter i de to første mannsaldrene

191

Ladestedet Moss sett fra nordøst. Utsnitt av Jacob Conings maleri fra 1699. Ved Mosseelva i forgrunnen sees en rekke sagbruk, i bakgrunnen kirken fra 1607. Moss fikk kjøpstadrettigheter i 1720.

etter statsomveltningen, Halden i 1665 med navnet Fredrikshald, Kragerø i 1666, Larvik i 1671, Drammen i 1715 og Arendal og Risør i 1723.

I 1660-årene var handelen, eksporten og importen selve hovedgrunnlaget for alle de norske byene. Industri fantes ikke, og håndverkerne, som utgjorde en betydelig prosent av bybefolkningen, produserte varer først og fremst for byens behov. I det sønnafjelske var trelasthandelen hovedåren i byenes økonomiske liv, i Stavanger og Bergen dominerte fiskehandelen, men helt fram til begynnelsen av 1700-tallet ble det skipet betydelige kvanta bord og planker også fra Bergen. Trondheim hadde uten sammenligning det mest differensierte næringsgrunnlaget, med fisk, trelast og kopper som de tre hovedeksportartiklene. Handelen på utlandet var ennå stort sett passiv, og skipsfarten hadde liten betydning. De fire stiftsstedene, Kristiania, Trondheim, Bergen og Stavanger, (fra 1682 Kristiansand) var administrasjonssentra, og embetsmennenes inntekter hørte med til byens økonomiske fundament, og embetsmennene dannet et viktig innslag i bybefolkningen.

«Husene der, ere for den største del, bygde af mursten, og gaderne ere meget regel-rette,» skrev generaladmiral

Gyldenløve i 1704 fra Kristiania. Men i 1660 betegnet
Kristiania på mange måter en unntagelse. Fremdeles be-
stod bebyggelsen i alle de norske byene og ladestedene av
trehus, bortsett fra kirkene og et eller et par andre offent-
lige bygg. Husene var plassert langs krokete gater og vei-
ter, som betydde at brann i et hus ofte førte til katastrofe for
hele byen. I tidsrommet fra 1666 til 1720 brant således
Fredrikshald fire ganger, i 1667, 1676, 1703 og i 1716 da bor-
gerne selv satte fyr på byen for å drive ut Karl 12. I 1703
brant det ned 225 gårder, i 1716 330 gårder. I Fredrikstad
opplevde man omtrent like mange brannkatastrofer som i
Fredrikshald. Derimot ble Kristiania skånet for store bran-
ner, først og fremst takket være den nye reguleringsplanen
som var gjennomført i 1624, og de relativt mange murhus.
Men ellers inngikk store brannkatastrofer som et fast ledd i
de fleste byenes historie i tidsrommet fra 1650 til 1720-
årene. Hardest gikk det ut over Trondheim og Bergen. I
1681 ble hele Trondheim bortsett fra Domkirken, erkebispe-

*Kristian 5.s hoffmaler Jacob Coning malte også tre bilder fra
Halden etter sin norgesreise i 1699. Dette bildet viser Fredriks-
hald, som den het etter at byen fikk kjøpstadrettigheter i 1665,
sett fra Fredriksten. Til høyre sees kirken Christi Herberge som
ble bygd i 1666, men som gikk tapt under den store brannen i
1716. Coning har plassert seg selv i forgrunnen til høyre. Kunst-
neren sitter og lager en skisse av byen. Se også illustrasjon s. 389.*

Dette stikket i Pufendorfs verk om Karl 10. Gustavs bedrifter gir et godt bilde av Trondheim før brannen i 1681. Bebyggelsen er konsentrert fra Nidelva og så langt vest som til nåværende Prinsens gate. Vestenfor der ligger Kalvskinnet. Fra Skansen i vest (F) og langs elva sees befestningsmuren. På den midterste av de tre haugene på den andre siden av Nidelva – på Bakklandet – ble Kristiansten bygd i 1682–84 (se s. 425).

gården og noen små fiskerhus i Sanden, lagt i aske. Fem år senere var det Bergens tur. Da brant hele området fra Muren til Nykirken. – Men den største brannen skjedde i 1702, da hele byen brant, bortsett fra områdene bak Mariakirken og festningen.

Brannen i det gamle Oslo førte til den første større bevisste byregulering i Norge. Hele byen ble flyttet, omdøpt til Kristiania, og de nye husene ble reist langs et nett av brede gater. Alt før Kristiansand ble grunnlagt, hadde Jens Jacobsen Schiort delt opp det fremtidige byområdet på Grimsmoen i like store rektangulære kvartaler. (Illustrasjoner bd. 6, s. 304 og s. 306.)

Etter brannen i 1681 ble den tyskfødte generalmajor Johan Caspar Cicignon sendt til Trondheim for å planlegge gjenoppbyggingen av byen, og resultatet ble den mest storslåtte byplanen i Norge, med den brede Munkegata i aksen fra Domkirken til Munkholmen, krysset på torget av den nord-sørgående Kongens gate.

«Byen er anlagt i skikkelse af en hestesko rundt omkring en havn hvor de allerstørste skibe kan indgå, og på landsiden er den indsluttet ved store bierge.» Slik skildret generaladmiral Gyldenløve Bergen i 1704 og hadde dermed satt fingeren på de problemer som meldte seg ved en byregulering etter moderne prinsipper her; topografien satte grenser for hva en byplanlegger kunne gjøre. Men også her førte storbrannen i 1702 til nye reguleringsplaner og krav om murtvang. Men resultatene ble ikke like iøynefallende som reguleringen i Trondheim. Kongen og de kongelige embetsmenn ønsket å regulere byen og anlegge en rekke brede allmenninger, samt innføre hel eller delvis murtvang for å hindre nye brannkatastrofer. Borgerne ønsket å beholde

Generalmajor Johan Caspar Cicignon fra Luxembourg kom til Norge i 1662 for å lede befestningsarbeidene i Bergen, hvor han også var med i slaget på Vågen i 1665. I 1677 ble han øverstkommanderende i Fredrikstad og fikk bygd Kongsten og Isegran. Etter brannen i Trondheim i 1681 ble Cicignon tilkalt for å planlegge gjenoppbyggingen og anlegget av Kristiansten. Hans byplan er datert 26/8 1681.

195

En bergenserinne trekker sitt skjørt unødig langt opp for skoma-keren som skal ta mål av henne for et nytt par sko. Så sier i hvert fall teksten (Nicht so weit auf) som er gravert på dette skiltet fra skomakersvennenes velkomst (sølvpokal) i Bergen (1712).

byen mest mulig slik den hadde vært. Grunnen var kostbar, og det falt langt dyrere å bygge i mur enn i tre. Stort sett vant borgerne i drakampen, men tross borgernes motstand kom det enkelte nye trekk inn i bybildet. Flere av allmen-ningene ble utvidet, blant annet Vetrlidsalmenningen. Mest betydde det at det nå ble direkte forbindelse mellom Strandsiden og Bryggen, der hvor senere torget kom til å ligge. Før hadde man enten måttet dra rundt Korskirken om en ville komme fra Bryggen til Strandsiden eller bruke båt over Vågen.

Bebyggelsen i byene skilte seg klart fra bebyggelsen på landet. Yrkesmessig var også befolkningen langt mer differensiert. Grovt sett falt bybefolkningen i to store lag: de som hadde borgerskap og de som ikke hadde borgerskap. Borgerne, som kanskje har utgjort omkring en tredjedel av befolkningen, hadde det felles at de hadde tatt borgerskap og dermed fått rett til å drive handel, håndverk, vertshushold eller føre et koffardiskip som skipper. Men dette borgerskapet falt fra hverandre i skarpt atskilte lag. Det gikk en klar grenselinje mellom kjøpmenn og håndverkere. Men også de handlende spente over et bredt spektrum fra store eksportører og importører, som drev utstrakt handel på utlandet, til småhandlere, som levde av å selge matvarer i smått til de lavere lag av bybefolkningen.

Håndverksborgerne inntok en klart atskilt stilling i forhold til handelsstanden, og det førte få eller ingen veier fra håndverksstanden over til kjøpmannsstanden. Som kjøpmennene var håndverkerne privilegerte, og hver håndverksgruppe hadde monopol på å produsere de varer borgerbrevet gav dem rett til å lage. Men de økonomiske muligheter var langt mer begrenset for dem enn for kjøpmennene. De siste kunne drive handel i stort på innland og utland. Håndverkerne levde stort sett av å produsere varer for byens egen befolkning. Bare i Bergen har håndverkerne i større utstrekning produsert varer også for byens oppland. Men i det avgrensede marked lå også grenser for de inntekter en håndverker kunne få.

Under borgerskapet stod flertallet av byens befolkning, tjenestefolk, dagleiere, sjøfolk, soldater i garnisonen og ikke minst betlere. Det var ufaglærte folk som var dømt til et liv i fattigdom.

I alle byene fant en også embetsmenn; og i de fire stiftsbyene utgjorde de et ledende sjikt i samfunnet ved siden av de store kjøpmennene. Ellers kunne det ennå være vanskelig å trekke et klart skille mellom hvem som var embetsmenn og hvem som var kjøpmenn. Embetsmennene drev også i stor utstrekning forretningsdrift, og mange embetsmenn sluttet som rene næringsdrivende. Andre embetsmenn

giftet seg inn i kjøpmannsfamilier, og ble dermed nærings-
drivende.

Bybefolkningen skilte seg fra bygdefolket ved å bo i tett-
steder langs kysten, ved sitt yrke og iallfall for de høyeste
lags vedkommende, ved sin opprinnelse. Fremdeles var det
fremmede innslaget sterkt dominerende i de norske byene.
Bergen bestod faktisk av to byer, Kontorets by som lå på
Bryggen og borgernes by som lå på Strandsiden. Fremdeles
hadde kjøpmenn fra hansesteder som eide stuer på Bryggen,
rett til å ha handelsforvaltere der, og i 1660 fant en på bryg-
gesiden et stort antall faktorer for kjøpmenn i Lübeck,
Bremen, Hamburg, Deventer, og blant dem var tysk og ne-
derlandsk det selvskrevne språket. Men også borgerne på
Strandsiden bestod ennå ved utgangen av 1600-tallet for en
stor del av innflyttere eller sønner til innflyttere. «End-
skiøndt de ere infødde folk,» skriver Holberg i sin Ber-
gensbeskrivelse, «ere de dog en blanding av allehånde slags
nationer, eftersom fremmede kiøbmænd tid efter anden
have giftet sig med borgernes enker og børn, og ere blevne
bosiddende i Bergen, og man derfor ikke undrer sig over
den irregularitet, som findes såvel udi sprog som levemå-
der, såsom det er troligt, at enhver fader har villet optugte
sine børn efter sin lands mode.» Og borgerboken fra Bergen,
som er den eldste bevarte borgerbok i Norge, bekrefter Hol-
bergs skildring, for så vidt det angår borgerskapet. Selv om
prosenten av utlendinger som tok borgerskap i Bergen gikk
ned, var fortsatt 38 prosent av dem som tok borgerskap i
Bergen i årene 1691–1700 født utenfor Norge, 39 prosent var
født i Bergen og 29 prosent født i Norge utenfor Bergen.
Borgerboken gir ingen opplysninger om opprinnelsen til
alle dem som ikke hadde borgerskap, som utgjorde kanskje
to tredjeparter av byens befolkning. Men det ligger nær å
anta at en stor del av dem – tjenestefolk, dagleiere, allmisse-
lemmer, sjøfolk – har sin opprinnelse i bygde-Norge.

Ennå ved utgangen av 1600-tallet var en stor del av Ber-
gens borgere av fremmed opprinnelse, men tendensen var
alt da klar. Utlendingene betraktet ikke oppholdet her nord
som en gjesterolle. De slo seg ned i byen. Det høyere bor-

Bergen var stadig Norges største by og hadde omkring 1660 mellom
8000 og 9000 innbyggere, dvs. dobbelt så mange som Kristiania.
Dette utsnittet av et kart fra 1740-årene viser den konsentrerte be-
byggelsen på begge sider av Vågen. Til venstre ligger Bergenhus
festning, Rosenkrantz-tårnet, Sverresborg, Mariakirken og Kon-
torets bydel – Bryggen – og lengst inne Domkirken. På den andre
siden av Vågen – på Strandsiden – ligger borgernes by med Nykir-
ken fra 1620-årene i sentrum og Nordnes-skansen på pynten.

199

Generalmajor Hans Ernst von Tritschler tilhørte de virkelige kapitalister i Norge omkring år 1700. Han kom fra Tyskland som løytnant 23 år gammel og gjorde en rask militær karriere. Hans militære strategi var imidlertid ikke like fremragende som hans forretningsmessige, og i 1710 ble han avskjediget fra sin militære stilling (se s. 400).

gerskapet ble mer og mer selvrekrutterende. Det samme trekket møter vi om vi går til Trondheim. Av de 134 som tok borgerskap i byen i årene 1708–19, var 77 født i selve byen, 20 var født i Norge utenfor byen, og 37 var født utenfor landets grenser.

Går man fra Bergen og Trondheim til byene i det sønnafjelske Norge, møter man lignende forhold. Fremdeles var innflytterne dominerende, men tendensene til selvrekruttering er tydelig. Dette møter vi for eksempel i Kristiania.

I 1709 satte visestattholder Johan Vibe opp en «Fortegnelse på de af stand og rang, store bemidlede personer, der besidde kostelige saugbrug og tømmerhugst, stort jordegods, rede kontanter og vexeler her syndenfjelds, der kan udgjøre rytterhold, reduseret i 4 klasser og ordninger». I første klasse fant man generalmajor Tritschler «som den der besidder stort jordegods, saugbrug, skibe m.m.», generalmajor Hausmann, justisråd Mercker, admiralitetsråd Treschow, kommerseråd Gjord Andersen og kommerseråd James Collett. De var alle utlendinger, og dels hadde de blitt rike ved ekteskap, som Tritschler og Hausmann, dels hadde de slått seg opp ved handel, som kommerseråd Gjord Andersen og kommerseråd James Collett. Men sønner og svigersønner skulle overta deres rikdommer og deres posisjon i samfunnet. Innflytterfamilienes etterkommere ble innfødte nordmenn, representert ved slekter som Anker, Vogt, Collett, Leopoldus, senere adlet til Løvenskiold, Aall.

I løpet av 1500-tallet og første halvpart av 1600-tallet hadde det norske borgerskapet inntatt en mer og mer sentral plass i norsk næringsliv. I de to neste mannsaldrene skulle det rykke opp til en herskerstilling i det norske samfunnet ved siden av embetsmennene og innta den tomme plassen etter en adel som for lengst hadde utspilt sin rolle som landets ledende stand. Borgernes program ble klart presisert alt under arvehyllingen i 1661.

Kjøpstadborgernes krav og kongelige privilegier

Ved arvehyllingen i 1661 ble de åtte norske kjøpstedene representert med til sammen 21 representanter. Det kom fire fra Skien og Kristiansand, tre fra Kristiania, Trondheim og Tønsberg og to fra Stavanger og Fredrikstad. Tallmessig utgjorde borgerrepresentantene en liten gruppe sammenlignet med prestestanden, for ikke å nevne bøndene. Men de 21 representantene skulle markere sine ønsker klarere enn noen av de andre stendene i et langt andragende til kongen. De skulle klart og bestemt fremme særnorske krav: Det måtte opprettes et kommersekollegium for Norge, en hoffrett, et akademi og det måtte åpnes adgang for nordmenn til offisersstillinger i hæren. Borgerskapets andragende handlet imidlertid først og fremst om ønsker som berørte de åtte kjøpstedene. Andragendet hadde karakter av et programskrift, et uttrykk for hvordan byenes borgerskap ville organisere handel og omsetning.

Andragendet ble innledet med en bønn om at de måtte få beholde sine gamle privilegier, slik at ikke kjøpstedene «den

ene imod den anden derom skulle ligge udi had og
trætte». Alle havner som lå kjøpstaden nærmere enn tre
mil, burde avskaffes, og handelsmennene der «enten tage sig
tjeneste, stede sig gårder eller flytte til kjøpstæderne».
Alle små ladesteder som lå utenfor denne grensen på tre mil
burde nedlegges. Bare de store ladestedene burde bestå som
utskipningshavner for trelast.

Bøndenes tømmerhandel var til «almindelig lands for-
dærv for alle som udi kjøbstæderne nogen handel og brug
haver». Bonden var slik til sinds «og den fremmede genei-
digt, at han før det til dennem for halv værd afhænder, end
den indlandske derpå den ringeste skillings fortjeneste for-
under, hvorover skovene i stor mængde udhugges, efterdi
bonden derfor så lidet bekomme». Kjøpstadborgerne bad
derfor om at bøndene måtte pålegges «deres last og vare til
ingen anden end borgerskabet at sælge».

En bymann inntar et måltid. Maleri fra omkring 1650. I koppen
med lokk har han smør. I bakgrunnen sees en stor trekanne med øl
og i forgrunnen en pepperbøsse. Maleriet er sannsynligvis malt i
Bergen, men henger nå på Bogstad gård i Oslo.

All handel utenfor byene burde dessuten forbys, og borgere, strandsittere og omreisende handlende burde slå seg ned i kjøpstedene. Det samme gjaldt vertshusholdere og håndverkere, «så de ingenlunde andensteds end udi kjøbstæderne måtte bo». Også skippere, styrmenn, tømmermenn og båtsmenn burde flytte til byene med mindre samme «sidder for fulde eller halve gårder».

Tidligere hadde fremmede oppholdt seg i landet i årevis og solgt sine varer i smått til kjøpstedenes «mærkelig præjudits og største skade». Dette burde forbys. De fremmede kjøpmenn burde ikke tillates å oppholde seg lenger i landet enn det skipet de kom med, og de burde forbys å handle i smått. Mens kjøpmennene søkte å begrense utlendingenes innflytelse i Norge, gikk de på den annen side bevisst inn for selv å oppnå privilegier i utlandet. Den engelske navigasjonsakten, som bare tillot innførsel av varer til England på engelsk kjøl eller på skip som var registrert i varens opphavsland, hadde tjent Norges handel og bidratt til sjøfartens «mærkelige opkomst». De søkte derfor om «at Eders Kongl. Majst. ved sine ministris udi England ville nådigsten det derhen befordre, at det derved måtte forblive».

Kjøpstadborgerne fikk ikke umiddelbart svar på sitt andragende. Våren 1662 ble derimot tjue lagmenn og kjøpstadborgere kalt til København, hvor de ble forelagt en lang rekke spørsmål av skattkammerkollegiet, spørsmål som spente over et bredt spektrum av saker, landskylda på gårdene i Norge og størrelsen og fordelingen av skattene på bøndene, skatten på borgerne og på prestestanden og tollen på trelast. Andre spørsmål gjaldt et eventuelt salg av krongods i Norge, avlønningen av fogder, tollere, grensetollen til Sverige og hvilke grenseveier som burde stenges. Enkelte av spørsmålene knyttet seg direkte til kjøpstadrepresentantenes andragende fra året før, og de viktigste gjaldt trelasthandelen og forholdet mellom kjøpsteder og ladesteder.

Når nettopp borgerrepresentanter ble kalt inn til rådslagninger i København våren 1662, var ikke det noen tilfeldighet. Det var i tråd med den nye retningen i den økonomiske politikken som nå ble satt i høysetet overalt i Europa, og

Ludvig 14.s. finansminister Jean Baptiste Colbert (1619–83) var et arbeidsjern. Og sin egen innstilling til flid og arbeidsomhet forsøkte han å overføre både til det franske embetsverk og hele folket. Det franske diplomati, som også Danmark-Norge stiftet bekjentskap med, arbeidet i hans tid som et urverk.

som har fått navnet merkantilismen. Merkantilismens mål var å skape den sterke stat, et middel var den økonomiske politikk. I samsvar med merkantilismens grunnsetninger var verdens mengde av gull og sølv konstant; derfor gjaldt det å trekke mest mulig gull og sølv til seg gjennom en positiv handelsbalanse. Derfor var det viktig å begrense eller endog hindre importen av fremmede varer gjennom høye tollmurer eller endog importforbud, stimulere den økonomiske utvikling innen riket ved et utstrakt enhetsarbeid, fjerne indre tollmurer og skape bedre kommunikasjoner, enhet i mynt, mål og vekt, stimulere de merkantile og industrielle næringer gjennom utstrakte privilegier, og en utstrakt regulering av samfunnet.

Merkantilismen var ikke basert på en filosofisk teori, og det var først mannen som formet dens gravmæle, Adam Smith, som gav retningen navn. For ettertiden har Ludvig 14.s store finansminister, Colbert, blitt stående som merkantilismens mest markante representant. Men tendensene

til en merkantilistisk økonomisk politikk var klare lenge
før Colbert overtok roret som finansminister i Frankrike,
og de økonomiske virkemidler han tok i bruk for å skape den
sterke stat, var i stor utstrekning alt adoptert av politikere
ellers rundt i Europa.

Tollforordningen av 1651 dannet det første store skritt
mot en proteksjonistisk tollpolitikk i rikene. Den ble
ført videre ved tollforordningen av 1672, og tollforordnin-
gen av 1683 betegnet med sine mange eksport- og import-
forbud et langt skritt videre i merkantilistisk retning. Ar-
beidet for å støtte innenlands industrivirksomhet, som for
eksempel bergverkene, var begynt lenge før midten av 1600-
tallet, og opprettelsen av postvesenet i 1640-årene var det
første skritt i retning av å gjøre rikene til en økonomisk en-
het. Utbedringene av veiene og de første vage tilløp til et
fyrvesen var et skritt i samme retning. Innførelsen av felles

*I 1680-årene ble en rek-
ke hoved- og konge-
veier i det sønnafjels-
ke Norge oppmålt, og
for hver mil ble det satt
opp milesteiner med
Kristian 5.s mono-
gram. Dette eksempla-
ret finnes nå på Norsk
Folkemuseum. Veiene
var for øvrig ikke i
bedre forfatning under
Kristian 5.s norges-
reise enn at kongen
fikk et bokstavelig talt
rystende inntrykk av
de norske veiene.*

Stavangerkjøpmannen Christian Nielsen Sandborg ved sitt arbeidsbord. Malt glassrute fra 1704. Sandborg var en av Stavangers ledende kjøpmenn, men som for så mange før og etter ham, endte det hele med fallitt.

mål og vekt for hele riket i 1683 var uttrykk for et klart og bevisst ønske om å bryte ned barrierer som hemmet samhandelen innen riket.

De norske kjøpstadborgernes søknad i 1661 om nye og utstrakte privilegier for de norske byene, falt derfor helt i tråd med statsledelsens merkantilistiske grunnsyn. Nettopp fordi industri og handel bidrog til å skaffe landet inntekter utenfra, var det viktig å stimulere bynæringene ved utstrakte generelle kjøpstadprivilegier, ved å regulere forholdet mellom by og land, mellom de enkelte kjøpsteder, mellom kjøpsteder og ladesteder, og ved å stimulere oppkomsten av industrier, bergverk og sjøfart.

De generelle kjøpstadprivilegiene av 30. juli 1662 og de spesielle privilegiene for hver enkelt kjøpstad som ble utferdiget samme dag, kom derfor stort sett som et positivt

En kjøtthandlerbod i 1660-årene. Engelsk tresnitt. Forholdene i handelsbodene i de større norske byene har antagelig ikke vært mye forskjellig fra hva de var i England på samme tid.

svar på de ønsker de norske borgerrepresentantene hadde fremsatt under arvehyllingen.

På punkt etter punkt ble kjøpstadborgernes nøkkelstilling i landets økonomiske liv programmatisk slått fast. Det gjaldt

207

forholdet til bøndene: All handel skulle samles i byene; tre-lasthandelen skulle være et privilegium for kjøpstadborgerne. Det gjaldt forholdet til håndverkerne i landet: De skulle forpliktes til å flytte til byene, som skulle bli sentrum for all håndverksdrift. Det gjaldt forholdet til fremmede kjøpmenn: Retten til opphold i Norge ble sterkt begrenset, og all handel i smått strengt forbudt. Det gjaldt forholdene til ladestedene: De som lå innenfor en grense på tre mil fra kjøpstedene skulle «avskaffes». Bare de store ladestedene burde bestå, men deres handel burde begrenses til eksport av bjelker og bord. Kjøpstadborgerne kunne dessuten ta aktiv del i handelen på ladestedene enten ved å bruke fullmektiger eller ved selv å bosette seg der.

I tråd med dette står også den nye rettergangsordningen i byene. Byfogden skulle dømme i små saker, og hans dom kunne appelleres til borgermester og råd, eller rådstueretten som den kom til å hete, og fra den videre til lagmann, over-hoffrett og høyesterett. De borgere som bodde utenbys, stod under borgermester og råd i kjøpstedene og måtte betale skatt til kjøpstedene.

Kjøpstadprivilegiene gav borgerne i kjøpstedene et juridisk våpen, men skulle de klare å skape den nøkkelstilling i landets økonomiske liv som paragrafene i det kongelige privilegiebrev syntes å antyde? Det svaret skulle bli formet i de neste mannsaldre.

Borger mot borger

Ved kjøpstadprivilegiene av 1662 hadde kjøpstedene i Norge fått utstrakte juridiske rettigheter, men samtidig var det duket for omfattende og langvarige stridigheter mellom kjøpsteder om cirkumferensen, mellom borgerskapet og Kontoret i Bergen, og fremfor alt mellom kjøpsteder og ladesteder. Kampen mellom Kristiania og Bragernes-Strømsø fikk en foreløpig avslutning alt sommeren 1662.

Til det store rådslagningsmøtet i København våren 1662 møtte det to representanter for borgerskapet i Drammen, Willum Mechlenburg og Daniell Knoff, som brakte med

Hellig Trefoldigheds-kirken på Bragernes. Tårnet ble bygd i 1695–98 og selve kirken stod ferdig i 1708 få år før ladestedet Bragernes fikk kjøpstadrettigheter (se s. 211). Kirken brente i juli 1866. Maleri i Drammens Museum.

seg en søknad fra borgerne i Bragernes og Strømsø om kjøp-stadrettigheter for byen, idet de viste til byens store handel som følge av at «fem elver samles udi Drammen her ved stedet». Borgermester Niels Lauritzen fra Kristiania protesterte mot «et sådant ubillig forslag og egennyttes angivende», og hevdet at «den ladeplads Bragernes og Strømsøen, som kjærnen og det bedste af alt det brug vi have til og under Chris-

Kristiania i slutten av 1680-årene slik byen er fremstilt av en fransk tegner med noe livlig fantasi (se også bd. 6, s. 289). Til høyre for Akershus festning sees Hellig Trefoldigheds kirke (som ble herjet av brann i 1686). Østenfor den ligger feltmarskalk Wedel Jarlsbergs og visestattholder Just Høeghs boliger.

tiania byes privilegier, os skulde fratages». I sin argumentasjon trakk han fram et moment som kunne synes det beste argument for at Bragernes og Strømsø burde få kjøpstadrettigheter: «Thi da skulde det ganske borgerskab helst flytte did hen, hvor bedste næring og mindste besværing kunde falde.» Men en supplikk undertegnet av tjueto av Kristianias fremste borgere inneholdt motargumentet, den nye byen kunne «aldrig fortificeres». «Fienden skulle glæde sig at han kunde marschere forbi festningen (Akershus) og indrømme sådan folkerig sted.» Saken ble sendt tilbake til Kristiania, og stattholder Iver Krabbe måtte sammen med militære sakkyndige på befaring til Bragernes og Strømsø for å vurdere byen fra et forsvarssynspunkt. Konklusjonen ble den samme som borgermester Niels Lauritzen hadde pekt på: «Situationen befindes ganske og aldeles ubekvem til nogen fortification.»

Resultatet ble en spesiell «anordning om Bragernes som Christiania er underlagt», datert 30. august 1662. Det ble nå faktisk skapt en tvillingby. Bragernes-Strømsø fikk fulle kjøpstadrettigheter, men ble administrativt underordnet magistraten i Kristiania. Men det forutsattes at en av magistratspersonene skulle bo på Bragernes for «at have god tilsyn med alting udi Bragernes, Drammen og Strømsøen, såvidt privilegierne strækker og byens øvrighed vedkommer». Men Bragernes og Strømsø fikk egen byfogd og egen byskriver; skattene skulle likevel fordeles av borgere fra Kristiania og Bragernes sammen, og borgerboken skulle bli felles for de to bydelene, som var atskilt med fire mil.

Den ordningen som ble skapt i 1662, skulle imidlertid ikke bestå i mange år. Etter at Gyldenløve hadde overtatt Tønsberg (Jarlsberg) grevskap, ble Bragernes og Strømsø delt administrativt. I Bragernes var de næringsdrivende forsynt «med hs. kgl. majestæts borgerskab», i Strømsø «med hs. høie excellence hr. grevens borgerskab». Delingen førte til et utall av rivninger mellom de to atskilte bydelene, og rivningene ble først slutt da Bragernes og Strømsø 15. juli 1715 trådte inn i rekken av selvstendige kjøpsteder.

Bortsett fra striden om Bragernes-Strømsø og mellom Bragernes og Strømsø, fikk man ikke innen østlandsområdet

Dette kobberstikket i Erich Pontoppidans «Forsøg paa Norges naturlige Historie» (1752–53) viser Strømsø (til venstre) og Bragernes en mannsalder etter at begge stedene hadde fått kjøpstadrettigheter (i 1715). Navnet Drammen ble brukt allerede i 1660-årene som betegnelse for begge kjøpstedene, men det var først i 1811, da Bragernes og Strømsø ble slått sammen til en by, at Drammen ble det offisielle navn.

vidtrekkende konflikter mellom kjøpsteder og ladesteder. En grunn til dette var blant andre at to av de største ladestedene snart fikk kjøpstadrettigheter av helt spesielle grunner, Halden i 1665 som takk for borgernes tapperhet under krigen, Larvik i 1671 fordi Laurvigen ble skilt ut som et eget grevskap.

Ingen norsk by skulle nyte en så utstrakt kongelig gunst som Kristiansand. Byen ble grunnlagt på kongelig befaling, og den ble opprettholdt ved kongelige privilegier. Byen var fra kongens side utsett til å bli det store handelssentrum og den viktigste flåtehavn på Skagerrak-kysten. Ved de spesielle kjøpstadprivilegiene av 1662 ble det bestemt at alle lasteplasser mellom Tånes og Kalvild fjord skulle nedlegges. Alle ladesteder utenfor dette området skulle være «avskaffet» bortsett fra Risør, Arendal og Mandal, som skulle fortsette som utførselshavner for trelast. Men alle andre varer skulle føres til Kristiansand og utføres derfra. All innførsel til Agdesiden skulle skje til Kristiansand, og der skulle ladestedene få de importvarer de trengte. Et nytt og viktig sprang fremover skjedde 6. mai 1682 da kongen bestemte at Stavanger stift skulle omdøpes til Kristiansand stift, og stiftamtmannen, biskopen, domkapitlet og katedralskolen flyttes til Kristiansand. Fire år senere mistet endog Stavanger sine kjøpstadrettigheter, men fikk dem tilbake igjen fire år senere. Men hovedsaken bestod uendret. Kristiansand var blitt stiftshovedstad og administrasjonssentrum.

Etter Kristian 5.s besøk i Kristiansand i 1685 ble byen ytterligere begunstiget med nye og vidtrekkende privilegier, som fikk datoen 16. januar 1686. Det ble nå fastsatt at innbyggerne i byen bare skulle betale halv konsumpsjon på varer de innførte og brukte, og bare svare halv skatt i de nærmeste tjue år. De som bodde på hovedtollstedene, Risør, Arendal, Mandal og Flekkefjord, skulle derimot for fremtiden svare dobbelt skatt og konsumpsjon og ikke ha noen andel i Kristiansands privilegier om de ikke innen år og dag flyttet til stiftshovedstaden. Hele forretningsvirksomheten i Agder skulle med andre ord dirigeres fra Kristiansand.

Ladestedet Mandal slik stedet er tegnet inn på et kart fra 1749.
Den eldste bebyggelsen ligger omkring kirken på vestsiden av
Mandalselva. På østsiden sees bebyggelsen på Malmøya.

Men heller ikke de nye store skatte- og avgiftslettelsene i
Kristiansand og de forhøyede byrder i ladestedene kunne
lokke folk til byen. I november 1686 ble det derfor utferdi-
get et nytt og vidtrekkende kongebrev for å drive igjennom
kongens og kristiansandsborgernes vilje. Klarte man ikke å
trekke borgerne fra ladestedene til stiftshovedstaden ved
begunstigelser, gjenstod muligheten å bruke tvang. Det nye
kongebrevet fastsatte nemlig at i de tre første årene måtte
«ingen utenbys indvånere» kreve inn restanser hos bøndene.
Dersom de gjorde det, skulle de ha hele summen forbrutt.

*Den nederlandske kunstneren Allart van Everdingen (1621–75)
foretok en reise i Sør-Norge i 1644. På denne turen laget han denne
akvarellen fra ladestedet Risør.*

Samtidig ble det bestemt at borgerne i ladestedene skulle
betale en avgift til Kristiansands kirke og rådhus av all last
de kjøpte. For å gjøre innholdet i det kongelige privilegie-
brev til realitet, stevnet magistraten på ettervinteren 1687
inn 56 borgere fra Risør, Arendal og Mandal som de anså
pliktige til å flytte til Kristiansand, og 19 ble dømt til å be-
tale dobbelt skatt. Resultatet ble at mange borgere i ladeste-
dene foretok en proforma innflytting til Kristiansand; andre
nøyde seg bare med å møte til borgersamlingen før jul, men
fortsatte for øvrig å bo på ladestedene. Men også her var
kongen beredt på å gripe inn og stenge eventuelle smutthull
i loven. Ved kongebrev av 14. januar 1688 befalte han at alle
hus på ladestedene som var bygd etter 29. januar 1672, skulle
rives og flyttes til Kristiansand innen førstkommende 1.
mai, og noen måneder senere ble stattholderen pålagt å be-
slaglegge noen nye hus i Arendal som var blitt solgt profor-

ma. Enkelte, som Rasmus Fischer som hadde vært toller i Kristiansand, etterkom kongens bud og flyttet sitt hus til Kristiansand, hvor han satte det opp ved torget. Men de fleste saboterte den kongelige befaling.

De strenge kongebudene av 1688 markerer et klimaks i striden mellom Kristiansand og ladestedene. Høsten året etter sendte borgerne i Arendal en supplikk til kongen og sa at de ikke kunne føre trelasten til Kristiansand. De kunne derfor ikke flytte uten deres næring led under det. To år senere ble saken forelagt kommisjonen «i Rådstuen for København slot», som konkluderte at tvangspolitikken til Kristiansands fordel ikke hadde ført fram. De folk som bodde i ladestedene Risør, Arendal, Mandal og Flekkefjord skulle få bo der sin levetid, og deres sønner etter dem, men på det vilkår at de tok borgerskap i Kristiansand.

Men selv om man gav opp den harde tvangspolitikken overfor ladestedene, beholdt Kristiansand fortsatt utstrakte privilegier, som førte til langvarige stridigheter med ladestedene. Den ene store rettssaken fulgte i kjølvannet på den andre, og først i 1723 ble striden definitivt avgjort ved at Risør og Arendal fikk kjøpstadrettigheter.

Kristiansand-borgerne førte sin kamp mot ladestedene på Agdesiden. Borgerne i Bergen var engasjert i en tredobbelt kamp: mot hanseatene på Bryggen i Bergen, mot den enerett Trondheim oppnådde på handelen i de fire sjølenene – Romsdal, Nordmøre, Fosen og Namdalen – i 1662, og sammen med Trondheim mot ladestedene Lille Fosen og Molde.

Under privilegieforhandlingene i 1662 hadde bergensrepresentantene i København brukt kraftige ord om Kontoret, som fremdeles behersket handelen på Bryggen i Bergen. De tyske kjøpstedene gikk mye lenger enn deres privilegier tillot, ble det hevdet. De befraktet skip som gikk på Nederland og Spania, og fikk returladninger med korn og salt og andre varer. De fikk også varer fra andre hansebyer enn de som hadde stuer i Bergen, og drev åpenlys handel med skotter og friser. Fra Kontorets side ble det svart at de hadde drevet handel på Bergen gjennom hundreår, og at borgerne på Strandsiden ikke maktet å utrede nordfarerne med hva de trengte av mat og utstyr. De spesielle byprivilegiene for Bergen av 1662 kom riktignok ikke til å inneholde noe om forholdet til kjøpmennene på Bryggen, men kort etter ble det utferdiget en forordning om Kontorets handel. Men da forordningen førte til utstrakt misnøye, ble det nedsatt en egen kommisjon i 1663 for å avgi betenkning om hanseatenes stilling i Bergen, og den vekt man tilla oppgaven avspeiler seg i kommisjonens sammensetning: Norges stattholder, Iver Krabbe, lensherre Ove Bjelke, borgermester Hans Nansen i København og rentemester Henrik Müller.

Den 23. september 1663 fikk Lübeck nye privilegier, og lignende privilegier ble senere tilstått Bremen, Hamburg, Stralsund, Rostock. Privilegiene ble stort sett utformet i samsvar med bergensborgernes krav. Kontoret skulle nok fortsatt ha rett til å handle på Nordland, men handelen i Bergenhus stift skulle forbeholdes det bergenske borgerskapet alene, som også fikk forkjøpsrett i fjorten dager på varer som fremmede eller dansk-norske skip kom med. De hansebyene som hadde stuer på Bryggen, skulle betale samme toll som borgerne, men ble som før fritatt for skatter og avgifter som ble utskrevet av kongen eller bymyndighetene i Bergen.

Med privilegiene av 1663 hadde bergensborgerne vunnet en avgjort seier over Kontoret. Det samme ble gjentatt i Bergens byprivilegier av 1680, men gikk tapt ved de nye privilegiene hanseatene fikk i 1683. Bryggekjøpmennene fikk nå rett til å handle med embetsmenn og allmue også i Bergenhus stift på linje med borgerne. Kontoret fikk rett til å utføre varer på egne eller fremmede skip mot å svare lik toll med borgerskapet. Med ett hadde bryggekjøpmennene fått en friere stilling enn de kanskje noen gang før hadde hatt. Fra borgernes side førte de nye og utstrakte privilegiene til ny kamp mot Kontoret og de hanseatiske kjøpmennene. Det ene fremstøtet fulgte det andre fra kjøpmennenes side, det ene argument mer tungtveiende enn det andre ble ført i marken. Men i 1701 kunne borgerne igjen innkassere seieren. Kontoret mistet sin rett til å handle i Bergenhus stift, og avgjørelsen ble låst fast i de nye byprivilegiene for

Bergen av 1702: «De tydske, som ere priviligerede og have deres stuer og tilhold på contoiret, skulle entholde sig fra al factori, og efter privilegiene alene forblive ved deres handel i Nordlandene, og sig ikke med andre skibe eller vare bemænge, end de som, enten komme eller gå direkte fra og til deres herskab.»

Visestattholder Frederik Gabel hadde støttet ladestedene på Agdesiden i deres kamp mot Kristiansand. Han skulle også ta Kontorets parti mot borgerne i Bergen. På hans initiativ ble det tatt opp tingsvitner over hele stiftet, og mange av tingsvitnene viste at allmuen ofte hadde fått en langt bedre behandling av kjøpmennene på Bryggen enn av borgerne på Strandsiden. Men Gabels aksjon førte ikke fram. Borgerne hadde vunnet i kampen mot Kontoret, slik de senere skulle vinne i kampen mot Trondheim om handelen på sjølenene. For kjøpmennene på Bryggen var konklusjonen gitt. Tallet på hansestuer gikk raskt ned, og mange av forvalterne av stuene valgte å fortsette som borgere i Bergen. Dualismen i det bergenske handelsborgerskap gikk mot sin slutt.

Under forhandlingene om kjøpstadprivilegiene i København i 1662 hadde bergensborgerne lidd et avgjort nederlag i forhold til trondheimsborgerne. Bergensborgerne, Kontoret og trondheimsborgerne skulle riktignok alle ha rett til å handle på Nordland og Finnmarken, men i handelen på de fire sjølenene, Romsdal, Nordmøre, Fosen og Namdalen, ble Kontoret og bergensborgerne utestengt.

Da kronens store kreditor, Joachim Irgens, i 1664–65 forhandlet om å kjøpe alt krongodset i Nord-Norge, øynet trondheimsborgerne en mulighet til å få enerett til handelen også på Nordland, og argumentet var det samme kristianiaborgerne hadde brukt overfor borgerne fra Bragernes og Strømsø – hensynet til rikets forsvar. Det ville være langt gunstigere, heter det i trondheimsborgernes andragende, at «handelen kunde forflyttes fra Bergen til Trondhjem, end herefter blive som den er. Thi Bergen er alene og mere et sted for de fremmedes kommoditet end for kongens og landets gavn, imod den nytte og forsikring, kongen og riget i alle tilfælde skede, når Trondhjem som et grænsested og ret

*Trondheim slik byen så ut få år før den store bybrannen i 1681.
Utsnitt av Jacob Mortensson Maschius' kobberstikk «Urbs Norri-
giæ celeberrima Nidrosia» fra 1674. Som også stikket fra 1658 viser
(s. 194), ligger all bebyggelse på vestsiden av Nidelva. På Bakk-
lands-siden ligger det bare jekter og enkelte naust. I Trondheim*

tryg for Norge, fik magt og middel fienden i alle tilfælde at
resistere og sig selv til land og vand defendere.» Trøndernes
søknad førte riktignok ikke fram tross den sterke understre-
king av byens store strategiske betydning, men de fikk inn-
til videre beholde eneretten til handelen på sjølenene.

Men i 1680 fikk bergensborgerne enerett til handelen på
Finnmarken, og ved de nye kjøpstadprivilegiene av 1702
fikk bergenskjøpmennene og kjøpmennene på Bryggen rett
til å handle også i de fire sjølenene, noe de for øvrig hadde
gjort lenge i strid med Trondheims privilegier. Men før han-
delen på sjølenene ble gitt fri også for bergensborgerne og
kjøpmennene på Bryggen, var det nettopp der dukket opp en
konkurrent som snart skulle gjøre seg gjeldende i handelen.

var det bare tre kirker igjen på denne tiden: Domkirken (i elendig forfatning) lengst til venstre, Vor Frue i sentrum av bildet og Hospitalskirken til høyre for Vor Frue. I forgrunnen sees et forsvarsverk av palisader (se bd. 5, s. 193). Under brannen i 1681 ble nesten hele byen lagt i aske.

Under forhandlingene i København i 1662 hadde trondheimsrepresentantene talt med varme for at byen burde få enerett på handelen i sjølenene. Men like bestemt hadde de gått inn for å redusere handelen til de to ladestedene Molde og Lille Fosen (det senere Kristiansund). Trondheimsborgerne foreslo således at all trelast innenfor Agdenes skulle gå til Trondheim og skipes derfra. Trelast som kom fra distriktene utenfor Agdenes, burde kunne skipes fra Lille Fosen, men borgerne der burde være avskåret fra å drive all annen form for handel, og Molde burde «avskaffes». Alle fetevarene fra de fire sjølenene skulle føres til Trondheim, som også skulle være eneste importhavn i landsdelen for alle varer inklusiv salt og korn.

Mellom Trondheim på den ene side og Lille Fosen og Molde på den annen side skulle det utspinne seg en kamp, som i alle hovedtrekk var parallell til kampen mellom Kristiansand og ladestedene på Agdesiden. Tross de strenge forbud ble det drevet en så betydelig handel både fra Lille Fosen og Molde at det gamle forbudet fra 1662 ble innskjerpet i Trondheims nye privilegier av 1682, og også her ble det grepet til drastiske trusler mot ladestedene: «Skal enhver af bebyggerne af Lille Fosen og Molde, som bruger borgerlig næring være forpligtet enten inden år og dags forløb at opbygge så godt et hus i Trondhjem, som deres er, eller og at flytte til byen, og da ingen losning eller ladning skal ske uden på de rette tollsteder.» En midlertidig lempning av det strenge kravet førte til en ny innskjerping av Trondheims privilegier. Men ved tollforordningen av 1691 ble det tillatt å laste trelast og losse korn fra Danmark i tollstedene i Nordmøre og Romsdal, men borgerne i de to ladestedene måtte ikke handle med andre varer enn de som kom fra Trondheim.

Konflikten mellom Trondheim og Lille Fosen og Molde var ikke avsluttet i 1691. Stridighetene fortsatte tiår etter tiår. Trondheimsborgerne fikk de beste juridiske våpen i hendene for en «avskaffelse» av de to ladestedene, men borgerne der fortsatte sin handel og kjempet videre for å få fulle kjøpstadrettigheter, og i 1742 stod de ved målet, 19 år etter at Risør og Arendal hadde vunnet i kampen mot Kristiansand. Både Molde og Lille Fosen fikk nå fulle kjøpstadrettigheter, Lille Fosen med navnet Kristiansund.

Kjøpstadprivilegiene av 1662 hadde dannet utgangspunkt for langvarige stridigheter mellom grupper innen borgerskapet. Privilegiene var tenkt som juridisk tvangsmiddel for å lede handelen i den retning statsledelsen fant riktig. Men i den konflikten som fulgte mellom kjøpstad og kjøpstad, kjøpstad og ladested, mellom borger og borger, seiret de økonomiske realiteter over de kongelige lovbud. Naturen, skogene, fløtningselvene, leia langs kysten fortalte hvor utskipningshavnene måtte ligge, og intet lovbud, hvor strengt det enn var, kunne endre det forholdet.

I forholdet mellom borger og bonde derimot skulle intensjonene i byprivilegiene langt på vei realiseres fordi intensjonene her falt nær sammen med ønsker og forhåpninger i et samlet kapitalsterkt borgerskap.

Jorda, eierne og brukerne

De store krongodssalgene og de nye proprietærene

Ved skjøte av 12. januar 1666 overdrog Fredrik 3. alt krongodset i Helgeland, Salten, Lofoten, Vesterålen, Andenes, Senja og Troms til sin store kreditor, bergverksmagnaten Joachim Irgens fra Itzehoe i Holsten. Salget omfattet over halvparten av all jord i Nordlandene inklusiv lensherregården Bodøgård og lagmannsgården Steigen. Irgens fikk med kjøpet rett til landskyld, kongetienden i Lofoten, laksevarper, sagleie, leding, finneleding, sjøfinneskatt, landvere, lappeskatt, jektereising foruten en rekke andre herligheter. Verdien ble anslått til over 100 000 riksdaler, og skjøtet beseglet uten tvil den største jordhandelen som noen gang er gjort i Norge.

Landkommisjonens jordebok av 1661 gav foruten en oversikt over alle de herligheter som lå til hver enkelt gård i landet, også en inngående oversikt over jordeiendomsforholdene i riket. Selv om kongen hadde avstått en betydelig mengde krongods både i 1640- og -50-årene, var fremdeles 52 prosent av all jord i Norge krongods eller kirkegods, 8 prosent av jorda var adelsgods, 19 prosent var bondegods som eierne selv brukte og 21 prosent var borger- og bondegods som ble brukt av leilendinger. Den samlede mengde bondegods er beregnet til 31 prosent av all jord, et meget høyt tall sammenlignet med Danmark, hvor mindre enn 5 prosent av bøndene var selveiere.

Eiendomsforholdene var imidlertid ikke like i de forskjellige deler av landet. I fjellbygdene på Østlandet og i Agder, bortsett fra Lista, var mesteparten av jorda bondegods; 62 prosent av all jord i fjellbygdene og 57 prosent av all jord i Agder ble brukt av eierne, og mesteparten av den resterende

jorda i disse områdene var bondegods som ble brukt av lei-
lendinger. Den motsatte ytterligheten var ytre Vest-Norge,
Trøndelag og Nord-Norge. I ytre Vest-Norge ble 6 prosent
av jorda brukt av selveierbønder, i Trøndelag 5 prosent og i
Nord-Norge bare 4 prosent. Her var mengden av jordegod-
set krongods eller kirkegods, og det var krongodset i Nord-
land Irgens overtok ved skjøtet av 12. januar 1666.

Skjøtet fra Fredrik 3. til Joachim Irgens omfattet uten
tvil de største godsmengdene kongen avstod til én enkelt
mann i Norge i 1660-årene, men den var langtfra den enes-
te. De store gjeldsforpliktelsene staten hadde pådratt seg
under krigene 1657–60, dannet bakgrunn for beslutningen
om å betale kreditorene ved utstrakt salg av krongods. I
tidsrommet 1661–75 ble det avhendet jordegods i Danmark
for 6,28 millioner riksdaler, i Norge for 1,13 millioner riks-
daler. En stor del av jorda ble til dels utlagt til store kredito-
rer, som Joachim Irgens, mot at de likviderte gjeldskrav,
dels ble den solgt for kontante penger. Mange av krongods-
salgene kunne omfatte hundrer av gårdsbruk, slik som Ir-
gens' kjøp i Nordland. Jørgen Bjelke kjøpte således hele
Bratsberg og Gimse klostergods for 40 000 riksdaler. De
to bergenskjøpmennene Herman Garman og Hans Lillien-
skiold kjøpte jord for over 47 000 riksdaler, og borgermes-
teren i Helsingør kjøpte Lyse kloster for 28 675 riksdaler.

Den skånske krig førte til nye store utgifter for staten og
nye store jordegodssalg, selv om de var beskjedne sammen-
lignet med godsavståelsene i 1660-årene. I tidsrommet 1661–
75 hadde kronen avstått gods i Norge for 1,13 millioner
riksdaler, i tidsrommet 1675–1699 for 286 386 riksdaler. I
1660 hadde mengden av krongodset blitt avhendet til rike
kjøpere som en Joachim Irgens som kunne kjøpe hundretalls
gårder. I 1680-årene ble en større del av gårdene solgt direk-
te til bønder. Men det kunne likevel ikke endre hovedtrek-
kene i bildet. Ved de store krongodssalgene i 1660-årene ble
en stor del av jorda i Norge forvandlet fra krongods til pro-
prietærgods, og for de nye proprietærene ble det et sentralt
mål å skaffe seg større inntekter av godset enn kronen had-
de hatt.

*Sommersiden (øverst) og vintersiden av en primstav fra 1668 fra
Flatland i Vegusdal, nå på Norsk Folkemuseum. Primstaven had-
de et lite hakk for hverdagene og et merke for helligdager og andre
dager man skulle merke seg (merkedager). Sommersiden be-
gynner med sommerdagen (14. april) og er markert med et tre.
Vinterdagen (14. oktober) innleder den andre siden og er mar-
kert med en hanske eller vott. – År 1700 ble for øvrig et spesielt kort
år her i landet. Da forlot nemlig Danmark-Norge den julianske
kalender som gjorde kalenderåret litt for langt i forhold til sol-
året. Det ble derfor bestemt at dagen etter søndag 18. februar skul-
le være mandag 1. mars, og deretter fulgte man den gregorianske
kalender. I lang tid vegret naturligvis folk flest seg for et slikt
nymotens påfunn og feiret sine merkedager 11–14 dager for sent
i forhold til gjeldende kalender.*

Tiden fra begynnelsen av 1500-tallet til midten av 1600-tal-
let hadde vært preget av en rask økonomisk vekst i Norge.
Brukstallet var blitt mangedoblet ved gjenrydding av gam-
le ødegårder og oppdeling av storgårder. Skogbruket var
blitt en viktig næringsgren i store deler av landet, og en be-
gynnende bergverksdrift hadde skapt nye arbeidsplasser.
Norsk næringsliv var blitt mer og mer integrert i en felles-
europeisk økonomi. En stigende del av befolkningen var
blitt avhengig av å selge varer for å betale skatter, dekke et
voksende behov for korn, salt og andre varer.

For enkelte næringsgrener, som bergverksdriften, fortsat-
te ekspansjonen med økt tempo i siste halvpart av 1600-tallet,
norsk skipsfart hadde sin første storhetstid i tidsrommet fra
1690 til 1709. Men utferdigelsen av sagbruksreglementet
av 1688 førte til en varig reduksjon i eksporten av bord,
skjønt her ble kanskje reduksjonen kompensert med stigen-
de priser på det europeiske marked. For fiskerinæringen,
derimot, betegnet siste halvpart av 1600-tallet en rekke år
med feilslått fiske, samtidig som fiskeprisene falt. For åker-
bruket og husdyrholdet, som fremdeles var den viktigste næ-
ringsveien i landet, var tiden fra 1660-årene fram til 1720

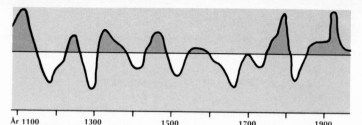

*Denne temperaturkurven — en detalj av den som er vist i bd. 4, s.
149 — illustrerer at man i slutten av 1600-tallet opplevde en betyde-
lig klimaforverring. De mørke feltene viser år med temperaturer
over gjennomsnittet.*

preget av stagnasjon. Den store nyryddingstiden var defi-
nitivt til ende. Det fantes ikke lenger nedlagte ødegårder
som kunne gjenryddes, og oppdelingen av eldre gårder had-
de i mange bygder nådd grensen som gjorde ytterligere opp-
deling umulig. På 1500-tallet og i første halvpart av 1600-tal-
let var der overflod av jord, minimumsfaktoren var arbeids-
kraft. Nå i siste halvpart av 1600-tallet var forholdene mot-
satt, og et vitnesbyrd om dette har en i de nye husmanns-
plassene med jord som begynte å bli vanlige i mange bygder
på Østlandet.

På grunnlag av tiendeoppgaver, tollregnskaper og mat-
rikkeloppgaver fra 1665 beregnet T. H. Aschehoug i 1890
utsæden i Norge til 223 000 tønner korn og bruttoavlingen
til 752 000 tønner, eller en avkastning på 3,35 foll. På
grunnlag av matrikkelforarbeidet fra 1723 beregnet Asche-
houg utsæden da til 269 000 tønner og bruttoavlingen til
880 000 tønner. Det vil si at kornproduksjonen i tidsrom-
met 1665–1723 økte med 17 prosent, mens folketallet an-
slagsvis har økt med omkring 30 prosent. Nå bør en selv-
følgelig være varsom med å bygge på talloppgavene i ma-
triklene, men de opplysninger tollbøkene gir om importert
korn, tyder på at Aschehougs tall er tilnærmet riktig. Korn-
produksjonen i Norge i tidsrommet 1665–1723 har neppe
økt så raskt som befolkningen.

Går vi fra åkerbruket til husdyrholdet, møter vi en lig-
nende tendens der. På grunnlag av kvegskatten, matrikke-

len i 1665 og matrikkelforarbeidet fra 1723 kom Aschehoug fram til at tallet på hester i tidsrommet 1665–1723 økte fra 70 000 til 79 000 eller med 13 prosent, tallet på storfe fra 480 000 til 534 000 eller 11 prosent, og tallet på småfe fra 566 000 til 678 000 eller med 21 prosent. Tallene samsvarer påfallende med tallene for kornproduksjonen; tallet på husdyr har ikke økt i takt med befolkningsøkningen, selv om den var sen.

Den økende etterspørselen etter jord og den relativt sene veksten i jordbruksproduksjonen åpnet store muligheter for de store krongodskjøperne i 1660-årene. Fra gammelt av eksisterte det faste satser for leie av jord. Når en mann bygslet en gård, skulle han utrede førstebygsel til eieren. Hvert tredje år måtte han betale tredjeårstake. Endelig måtte han svare en fast årlig landskyld eller leie. Men landskylda var beskjeden fordi landskyldtakstene var fastsatt i 1625 og ikke hadde holdt takt med inflasjonen. Det var imidlertid her muligheten lå for de store krongodskjøperne i 1660- og -70-årene. De gikk til en drastisk forhøyelse av førstebygsel, tredjeårstake og landskyld, noe som hadde vært utenkelig så lenge kronen satt som eier av jorda.

«Hvorfor tar de (bøndene) gård, når jorddrotterne er så ubillige og tar så meget?» spurte stattholder Ulrik Frederik Gyldenløve i et brev til kongen i 1683. «Hvortil underdanigst svares at bønderne i dette rike estimerer og elsker så meget deres fedreland, at de formener ingen bedre at være i verden, særdeles de til fjells.» Men Gyldenløve pekte også på et annet moment som utvilsomt veide mer når de nye jordegodseierne kunne skru førstebygsel, tredjeårstake og landskyld opp til høyder som hadde vært utenkelige tidligere: mangelen på jord. «Når nu en er forarmet eller jaget fra gården, så kommer straks en annen og presenterer sig igjen fordi deres summun bonum formener de at bestå udi at bruge jord.»

Kongens reaksjoner på de nye store byrder som ble lagt på leilendingene, var den bondevennlige forordningen «om ulovligt pålægs afskaffelse i Norge» i 1684, en forordning som utvilsomt Gyldenløve stod bak og hadde inspirert. I selve forordningen får man en skildring av de endringer som var inntrådt etter krongodssalget. Endel av de nye proprietærene hadde satt bygselen så høyt at «bonden aldri har kundet betale den, men omsider været tvunget til at forlade hus og hjem, ja endelig landet, for mangel af bøkselens betaling». For å beskytte bøndene mot at proprietærene hensynsløst utnyttet dem, ble det nå innført en lang rekke strenge lovregler, som uten tvil også kan leses som en skildring av forholdene slik de hadde vært. Ingen proprietær måtte øve «nogen gevalt imod sine tienere (leilendinger), under 20 rdlr. straf til Qvæsthuset, når han første gang overbevises, sker det anden gang, da miste sin bøxelret, og om ingen haves, da bonden at være fri for 2 års landskyld og alt arbeide; sker det tiere, da godset til kongen at være forbrutt». Det ble samtidig påbudt at ingen måtte ta mer enn 10 riksdaler pr. skippund tunge i første bygsel; fra rettsprotokollene finnes det mange eksempler på at det var tatt opptil 70 riksdaler. Ingen måtte heller vises bort fra gården om han ikke hadde betalt tredjeårstake, forutsatt at bonden «af modtvillighed dermed indesidder».

Både fra embetsmenn og fra godseierhold ble det rettet skarpe klager over forordningen, og ikke minst visestattholder Just Høegh ivret for at den burde endres i mer godseiervennlig og embetsmannsvennlig retning. Men Gyldenløve vurderte bondens stilling først og fremst fra et forsvarsmessig synspunkt, og den reviderte utgaven av forordningen som ble utferdiget 5. februar 1685, rommet nok på enkelte punkter en imøtekommelse av proprietærenes og embetsmennenes krav, men hovedtrekkene i forordningen av 1684 ble stående. Forordningen ble senere innarbeidet i den norske lov av 1687, og her gikk man enda et skritt lenger i å imøtekomme proprietærenes krav; blant annet ble den påbudte førstebygsel på 10 riksdaler pr. skippund tunge sløyfet under henvisning til de ulike forhold i de forskjellige deler av landet. Men i hovedtrekkene ble bestemmelsene i forordningen av 1684 stående. Bøndene hadde fått et juridisk våpen de kunne bruke mot proprietærenes overgrep. Men i hvilken utstrekning brukte bøndene dette våp-

net? Kan de bondevennlige og proprietærfiendtlige forord-
ningene av 1684 og -85 forklare den overgangen til bonde-
selveie som nå begynte? Spørsmålet er ennå ikke gjort til
gjenstand for et inngående studium, og det kan bare gis
antydninger til et svar.

Mot selveie

Da den mektige Joachim Irgens døde i 1675, var han på det
nærmeste en ruinert mann, og etter hans død ble hans store
jordegods i Nord-Norge splittet på flere hender. Kjøpmann
Lorentz Mortensen Angell i Trondheim overtok mestepar-
ten av godset på Helgeland i 1678, og fikk dermed nesten
900 leilendinger under seg. Han slo også til seg kongetien-
den i Lofoten, Vesterålen og Andenes. Resten av Irgens-
godset kom på andre hender. Kjøpmann Thomas Hammond
i Trondheim kjøpte Inndyr-godset i Salten. Resten av eien-
dommene i Salten, Lofoten, Vesterålen og Andenes tok sta-
ten tilbake og solgte det i mindre deler, dels til brukerne,
men først og fremst til forskjellige kjøpmenn, og mengden
av jordegods i Nordland ble fortsatt proprietærgods.

På landsbasis førte imidlertid krongodssalget til en bety-
delig overføring av jordegods til bøndene. Endel gårder ble
solgt, særlig i siste fjerdepart av 1600-tallet, direkte til bøn-
dene. Men den største mengden gårder passerte, som deler
av Irgensgodset, gjennom de store proprietærer for å havne
i bondeeie. Ennå er det imidlertid bare mulig å trekke opp
ytterpunktene i en utvikling som pekte fra krongods gjen-
nom proprietærgods til selveie. I 1661 ble som nevnt 19 pro-
sent av all jord i landet brukt av selveierbønder, og 31 pro-
sent av all jord var bondeeiendom. I 1721 ble 32,5 prosent
av all jord brukt av selveierbønder, og den totale mengde
jord som var på bondehender, må da ha ligget på mellom
40 og 50 prosent av all jord i landet.

Dette skiftet i jordeiendomsforholdene danner utgangs-
punkt for et sentralt spørsmål: Hvor fikk bøndene penger
til å kjøpe jord for, og hvorfor solgte de nye store jorde-
godseiere? Flere historikere har søkt forklaringen til jor-
degodssalget i de bondevennlige forordningene fra 1680-

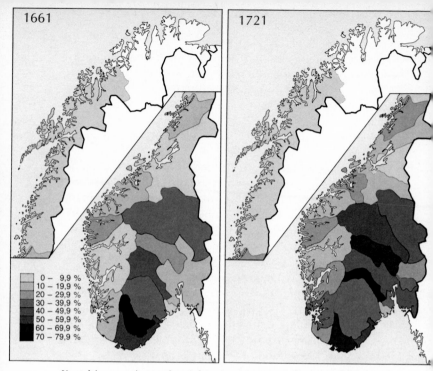

	1661		1721
	0 – 9,9 %		
	10 – 19,9 %		
	20 – 29,9 %		
	30 – 39,9 %		
	40 – 49,9 %		
	50 – 59,9 %		
	60 – 69,9 %		
	70 – 79,9 %		

Kartskissene viser utbredelsen av bønders selveie i 1661 og 1721 bygd på en undersøkelse av Ståle Dyrvik fra 1977. Fargeskalaen fra hvitt til svart angir voksende prosent av bondeselveie. Den videre utvikling fram til 1801 er vist i bind 8, s. 158.

årene. Så lenge proprietærene hadde frie hender til å fastsette bygsel, tredjeårstake og landskyld, kunne det være god forretning å sitte med de store jordeiendommene. Men fra det øyeblikk kongen begrenset adgangen til det store utbytte med sin strenge forordning, var det mer lønnsomt å selge og plassere pengene i annen virksomhet som gav større utbytte. Teorien synes fornuftig, men den svikter på et avgjørende punkt. Dersom de bondevennlige forordningene var hovedmotiv bak proprietærenes salg, skulle man vente at overgangen til selveie skulle foregå i noenlunde samme tempo overalt i landet, men det skjedde slett ikke: I Nord-Norge økte den jord bøndene selv eide og brukte i tidsrommet 1661–1771 bare fra 3,9 til 4,9 prosent, i Trøndelag og

Møre fra 6,5 til 12,6 prosent, på Vestlandet og Sunnmøre fra 12,5 til 22,4 prosent, og i det nordlige og vestlige Østlandet fra 26,1 til 46,8 prosent. I Agder, hvor selveie var det vanlige alt i 1660-årene, skjedde det bare små endringer.

Selv om mengden av bondegods økte overalt i landet i perioden 1661–1721, var det først og fremst i de indre deler av Østlandet det store skiftet skjedde. Det er fremfor alt her spørsmålene er aktuelle: Hvorfor solgte de store jordegodseierne? Hvor fikk bøndene penger til å betale med?

Andreas Holmsen har søkt forklaringen på bondekjøpene i en utstrakt bruk av obligasjoner. Bøndene kjøpte jorda mot å utstede en pantobligasjon til selgeren, og rentene av denne var ofte høyere enn de landskyldinntekter jordegodseieren tidligere hadde fått. Selv om det finnes mange eksempler på slike transaksjoner, forklarer ikke dette at det bare var i de indre østlandsbygdene en fikk en utstrakt overgang til selveie. Pantobligasjonen kunne med like stor letthet ha vært brukt også i andre deler av landet. Sverre Steen har sett bøndenes jordegodskjøp som et vitnemål om at de må ha hatt penger på kistebunnen. – En tredje forklaring trer umiddelbart i forgrunnen ved et raskt blikk på kartet: Overgangen til selveie skjedde først og fremst i de skogrike bygdene på Østlandet, Østerdalen, Hedemarken, Gudbrandsdalen, Hadeland, Toten, Valdres, Numedal, og en forklaring på finansieringen av kjøpene ligger nær. Når bøndene kjøpte gårdene av proprietærene, kunne de hente tømmer fra skogen til å løse dem med, slik bøndene på Vestlandet et halvt hundreår senere kunne kjøpe sine gårder ved overskuddet av et overdådig rikt sildefiske.

Men hvorfor solgte så proprietærene nettopp gårdene i de beste skogsdistriktene? En forklaring kan ligge i de strålende konjunkturer for sjøfarten landet opplevde i tidsrommet 1690–1709. I en slik tid kunne det være lønnsomt å frigjøre kapital som var bundet i jord og skog, og investere pengene i noe som kanskje gav enda større utbytte, skip og sjøfart. Men der er også en annen og mer nærliggende forklaring. Ved kjøpstadprivilegiene av 1662 hadde byborgerskapet fått utstrakt kontroll med trelasthandelen. Ved sagbruksreglementet av 1688 fikk de også fullstendig kontroll med sagskuren. Om borgerne og embetsmenn solgte gårder i skogsbygdene, hadde de fortsatt en monopolstilling i trelasthandelen som betydde at bøndene måtte selge tømmeret til dem for de priser de bød.

For den norske bondestand fikk således krongodssalget etter statsomveltningen vidtrekkende konsekvenser. For tusener av bønder hadde private godseiere avløst kronen som jorddrott, og de skulle ha et langt mer våkent blikk for hva de kunne få ut av sine leilendinger enn de kongelige lensmenn hadde hatt. Andre tusener av bønder hadde tatt spranget fra leilending til selveier, men den eiendomsretten de for dyre penger hadde fått til sine gårder, skulle på mange måter bli sterkt beskåret ved kongelige privilegier til borgere og embetsmenn i trelasthandelen, i sagbruks- og bergverksnæringen. Og det grep borgerne i det nordafjelske alt hadde over fiskerbefolkningen, skulle bli ytterligere styrket ved nye privilegier og følgene av mange års feilslått fiske.

Trelasthandel og skogbruk
«Trælasthandelen skal hos borgerskabet alene forblive»

I den petisjonen borgerrepresentantene overrakte kronprinsen under arvehyllingen i 1661, bad de om å få enerett på trelasthandelen i Norge. Ved de nye generelle byprivilegiene av 10. juli det påfølgende år, ble kravet oppfylt: «Trælasthandelen skal hos borgerskabet alene forblive; dog at ingen for vidt fra kjøpstæderne boendes skal derved være tvungen sin last did at føre, mens borgerskabet ved deres factorer på de vidt afliggende steder, lasten skal lade kjøbe.»

På dette utsnittet av Jacob Conings maleri av Sarpsfossen fra år 1700 sees sagbruk og plankestabler på begge sider av Glomma. På denne siden av elva sees sagbruket til Jens Werenskiold (eier av Borregård), og på den andre siden ligger et større bruk som tilhørte broren Niels. Den siste var amtmann og eide Hafslund hovedgård som sees øverst på bakkekammen. Gården brente i 1758 og ble erstattet av en ny bygning i barokk stil to år senere. Niels Werenskiold hadde privilegium på å drive 17 sagbruk og skjære mer enn 200 000 bord i året.

I løpet av 1500-tallet og første halvpart av 1600-tallet hadde skogbruket blitt en hovednæringsvei i Norge på linje med åkerbruket, husdyrholdet og fisket. Den samlede sagskuren i det sønnafjelske ble i 1687 oppgitt til 6 389 700 bord. I tillegg til dette kom sagskuren i det nordafjelske, som må ha utgjort i det minste fire–fem hundre tusen bord. I 1664 ble det betalt toll for 240 550 kommerselester trelast, et kvantum som tilsvarte eksporten i de gode år før 1807. Men det er grunn til å tro at den virkelige eksporten har vært enda større på grunn av den høye trelasttollen, som måtte virke som en oppfordring til smugling.

Da de nederlandske skipperne kom opp til norskekysten i begynnelsen av 1500-tallet, stod skogen tykk og tett helt ned til kysten. Avvirkningen på 1500-tallet og utover på 1600-tallet hadde i stor utstrekning hatt karakter av høstningsbruk, uten tanke på gjenvekst. Der var veldige ressurser å ta av; men den raske økningen i avvirkningen betydde at skogen ble hogd ut i de relativt lett tilgjengelige skogene langs kysten og innover i landet langs de gode fløtningselvene. Hardest gikk det ut over skogen på Vestlandet, og først og fremst ble det drevet rovhogst på de store dimensjonene. «Maste og spire skog findes ikke udi Bergenhus len, som man haver fornøden til Bergen byes egen skibe, og derfor ei heller nogen udførsel deraf sker,» heter det i landkommisjonens beretning fra 1661. I landkommisjonens beskrivelse av gårdene på indre Agder lyder det rytmefast for hvert bruk: «Skogen er aldeles udhuggen.» Selv i de store skogdistriktene på Østlandet var det tynnet ut i skogen både ved kysten og langt inn i landet. Først i de indre bygder var det ennå nok skurtømmer og master til kongens flåte.

Etter som skogen ved kysten ble uthogd, måtte en derfor dra lenger og lenger inn i landet for å hente tømmer. Men dette betydde igjen at det trengtes langt større kapital enn før for å bringe tømmeret fram. Ofte var det nødvendig å bygge demninger og skjermer i elvene for å kunne fløte tømmeret. Omløpstiden ble dessuten stadig lengre fra tømmeret ble hogd i skogene til det kunne selges til nederlandske og engelske skippere i utskipningshavnene. Det ble med andre ord skapt et stadig voksende behov for kapital, et behov som bøndene ikke selv kunne klare å dekke. Det trengtes mellommenn som hadde økonomiske ressurser til å investere i fløtningselver og damanlegg, og som kunne gi forskudd på driften og finansiere sagskuren. Og mellommannen var nettopp borgeren eller embetsmannen som drev forretningsvirksomhet.

Nå fantes det riktignok ennå i 1661 bønder som fremdeles solgte tømmer direkte til de fremmede skippere. «Udi Drammen toldsted er og dette bleven observeret,» forteller landkommisjonen i 1661, «at bøndene på Eger leier skove og hugger oppe udi landet på Modum, Snarum, Sigdal og Ringerike trinde furetrær på 10, 12, 16 og måske flere palmer,» som de fløter til kysten og selger til nederlandske og engelske kjøpere. Noe lignende foregikk på Agder. I Torridalselva og Tovdalselva ble det årlig fløtet store mengder bjelker, «hvilke hollænderne sig udi smug tilforhandle». I de første årene etter at de nye kjøpstadprivilegiene var utferdiget, møter en også gjentatte klager fra bønder over at de hadde mistet sin rett til å selge tømmer direkte til utlendingene, og klager fra byborgerne over at det fremdeles fantes bønder som handlet i smug med nederlandske og engelske skippere. Men stort sett kom påbudet i de generelle kjøpstadprivilegiene som en kodifisering av gjeldende praksis: «Trælasthandelen skal hos borgerskabet alene forblive.»

Fløting på Tovdalselva ved Kristiansand. Utsnitt av et kart fra 1662. To tømmerhandlere er her på vei ut med hver sin «bjelkebunt» i håp om at nederlenderne vil dem «sig udi smug tilforhandle».

En mann er i ferd med å sette opp eller skjerpe en stor sag med fil.
Det er tungt arbeid, og ølet konen kommer med, blir derfor sik-
kert vel mottatt. Malt glassrute fra 1715.

«Mengden forderver alt kiøbmandskab»

Selv om kjøpstadprivilegiene slo fast borgerskapets enerett
til trelasthandel, var fremdeles sagskuren fri på de gamle
sagbruk. Dersom man ønsket å bygge en ny sag, måtte man
riktignok ha kongens eller stattholderens bevilling. Men den
siste bestemmelsen ble ikke tatt alvorlig, og mange sagbruk
ble bygd uten kongelig tillatelse. Det eksisterte heller ingen
begrensning når det gjaldt eksporten av bjelker, og sageier-
ne kunne skjære så mange bord de ønsket.

Alt i første halvpart av 1600-tallet ble det stadig uttrykt angst for avskoging i Norge, og denne angsten økte i styrke i årene etter statsomveltningen. I første omgang vendte de store trelasthandlerne og sagbrukseierne seg mot bjelkeeksporten, og en direkte følge av dette var forordningene av 1670 og 1683 som satte forbud mot utførsel av bjelker fra størstedelen av Østlandet. Tømmeret skulle brukes til sagskur, fordi salget av bord og planker brakte landet større inntekter enn salg av bjelker. I 1683 fikk stattholderen dessuten ordre om å «strax forordne visse kommissærer som har at besigtige alle sager i vort rige Norge, og inkvirere med hvad ret de ere opbygget». Oppgaven å registrere alle sagbrukene ble overdratt fogdene, som gav omhyggelig rede for antall sager, når de var bygd, hvem som eide dem, og hvilken hjemmel de hadde til å skjære tømmer. Innberetningene viste at det var omkring 1200 sager i det sønnafjelske, 281 i vestlandsfogderiene fra Sunnhordland til Romsdal, og i de to trøndelagsamtene omkring et par hundre. I hele landet må det ha vært omkring 1700 sager.

Men det var store variasjoner både når det gjaldt størrelsen på sagene og eierforholdene. De fleste av sagene på Vestlandet var små og ble stort sett eid og drevet av embetsmenn på landet eller bønder, slik et raskt blikk på listen fra Sunnhordland vitner om:

Lindås sag. Øde. Ligger til prestegården. Presten sammesteds hr. Hans Mentz beretter at fra reformationens tid sag derpå stedet har været.
Værøen sag. Bondesag. Bevilling 1658.— skal sagen ha stått over 80 år. Skjæres årlig 400 bord.
Ålands sag. Bondesag. Ole og Hans Åland. Kan skjære årlig 300 bord. Skal have værit over 100 år, tager tømmeret af deris egen skoger.
Vangsvogs sag. Bondesag. Skjærer ellers meget for andre, så vel til husbehov. Kan skjære 1200 bord årlig.

På Nordmøre og i Romsdal var derimot mange av sagene på borgerhender, og alle de 124 sagene i Stjørdals og Inderøy fogderi ble enten eid av borgere eller embetsmenn. Oberst

235

Schultz alene hadde fjorten sager, stiftamtskriver Iver Bad-
sersens enke seks, borgermester Laurids Brixen sju. Også i
det sønnafjelske Norge ble flertallet av sager eid av embets-
menn eller borgere, men i relativt skogfattige distrikt som
Follo fogderi, ble 47 prosent av den samlede skur i 1687 skå-
ret på bondesager.

Fire år etter at kongen hadde gitt befaling om å innhente
opplysning om alle sagbrukene i Norge, oppnevnte han en
sagbrukskommisjon på tre medlemmer, amtmann Lauritz
Lindenow i Bergen, lagmann Lars Undal i Kristiansand og
stattholder Gyldenløves nære venn, den store sagbrukseie-
ren Niels Mechlenburg. Denne kommisjonen av 1687 fikk
i oppdrag å «efterse sag og bjelkebrugerne søndenfjelds».
De skulle ta alle sager i øyesyn, skaffe seg kunnskap om
hvem som eide sagene, hvor mange bord som årlig kunne
skjæres på hver sag, og «skovenes tilstand» i omegnen. På
grunnlag av det innsamlede materiale skulle kommisjonen
komme med forslag om «hvilke sager, de formener, der bør
ved magt at blive eller avskaffes», og bestemme hvor mye det
burde tillates skåret «på de sager som ved magt bliver».

Kommisjonen fikk en stor og omfattende oppgave selv
om den bare var avgrenset til det sønnafjelske. Først skulle
den reise over hele det området mandatet omfattet og skaffe
seg oversikt over de 1200 sagene som da fantes i det sønna-
fjelske Norge. Deretter skulle den komme med forslag til
nedleggelse av sager og reduksjon i skuren. Etter sageiernes
oppgaver hadde de til sammen en årlig skur på 6 389 700
bord, et tall kommisjonen anså altfor lavt på grunn av sag-
brukseiernes frykt for høyere tiende. Kommisjonen konklu-
derte med at den store skuren var «utålelig for skogen», og
at den innen et snes år «ufeilbarligen skulle blive udhug-
get». Den foreslo derfor at tallet på sager skulle reduseres
med 536 og den årlige skur med 1,35 millioner bord. De res-
terende 664 sagene ville da få en tillatt skur på 5 040 918
bord.

Høsten 1687 reiste den norske sagbrukskommisjonens
medlemmer til København for å legge sitt forslag fram for
en kommisjon «i Rådstuen for København slot», hvor saken

På dette bildet fra en kvernstø i Nordfjord, fotografert i begynnelsen av vårt århundre, sees to kvernhus på venstre side og et sagbruk til høyre. De fleste gårder som hadde en bekk eller elv på eiendommen, hadde også kvern. Mange bønder hadde også små sager, hvor de skar bord til eget bruk.

skulle få sin videre behandling før den ble forelagt kongen til endelig avgjørelse. Norges stattholder, Ulrik Frederik Gyldenløve, som var den nest største sagbrukseieren i Norge, har uten tvil hatt en avgjørende innflytelse på de forhandlinger som ble ført. Kommisjonen sluttet seg til den norske kommisjonens forslag om å redusere tallet på sager til 664, men gikk samtidig inn for at skuren på disse 664 sagene skulle reduseres med en tredjedel til 3 360 312 bord, og kongens resolusjon ble helt i samsvar med kommisjonens forslag.

Sagbruksreglementet av 1688 er uten tvil det mest vidtgående enkeltinngrep som noengang er foretatt i norsk næringsliv i fredstid. Med et pennestrøk ble 536 sager avskaffet, og samtidig ble den tillatte skur på de resterende 664 sager redusert med en tredjedel. Reglementet er dobbelt merkelig fordi konsekvensen ikke bare måtte bli en drastisk reduksjon i eksporten av bord fra Norge, men også en betydelig nedgang i trelasttienden og trelasttollen.

Opp gjennom årene hadde man som nevnt gjentatte ganger vist til faren for avskoging i Norge, og den norske sagbrukskommisjonen begrunnet sitt reduksjonsforslag med samme argument: Den store skuren var «utålelig for skogen». Våren 1687 hadde visestattholder Just Høegh innhentet uttalelse om spørsmålet om reduksjon i sagskuren fra en rekke norske embetsmenn og sagbrukseiere, og enkelte av disse hevdet samme syn som sagbrukskommisjonen. «Thi skulle således med tømmerhugst og bordskur, som hidtil fortfaris,» skrev lagmann Morten Bentzen, «blev om 10 år slet intet døgtig tømmer.» Tidligere generaltollforvalter, Daniel Knoff i Drammen, talte også med varme om «skovenes conservation». Men tanken på «skovenes conservation» har neppe vært hovedargumentet under rådslagningene «i Rådstuen for København slot».

Det er betegnende at den norske sagbrukskommisjonens virke var blitt avgrenset til det sønnafjelske. Vestlandet, hvor avskogingen var en realitet, falt utenfor dens arbeidsfelt. Derimot har uten tvil konjunkturene på det europeiske marked og avsetningsvanskelighetene spilt en avgjørende rolle for reduksjonen i sagskuren.

På 1500-tallet og fram til 1660–70-årene hadde nederlandske kjøpere vært de viktigste avtagere for norsk trelast. Endel av tømmeret ble brukt i selve Nederland, endel ble solgt videre til Frankrike, Spania og middelhavslandene. Den sto-

Brannen i London i begynnelsen av september 1666 satte fart i tre-
lasteksporten til England. Brannen raste i fem døgn, og da man
endelig ble herre over ilden var 13 200 bygninger hvorav 89 kir-
ker lagt i aske. 100 000 mennesker var blitt hjemløse (12 ganger
så mange som innbyggertallet i Norges største by, Bergen). På
dette samtidige kobberstikket i Johan Ludwig Gottfrieds
«Historische Chronik» sees hele City i flammer. Ytterst til høyre
sees Tower og lengst til venstre Whitehall. Bebyggelsen på sørsi-
den av Themsen med Shakespeares teater «The Globe» og Win-
chester House ble spart.

re brannen i London i 1666 betydde at England med ett ble et
hovedmarked for norske bord og planker, slik Jens Birche-
rod har skildret det i sine dagbøker: «Hørte jeg en skipper
som fra Norge var hjemkommen, fortelle om den skjønne
fordel, som Norges riges indvånere havde af den siste store
ildebrand, hvilken var forleden høst til London, idet deres
tømmerlast, som til bemeldte stads opbyggelse behøvedes,
blev jevnligen i en overmåde stor kvantitet utført, så lands-
åtterne kunde derfor begjære så høi betaling, som de vilde
begjære. Thi uanset, at der skulde være krig mellom os og
England, så tillod vores konge dog sådan tømmer-udførsel
af Norge i henseende til de mange gode penge, som derved
indbragtes i landet. Hvorudover det var allerede bleven til
et ordsprog hos de norske: 'Ved Londons ildebrand haver
nordmanden brav varmet sig'.»

Brannen i 1666 skapte i England et akutt behov for norsk
trelast. Befolkningsveksten, urbaniseringen, den økonomis-
ke fremgangen kombinert med avskoging i England, betyd-

239

de at England de siste decennier av 1600-tallet skulle bli hovedmarked for norske bord og planker, og fortsette å bli det helt til 1820-årene. Men prisene på trelasten svingte i takt med krigene i Ludvig 14.s Europa, og i takt med de allmenne konjunkturer, og de årene den norske sagbrukskommisjonen behandlet den norske sagskuren, dannet utvilsomt et bunnivå på trelastmarkedet. På norsk side hadde produksjonen av bord og planker nådd større høyder enn noen gang tidligere. «Ieg var for kort tid siden ved Christiania,» skrev lagmann Lauritz Christensen fra Bragernes til visestattholderen i 1687. «Da så jeg så mange bord, ved Vaterland, Grønland, og ved stranden nedenfor Oslo kirke, at efter mit tykke, haver der ikke været flere bord tilforn udi tre år tilsammen, end der nu denne vinter i det gode føre er udkommen.» Slik var det også i Drammen.

I Norge var det overproduksjon av bord og planker; tallet på kjøpere var derimot mindre enn før. Resultatet ble at de fremmede skippere «farer op og ned på havnen, og gjør calculation hvad forråd der er, før de giver bud», forteller den store sagbrukseieren og trelasthandleren Jørgen Philipsen, og lagmann Bentzen kunne supplere hans beretning med en skildring av hvordan den ene norske kjøpmannen løper etter den annen «udbydende til hollenderne lasten ringere og ringere» med det resultat at de «self ruineres». Konklusjonen ble slik Jørgen Philipsen formulerte den: «Mengden forderver alt i kiøbmandskab.» Om skuren ble redusert, skrev Jørgen Poulsen i Kristiania, ville skogene «blive konserveret», og nordmennene ville «på det mindre qvantum giøre sig langt større profit end på den store mengde som nu årlig fremdrives til liden eller ingen nøtte for denne».

Tanken på avsetningsmuligheter og priser var hovedargumentet i den rekke betenkninger visestattholder Høegh sendte kommisjonen «i Rådstuen for København slot». Dette argumentet har uten tvil også veid tyngre under kommisjonens forhandlinger enn tanken på en eventuell avskoging i Norge. Men også et tredje moment har uten tvil spilt inn ved utformingen av sagbruksreglementet av 1688, hensynet til de store sagbrukseierne i Norge.

Sagbruksreglement og plankeadel

Den norske sagbrukskommisjonens forslag om hvilke sager som skulle nedlegges, var basert på et generelt prinsipp, som ble fulgt uansett hvem som eide sagene. Et langt større problem reiste seg når det gjaldt reduksjonen av sagskuren. I de forslagene som visestattholder Høegh oversendte til «kommissionen i Rådstuen for København slot» møter man fire ulike oppfatninger. Noen ville la reduksjonen utelukkende ramme de store sagbrukseierne, som slottsfogd Christen Hansen i Kristiania. «Alle små flom- og bekkesager, som skjære under 10 tusinde» burde ikke pålegges noen reduksjon, «thi ellers skulle neppe nogen døgtig sagmester dertil kunne fås». Proviantforvalter Poul Pedersen i Kristiania gav uttrykk for et lignende syn. Det var de store sagenes skur som burde reduseres.

Viselagmann Morten Bentzen hadde en motsatt oppfatning. Bygdesagene burde «ganske afskaffes», untagen hvor «den skur alene bruges på landet, til husfornødenhed, ligkister og kirkenes reparation». Mellom disse to ytterpunktene stod et forslag fra Peder Sørensen Moss, som gikk ut på at det skulle foretas en progressiv reduksjon av skuren, slik at reduksjonen ble forholdsvis større på de store sagene enn på de mindre. Endelig ble det fra borgerhold fremmet forslag om at det ikke skulle være tillatt for embetsmenn å drive sagbruksvirksomhet. Slik det nå var, ble mange sagbruk drevet av rike og privilegerte embetsmenn «som have friheder, benådninger, almindinger, og derfor tilholder sig først kiøb, så bonden derudover, tør neppe fordriste sig til uden i dølgsmål, at selge et tølt tømmer til andre».

I kommisjonen ble de store trelasthandlerne og sagbrukseierne de sterkeste. Forslaget om en progressiv reduksjon av skuren som Moss hadde foreslått, ble avvist. De små sagene fikk sin skur redusert med samme prosent som de store. Men det betydde at de fleste bondesagene var dømt til å tape i konkurransen med de store sagbrukene som borgere og embetsmenn satt med. Sagbruksreglementet betydde i realiteten at sagskuren ble samlet på et fåtall hender. Av den

På dette utsnittet av Mathias Blumenthals maleri fra Tistedals-fossen i slutten av 1740-årene sees sagbruk og bordstabler på begge sider av elva.

tillatte skuren på 3,36 millioner bord, hadde lagmann Werner Nielsen rett til å skjære 225 400 bord og stattholder Gyldenløve 208 800 bord eller til sammen 13 prosent av den samlede skur. Etter dem fulgte baron Marselis med en tillatt skur på 97 200 bord, Sti Tonsberg med det samme kvantum og mad. Kirsten Toller med 80 400 bord. I enkelte distrikter, som i Jarlsberg grevskap, eksisterte det fortsatt en rekke bondesagbruk, men hovedmengden av sagbruk ble liggende i hendene på en fåtallig plankeadel.

Kort etter utferdigelsen av sagbruksreglementet kom det riktignok en forordning som skulle trygge bøndene mot overgrep av de store næringsdrivende. Tidligere hadde således kjøpmennene dels betalt bøndene med proviant for tømmeret, men prisen var ofte satt slik at bonden sank ned i bunnløs gjeld og måtte gå fra gård og jord. Heretter skulle betalingen for tømmeret skje i kontanter. Bonden skulle ha sin kontrabok, som ved årets utgang i vitners nærvær skulle sammenholdes med kjøpmennenes bøker. Endelig skulle bruk som hadde rett til første kjøp av bondens tømmer, miste denne retten, «såsom sådanne monopolier strækker sig alene til particulaires nytte og almuens fortrengsel».

Men bestemmelsene i den kongelige forordning fikk ikke sin tilsiktede virkning. Hvor en sagbrukseier hadde alle sagene ved utløpet av en elv, hadde han et faktisk monopol på alt tømmeret som ble fløtet på elva. I andre tilfeller kunne de få sagbrukseierne som var igjen i et distrikt, dele opplandet mellom seg og fastsatte prisene på tømmeret gjennom avtaler innbyrdes. Det forekom også eksempler på at kongen igjen gav enkelte sagbrukseiere enerett til kjøp av tømmer i bestemte distrikt. Arvingene etter Cort Adeler ble således gjentatte ganger begunstiget. I 1691 fikk enken tillatelse til igjen å skjære på to sager som etter sagreglementet skulle være nedlagt. I årene 1701–1705 fikk arvingene rett til en veldig utvidelse av det kvantum de kunne skjære på de ni sagene i Skien, og 1711 fikk de rett til fri skur. I 1692 fikk de dessuten igjen enerett til å kjøpe tømmer i Tinnvassdraget.

Kvantumsreglementet av 1688 førte i første omgang til en kraftig reduksjon i eksporten av trelast. I tiårene fra 1678–88 (tallet fra 1683 mangler) ble det skipet 1.3 millioner bord fra Kristiania, i tiåret 1689–98 0,86 millioner bord, det vil si en reduksjon på 34 prosent. Et lignende og til dels større fall preget også utførelsen fra de andre trelastbyene. Men fallet var neppe så drastisk som disse tallene viser. En ting var den tillatte skur, noe annet hva som virkelig ble skåret på sagene. Tollerne sa ikke alltid nei til en liten ekstrainntekt. Overskur ble således regnet som normalt, og det faktiske eksportkvantum lå ofte langt over det kvantum som stod i tollbøkene. I Kristiania ble det således avdekket en veldig smuglerskandale i 1706, som de fleste av byens borgere var innviklet i.

Nå ble i enkelte distrikter, som Bratsberg, den tillatte skur forhøyet, slik at den i 1716 var høyere enn den oppgitte skur før 1688, men dette var en unntagelse. I årene 1717–20 ble riktignok kvantumbestemmelsene opphevet på grunn av den store etterspørselen etter trelast, men etter krakket i 1720, ble sagbruksreglementet fra 1688 igjen innført. Hovedbestemmelsen om at bare privilegerte sagbruk skulle ha tillatelse til å skjære for salg, skulle bestå til 1855, kvantumbegrensningen til 1795.

Fra et nasjonalt synspunkt fikk bestemmelsen om kvantumsager av 1688 på mange måter en positiv virkning. Ved at trelasthandelen og sagbruksdriften ble samlet på et lite antall kapitalsterke hender, var en sikret fasthet i driften. Det rike borgerskapet kunne investere store summer i næringen og dermed skape grunnlag for en mer rasjonell drift. Om Jørgen Poulsen fikk rett når han spådde at nordmennene «på det mindre qvantum» ville gjøre seg «langt større profit end på den store mengde», er fremdeles et åpent spørsmål. Men dette at trelasthandelen kom i hendene på kapitalsterke menn, betydde utvilsomt at de næringsdrivende ikke ble tvunget til forserte salg i samme grad som før.

For de store trelasthandlerne og sagbrukseierne dannet sagbruksreglementet en naturlig videreføring av borgerskapets monopol på trelasthandelen fra 1662. Det sikret dem mot overproduksjon av bord og planker og gav dem en sterkere stilling overfor de utenlandske kjøpere. Det var også en garanti for at konkurrenter ikke skulle drive opp tømmerprisene i Norge.

Sagbruksreglementet var sluttsteinen i det byggverket som skulle skape fundament for det norske trelastpatrisiatets maktstilling på 1700-tallet. Borgeren hadde seiret over bonden i en ny sektor i norsk næringsliv.

Fisket og fiskehandelen

«Os havet sin rigdom nu nægter»

Krisen i jordbruksnæringen i siste halvpart av 1600-tallet gikk parallelt med krisen i fiskerinæringen, en krise som delvis skyldtes fall i fiskeprisene, men først og fremst var den et resultat av svartår på havet. Sildefiskeriet, som hadde sitt tyngdepunkt på Sørvestlandet, var beskjedent gjennom hele tidsrommet fra 1660-årene og fram til 1720. Fra Bergen, som var hovedsenteret for sildeeksporten, varierte den årlige eksporten i dette tidsrommet mellom 8000 og 15 000 tønner, eller omlag en tiendepart av sildeeksporten en mannsalder senere.

Mens sildefisket var av et meget beskjedent omfang alt i 1650-årene, var torskefisket fortsatt betydelig, et fiske som Petter Dass har skildret i frodige farger i sin Nordlands Trompet:

> Fra Helgeland, Salten og Sæniens len,
> Fra Vesterål, Andenes, hisset og hen.
> Did sankedes alle tilhobe.
> I Vogen at findes, i Vogen at ro,
> I Vogen at fiske lod alle man fro,
> Om Vogen lod alle mand råbe.

Men siste halvpart av 1600-tallet hadde vært preget av gjentatte svartår på havet, og fisket i 1690-årene stod for Petter Dass i dyster kontrast til fisket en mannsalder tidligere:

> Her intet har vanked et år eller ti,
> Formedelst mislingende føde;
> All hytter er rådnet, all gielder nedkast,
> Mand ser der ey jegter, ey seiler, ey mast,
> Ret ligesom landet var øde.

Det bildet Petter Dass har risset opp med sin dikterpenn, hadde mange embetsmenn skildret gang på gang i rapporter til myndighetene i København. Alt i 1658 hadde Preben von Ahnen talt om «den almindelige fattigdom» i Nordlands

Petter Dass (1647–1707) var født i Alstahaug, og han vendte tilbake til Helgeland etter fem års skolegang på latinskolen i Bergen og tre års studier i København. Fra 1689 var han sokneprest i Alstahaug. Ingen har som han skildret nordlendingens kamp for tilværelsen. Dette portrettet av Petter Dass er et utsnitt av et maleri fra 1684 i Melhus kirke.

amt og «det ringe fiskeri». Tre år senere gjentok han det samme i en supplikk til kongen, og klagene over «fiskeriets mislingelse» ble gjentatt fra tiår til tiår helt fram til århundreskiftet. I 1683 satte allmuen i hvert av fogderiene i Nordland opp klagebrev, og sorenskriver Petter Falch på Helgeland fikk i oppdrag å reise til København og legge dem fram for kongen. «Fiskeriet både av fisk og sild er meget mislig for os fattige, thi nu i nogle år haver en mand ikke fået ¼ for sin omkostnings udleg,» heter det i supplikken fra allmuen i Salten. To år senere taler Petter Falch om «almuens årlige voksende armod formedelst fiskeriets store mislingende nu langt mere end i forrige tider».

De verste skildringene av det feilslåtte fisket stammer først og fremst fra 1690-årene. I dystre rapporter fra amtmannen, fra fogder og fra allmuen, får vi skildret den nød som landet opplevde på grunn av de dårlige kornavlinger og det feilslåtte fiske. «Thi folk er nu så forarmede for fiskeriets fraslag her i mange år at det ikke er at undres at der blir restanser,» heter det i et tingsvitne fra 1695. «Til fiskeriet at søge, have ikke halvparten av almuen som ellers pleier, kundet fremkomme efterdi de intet udi forråd have til madkisten, som de på 3–4 måneders tid behøver at vere forsjunet med,» forteller amtmannen i Nordland. «Kreaturene have de fattige til deres livs ophold måttet slagte, in summa det kan aldrig være jammerligere og slettere end det nu er, Gud sig nådeligen der over forbarme og så meget om dette fattige almues slette tilstand i almindelighed, iblandt hvilke Vesterålens og Senjens fogderiers formedelst nogle på hinanden følgende års slette fiskeri i den ringeste tilstand ere.»

Den nød som amtmannen skildret i brede riss, omfattet et helt amt. Gjennom en klage fra Øksnes og Langenes menighet får man et nærbilde av følgene av det feilslåtte fiske i 1695, det vil si før det hardeste kriseåret:

«Har hafsens fiskeri slåen feil for os over 10 års tid, til det her nu så aldeles har avtaget alting, at her er bleven stor hunger og elendighed, at mange af hungersnød er bortdøde, blant hvilke ere disse efterfølgende for kort tid siden:

Hermand Guldvigen med sin quinde og 2de børn, og det så ynkelig at det mindste barn lå død på moderen med brøstet i munden.

Daniel Ramsvigen af hungersnød døde i skoven. Ole Hansen Seyerland af hunger døde i båden. Christopher Pedersen ibid. ligeså, Ingebrigt på Venie ligeså, Rasmus på Samsæt ligeså. Lauritz Pedersen Brestrand ligeså.»

Deretter fulgte en liste på sytten personer, som for kort tid siden var «døde og ødelagte ved u-veir og søskade, når de skulde søge deres næring på det vilde hav».

Nå skal en ikke bygge vurderingen ensidig på klagebrev til myndighetene. Allmuen skildret sin nød i så dystre farger som mulig, og embetsmennene solidariserte seg som regel med allmuen i sine distrikter når det gjaldt å oppnå skattelette eller tilførsel av korn. Men de mange klagene fra Nordland og Troms i siste halvpart av 1600-tallet bekreftes gjennom oppgavene over eksportert fisk. Etter E. Edvardsen ble det eksportert årlig 11,3 millioner fisk fra Bergen i tidsrommet 1650–54. Fra Trondheim finnes det først bevart tall fra 1665, da det ble eksportert 1,2 millioner fisk. Dersom fiskeeksporten fra Trondheim har vært like stor i 1650-årene, har den samlede eksport av tørrfisk ligget på omkring 12,3 millioner fisk. I 1670 var fiskeeksporten fra Bergen, Trondheim og Lille Fosen sunket til 9 millioner fisk, i 1695 til omkring 8 millioner fisk. Nedgangen fortsatte også på 1700-tallet, og etter utførselsoppgaver fra Bergen og Lille Fosen i 1731 og fra Trondheim og Molde i 1733 var den samlede eksporten i underkant av 7 millioner fisk, eller bare vel halvparten av den samlede eksporten fra Bergen og Trondheim i begynnelsen av 1650-årene. – Det var således ingen overdrivelse i den dystre skildring Petter Dass gav av fisket i Nordlands Trompet, og som de nordlandske embetsmenn atter og atter fortalte om i brev til rentekammeret i København. Siste halvpart av 1600-tallet og begynnelsen av 1700-tallet var en krisetid for norsk fiske. Sildefisket var for intet å regne. Torskefisket fikk stadig mindre betydning. Det var som Petter Dass formulerte det: «Os havet sin rigdom nu nægter.»

«Kiøbmændenes slaver»

I enkelte bygder på Østlandet var produksjonen av korn så stor at bøndene kunne selge korn til folk i andre bygder, og en stor del av avkastningen av husdyrproduksjonen ble solgt til byene. Hver høst gikk det store drifter med slaktekveg fra bygdene til byene for å dekke byenes behov. Men størstedelen av jordbruksproduksjonen ble uten tvil som regel brukt på gården. I fiskeridistriktene på Vestlandet og Nord-Norge utgjorde fisken også et viktig bidrag i det daglige kostholdet, selv om det er umulig å kvantifisere det. Men fiskeren var som før avhengig av å selge fisk for å skaffe seg korn, salt, fiskeredskaper og andre nødvendighetsvarer foruten penger til skatter.

I siste halvpart av 1600-tallet foregikk den alt vesentlige delen av fiskeeksporten fra Bergen og Trondheim. Stavanger var som eksportby for ingenting å regne og mistet

*I Hans Strøms «Physisk og oeconomisk Beskrivelse over Sønd-
møre Fogderie» (1762–66) finnes disse tegningene av en jekt med
hus akterut, en fjøringsfar og en åttring.*

endog for noen år sine kjøpstadrettigheter. I eksporten fra
Vestlandet var Bergen enerådende. Etter kjøpstadprivile-
giene av 1662 hadde trondheimsborgerne enerett til hande-
len på de fire sjølenene Romsdal, Nordmøre, Fosen og Nam-
dalen i årene 1662–1702, men i handelen på Nordland var de
to byene likestilte.

Fra gammelt av hadde bergensborgerne drevet hande-
len på Nordland på tre ulike måter. Den viktigste handelen
foregikk som en aktivhandel fra nordlendingenes side.
Nordlandske jekteskippere brakte fisken fra Lofoten til
Bergen og tok med seg returvarer tilbake. Endel borgere,
utliggerborgere, hadde slått seg ned på kremmerleier i
Nordland, mens andre handelsmenn, de såkalte nordlands-
farerne, drog om våren nordover med jekter fullastet med
varer og drev handel med nordlendingene i de lyse sommer-
månedene.

Bergen hadde vært og var fortsatt på 1600-tallet hoved-
senteret for nordlandshandelen, men i 1574 var trondheims-
borgernes rett til å delta i nordlandshandelen slått uttrykke-
lig fast: «Skal det være undersåtterne i Trondhjem frit at
utdrage i Trøndelagen og Nordlandene og der bruge deres
kiøbmandskab med alen og vegt efter gammel sædva-
ne.» På 1600-tallet begynte den bergenske aktivhandelen på

Nordland å ta mer og mer av, mens trondheimsborgere slo seg ned på kremmerleier, eller reiste som nordlandshandlere nordover med jekter og varer i sommermånedene. I 1661 oppgav trondheimsborgerne at det var 36 trondheimske handelsleier på Helgeland. I 1670 var det 43 borgerleier i ti fjerdinger i Helgeland, og ni av disse tilhørte bergenskjøpmenn, resten trondheimsborgere. I 1689 var det etter fogden Petter Falchs beretning 80 utliggerborgere i Helgeland, det vil si tallet var tre-firedoblet i løpet av et halvt århundre, og de fleste av disse var kommet fra Trondheim.

Fra siste halvpart av 1600-tallet var forholdene stort sett slik at trondheimsborgerne drev en aktivhandel på Nordland, mens bergenserne drev en passiv handel. Hver sommer kom det omkring hundre jekter til hvert av de to stevnene i Bergen for å avhende fisken og skaffe seg returvarer av korn, salt, fiskeredskap og andre nødvendighetsartikler. I denne konkurransen mellom trondheimsborgerne, som drev en mer og mer utstrakt aktiv handel på Nordland, og bergensborgerne som drev en passiv handel, ble trondheimsborgerne i første omgang seirende. Mens bare omkring en tiendepart av fisken i 1650-årene ble skipet fra Trondheim, eksporterte trondheimsborgerne i 1695 bortimot 40 prosent av all tørrfisken.

I siste halvpart av 1600-tallet var det således tre store konkurrenter om fisken fra Nordland, borgerne i Bergen, Kontoret i Bergen og trondheimsborgerne. Det skulle følgelig ligge nær å slutte at den store konkurransen mellom kjøperne måtte slå ut til fiskernes fordel – at det måtte sikre dem god pris for fisken. Men dette synes ikke å ha vært tilfellet; og en vesentlig del av forklaringen ligger uten tvil nettopp i nordlendingenes store gjeldsforpliktelser. Det dårlige fiske og de lave priser på fisken på de utenlandske markeder betydde at fiskeren sank dypere og dypere ned i gjeld til kjøpmannen, eller som Petter Dass har formulert det: «Som synden forøges i menniskens krop, så stiger din debet uformerkt op.» Den som kom i kremmerens bok, ble stående der, og gjelden gikk som arvesynd i arv fra far til sønn. «Når en ser litt i skifteprotokollene fra denne tiden,

Fiskere fra Hitra (til venstre) og fra Troms. Elfenbensstatuetter skåret av Jørgen Christensen Garnaas (1723–98) i midten av 1700-tallet. Begge fiskerne holder en imponerende torsk i neven.

blir en snart klar over at hele Nordland er insolvent,» skriver Alf Kiil i sin bok om nordlandshandelen på 1600-tallet. «Jorden tilhørte kongen, kirke og proprietærer. Kjøpmennene i Bergen eide størsteparten av den rørlige eiendom, resten eide kremmerne.»

Nettopp dette at fiskerne sank dypere og dypere ned i gjeld, betydde at de ble mer og mer avhengig av kjøpmannen. Noe betydde forordningen av 1572, som forbød en bor-

ger å handle med en annens skyldmann. Langt mer betydde
de økonomiske realiteter. Når gjelden passerte et visst mak-
simum, hadde i realiteten ikke fiskeren muligheter for å få
utredning hos en ny kjøpmann. Han var bundet med sterke
bånd til sin kreditor og handelsmann slik Petter Dass har
skildret det:

> Foruden al dette de skyldmænder kom,
> Med krumpede tarme, med indsvunden vom,
> og deres udredning de kræver;
> De larmet og giorde så megen u-skiel,
> Skaf os vor udredning, vi svelter ihiel.
> Thi tiderne giøres os snæver.

Bergenskjøpmennene og kremmerne kom i en maktposisjon
overfor fiskerne, en maktposisjon de på mange måter skulle
utnytte ved hjelp av brennevin, tvilsomme regnskaper og
forretningsknep. Bildet av deres virksomhet møter oss i utal-
lige innberetninger fra embetsmennene og klager fra fis-
kerne.

Kremmerne satt ikke rolig på sine kremmerleier og ven-
tet på at bøndene skulle komme. De seilte rundt i distrikte-
ne og falbød sine varer. De møtte trofast opp på sommertin-
gene, de såkalte ledingsbergtingene, hvor de slo opp sine
handelsboder, skjenket ut dram, skaffet fiskerne penger til
skatten, solgte varer på kreditt, for senere å innkassere sine
tilgodehavender med hård hånd og alvorlige trusler. I 1666
forteller lagmann Manderup Schiöneböl om «adskillige
mishandlinger trondhjemsborgerne har øvet – med slags-
mål, vold, ulovlig tagen fra den fattige, som lidet formår,
eller ganske intet under tiden tør indsige, ved falsk vegt og
mål, med falske u-døgtige og iblandt lidet tienlige vare».
I 1692 gav amtmann Peder Tønder uttrykk for et lignende
syn: «årsagen til en del av dette fattige lands forarmelse er
kræmmernes omstrippen.»

I 1683 reiste sorenskriver Petter Falch på Helgeland til
København med en lang rekke bønneskrifter fra hvert en-
kelt fogderi i Helgeland. Det ble klaget mot de trønderske
utliggerborgerne, men mange av klagene rammet også den

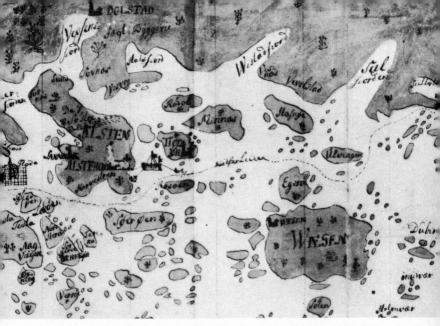

Dette utsnittet av et kart over Nordlandene fra omkring 1720 viser Alstahaug på øya Alsten hvor Petter Dass virket som sokneprest 1689–1704. En jekt har ankret opp ved prestegården. På kartet er Nordfarerleden markert mellom Tjøtta og Rosøyene. Innenfor Alsten, der fjellrekken De sju søstre er avmerket, i bunnen av Vefsnfjorden, ligger Dolstad (Mosjøen) med «Jægt-Byggerie».

måte bergensborgerne drev nordlandshandelen på. «Thi en part kiøbmænd gjør vel gode løfter når vi indkommer, og alt så lenge til vi skal have vores regninger, som os bliver forholden til vi ere segelferdig og udlagde av byen, og de undertiden sendes os efter, så ser vi først hvorledes vi ere medhandlet, vore fiskevarer ere i ringe pris antagen, og hvis vi igjen haver bekommet så som mel, salt, klæde, lærret og deslige andet behøvende efter kiøbmændenes egen slutning, os uvidende, er i høieste ok dyreste måder til betaling.»

Falchs klagereise fikk følger for utformingen av de store forordningene «Om ulovlige pålægs afskaffelse i Norge» i 1684 og 1685, hvor et langt avsnitt ble viet nordlendingenes ubillige behandling av «egennyttige kiøbmænd i Bergen».

Med styrke ble det innskjerpet at ingen borger heretter måtte bemektige seg noen nordlandsvarer før han var blitt enig om prisen med eieren i nærvær av vitner. Varene skulle heller ikke veies på kjøpmannens vekt, men enten på veierhuset eller på nordlandsfarerens vekt. «Siden skal betalingen ske i penge eller varer, som nordlandsfarerne selv må utvælge og kiøbe, hvor de best kan få dem.»

Men tross Falchs klagereise og den strenge kongelige forordning ble neppe forholdet mellom kjøpmennene og kremmerne på den ene siden og nordlendingene på den annen endret. Det ble Christoffer Heideman som skulle føre Falchs kamp videre for å trygge nordlendingene mot overgrep av kjøpmenn og kremmere.

Heideman var blitt amtmann i Nordland i 1695, og alt 3. mai dette året finner vi ham på Bodøgård. Men han slo seg ikke til ro i amtmannsboligen, men drog på inspeksjonsreise i amtet. Han lyttet til klager fra bøndene, kontrollerte fogdenes og sorenskrivernes embetsførsel, møtte opp på tingene. Heideman hadde tidligere vært landfogd på det fattige Island, men forholdene der bleknet sammenlignet med forholdene i Nordland. «Hvad sig angår landets tilstand da kan jeg med sandhed berette at jeg endnu ingen steds har forefundet så fattig en almue som udi dette amt.»

Heideman var en samvittighetsfull embetsmann, og søkte å gripe inn overfor kremmernes og kjøpmennenes overgrep. Men han skjønte snart at her kunne ikke amtmannen alene utrette mye; skulle han klare å skape en virkelig endring i forholdene, måtte han ha kongens støtte. I 1697 reiste han som Falch fjorten år før til København for å sette en skranke for kremmernes utsugning i nord og borgernes forretningsmetoder overfor nordlendingene i Bergen. Resultatet av Heidemans København-reise ble to viktige forordninger, den ene om «kræmmere og kræmmerleier i Nordlandene» og den andre om «liquidation og afreigning udi Nordlandene imellem indbyggerne og de trafiquerende».

Forordningen om kremmere og kremmerleier i Nordland fastsatte at mange av de gamle kremmerleiene skulle nedlegges. Amtmannen fikk fullmakt til å opprette nye borger-

leier som var nødvendige og forsyne dem med «ædru, be-
kvemme og skikkelige» menn. Amtmannen skulle også gi
hver bonde en regnskapsbok, og i den skulle kremmeren
føre nøyaktig regnskap over deres mellomværende. Minst
en gang om året skulle kremmeren holde avregning med sine
debitorer. Det ble også satt strengt forbud mot å dra rundt
og handle på bondegårdene. For å skape garantier for at be-
stemmelsene ble fulgt, skulle bøndene ta med seg regnskaps-
bøkene til tingene, hvor øvrigheten skulle revidere dem. På
hvert høstting skulle det dessuten settes en fast takst på
mat og drikkevarer i forhold til markedsprisene i byen.

Forordningen om kremmerne var det ene resultatet av
Heidemans København-reise. Forordningen om «liquida-
tion og afreigning udi Nordlandene imellem indbyggerne
og de trafiquerende» var det andre og det mest vidtrekken-
de. Forordningen fastsatte at det skulle holdes en alminne-
lig avregning over hele Nordland med både verdslige og
geistlige kreditorer. De som bodde utenfor landsdelen,
måtte sende avskrift av sine regnskapsbøker til fogdene i de
distrikter hvor debitorene bodde. Regnskapskyndige menn
oppnevnt av amtmannen skulle kontrollere regnskapene.
Nordlandshandlerne skulle sende inn selve regnskapsbø-
kene til fogdene i vedkommende fogderi hvor de drev han-
del. Hvis bøkene var unøyaktige eller uriktig ført, skulle
all gjeld slettes. Det samme gjaldt all kjøpmannsgjeld som
var eldre enn 4 år og all gjeld til nordlandshandlere som
var eldre enn to år.

Men Heideman klarte ikke å føre sin store sak til ende.
Forordningen om kremmerleier i Nordland fikk sove. Krem-
merne drev som før sin handel uforstyrret fra kremmerlei-
ene, rundt i fjordene og på ledingsbergene, og mange em-
betsmenn synes å ha sett igjennom fingrene med de strenge
bestemmelser i kongens forordning.

Heller ikke førte kampen mot bergensborgerne til seier.
Det var et illevarslende tegn at det ved kongelig missiv
23. juli 1698 ble bestemt at likvidasjonen ikke skulle foregå
i Nordland, men i Bergen. Dermed hadde bergenskjøpmen-
nene oppnådd at de nordlandske skyldnerne ikke kunne

være til stede under likvidasjonen og gi sin forklaring. Heideman ble også selv satt utenfor selve forhandlingene om gjeldsordningen. Den 23. juni 1699 kunne riktignok Heideman forkynne på ledingsbergtingene for Meløy og Rødøy at likvidasjonen mellom «indbyggerne her i landet og de her på landet trafiquerende er nu bragt til ende». Men likvidasjonen var ikke gjennomført, og den ble det heller ikke. I 1698 søkte Heideman om å få permisjon for å reise til København, hvor han muntlig skulle gi en utførlig beretning om «alting som ikke vel udi penne kan lade sig giøre – såvel formedelst den her udi Bergen holdt nordlandske commission». Heideman fikk permisjon og reiste. Men han døde alt i 1704 og kom aldri tilbake til Bergen eller Nordland.

Heidemans kamp mot kremmerne i Nordland og mot de bergenske kjøpmenn førte ikke fram. Hans virksomhet som amtmann i Nordland og hans kamp for den fattige fiskerbefolkningen ble bare et intermesso. Nordlendingene kunne som før kalle seg «kiøbmændenes slaver». Fremdeles hadde klagene fra 1683 sin fulle gyldighet. Et helt land forarmes «imod få kiøbmænd at gjøre store og rige av ubillig vinding».

Finnmarksmonopolet

Under forhandlingene om de norske kjøpstedenes privilegier i København i 1662 hadde Trondheim vunnet en klar seier over Bergen ved at byen fikk enerett til å handle på de fire sjølenene, mens begge byene skulle ha like rett til å handle på Nordland og Finnmark. Utestengningen fra sjølenene foregikk ikke uten motstand fra bergensernes side, og det skulle bli et sentralt mål for dem den neste mannsalderen å vinne det tapte tilbake. Derimot skulle de vinne en fullstendig seier over trondheimsborgerne i kampen om handelen på Finnmarken.

Helt fram til 1681 hadde bergensborgerne og trondheimsborgerne juridisk sett lik rett til å handle på Finnmarken. Men mer og mer lyktes det bergenserne å sette trønderne utenfor og oppnå særrettigheter som begunstiget dem i konkurransen. Mens Bergens handel på Nordland stort sett var

Bergensk jekteskipper. Malt glassrute fra Feios eller Fresvik i Sogn fra 1656. Kanskje er han på hjemvei etter en god handel på finnmarkskysten – han svinger i hvert fall sitt beger.

en passiv handel fra bergensernes side for så vidt som nordlendingene selv kom til Bergen med sine varer, ble handelen på Finnmarken drevet som en aktiv handel. Bergenskjøpmennene hadde dels handelsfullmektiger der oppe som førte handelen for deres regning, dels fungerte de som utredere for utliggerborgere som de forsynte med varer for å få returlast med fisk. Da en gammel lovhjemmel sa at det var forbudt å handle med andre kjøpmenns debitorer, og da de fleste av fiskerne på finnmarkskysten var nedsunket i gjeld, betydde det at de ble fast bundet til en bestemt kjøpmann.

257

Noen av Hans Lillienskiolds tegninger i «Speculum Boreale» fra
1698 er allerede vist (s. 148 og 149). Denne tegningen viser «Ham-
merfest i sin situation», byen «som aff Præst, Kiøbmand oc nogle
faa Bønder bebois» ifølge Lillienskiold. Til høyre sees Sørøland
(Sørøya) og til venstre Seljeland (Seiland) (a) og Grunvog (b).

Embetsmenn i Finnmark hadde gjentatte ganger reist kri-
tikk mot den måte bergenserne drev sin handel på. De kjøpte
nok fiskernes fisk, men de sørget ikke for å skaffe dem til-
strekkelige forsyninger av korn og redskap. Bergenserne
svarte med at de ofte hadde gitt finnmarkingene forskudd
og varer i dårlige år, men når fisket slo til, solgte fiskerne
fisken til fremmede oppkjøpere, som det ennå fantes en
mengde av i nordlige farvann. Skulle de skaffe finnmarkin-
gene de tilstrekkelige forsyninger av korn, redskaper og
lignende, måtte de også ha sikkerhet for at de fikk den fis-
ken som ble fisket. De måtte med andre ord ha monopol på
fiskehandelen, og de fikk monopol.

Ved kongebrev datert 1. januar 1681 fikk bergenserne ene-
rett på finnmarkshandelen i seks år mot en årlig avgift på
200 riksdaler, og med plikt til å lønne to fogder, holde gar-
nisonen på Vardø og bære utgiftene i forbindelse med de så-
kalte Malmisreisene. Året etter gikk myndighetene enda et
skritt videre idet amtmannsembetet i Finnmarken ble
inndratt. Forretningene som før var utført av kongens amt-
mann, skulle nå bli overdratt til magistraten i Bergen, som

hvert år skulle sende et av sine medlemmer nordover på inspeksjon. – Men da medlemmene av magistraten som regel var nær knyttet til det bergenske borgerskap, betydde det i praksis at bergenserne ikke bare fikk monopol på finnmarkshandelen, men faktisk overtok hele styret av amtet.

Det var en uttrykkelig uttalt forutsetning for monopolet at bergenserne skulle sørge for de nødvendige forsyninger av matvarer og andre fornødenheter til befolkningen i Finnmark. Men ordningen førte til utstrakte klager fra fiskernes side, og dette gav støtet til at amtmannsembetet ble gjenopprettet, og Hans Hansen Lillienskiold ble utnevnt til amtmann i Finnmarken. I de sytten årene han innehadde embetet, skulle han bli en utrettelig forkjemper for den lokale befolkningen og motstander av den måte bergenserne praktiserte sitt monopol på. Året etter amtmannsembetet var gjenopprettet, satte kongen ned en kommisjon med amtmann Lauritz Lindenow i Bergen og Lillienskiold som medlemmer for å undersøke alle klager over bergensernes handel.

Selv om Lindenows og Lillienskiolds undersøkelser klart dokumenterte mange overgrep fra bergensernes side, eksisterte det ikke noe egentlig alternativ når det gjaldt finn-

Kvinne og mann fra Finnmark på fiske. Hun hviler på årene mens han bruker hoven. Tegning av Hans Lillienskiold i «Speculum Boreale» fra 1698.

markshandelen. Da det første monopolet løp ut, fikk bergenskjøpmennene fortsatt beholde sin monopolstilling ved en oktroa – en handelsbevilling – som ble utferdiget i 1687. På en rekke punkter søkte man riktignok å gi finnmarkingene nye garantier mot å bli utsugd av bergenskjøpmennene. All gjeld som var eldre enn 1. februar 1685 skulle således strykes. Det skulle settes fast takst på alle varer, gis kontantrabatt for å begrense fiskernes gjeld, og kjøpmennene ble pålagt å holde varer og redskap for minst ett år på handelsstedene.

Embetsmennenes klager over bergenskjøpmennene skulle snart bli fulgt av bergenskjøpmennenes klager over Lillienskiold og andre embetsmenn i Finnmark. De drev handel i direkte strid med oktroaen, ble det sagt, og grep dermed direkte inn i de rettigheter som handelsmennene hadde. I 1690 ble det derfor nedsatt en ny kommisjon med senere stiftamtmann   Henrich Adeler som formann, og i løpet av noen sommermåneder drog kommisjonen fulgt av Lillienskiold, fra tingsted til tingsted over hele Finnmark. Klagene over embetsmennene gjaldt detaljer og ble ikke tillagt noen vekt. Desto mer alvorlig var det bilde kommisjonen fikk av bergensborgernes handel. Oppgaven å forsyne amtet med korn og redskaper til fisket var en direkte forutsetning for den monopolstilling bergenskjøpmennene hadde fått, men den var langtfra oppfylt. På Vardø tingsted ble det opplyst at de ikke hadde fått varer fra Bergen på de tre siste årene, «huorover vi med kone og børn haver lidd stor hunger og elendighed». Og klagene på Vardø ble gjentatt på de andre tingstedene. Selv om sjøen stod full av fisk, kunne de ikke få den i land fordi utrederne ikke hadde sendt tilstrekkelig med fiskeredskaper.

For å råde bot på alle manglene ble Finnmark i 1691 delt inn i faste fiskedistrikter, og innen hvert av disse distriktene fikk en kjøpmann enerett til å drive handel. Men for fiskerne kom denne ordningen til å virke som rent stavnsbånd. Ingen måtte således gifte sine barn bort til folk som bodde innen et handelsdistrikt som hørte til en annen handelsmann. Når en mann døde, heftet barna for hans gjeld,

Loppa havn og fiskevær på øya Loppa mellom Skjervøy og Hammerfest. Tegning i «Speculum Boreale» fra 1698. Lillienskiold skriver at «Kirchen staar næst ved Værret, hvor baade Præst som Kiøbmand residerer». I 1747 fikk Loppa ny kirke.

helt til de hadde tjent opp det faren skyldte. Heller ikke ble det nå foretatt noen skikkelig avregning.

Lillienskiold var imidlertid utrettelig i sin kamp mot de bergenske monopolhandlerne, og de var ikke mindre tilbakeholdne når det gjaldt å angripe ham. Mesteparten av hans amtmannstid hadde han bodd i Vadsø, men i år 1700 ble det gitt kongelig ordre om at han skulle oppholde seg i Bergen da «hans omreise i landet skal være indbyggerne til ikke lidet besvær og for at ikke almuen skal sinkes i sitt fiskeri». Dermed ville man bli fritatt for en nærgående kontroll av en samvittighetsfull amtmann. Bergenskjøpmennene hadde nådd sitt første mål. Det neste var innen rekkevidde. I 1701 fikk Lillienskiold avskjed som amtmann i Finnmarken.

Som avslutning på sitt store og utrettelige arbeid for fiskerbefolkningen gjennom nærmere tjue år, overrakte han kongen to store praktfulle kvartbind med tittelen Speculum Boreale, som han innledet med diktet:

> Jeg skriver på papir, dog flere måtte råbe,
> ja hele Finmarchs-land ret rykker udi håbe,
> at få et bedre lys, en stjerne og et speyl,
> som ret fremvise kand udprangens store feil.

Speculum Boreale var et slikt speil. Med ord og tegninger skildret Lillienskiold den landsdelen han hadde viet så mange år av sitt liv, og den fattige befolkningen han hadde søkt å forsvare mot de mektige bergenske monopolkjøpmennene og deres fullmektiger som drev handelen i Finnmark.

I Finnmarken ble Lillienskiold fulgt som amtmann av marinekaptein Erich Lorch. Kort etter at han overtok sitt nye embete, sendte han kongen en ytterst skarp klage over «de traffiquerende i Findmarchen» og deres tjenere. Lorchs ord kom som en bekreftelse på og understrekning av det Lillienskiold hadde kjempet for i hele sin amtmannstid, og som var et hovedpunkt i hans Speculum Boreale: Det bergenske handelsmonopolet var en ulykke for amtet. Kjøpmennenes fullmektiger «foruretter almuen med falske vare, med falskt vegt og mål, item med hug og slag og anden hård medfart».

I 1702 ble det nedsatt en ny kommisjon for å utrede ordningen av finnmarkshandelen, og Lillienskiold ble selv medlem. Tross mange betenkeligheter fikk bergenserne fortsatt beholde sin enerett på finnmarkshandelen, og fram til 1715 skulle monopolhandelen forvaltes av tolv av byens fremste kjøpmenn.

Fra bergensernes side var det gjentatte ganger klaget over at finnmarkshandelen brakte dem store tap, tap som de søkte å dokumentere med omfattende regnskaper. Det siste handelskompaniet skulle i så måte slutte seg til de foregående. Ved avslutningen av sin handel i 1715 hevdet de at de hadde tapt 100 000 riksdaler på finnmarkshandelen, og av dette beløpet var 51 500 riksdaler utestående som fordringer hos folk der nord. Men en skal være varsom med å bygge på

Denne tegningen fra Hans Lillienskiolds «Speculum Boreale» viser en same utenfor teltet sitt.

slike regnskaper, fordi det i praksis var kjøpmennene eller deres fullmektiger i Finnmarken som fastsatte prisen på fisken de kjøpte og prisen på varene de solgte. Takket være den monopolstilling de hadde, kunne de beregne seg så høy avanse at de kunne tjene store summer selv om de måtte avskrive betydelige utestående fordringer som tap. Det er iallfall en påfallende motsetning mellom bergenskjøpmennenes mange klager over tapet på finnmarkshandelen og den iver de viste for å beholde den. Da et par borgere i Glückstad i 1701 tilbød seg å overta finnmarkshandelen, ble de avvist med den begrunnelse at tapet av finnmarkshandelen ville bety et stort tap for byen. Det samme gjentok seg i 1715. Selv om det kompaniet som hadde drevet finnmarkshandelen gjennom tolv år hevdet å ha lidd store tap, var bergenskjøpmennene fortsatt villige til å fortsette handelen på Finnmarken mot å få nye utstrakte privilegier og på det vilkår at amtmannen skulle flytte fra landsdelen.

For Finnmarken hadde derimot det bergenske monopolet uten tvil ført til økonomisk stagnasjon. Adelers manntall fra 1690 viser riktignok at storparten av den norske befolkningen i landsdelen var kommet sørfra, men de var kommet før bergenserne fikk sitt monopol. Etter monopolhandelen ble innført, hadde det neppe lenger vært tillokkende å slå seg ned i landsdelen. I handelsprivilegiene fra 1681 ble bergenserne riktignok pålagt å gjøre sitt ytterste til «landsens conservation, population og opkomst», og sørge for at «landet med så meget folk forsiunes som til dessen besætning og fiskeriets fornødenhed behøves». For å oppnå dette fikk finnmarkshandlerne tillatelse til «at alle de løse og ledige friske folk som sig udj Bergen med betleri opholder eller et sted andet omstripper, såvelsom de til jern og fengsel condemneret, må til bemeldte Finnmarchen bortføris og til fiskeriet bruges».

I oktroaen av 1687 ble det påbudt hver trafikkerende, det vil si hver finnmarkshandler i Bergen, å skaffe en mann og en kvinne årlig til Finnmarken og ha dem i sin tjeneste i fem år. Fire år senere ble tallet utvidet til to menn og en kvinne. Samtidig ble det bestemt at folk som var forfulgt for gjeld, skulle være befridd fra sine gjeldsforpliktelser etter å ha vært bosatt og deltatt i fisket i Finnmarken i ti år. Men reisen nordover syntes neppe lokkende. Fattigdom og matmangel tynnet ut blant befolkningen og skapte grobunn for heftige epidemier. I 1705 klaget det nye bergenske kompaniet over at det måtte skaffes folk «til landet igjen efter at de fleste af børnekopper ere døde». Men henstillingen synes ikke å ha ført til noe resultat. «Findmarchen er gandske depeupleret,» skrev amtmann Fries i 1719. I hele amtet fantes «efter mandtallerne» ikke flere av både «finner og nordmænd end omtrent 600 mandspersoner, så at mange kirkesogner ere øde» – 35 års bergensk handelsmonopol var til ende.

En næring i ekspansjon

Gruvedrift og bergverk

Den store interesse Kristian 4. hadde viet norsk bergverksdrift, hadde ført til grunnleggelsen av en rekke nye verk. Men han og hans generasjon hadde først og fremst spilt rollen som pionérer innen næringen. Det var i mannsaldrene etter hans død bergverksdriften skulle ha sitt store gjennombrudd i Norge.

Selve den statlige utbygging av bergverksadministrasjonen kan stå som et uttrykk for den raske ekspansjonen næringen gjennomgikk. I 1643 ble det utnevnt en overberghauptmann som skulle føre tilsyn med bergverkene i Norge. Samtidig ble det ansatt en berghauptmann, fra 1653 en bergmester, for det nordafjelske som i sak var underordnet berghauptmannen. I 1654 ble så berghauptmannen avløst av et kollegialt ordnet bergamt i Kristiania, som bestod av en berghauptmann og åtte andre bergembetsmenn. Bergamtet skulle føre tilsyn med bergverksdriften i hele Norge og fikk også oppgaven å fungere som domstol i saker som angikk bergverkene. I 1680 ble det opprettet et bergamt for det nordafjelske, og året etter ble bergamtet i det sønnafjelske flyttet til Kongsberg og delt i to, et underbergamt og et overbergamt. Underbergamtet skulle først og fremst ha ansvaret for bergverksdriften på Kongsberg, mens overbergamtet med en berghauptmann som formann skulle ha den øverste myndighet for bergvesenet i hele Norge. Denne utbyggingen av bergverksadministrasjonen sammen med den store berganordningen av 1683 er et uttrykk for den interesse statsledelsen viet bergverksdriften i Norge, og også for den raske ekspansjonen som bergverksdriften i Norge gjennomløp i siste halvpart av 1600-tallet.

Kongsberg Sølvverk var uten sammenligning det største bergverket i Norge, og alt ved Kristian 4.s død var det ansatt 490 mann ved verket, 340 nordmenn og 150 tyskere, og årsproduksjonen lå på omkring 7000 mark sølv i året. De neste årene skulle bli en vanskelig tid for verket, og bunnivået ble nådd i 1677 med en årsproduksjon på bare

Gruveområdet ved Kongsberg Sølvverk ved midten av 1600-tallet. Utsnitt av et kobberstikk som det er gjengitt en annen detalj av i bind 6, s. 205. Øverst like under Lille Jonsknuten ligger Ar-

2636 mark, men fra 1690-årene begynte produksjonen å stige raskt. I toppåret 1717 hadde verket en årsproduksjon på 21 793 mark og kongen kunne overføre et nettoutbytte til statskassen på omkring 100 000 riksdaler tilsvarende omkring en femtepart av de samlede skattene i Norge.

Da Røros verk ble grunnlagt i 1647, var det i alt tre kopperverk i drift i Norge, Kvikne, Ytterøy og Fredrikgaves verk i Sel i Gudbrandsdalen. Men det var først da produksjonen kom i gang ved Røros, at kopperproduksjonen fikk betydning. En lang rekke andre kopperverk skulle dessuten snart bli grunnlagt, Ulriksdals kopperverk i Klæbu, Selbu kopperverk, Soknedal kopperverk, og i 1657 Løkken verk, som skulle bli det største nest etter Røros. Hovedmengden av kopperverkene lå i traktene omkring Dovre og Trøndelag, men i 1647 ble det også grunnlagt et kopperverk i Kvinnherad ved Bergen, Lilledals kopperverk, og i 1702 et kopperverk også i Årdal.

genti Fodinæ Supernæ, det ypperste gruvefeltet (Overberget),
nedenfor Argenti Fodinæ Infernæ, det mindre interessante feltet
(Underberget). Begge steder sees gruveinnslag på rekke og rad.

Flere av kopperverkene skulle bringe eierne store tap og
bli nedlagt etter noen tiårs drift, som Ytterøy kopperverk,
Ulriksdals kopperverk, Selbu kopperverk og de to kopper-
verkene på Vestlandet. Men ved Røros, Løkken og også ved
Kvikne fortsatte driften, og ved utgangen av 1600-tallet lå
den samlede årsproduksjonen av kopper på omkring 200
skippund i året.

Trøndelag og de øverste bygdene i Østerdalen og Gud-
brandsdalen var sentret for den norske kopperproduk-
sjonen. Tyngdepunktet for jernproduksjonen derimot lå i
det sønnafjelske. Bare ett jernverk kom i drift nord for
Dovre, Mostadmarken jernverk. Ved Kristian 4.s død var
det iallfall tre jernverk i drift i det sønnafjelske, Eidsvoll
jernverk, Bærum jernverk og Fossum jernverk i Gjerpen.
I 1650-årene ble det grunnlagt to nye jernverk, Hassel jern-
verk på Modum og Ulefoss i Bratsberg, i 1660-årene tre,
Lesja, Brunlanes og Båseland jernverk i Holt, i 1690-årene

tre, Dikemark, Bolvik og Eidsfoss, og i det første decen-
niet av 1700-tallet to: Moss og Egeland jernverk i Gjer-
stad. I begynnelsen av 1670-årene ble det igjen drift ved
det gamle Fritsø verk, som snart skulle bli det største av
alle, og omkring århundreskiftet kom det i gang drift også
ved det gamle Hakadals jernverk. Jernverkene ble anlagt
på steder med rikelig tilgang på vann, og skog som kunne
sikre kullforsyningen, mens malmen ofte ble hentet fra
områder som lå langt borte. En stor del av verkene på Øst-
landet fikk således sin malm fra Arendal-distriktet.

Noen av de jernverkene som ble grunnlagt i siste halv-
part av 1600-tallet, som Sannikdal jernverk og Mostad-
marken jernverk, ble nedlagt relativt snart. Men etter en
liste Slottsloven satte opp i 1717, var det da 14 jernverk i
drift i landet, Lesja, Odalen, Eidsvoll, Hakadal, Moss,
Bærum, Dikemark, Hassel, Fritsø med Brunlanes, Fos-
sum, Ulefoss, Eidsfoss, Egeland og Båseland lengst i vest.
Omkring 1650 har årsproduksjonen av jern neppe vært mer
enn 5000 skippund rujern i året, omkring 1700 har det vært
omkring 20 000 skippund. I tiden fra omkring 1650 fram
til tiden omkring 1710–20 har verdien av hele bergverks-
produksjonen i Norge ligget på omkring en halv million
riksdaler årlig eller mer enn det firedobbelte av verdien av
produksjonen omkring 1650. Men det bør samtidig under-
strekes at fremdeles var verdien av kornproduksjonen
alene omkring fire ganger så stor.

Bergverksdrift var uten sammenligning den mest kapi-
talkrevende næringsgrenen i Norge på 1600-tallet. Det
trengtes store summer til å sette i gang gruvedrift, til byg-
ging av masovner, smelteovner og hammerverk. Det treng-
tes også store beløp til den daglige drift, til lønning av
bergoffiserer, verksarbeidere, malmkjørere, kull og kull-
kjørere. Bergverksdriften kunne gi veldige overskudd om
en var heldig, men den kunne også sluke store summer, og
brakte mer enn en driftig forretningsmann til ruin.

I samsvar med merkantilistiske grunnprinsipper hadde
kronen støttet bergverksnæringen med større privilegier
enn noen annen næring og hadde også engasjert seg direk-

Eidsfoss verk med ni bygninger ved Eikeren. Detalj av en ovnsplate fremstilt ved verket i 1698. Eidsfoss verk ble anlagt som jernverk av Caspar Herman Hausmann i 1697. Jernverksproduksjonen ved verket ble nedlagt i 1848.

te i driften. Kristian 4. hadde således vært partisipant i Kongsberg Sølvverk alt fra driften ble satt i gang, og staten var gjennom en rekke år eneeier av Kvikne kopperverk. Men fra 1650-årene skulle de store statskreditorene fra krigsårene Henrik Müller, Joachim Irgens og brødrene Selius og Gabriel Marselis også få kontroll med nesten alt som het bergverksdrift i Norge.

I 1647 hadde Joachim Irgens gjennom tvilsomme transaksjoner blitt eier av tre fjerdeparter av Røros kopperverk som han skulle sitte med til sin død i 1675. Det hører med til bildet av den ekspansive, brutale og selvbevisste finansmann og forretningsmann at han gikk med planer om å omdøpe Røros til Irgenstal. I 1655 overtok Henrik Müller Kvikne kopperverk, og da driften ble satt i gang ved Løkken året etter, var han alt fra starten en av de store partisipantene. I 1661 hadde staten overtatt Kongsberg Sølvverk, men tolv år senere overtok Müller også det mot å slette en fordring på 119 136 riksdaler. Dermed satt Henrik Müller med Kvikne kopperverk, Kongsberg Sølvverk og eide på den tid mesteparten også av Løkken verk.

To menn med sterk tilknytning til gruvevirksomheten i Norge på 1600-tallet. Til venstre: Den tyskfødte Henrik Müller (1609–92) som for sine finansielle tjenester under krigen mot svenskene 1657– 60 ble utnevnt til rentemester. Kronen skyldte ham stadig penger. Til gjengjeld fikk han gods og privilegier. I 1673 fikk han skjøte på Kongsberg Sølvverk. Da hadde han allerede sittet med Kvikne kopperverk i 18 år. Men det gikk galt. I 1680 skyldte han kronen 130 000 riksdaler, og han ble ilagt en bot på 43 000 riksdaler for svik. Da han døde måtte Kristian 5. skyte til 500 riksdaler for at han skulle få en hederlig begravelse. Lorentz Lossius (til høyre) var også tyskfødt. Han var utdannet bergmann og ble ansatt som schichtmester ved sølvverket på Kongsberg i 1631. 16. september 1646 ble han, etter en tid ved Kvikne kopperverk, den første direktør ved Røros kopperverk. Han fikk avskjed av Joachim Irgens i 1651 og døde i 1654.

Som de to holstenerne Irgens og Müller, hadde brødrene Selius og Gabriel Marselis fått utlagt jordegods og bergverk for sine fordringer på staten. Selius Marselis forpaktet således gjennom en årrekke Fredrikgaves kopperverk i Sel i Gudbrandsdalen, og han var ved siden av Henrik Müller en av de store parthaverne i Løkken kopperverk. Gabriel Marselis satt gjennom en årrekke ved Bærum jernverk. De to brødrene overtok Eidsvoll verk, som kronen hadde fått i oppgjøret med Sehested, og gjennom et

par tiår skulle de drive Sannikdal jernverk. I 1650-, -60- og
-70-årene skulle således norsk bergverksdrift bli dominert
av trekløveret Irgens, Müller og Marselis'ene.

Men for både Müller og Irgens skulle den omfattende
forretningsvirksomheten som spente fra storgodsdrift i
Danmark, bergverksdrift i Norge til finanstransaksjoner
på det europeiske plan ende i ruin. Müller tapte veldige
summer da en av hovedgruvene ved Kvikne raste sammen,
og i 1683 solgte han verket til Homfred Brügman. Sam-
me år måtte han overdra Kongsberg Sølvverk vederlags-
fritt til staten, og omtrent samtidig avhendet han sine par-
ter i Løkken verk. Den store finansspekulanten, jordegods-
eieren og bergverksmagnaten endte som en fattig mann.

En lignende skjebne fikk Joachim Irgens. Personlig før-
te han stort hus både i Christianshavn og Amsterdam, men
hans store gods i Danmark brakte tap, og da han døde i
1675, var han nedsunket i gjeld. Da en kongelig kommi-
sjon ti år senere fikk i oppdrag å undersøke forholdene ved
Røros kopperverk, viste det seg at verket hadde en gjeld
på 110 598 riksdaler. I sine siste år hadde ikke Irgens' enke

Løkken verk omkring år 1700. Tegning av Abraham Drejer. Den
stiplede linjen gjennom gruveområdet fører til smeltehyttene.

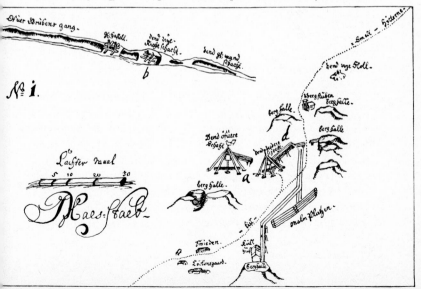

annet å leve av enn en pensjon på 900 riksdaler i året som hun fikk av kongen.

Marselis'ene synes å ha klart seg bedre enn de to holstenerne, men også de skulle i 1660- og -70-årene avvikle sine interesser i norsk bergverksdrift. Andre menn skulle overta de gamle bergverk og grunnlegge nye.

I 1683 overtok som nevnt staten igjen Kongsberg Sølvverk som senere skulle forbli statseiendom og drives som en statsbedrift. Etter at Irgens-perioden var til ende i 1685, ble Røros kopperverk organisert som et partisipantskap som bestod av 182 kukser eller parter. På en lignende måte ble eierforholdene ved Løkken verk organisert, og ved Kvikne verk etter 1707 da driften atter ble satt i gang. Selv om utenlandske kapitalister fortsatt kom til å sitte som eiere av en stor del av partene i Røros kopperverk og Løkken verk, kom den faktiske ledelse av verkene til å ligge i Trondheim. Trondheimsborgere ble således store parthavere i begge verkene. Trondheimsborgere skaffet forsyninger til verkene og stod for salget av kopperet. Trondheimsborgere kom med andre ord til å innta den plassen Henrik Müller, Joachim Irgens og Marselis'ene hadde hatt i den norske kopperproduksjonen.

Når det gjelder jernverkene, er bildet mer nyansert. Enkelte av de gamle bergverkene ble dels overtatt av utenlandske forretningsfolk. Hertug Jakob av Kurland og Semigalien for eksempel overtok Eidsvoll verk og satte i 1665 i gang driften med tretti arbeidere fra Kurland. De nye verkene ble dels grunnlagt av partisipantskap, dels av enkeltmenn. Men går vi fram til tiden omkring 1700, ble alle jernverkene i Norge drevet som individuelle forretningsforetagender, i motsetning til kopperverkene som ble drevet som partisipantskap. Norges største jernverk, Fritsø, ble eid av stattholder Ulrik Frederik Gyldenløve, som bodde mesteparten av sin stattholdertid i København. Men de fleste andre jernverkseierne var bosatt i Norge. Enkelte var av tysk opprinnelse, som generalmajor Caspar Herman Hausmann som grunnla Eidsfoss verk, eller oberst Tritschler som overtok Hassel jernverk. Men flere av de

Gruveheis med hestevandring ved Falu koppergruver i Stora Kopparberget i Sverige. Tønner med malm heises opp fra gruven og bæres til smeltehytta på bårer. Tegning av Hans Ranie.

norske jernverkseierne var av norsk opprinnelse, som prestesønnen Halvor Sørensen Borse som satt med Ulefoss jernverk og Bolvik jernverk, og eventyreren og storspekulanten Peter Børting som ble eier både av Fossum jernverk og Båseland (Næs) jernverk. I løpet av andre halvpart av 1600-tallet kom således de norske bergverkene under kontroll av folk bosatt i Norge, og de store bergverkseierne skulle komme til å høre med til den økonomiske elite i det norske samfunnet ved siden av de store sagbrukseierne.

For den norske bondeallmue betydde ekspansjonen i bergverksdriften nye arbeidsplasser. Bare ved Kongsberg Sølvverk var det i 1704 740 arbeidere, i 1720 1170. Det må da ha bodd langt flere mennesker på Kongsberg enn i Kristiania. I 1701 var det 467 embetsmenn og arbeidere på Røros, og folketallet i bergstaden må ha vært betydelig større enn i Kristiansand. Ved Løkken verk var det på samme tid 204 arbeidere. Ved jernverkene var arbeidsstokken langt

10. Norges historie VII

mindre og kan ha ligget mellom 40 og 50 i gjennomsnitt på verket. Men i tillegg til de egentlige bergverksfolkene på Kongsberg, på Røros, Løkken og ved alle jernverkene kom det et stort antall bønder som fikk inntekter fra verkene ved leveranse av kull, malm- og proviantkjørsel. Omkring 1700 må mange tusen arbeidere og bønder helt eller delvis ha vært knyttet til bergverkene i Norge. Bergverksdriften skapte med andre ord nye levebrød i et land hvor de gamle ressurser på det nærmeste var utnyttet i den grad de kunne utnyttes med dens tids teknikk.

Men bergverkene betydde også nye bånd og nye plikter for den norske allmue.

Med kongelige privilegier og embetsmenns assistanse

Den 9. desember 1665 fikk president Nils Pedersen i Kristiansand, lagmann Lauritz Andersen på Agdesiden og Strange Tørner i København privilegium på å grunnlegge et jernverk på Båseland i Holt prestegjeld. De hadde som andre bergverkseiere møtt en utstrakt velvilje fra kronens side. Partisipantene skulle være fritatt for tiende i 4 år, men etter den tid skulle de være pliktige til å betale 24 skilling til overbergamtet for hvert skippund jern som ble produsert. Bergverksbetjentene og alle bergverksarbeiderne skulle være fritatt for utskrivning, skatt, skyssferd og innkvartering. Bergverksbetjentene skulle bare stå under bergretten, og de bøter eller den straff som noen av bergverksfolkene ble dømt til å betale, skulle tilfalle partisipantene, og «til nødtørftige og arme bergfolks underholdning og ophold alene anvendes, og ingen anden sig derved befatte». Kongen hadde således begunstiget verket med rettigheter som normalt skulle tilfalle kongens kasse. Men de største rettighetene var tildelt partisipantskapet på bekostning av bøndene omkring Båseland.

På et område på fem mil i alle retninger fra der masovnen skulle bygges, «udi øster, og vester, sønder og nord»,

Her benyttes en gruveheis der malmen sveives opp for hånd. Deretter transporteres den videre på små vogner til smeltehytta i bakgrunnen. Utsnitt av J. B. Homanns kart «Tractus Norwegiæ Danicus Magnam Dioecefeos Aggerhusiensis» fra 1729.

ISFIELD

Bretica
Edschouff
Suendrud
Aaserud
Meschouff
Carterud
Repicus
Nas
Pevelswerch
Magner
Manglebus
Iusta
Ingerud
Vexen
Suensche
told Stue
Angesta
Köllen
Schillings Marck
Eides Schantze
abandoniret

skulle partisipantene ha rett til å skjerpe, og de ganger og gruver som ble funnet der, skulle tilhøre dem. Masovner, hytter, hammer og smieverk måtte de bygge på det sted som passet, og de fikk rett til å nyttiggjøre seg vann og elver innenfor cirkumferensen. Alle sagbruk, bjelkehogst og tjærebrenning skulle være slutt innen den oppgitte cirkumferens på fem mil fra verket, «på det at verket formedelst mangel på kulved ei skal vorde nedlagt». Bøndene ble forbudt å hogge eller bortleie sine skoger, og dersom odelsbonden «formedelst sin trangs skyld», skulle bli tvunget til å hogge tømmer og ved, var han pliktig til å selge det til partisipantene «imod billig betaling». Bøndene og allmuen innen cirkumferensen skulle også være pliktig til å utføre arbeid for verket «for sådan rigtig betaling, som de og partisipanterne kan forenes om». Men skulle bøndene «sætte deres arbeide for høit og ubilligt», da skulle de la seg nøye med det bergamtet «efter stedets beskaffenhed og leilighed billigt eragter». Partisipantskapet fikk også rett til å kjøpe odelsgods til odel og eie innen cirkumferensen, uten at det var sagt noe om prisen.

For at privilegiebrevet skulle få tyngde og vekt, ble konge og embetsverk stilt som garantister. «Kongens stattholder, amtmænd, fogder og alle i bemeldte Norge, som på kongens vegne have at giøre og lade, skal hermed anbefalet være participanterne og deres fuldmægtige efter forskrevne privilegiers indhold al mulig assistence bevise, så ofte derom ansøgt vorder.»

I en fem mils omkrets omkring Båseland ble bøndenes stilling med ett totalt endret. Verket ville nok bety at det ville bli lettere å få arbeid – men et arbeid som ble diktert av verket. Bøndene som bodde der hvor selve verket skulle legges, ble med eller mot sin vilje tvunget til å selge sine gårder. Før hadde bøndene hatt frihet til å selge tømmer og ved til hvem de ville. Nå ble de gjort til tvangspliktige leverandører av kull til verket, og hogg de ved og tømmer ut over det, skulle også det selges til verkseierne på Båseland, til priser som overbergamtet fastsatte om de ikke kunne bli enige. Det ble med andre ord gjort et dypt innhogg i bøndenes råderett over sin eiendom. Det ble også foretatt utstrakt innskrenkning i deres personlige frihet ved at de ble pålagt å utføre «nødvendige arbeide og forretning» for partisipantskapet på Båseland. Arbeiderne på selve jernverket ble underordnet partisipantene rent strafferettslig og kunne bli ilagt mindre straffer. Større saker gikk til overbergamtet som appellinstans, og derfra gikk sakene videre direkte til høyesterett. Bergverksarbeiderne ble dermed, i motsetning til bøndene innen cirkumferensen stilt utenfor det ordinære rettsapparatet.

Innholdet i privilegiebrevet for Båseland jernverk er ikke nytt. Det gikk tilbake til berganordningen av 1537 og eldre tysk bergrett. Det var utferdiget en rekke lignende privilegiebrev før 1665, og det skulle bli utferdiget mange lignende i de neste decenniene. De tjue bergverkene som fantes i Norge omkring 1720, hadde tilsvarende rettigheter som Båseland.

De utstrakte privilegiene ble oppfattet som en nødvendig forutsetning for de norske bergverkene; bare på den måten kunne de sikres malm, kull, arbeidskraft. Privilegiene dannet en viktig del av fundamentet for en fåtallig krets av mektige bergverkseiere som skulle utgjøre en del av det norske storborgerskapet i det kommende hundreår, for all prakten og rikdommen på Bærum, Eidsvoll, Fossum, Ulefoss, Næs.

Men bergverksprivilegiene kunne også sees fra en annen synsvinkel. Bergverkene med sine gruver, masovner, hytter, hammer- og smieverk, og med sin cirkumferens, lå som halvt selvstendige enklaver i bondelandet Norge, hvor de frie bønder var forvandlet til tvangspliktige arbeidere og tvangspliktige leverandører ved verket. Og dette var ikke skjedd gjennom frivillig salg eller avhending, men som på Båseland ved utferdigelsen av et kongelig privilegiebrev garantert av konge og embetsmenn. Gjennom de utstrakte privilegier hadde bergverkseierne fått en herskerstilling overfor bergverksarbeiderne og bøndene innenfor cirkumferensen. De hadde fått en monopolstilling i slekt med den de store sagbrukseierne hadde i skogbruksdistriktene og som bergenskjøpmennene hadde i Finnmarken. Det var den moderne kapitalistiske parallellen til de gamle adelsherrer og de hoveripliktige bønder.

«Bulder og opsetsighed»

Fiskerne i Finnmarken klaget til embetsmennene over overgrep fra de bergenske kjøpmennene; men de hadde ikke noe maktmiddel de kunne bruke utover det. De bodde langt fra hverandre, og kunne ikke opptre som en samlet gruppe. Noe lignende gjaldt bøndene i mange skogsbygder; de var prisgitt sagbrukseierne. Arbeiderne ved bergverkene hadde derimot en fordel: De var samlet på ett sted, og hadde langt større muligheter for å opptre samlet. De kunne kjempe for sine krav med «bulder og opsetsighed». Ved bergverkene opplevde en derfor stadig uroligheter og konflikter mellom bergverkseierne på den ene siden og verksarbeiderne og førselsbønder på den andre.

Røros var uten tvil det største urosentret, med store og dramatiske konflikter både i 1666, 1670 og 1682. Urolighetene i 1666 ble innledet med en klage fra bergverksarbeiderne til stattholderen over den måte Joachim Irgens drev verket på. Provianten var urimelig dyr, og deres lønn stod «inde over år og dag». Bergmester Tax kunne bekrefte at den gamle kammertjener skyldte arbeiderne 9700 riksdaler og bøndene 15 000 riksdaler, og at det hersket «unbegreiflichen Jammer» blant bergfolkene og bøndene. Da klagene ikke førte fram, drog 200 arbeidere til Trondheim for å beslaglegge 200 skippund kopper som tilhørte Irgens, og etter sju ukers opphold i stiftstaden oppnådde arbeiderne å få utbetalt sine tilgodehavender. Tilsynelatende hadde arbeiderne vunnet. Men på Røros ble det ikke bedre. Det gir et brev fra bergmester Tax til direktør Christian Arnisæus et klart vitnesbyrd om: «Jeg fornemmer med største forundring hvorledis de fattige bergfolk udi adskillige måder under Eders kommando bliver ganske utilbørligen og uforsvarligen trakteret (...)» med «avsetting fra deres arbeid, hugg og slag, innslagning av deres vinduer,

Johannes Irgens og hans hustru Elisabeth Sofie, født Arnisæus, datter av Kristian 4.s livlege. Utsnitt av et samtidig maleri i Røros kirke. Johannes Irgens, som var en bror av Joachim, ble ansatt som direktør og bergmester for Røros kopperverk etter avskjedigelsen av Lossius i 1651 (s. 270). Han hadde studert medisin og var dr. med. fra 1635. Han skjøttet likevel sin bergmannsgjerning tilfredsstillende inntil han på grunn av sykdom overlot ledelsen av verket til Jacob Mathias Tax i 1657.

udkastning deres ringe midler og deres husværelser, udtagelse deres fattige quinder og børn, så de udi slud og sne må fare husvild og ligge udi skog og mark».

I 1670 brøt det for andre gang ut uroligheter på Røros. Det hele begynte med en klage fra bergfolkene til kansler Ove Bjelke.

Men Bjelke nøyde seg med å sende klageskrivet til bergamtet og en henstilling til arbeiderne om å avholde seg fra «ald bulder og opsetsighed». Arbeiderne slo seg imidlertid ikke til ro med det. Fire mann drog til København og la fram for kongen de samme klagene de hadde trukket fram i brevet til Bjelke, samtidig som de skildret hva de hadde opplevd av offiserene ved verket. Pliktsfogden hadde kommet til huset til berggesellen Svend Andersen og kastet ut alt han eide, så han «med sin qvinde og små umyndige børn» måtte flykte til skogs. Proviantskriver Claus

Sommer var gått til John Prydses hus, hogd ut flere vinduer, og konen som var alene, ble så skrekkslagen at hun «som var frugtsommelig mistet hendis foster».

Resultatet av klageferden til København ble positiv for arbeiderne for så vidt som det ble gitt ordre om at partisipantene heretter skulle sørge for alltid å ha penger så de kunne betale arbeiderne lønn, lønnen skulle betales i dansk mynt, og enhver skulle ha frihet til å kjøpe mat hvor han ønsket. De skulle også ha full betaling for helligdagene, og de som kom til skade under arbeidet, skulle ha erstatning i forhold til skaden.

Mens bergverksfolkene var i København, hadde gamle kammertjener Joachim Irgens fått kjennskap til deres klagereise og drog omgående til Røros, hvor det ble uroligheter, som Irgens selv har skildret utførlig i en rapport på tysk: «De trakterte oss alle, også min frue, med støt og forfulgte oss med stort skrik og de råeste forbannelser inn i huset». Samtidig hentet Erik Simonsen den arresterte Spell-Ola ut av arresten, Halvor Olsen tok jernene av ham, og arbeiderne førte ham til huset hans under jubelskrik.

Kansleren Ove Bjelke gav imidlertid kammertjeneren sin støtte, og kongen sendte visestattholderen et brev hvor allmuen ble truet med «høieste pøn og påfølgende straffe», hvis den igjen opptrådte «opsetsig og oprørisk». Joachim Irgens hadde vunnet øvrighetens støtte i kampen med arbeiderne, tross de løfter som var gitt i København.

I 1682 brøt det for tredje gang ut uroligheter ved Røros kopperverk. Klagene var stort sett de samme som tidligere, men nå ble det også antydet at Henning Irgens hadde spilt under dekke med svenskene under krigen. Om kvelden 6. oktober stimlet bergfolkene sammen foran bergmesterens hus, hvor de «på det groveste mishandlede og sårede hans drenge». Henning Irgens kom omgående fra Trondheim, hvor han hadde mobilisert øvrigheten til støtte for verkseldelsen. I en proklamasjon befalte stiftamtmannen på kongens vegne at arbeiderne skulle utføre sitt arbeid «uden umanerlige sammenrotting (...) så fremt der ikke skal gribes til de midler hvormed sådan urolighed kan vorde

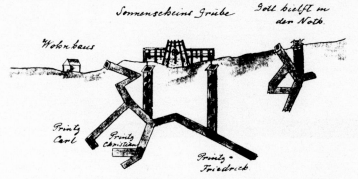

Gruven Sonnenschein eller Solskinn like øst for gamle Storwartz — der den første drift ble satt i gang sommeren 1645 — ble oppdaget i 1674. Utsnitt av en tegning utført for Røros kopperverk i 1688.

straffet». Presten Peder Ditlevsen lot stiftamtmannens proklamasjon «lydeligen forkynde og oplese» fra prekestolen, men «dog uden virkning til fredelighed.» Direktøren hadde rekvirert et kompani knekter for å holde ro, men da ryktene nådde arbeiderne, førte det bare til ny uro. Da bergmesteren og majoren og flere av offiserene senere på kvelden samlet seg hos presten, «kom de tilsammenrottede med stor larm, bulder og pralen», og Jakob Knudsen og andre lot det ord falle at soldatene kunne komme selv om det var fire kompanier; «fik de ei ret hos kongen, skulle de selv tage sig til rette».

Da arbeiderne ikke ville bøye seg, gjorde major Testman alvor av sine trusler om å hente soldater til bergstaden. Det var i denne situasjonen arbeiderne samlet seg 24. oktober om kvelden på Ellef Ryens voll i nærheten av gruven, for å sverge hverandre troskap. En av lederne «lod dem slå en kreds og befalede alle at knæle, da han ble stående midt i kredsen og forestavede dem eden, som de med opragte fingre måtte aflægge, at de vilde alle stå som en mand og vove liv og blod, og dersom nogen handlede derimot skulle han på det hårdeste straffes». Etter at eden var avlagt, ble det lest en bønn og sunget en salme.

Regnskapsprotokoll for Røros kopperverk fra 1696. Her finnes nok også bokført utgiftene til det barnearbeid som ble innført ved verket i slutten av 1680-årene. Små gutter – ryss – ble satt til å samle malm som var falt av lasset under transport og fikk to ort (1/2 riksdaler) pr. tønne.

Sakens videre gang ble til det ytterste komplisert. Etter initiativ fra Cornelia Bikkers, enken etter Joachim Irgens, satte stattholderen ned en kommisjon for å undersøke saken og dømme arbeiderne. Men arbeiderne nektet å møte til forhør fordi de mente kommisjonen var partisk. Først etter mange uker var gått, kom det til et forlik. Men da Henning Irgens ikke betalte arbeiderne lønn, ble det nye uroligheter. Resultatet ble en ny kongelig kommisjon, som Irgens nektet å godta. Da han dessuten ble avsatt av sine medpartisipanter som direktør, var det hans tur til å reise til København for å klage; der møtte han imidlertid ikke kongen, men sin gamle fiende, geheimeråd Mathias Moth, en eldre bror av Kristian 5.s elskerinne, Sofie Amalie. Undersøkelseskommisjonens mandat ble forandret; søkelyset ble rettet mot Irgens, som ble satt i arrest etter kongelig ordre.

Det ble imidlertid den såkalte Bragernes-kommisjonen som skulle ordne opp i alt rotet ved Kongsberg Sølvverk, som også kom til å ordne opp i forholdene ved Røros kopperverk i 1685. Kommisjonen, som bestod av geheimeråd Jens Juel, visestattholder Just Høegh og overberghauptmann Brostrup von Schort, skapte orden i gjeldsforholdene og eiendomsforholdene ved Røros kopperverk. De felte også dom i striden mellom Irgens og bergverksarbeiderne, og

282

dommen ble en klar seier for Irgens og verksledelsen. Irgens ble atter bergmester og direktør ved verket. De arbeiderne som kommisjonen mente hadde opptrådt «ubillig og usømmelig», ble bortvist fra verket. Skulle noen i fremtiden formaste seg «til sammenrotting», da bør de «uden forskånsel deres livstid at dømmes til arbeide i jern på Bremerholm». De takster Bragernes-kommisjonen hadde satt på kjørsel og arbeid, skulle arbeiderne være tvunget til å rette seg etter, «og de trodsige ved lov og dom at lade tiltale og straffe». Og da arbeiderne året etter «knurrede over deres kun ringe løns formindskelse», og bøndene klaget over at prisene på materialer var redusert, måtte kongen innskjerpe kommisjonens bestemmelser og forbød «strengeligen og under straf at ingen måtte understå sig at indkomme med nogen forestilling imod hvad i denne commission var anordnet og Hans-Majestæt bifaldet og confirmeret». Bergverksledelsens seier over arbeiderne var fullstendig.

«Løn skal du skaffe os, ellers drar vi tarmene ud af livet på dig»

På Røros var det først og fremst bergverksarbeiderne som reiste seg mot verkseierne. I de store opptøyene på Kongsberg i slutten av februar 1690 spilte bøndene en sentral rolle. Den 24. februar kom et halvt hundre numedalsbønder til bergskriver Brügman og forlangte betaling for kjøring året før. Etter en lang rekke trusler lovet bergskriveren at de skulle få lønnen til 5. april, og dermed slo bøndene seg foreløpig til ro.

Men neste morgen klokken 9 begynte urolighetene igjen, og nå var også bergverksarbeiderne med. De forlangte restlønnen for 12. og 13. måned* i 1689, og for 1. og 2. måned i 1690. Da bergskriveren gikk over til bergamtforvalterens hus for å ordne lønnsspørsmålet, lød ropene «Lønn! Lønn!» «Slå ham i hjel! Drep ham!» Men da bergamtforvalteren ikke våget å tillate en så stor utbetaling, trengte folkemas-

*Bergverksåret var inndelt i 13 måneder.

sen inn på soveværelset til forvalterens barn, forteller Brügman, «og satte sig opp i sengen med skitne føtter og med sterk tobaksrøkning. Det var da ingen annen redning fra døden enn å rope til mengden at de skulle hente skiktmestrene, og jeg satte opp en anvisning til mynten om at alle penger som fra samme time ble udmyntet, udelukkende skulle udleveres til 2. måneds lønn indtil den var fullt betalt.»

Med det var bergverksarbeiderne foreløpig beroliget. Men dermed hadde numedalsbøndene fått blod på tann og forlangte sin lønn på timen, mens truselropene haglet over bergskriveren: «Kast et kalvskinn over ham og slå ham ihjel!» Da løytnant Holst grep inn, ble han truende avvist: «Du har ingenting med dette å gjøre, og pakker du dig ikke bort herfra, skal det gå dig likedan!» Svermen stormet sammen om bergskriveren, mens ropene lød: «Skaf os løn! Løn skal du skaffe os, ellers drar vi tarmene ud af livet på dig!» «Jeg stilte mig da med albuene ud,» forteller Brügman, «for at ikke livet skulle bli klemt ud af mig. Parykken blev slått av mig, og jeg blev revet i hår og klær, ligesom min eldste sønn, og vi var begge grebet af dødsangst.» Bare med nød reddet han seg over til markscheiderens hus, hvor han gjemte seg under en hylle dekket av en tomtønne. Men han ble oppdaget, og i sin nød lovet han at de skulle få penger bare de sparte hans liv. «Da lyste de fred over mig, og tog mig i armene for å føre mig ud.» Men andre ropte som før: «Nei riv i hjel! Riv i hjel!» Under bråk og larm ble han ført til amtshuset, hvor han ble puffet opp på bordet omgitt av hele flokken. I mellomtiden var den tyske soknepresten på Kongsberg kommet til for å mane arbeiderne til ro med Guds ord: «La vår Herre styre dere, og er dere af Gud, da gjør dere ikke mannen noe vondt; men regjerer djevelen dere, så skal mannen dø i mine armer.» Men mange av bøndene ropte: «Du er presten vår, og når du står på prekestolen, vil vi høre på dig, men vil du tale for han der, så skal du også betale for ham.» Den danske soknepresten og Sandsvær-presten kom også til, og bøndene er-

Bergstaden Kongsberg i slutten av 1600-tallet. Utsnitt av et samtidig maleri. I forgrunnen sees bebyggelsen omkring kirken på vestbredden av Numedalslågen. Den nye Kongsberg kirke, som ble reist 1740–61, ligger på denne kirkens tufter. Opp mot Jonsknuten sees gruveanleggene ved Underberget og Overberget.

klærte at de var tilfreds om viselagmann Görrisen ville garantere deres lønn. En av prestene fikk oppdraget å dra til viselagmannen, men Görrisen ville ikke gi bøndene noen forsikring om penger. Han svarte tvert om med en trusel: Hvis ikke bøndene slapp bergskriveren fri, skulle det innen få timer komme så mange ryttere og soldater at opprøret skulle bli slått ned på en slik måte at deres koner og barn ville gråte over det.

Görrisens svar ble bare utgangspunkt for ny uro. Bøndene begynte igjen å bråke og banne: «Skammelig er det, skatterne blir krevd inn med soldater og panting, og når vi krever lønen vår, blir vi også truet med soldater.» Natten som fulgte ble det holdt vakt over bergskriveren, og neste morgen stod numedalsbønder og sandsværbønder igjen utenfor hans hus. Deres krav var ikke lenger til å ta feil av: Hvis ikke pengene ble betalt innen neste morgen klokken åtte, forteller Brügman, «skulle jeg bli svinebundet, og tarmene skulle skjæres ud av mig og finhakkes». Men takket være snarrådighet unngikk Brügman et slikt endelikt. Ved hjelp av to mann ble han trukket opp gjennom skorsteinen i bryggerhuset, og derfra tok han veien gjennom den øde Svanegården til overberghauptmannens hus. «Der ble jeg lagt i en slede, og dekket over med en kappe ble jeg kjørt bort av min forkledte tjener.» Først på oppløpets tredje dag fikk visestattholderen kjennskap til urolighetene og utstedte en skarp advarsel som skulle leses opp fra prekestolene og fra amtshuset, med trusel om at han selv, om det ble nødvendig, skulle komme til Kongsberg med et følge som nok skulle greie å holde hver mann på sin plass.

Etter kongelig ordre innfant visestattholderen seg også virkelig på Kongsberg. Bøndene fikk en så kraftig irettesettelse at de måtte anmode visestattholderen ydmykt om han ville be om nåde for dem hos kongen. Men bøndene hadde for så vidt vunnet, som skiktmestrene fikk ordre om å gjøre opp for bergfolkenes tilgodehavende for alle måneder, og det ble bestemt at bøndene skulle få sine tilgodehavender ved fradrag i skattene som forfalt ved første tingstevne.

Men ved verket var det da så lite sølv at det ikke var mulig å betale ut alt det bergverksarbeiderne hadde til gode. Det ble derfor nye uroligheter i mai, men nå grep myndighetene til langt strengere forholdsregler. Ordren lød på at de skyldige skulle legges i lenker, og tolv av hovedmennene for urolighetene ble stilt for retten.

Privilegiene for Båseland jernverk sluttet med at kongens stattholder, amtmenn og fogder skulle bistå partisipantene og deres fullmektiger med å beskytte deres privilegier. Myndighetenes reaksjon på urolighetene på Røros og på Kongsberg viste at de var beredt til å holde ord. Selv i de tilfeller hvor arbeiderne og bøndene hadde til gode store pengesummer for utført arbeid, slo kongens embetsmenn stort sett ring omkring verket og verkseierne, de sivile embetsmenn med sine skremsler, prestene med Guds ord, og offiserene med sine knekter.

Grunnleggelsen og utbyggingen av bergverkene og de utstrakte bergverksprivilegiene var et nytt dypt skår inn i den frihet som hadde preget det gamle bondesamfunnet. Men samtidig var de en plattform under de nye herskerklasser som holdt på å vokse fram.

Norges første storhetstid på havet
Koffardiskip og krigsskip

I siste halvpart av 1600-tallet var sjøen fortsatt den viktigste trafikkåren for folk i kyst-Norge. Båten ble brukt til fiske. Båten var fremkomstmiddel når allmuen skulle til kirke eller ting. Båten brakte embetsmannen rundt i hans embetsdistrikt. Jekta ble brukt når en skulle bringe varer fra bygdene inne i fjorden til byen, og varer mellom kjøpsteder langs kysten. Den viktigste innenlandske sjøfarten var jektefarten fra Lofoten til Bergen. Ingen har prøvd å beregne kystfarten i Norge i daler og skilling, og det ville uten tvil også være umulig å sette opp et slikt regnestykke. Men resultatet ville iallfall bli at båten og jekta var enda viktigere for folk i

Skip på Kristianias havn i slutten av 1690-årene. Utsnitt av et male-ri av Jacob Coning. På den andre siden av Bjørvika sees Vor Frelsers kirke og bybebyggelsen.

kyst-Norge enn fløtningselvene for folk i de indre skogsbyg-dene på Østlandet.

Sjøfarten i Norge ble drevet utelukkende av nordmenn, og stort sett av bygdefolket. Det var en bygdenæring mer enn en bynæring. I 1650-, -60- og -70-årene dominerte frem-deles utlendingene i farten på utlandet. Kornet til Norge ble først og fremst transportert på danske skip. Varene til og fra Kontoret i Bergen ble fraktet på skip som hørte hjem-me i hanseatiske byer. Hvor fullstendig nederlenderne og engelskmennene dominerte trelastfarten, som fra et reder-synspunkt hadde størst betydning, får man en aning om gjennom en oppgave over trelastutskipningen fra Dram-men i 1677. Av de 209 skipene som lastet bord og plan-ker i byen dette året, var 92 skip engelske, 90 nederlands-ke. Bare 27 fartøyer eller omkring 7 prosent av alle far-tøyene førte dansk flagg. Og som i Drammen var det stort sett i de andre norske byene; eksporten fra Norge og importen til Norge skjedde stort sett på fremmed kjøl.

Store forandringer synes heller ikke å ha foregått i den norske skipsfartsnæringen i 1670- og -80-årene. I 1670-årene talte flåten i Fredrikshald, Fredrikstad, Kristiania, Drammen, Tønsberg, Sandefjord/Larvik, Langesund med Porsgrunn, Skien og Brevik, Arendal, Bergen og Trondheim etter en grov beregning 263 skip på til sammen 11 035 lester. I 1688–89 var tallet på skip i de samme byene økt til 266 og drektigheten til 13 162 eller med omkring 20 prosent. Men praktisk talt hele denne økningen falt på Bergen hvor tallet på skip var økt fra 42 til 84, og drektigheten fra 1729 til 4605 lester. Vi står med andre ord overfor en lokalt avgrenset ekspansjon, og forklaringen på dette finner vi uten tvil først og fremst på det indre plan.

Det var i godt samsvar med merkantilistisk tankegang å begunstige skipsfarten. Det viktigste utslaget av dette var den engelske navigasjonsakten av 1651. Men også i Danmark-Norge tok man en rekke skritt for å stimulere og hjelpe opp sjøfartsnæringen. I begynnelsen av 1670-årene ble det således utferdiget en rekke forordninger som tok sikte på å

Jekter kjølhales på Bakklands-siden i Trondheim. Utsnitt av Jacob Maschius' kobberstikk fra 1674. (Se illustr. s. 257.) På den andre siden av Nidelva sees pakkhus og sjøboder.

støtte rikenes skipsfart. I 1672 ble det bestemt at innenlandske skip som brakte trelast fra Norge, bare skulle betale toll for ⅚ av skipets virkelige drektighet. Omtrent på samme tid ble det gjennomført en ordning slik at norske skip som kom til København og fikk målebrev der, skulle få en generell tollreduksjon på alle varer. I 1680-årene ble det opprettet konsulater i en rekke viktige handelsbyer ute i Europa, og langs norskekysten ble de første fyrene tent.

De nye målebestemmelsene synes først gradvis å ha fått betydning for norsk sjøfart. Ordningen med defensjonsskip som nå ble gjeninnført, synes derimot å ha ført til langt raskere resultater. Samme året Ulrik Frederik Gyldenløve kom til Norge som stattholder, tok han opp igjen den gamle planen om å bygge defensjonsskip, noe som hadde vært realisert med hell i Hannibal Sehesteds stattholdertid. Den unge stattholderen kjempet for saken år etter år, men først etter tronskiftet i 1670 klarte han å drive sin plan igjennom. Igjen skulle statens ønske om å styrke rikenes sjøforsvar kombineres med kjøpmennenes ønsker om å gjøre god forretning. Borgerne ble lovet utstrakte privilegier mot å bygge koffardiskip og bestykke dem med kanoner, slik at de kunne brukes som orlogsfartøyer i krigstid. Skipene ble delt i fire klasser. Første klasse bestod av skip med 36 kanoner, andre klasse av skip med 24 kanoner, tredje klasse av skip med 12 kanoner og fjerde klasse av skip med 6 kanoner. Disse to siste typene skip ble vanlig kalt eksemsjonsskip, mens navnet defensjonsskip ble reservert for de to største typene av skip.

Som vederlag for å utruste og holde defensjonsskip fikk rederne utstrakte økonomiske privilegier. Mannskapene på defensjonsskipene skulle således være fritatt for utskrivning, borgerlige besværinger og innkvartering i byene. For salt som ble innført på andre skip enn defensjons- og eksemsjonsskipene, skulle det betales 2 riksdaler mer i toll for hver tønne salt, og ⅓ høyere toll på fransk og spansk vin og tobakk. Når skipene ble brukt i krig, skulle rederne nyte de samme privilegier for varer innført også på andre skip.

Forordningen om defensjonsskipene gav støtet til byggingen av en hel defensjonsflåte, som ble brukt til militære ope-

Defensjonsskipene «St. Franciscus» og «Gyldenløves Vaaben» av Bergen i kamp med en algirsk korsar i 1672. Kobberstikk av Jacob Maschius fra 1673. Kanonportene på sidene og akterut viser at skipet i forgrunnen hører til første klasse av de armerte koffardiskip.

rasjoner under Den skånske krig. I 1687 talte defensjonsflåten 61 fartøyer. Derav var 9 bestykket med 36 kanoner, 4 med 24 kanoner, 10 med 12 kanoner og 38 med 6 kanoner. Bestemmelsen om tollen på salt var uten tvil det viktigste privilegium som ble tilstått eierne av defensjonsskip. I realiteten fikk de et tilnærmet monopol på saltimport. Bergens dominerende plass i den norske fiskehandelen betydde også at byen ble hovedsentret for saltimporten til Norge. Men dette betydde igjen at defensjonsskipene ble en gullgruve for bergenskjøpmennene, og at det var i Bergen en fant mengden av defensjonsskip. Av de 61 defensjons- og eksemsjonsskipene som fantes i Norge i 1687, hørte 38 hjemme i den gamle hansebyen.

Fornyelsen av den gamle ordning med defensjonsskip var uten tvil den viktigste grunn til veksten i den norske flåten fra 1670-årene til 1688, og til at nettopp Bergen ble Norges ledende sjøfartsby. Det store gjennombruddet for norsk sjøfartsnæring skjedde imidlertid først i begynnelsen av

291

1690-årene; og dette gjennombruddet hadde en langt bredere bakgrunn enn en kongelig forordning om koffardiskip bestykket med kanoner.

Det store gjennombruddet

I 1688/89 talte Bergens flåte 84 skip med en samlet drektighet på 4605 lester. Byen hadde da omkring tredjeparten av den samlede tonnasje i Norge. I 1697 talte flåten 133 skip med en samlet drektighet på til sammen 9248 lester. Tallet på skip var med andre ord tredoblet i løpet av en tiårsperiode, og drektigheten på byens flåte fordoblet. Veksten var rask, men likevel beskjeden sammenlignet med hva som samtidig foregikk i byene på Østlandet.

I Drammen hadde man i 1688 bare to skip på til sammen 282 lester. I 1697 talte flåten 21 skip på 2967 lester. Det vil si at tallet på skip og drektigheten på byens samlede flåte var mer enn tidoblet. Og kaster man et blikk på skipene som ankret opp på byens havn, får man det samme bildet. I 1677 var bare 7 prosent av skipene som lastet bord og planker i Drammen danske eller norske, i 1693 32 prosent, i 1697 74 prosent.

Nå var utvilsomt ekspansjonen innen sjøfartsnæringen i Drammen raskere enn i noen annen by i landet, men tendensen var overalt den samme: skipsbygging og sjøfart ble en viktig borgerlig næring ved siden av trelasthandel, sagbruksdrift og bergverksdrift. I Fredrikshald, for eksempel, vokste drektigheten på byens flåte fra 652 lester i 1687 til 1652 lester i 1696. I 1688 hadde Kristiania en hjemmehørende flåte på 586 lester. Alt i 1693 var den femdoblet. Selv i Tønsberg ble det igjen liv, og drektigheten på byens flåte steg fra 871 lester i 1688 til 1658 i 1697.

Og som i Drammen, Kristiania, Fredrikshald, Fredrikstad og Tønsberg var det i de andre byene og ladestedene på Øst- og Sørlandet. Tross mange fiendtlige kapringer og oppbringelser ble drektigheten på landets flåte mer enn tredoblet på tre-fire år. Norge ble en sjømakt en måtte regne med både i London og i Amsterdam.

Den viktigste bakgrunn for den raske ekspansjonen for norsk sjøfartsnæring må en søke ute i Europa. På 1500-tallet og helt fram til 1670-årene hadde nederlandske skip dominert i trelastfarten på Norge, men i slutten av 1600-tallet ble England det store hovedmarkedet for norsk trelast, og nettopp dette skulle bli en faktor som hadde avgjørende betydning for norske redere. Den engelske navigasjonsakten av 1651 innebar nemlig at bare engelske skip og skip som brakte varer fra varenes opphavsland, hadde rett til å seile på England. Dette betydde at Nederland mer og mer ble satt utenfor trelastfarten på Norge i og med at de nederlandske trelastdragerne ikke kunne gå til England med sine

Fregatten «Den norske løve», bygd av Daniel Sinclair i 1634, er gått tapt. Men det finnes en nøyaktig kopi skåret i elfenben i 1654 av Jacob Jensen Nordmand som var rustmester på Akershus 1639–48.

ladninger. Betydningen av dette hadde de norske kjøpstad-
representantene alt gitt uttrykk for under arvehyllingen i
1661. I deres andragende til kongen pekte de på at den
engelske navigasjonsakten hadde vært til stor velsignelse
for Norge og hadde ført til «en mærkelig opkomst og utro-
lig gavn» for den tiltagende sjøfart, «hvorfor vi underda-
nigsten søger at Eders Kongl. Majst. ved sine ministris udi
England ville nådigst det derhen befordre, at det derved
måtte forblive, og ingen anden steds last udi England at
føre uden rette norske og engelske skib».

Den engelske navigasjonsakten ble stående urokket, og
ettersom England mer og mer ble den store avtageren av
norsk trelast, ble nederlenderne satt utenfor i trelastfarten
på Norge. Og da krigen brøt ut i 1688, betydde faren for
oppbringelse at også engelskmennene ble mer og mer sjeld-

Et bergensk defensjonsskip under seil. Malt glassrute fra 1677.

ne. Svimlende muligheter ble med ett åpnet for norsk skipsfart.

Mens Danmark-Norge hadde vært trukket inn som krigførende part i 1670-årene, var rikene nøytrale under Den pfalziske krig 1688–1697, og under første del av Den spanske arvefølgekrig fra krigens utbrudd i 1701 til 1709. Nå betydde riktignok ikke dette at danske og norske skip var sikret mot oppbringelse. Alt ved selve krigsutbruddet i 1688 ble en lang rekke norske skip beslaglagt eller oppbrakt til fremmede havner. Hardest synes Trondheim å ha blitt rammet. Ni skip eller halvparten av byens samlede flåte ble oppbrakt innen utgangen av 1688.

De mange oppbringelsene alt ved innledningen til krigen førte til at den dansk-norske regjeringen med stor iver gikk inn for å beskytte rikenes skipsfart. Alt i 1690 ble således store konvoier av koffardiskip eskortert av danske krigsskip. I 1691 ble det sluttet et væpnet nøytralitetsforbund med Sverige, og dette ble fornyet igjen i 1693. Målet med dette forbundet var nettopp å gi store konvoier av danske og svenske koffardiskip eskorte av danske og svenske krigsfartøyer. Nå svarte ikke konvoieringen til forventningen. Tross eskorten av marinefartøy, ble mange skip skåret ut av konvoiene og oppbrakt av nederlendere, engelskmenn og franskmenn. Rivaliseringen mellom Danmark og Sverige ble snart sterkere enn båndene som knyttet dem sammen. Nøytralitetsforbundet ble således ikke fornyet i 1694 eller senere. Men danske og norske fartøyer nøt fortsatt fordelen av å seile under nøytralt flagg. Selv om de nøytrale skipene var utsatt for fare for oppbringelse, og risikerte å bli tatt av kaprere eller oppbrakt av fiendtlige krigsskip, seilte de likevel langt tryggere enn skip som hørte hjemme i Frankrike eller Nederland eller England. De hadde helt andre muligheter for å utnytte krigskonjunkturene på det europeiske marked, og fremfor alt fikk trelastfarten på England stor betydning. En refleks av dette avspeiler seg igjen i flåten. Den store ekspansjonen i den norske sjøfartsnæringen i 1690 er ikke først og fremst kjennetegnet ved at tallet på skip økte, men ved at drektigheten på skipene ble så mye større. Gjennomsnittsdrektigheten på den norske flåten i 1695 var dobbelt så stor som fem år før.

Den raske økningen i den norske flåten i 1690-årene har naturlig dannet utgangspunkt for spørsmålet: var økningen reell? Skyldtes ikke denne veksten i flåten proformaoverføringer av utenlandske skip for at de kunne seile sikrere under nøytralt flagg? Kunne norske forretningsmenn ha økonomiske ressurser til en så rask utbygging av flåten?

Spørsmålet har vært behandlet av en rekke norske historikere, og de er alle fra ulike utgangspunkt kommet fram til samme svar. I visse tilfeller har man nok hatt proformaoverføringer av skip, men de fleste skipene har hatt norske redere. Et indisium på dette er den store utbredelse av partsrederiet. I Larvik, for eksempel, var det således i 1696 atten fartøyer på til sammen 2549 lester. Bare seks av disse skipene hadde en enkelt reder, alle de øvrige var fordelt på flere hender. Dette var enda mer fremtredende i Norges største sjøfartsby, Bergen. I 1696 var byens og Norges største reder, Jørgen Thormøhlen, enereder for elleve skip, Jacob Andersen for seks skip, Daniel Wolpert, Geret Geelmuyden og Abraham van Erpecum for tre hver. Deretter fulgte omkring 20 redere som eide ett skip hver, men for resten var partsrederiet det vanlige. 25 redere hadde part i 6–10 skip, 34 hadde part i 3–5 skip, 29 hadde part i to skip og 159 hadde part i ett skip. Dersom man skulle ha hatt en utstrakt proforma-overføring av tonnasje, ville partsrederiet ha vært en urimelighet. Da ville det ha vært naturlig at skipene var blitt samlet på et fåtall hender. Redere som eide flere skip, var dessuten folk som hadde en bred økonomisk bakgrunn i annen forretningsvirksomhet, slik som industriherren og finansmannen Thormøhlen i Bergen, lagmann Werner Nielsen på Hafslund, statholder Ulrik Frederik Gyldenløve osv.

I samme retning peker det faktum at en så stor del av tilveksten til den norske flåten skyldtes nye skip bygd i Norge ved norske verft.

Nå førte fredsslutningen i 1697 til en krise for norsk sjøfart. Fremmede skip meldte seg igjen på det norske fraktmarkedet. I 1699 gikk 120 ladninger fra Drammen på fremmede skip og bare 68 på norske. «Jeg haver sat en god del såvel af mine egne som andres midler, hvilke jeg forrenter, på sjøen, som i disse tider lidet profiterer,» skrev den store drammensrederen Mads Wiel samme år. Mange av rederne hadde også lidd store tap ved oppbringelser, tross at det ble utbetalt en viss grad av erstatning fra sjømaktene.

I by etter by skapte freden økonomiske vanskeligheter og krise først og fremst for rederne. I Drammen fikk byens tidligere storreder, Hieronymus Brügman, i juli 1697 et års leidebrev for sine kreditorer. Samme år forliste fire Kristiania-skip på til sammen 772 lester, men rederne synes å ha ridd stormen av. I 1694 hadde en skipper i Tønsberg satset hele sin formue på bygging av skjpet Manuel på 94 lester. Da det forliste samme år, ble han ruinert og måtte be kongen om nådepenger. Anders Madsen i Skien var en av de få som hadde slått seg opp på høykonjunkturen under krigen og var blitt en av byens største redere. I 1699 ble hans siste skip, Elisabeth, beslaglagt for gjeld i København. I Kragerø fikk Isach Hanssen Nierman kongelig beskjermelsesbrev for innen- og utenlandske kreditorer. I Trondheim hadde man en rekke fallitter, og alt i 1696 hadde sytten av byens borgere undertegnet et skriv hvor de klaget over «denne bys invåneres slette tilstand, så at den ene snart ikke kan redde den anden».

Vanskelighetene for de norske rederne ble ytterligere forverret da Nederland i 1701 tvang Fredrik 4. til å gi opp ordningen med defensjonsskip og dermed frata de norske redere de fordeler ordningen hadde gitt dem. Det innebar ikke bare at bergenserne mistet sitt tak på salthandelen, men beslutningen gjorde også farten på Middelhavet for risikabel. Der kunne man bare ha sjanse til å klare seg om man hadde skip med kanoner.

Men tross vanskelighetene for mange av rederne etter fredsslutningen i 1697, klarte de fleste seg gjennom kriseårene, og da det igjen i 1701 brøt ut krig mellom Frankrike og sjømaktene, skulle de atter oppleve en høykonjunktur hvor de hadde fordelen av å seile under nøytralt flagg.

Den første storhetstiden for norsk sjøfart skjedde i en periode hvor jordbruket i Norge var preget av stagnasjon og store uår, og hvor man i Nord-Norge opplevde mange svartår på havet. Ekspansjonen innen sjøfartsnæringen skapte derfor, som ekspansjonen innen bergverksnæringen, nye levebrød når andre veier ble stengt. Den skulle også føre til omfattende ringvirkninger i samfunnet. De gode konjunkturene for norsk sjøfart som krigen skapte, førte blant annet til en rask utvikling i norsk skipsbyggingsindustri.

Manufakturer og skipsverft

Første paragraf i de generelle kjøpstadprivilegiene av 1662 var viet håndverket. Den slo uttrykkelig fast at «de håndverksfolk, som ikke nødvendig på landet behøves, og landsloven ei tillader, flytte til kjøpstæderne». Men paragrafen ble neppe noe mer enn et program. Fremdeles utførte bøndene selv mye av det håndverksarbeid som var nødvendig på gårdene, og mang en inderst tjente sitt levebrød som tømmermann, snekker, skomaker, skinnbleimaker, skredder.

Sammenlignet med håndverket på landet var håndverket i byene langt mer differensiert. Det omfattet langt flere fag, og byhåndverkerne var profesjonister sammenlignet med bygdehåndverkerne. For å bli håndverker i byen, måtte en ha tjent som læregutt og svenn og ha avlagt svenneprøve og mesterprøve før en kunne fremstille seg for magistraten for å få borgerskap som håndverksmester. Mange håndverkere i byen hadde også i unge år vandret fra by til

---

«Et jammerligt skibbrud» ved Solastrand på Jæren 9. oktober 1690. Utsnitt av et kobberstikk i et minneskrift av Jens Pederssøn Munck fra 1693. Følgende forklaring gis til de bokstaver som er plassert på stikket: «A. Skibet som stødte. B. Baaden som undergik. C. Fru Deliana Lützow i tachel og tou indvikled. D. Kisten som faldt paa Jomfru Ide Lützow. E. Jomfru Wibeke Catrine Rostrop. F. Laurids Lindenow. G. Folk som svømmer.»

by for å perfeksjonere seg i faget før de slo seg fast ned som mester. Byhåndverket var også fast regulert, og i de større byene var håndverkerne organisert i laug i de største fagene. Men dette var slik det hadde vært før. Det skjedde neppe store endringer innen håndverksnæringen fra midten av 1600-tallet til utgangen av Den store nordiske krig. Annerledes var det med industrien.

Det falt nær i tråd med merkantilistisk tankegang å favorisere manufakturer, den tids fabrikker, for derved å redusere importen av fremmedvarer. Forretningsfolk som ville starte en industri, ble støttet med utstrakte privilegier, monopoler og gunstige tollsatser som skulle begrense innførselen av forarbeidede varer eller hindre utførselen av råvarer. Selv om rikenes hovedstad først og fremst ble tilgodesett, ble det også lagt ned et betydelig arbeid for å legge forholdene til rette for industriell virksomhet i Norge.

Et forslag fra zahlkommissær Peter Dreyer i Kristiania om å opprette et norsk kompani som skulle drive manufakturer, er de første kjente planer om en større industri i Norge. Den nødvendige kapital skulle reises ved at rike borgere gikk sammen om foretakene, og staten burde støtte virksomheten med utstrakte privilegier. Dreyers forslag vant et spontant bifall i statskollegiet i København, og 20. april 1665 ble det utferdiget et åpent kongelig brev som rommet utstrakte privilegier for det norske kompaniet, som først og fremst skulle produsere artikler av huder og skinn, som det var overflod av i landet. Men til tross for at utførselstollen på rå huder og skinn ble tredoblet og importtollen på de varer kompaniet skulle produsere ble firedoblet, ble det ikke skapt noen manufakturer. Dette skjedde først i begynnelsen av 1670-årene, og mannen bak den første norske industrien var holsteneren Jørgen Thormøhlen i Bergen, som uten tvil var den mest initiativrike og driftigste forretningsmann i Norge i siste halvpart av 1600-tallet.

Jørgen Thormøhlen ble født i Hamburg omkring 1640 og tilhørte en borgerfamilie i den gamle hansestaden. Som ung hadde han oppholdt seg i Nederland, Frankrike og

*Jørgen Thormøhlen (ca. 1640–1709). Samtidig maleri. Thor-
møhlen, som var Norges fremste forretningsmann i siste halvdel
av 1600-tallet, ble i 1681 utnevnt til kommersedirektør. Det inne-
bar at han skulle være mellommann mellom norske industrifolk og
kollegiene i København.*

England, og hadde fått et nært kjennskap til forretningsli-
vet der. Det var således en europeer med utstrakt kjennskap
til industri og handel i de ledende sjøfartsnasjoner som
fremstilte seg på rådhuset i Bergen 10. november 1664 for å
ta borgerskap som kjøpmann. Tolv år senere giftet han seg
med Giertrud Magers, datter til storkjøpmannen og skips-

301

rederen Henrich Magers fra Lüneburg, og dette bidrog uten tvil til å styrke hans økonomiske stilling. Men alt på den tid hadde Thormøhlen satt spor etter seg som forretningsmann i Bergen.

Jørgen Thormøhlen må ha vært fylt av en umettelig trang til virksomhet. Han hadde stadig nye og dristige idéer og manglet heller ikke handlekraft og mot til å sette dem ut i livet. Overalt kunne man spore virkningene av hans aktivitet. Han drev utstrakt handel med fetevarer og brensel med bøndene i Bergenhus stift. Han eksporterte trelast fra Sunnhordland og sjølenene. Han virket som utreder for nordfarerne og fikk i økende grad kontroll med hele finnmarkshandelen. Han slo seg tidlig på redervirksomhet og var i første halvpart av 1690-årene ikke bare Bergens, men Norges ubestridt største reder, eneeier av nærmere tjue skip samt partseier i en rekke andre skip. Han eksporterte sild til Danzig og fikk korn i retur. Han var en av byens storeksportører av tørrfisk til Amsterdam og torsketran til Hamburg og ble, takket være ordningen med defensjonsskip, en av byens største importører av fransk vin og brennevin, og Norges ledende saltimportør med kontrakter både i Frankrike, Portugal og Spania. Men hans planer spente videre enn til Europa. Han var med på å grunnlegge et hvalfangstkompani som skulle drive hvalfangst på Grønland, og deltok i et mislykket forsøk på å etablere en fast handels- og fangststasjon der. I 1690 forpaktet han handelen på den dansk-norske kolonien, St. Thomas i Vestindia, og da plantasjene på øya ble drevet med negerslaver, har han ikke vært ukjent med slavedrift, selv om han kanskje ikke selv direkte har tatt del i den.

Thormøhlen fikk snart betrodde tillitsverv av byens borgere, og fra 1679 satt han som en av Bergens eligerte. Han hadde også gode kontakter i kollegiene i København, som fulgte med levende interesse hans altomfattende aktivitet. I 1681 ble han utnevnt til kommersedirektør, fra 1690 kommerseråd, i Norge, og skulle fungere som et mellomledd mellom kollegiene i København og norske næringsdrivende, avgi uttalelser og komme med forslag til

Fra 1695 fikk Jørgen Thormøhlen tillatelse til å utstede sine egne pengesedler for en verdi av inntil 100 000 riksdaler. Den som er avbildet her, lyder på 100 riksdaler. Folk hadde imidlertid ikke særlig tillit til sedlene og allerede sommeren 1696 ble de avskaffet.

fremme av handel og industri. Han var med på å forpakte innkrevingen av toll i det nordafjelske Norge, og aksisen, ringepengene og fisketienden i Bergen. Da han kom i likvidasjonsvanskeligheter, fikk han endog rett til å utstede pengesedler, de første pengesedler som ble utstedt i rikene. Senere tilbød han endog å sette Ludvig 14. inn i sine seddelbankidéer, idéer som skulle føre til en mirakuløs gjenreisning av Frankrikes økonomi. Som vederlag skulle Thormøhlen ha en godtgjørelse på 50 000 riksdaler.

Da Kristian 5. i 1685 besøkte Norge, kom han også til Bergen, og Thormøhlen ble kongens selvskrevne veiviser gjennom byen og i sine egne omfattende industrianlegg på Sydnes, som var et særsyn i Norge. Alt tidlig hadde han et klart blikk for de muligheter videreforedling av produk-

Fra et nederlandsk skipsverft i slutten av 1600-tallet. Tre skip er under bygging mens et fjerde er lagt på siden for å bli kjølhalt. Utsnitt av et kobberstikk i Cornelius van Yks lærebok i skipsbygging, «De Nederlandsche Scheepsbouw-Konst», Amsterdam 1697.

ter fra fiske- og hvalfangsten åpnet. I 1673 hadde han grunnlagt et trankokeri, fem år senere en reperbane. I 1682 startet han et saltkokeri og fikk snart enerett på all saltkoking og salg av fint salt i Danmark, Norge og hertugdømmene. Samme år grunnla han et såpekokeri, og tre år senere et bekkokeri. Året etter kjøpte han Lilledal kopperverk av Ulrik Frederik Gyldenløve. Men for den initiativrike forretningsmannen var dette bare en begynnelse. Alt året før kongen besøkte byen, hadde han fått privilegium på et ullmanufakturverk, raskmakeri, fargeri, hattemakeri, veveri, spikerverk, garveri, fellberederi og kruttmølle. Nå hindret riktignok økonomiske vanskeligheter ham i å realisere alle disse planene, men de står som et vitnesbyrd om hans frodige fantasi og hans pågåenhet og dristighet.

Thormøhlens suksess i Bergen ble støtet til at stattholderen i 1687 fikk befaling om å legge forholdene til rette for opprettelse av manufakturer også i landets øvrige byer, og især mente han at lær-, metall- og tøyindustrien burde ha muligheter. Fremmede vevere som ville slå seg ned i landet, ble tilstått religionsfrihet og ti års skattefrihet. Initiativet fra regjeringen førte også til grunnleggelse av endel såpekokerier, oljemøller og en papirfabrikk i Kristiania. Men dette var likevel bare bagateller sammenlignet med en annen industrigren som nå fikk sin første blomstringsperiode, og hvor Thormøhlen ikke kan ha vært uten interesser, skipsbyggingsindustrien.

Nå hadde det riktignok eksistert skipsverft i Norge som hadde bygd store koffardiskip alt før midten av 1600-tallet, men det store gjennombruddet for norsk skipsbyggingsindustri kom som en direkte konsekvens av de gylne konjunkturer for norsk sjøfart på 1600-tallet. Samtidig som Thormøhlen tumlet med planer om nye og store industrianlegg på Sydnes, skjøt det ene skipsverft opp etter det andre langs hele kysten fra Fredrikshald i sør til Trøndelagen i nord. Bygget i «Skiørn her i lenet», opplyses det således om to store koffardiskip i en kilde fra 1695.

Materialer til skipsbyggingen hadde man i Norge, og det fantes endel skipstømmermenn med erfaring. Men det var ikke nok, og en rekke folk ble hentet fra Nederland mot løfter om overdådig fortjeneste. Rundt hele Norge gikk skip etter skip fra beddingene, og den store norske flåten som ble skapt i løpet av tre-fire år etter utbruddet av Den pfalziske krig, var for en stor del bygd i Norge. Av de atten skipene som var hjemmehørende i Larvik i 1696, var tolv bygd her i landet, sju i og like ved Larvik, to i Sandefjord, ett i Risør, ett i Kristiansand og ett i Arendal.

Et annet bilde av travelheten på beddingene får vi i skipsmålingsbøkene fra Thormøhlens egen by. I 1692 har vi kjennskap til at iallfall ett skip, Jomfru Catrina, på 124 lester var bygd «to mil nordenfor Bergen». I 1693 ble det registrert 5 nye skip bygd i eller nær byen: St. Johanne, Kristina Margreta, Bernardus, St. Nicolay og Den cronede Stockfish. I 1694 gikk det minst åtte nybygginger av stabelen: Nyekircken, Abrahams Offer, Diwerke, St. Johannes,

*Denne illustrasjonen i van Yks lærebok i skipsbygging fra 1697
viser en sjøsetting under glade tilrop fra arbeidere og redere. Ne-
derlandske skipsverft ble regnet blant de fremste i verden på den-
ne tid og hadde stadig besøk av lærevillige utlendinger. Til og*

St. Petter, St. Ole, Jomfru Iide og Jomfru Ecta. Og retter
vi blikket fra Larvik og Bergen til større deler av landet,
blir bildet det samme. I årene 1688–99 ble det målt 303 *nye*
skip i det sønnafjelske Norge, og et stort antall av disse
var bygd i Norge, selv om det ikke er mulig å angi noen
prosent. Og det bør understrekes at det ikke var småfar-
tøyer det dreide seg om. Mange av skipene var store trelast-
dragere på mellom to og tre hundre lester.

   Eventyret Thormøhlen fikk en brå ende. Da krisen brøt
ut i 1697, var han en ruinert mann. Atten av hans skip var
blitt oppbrakt i løpet av krigsårene, noe som hadde ført til
langvarige prosesser og store tap. Hans første ekspedisjon
til St. Thomas hadde brakt en eventyrlig fortjeneste og
hadde lokket til nye og enda større investeringer. Alt han
eide var blitt pantsatt for å utruste den nye ekspedisjonen
som skulle bringe enda mer svimlende utbytte. Men den
neste ekspedisjonen endte i økonomisk katastrofe. Ring-
virkningene skulle snart merkes. Thormøhlen mistet for-
paktningene for staten. Mangelen på likvider tvang ham til
å trekke seg ut av finnmarkshandelen. Skipene måtte sel-
ges. Lilledals kopperverk måtte innstille. Da Fredrik 4.

*med den russiske tsar, Peter den store, arbeidet i 1697 en tid som
tømmermann ved verft i Zaandam og Amsterdam. Han var kledd
som arbeiderne (se s. 397), men ble likevel ofte gjenkjent og pla-
get av folks nysgjerrighet.*

besøkte Bergen i 1704, stod bare såpekokeriet på Sydnes
igjen som et minne om hans utrettelige aktivitet, og i ad-
miral Gyldenløves dagbok fra reisen nevnes den fornemme
kommerseråd flyktig som «en mann kalt Thormøhlen».

Selv om Thormøhlen og mange andre forretningsmenn
var brakt til ruin i 1697, skulle flertallet av de norske reder-
ne oppleve en ny gyllen tid da krigen mellom Frankrike og
sjømaktene brøt ut igjen i 1701. Først da Fredrik 4. i 1709
kastet rikene inn i krigen med Sverige, satte han et defini-
tivt punktum for den første norske storhetstiden på havet,
og dermed også for den første storhetstiden for norsk skips-
byggingsindustri. Da krigen var til ende, var Norges flåte
redusert til nivået fra 1688, og først bortimot et halvt år-
hundre senere skulle den igjen nå nivået fra 1690-årene.
Men sammenbruddet for rederne var også dødsdommen
over skipsbyggingsindustrien.

Den første norske storhetstiden på sjøen og den første
blomstringsperioden for skipsbyggingsindustrien står på
mange måter som et intermesso i norsk sjøfartshistorie.
Men på ett område fikk den uten tvil varige virkninger.
Det var først og fremst de små rederne som ble skjøvet ut

under krisen i 1697 og etter sammenbruddet i 1709. For de forretningsmenn som nå holdt på å vokse fram til en herskerklasse i norsk næringsliv, skapte de gylne år for sjøfartsnæringen og skipsbyggingsindustrien under Den pfalziske krig og første del av Den spanske arvefølgekrig grunnlaget for en fastere kombinasjon av redervirksomhet, sagbruksdrift, trelasthandel og bergverksdrift. Også sjøfarten skulle bli en varig del av fundamentet under det fremvoksende handelspatrisiat.

Ett land – to kulturer

I de to mannsaldrene fra Kristian 4.s død i 1648 til utgangen av Den store nordiske krig var Norge som før først og fremst et bondeland, men bondestanden utgjorde ingen homogen enhet, verken fra et næringsøkonomisk, yrkesmessig eller sosialt synspunkt. Etter manntallene fra 1665 hadde den norske gjennomsnittsbonden en husstand på 5–6 personer. Han hadde hest, 8–9 kuer, 10 sauer og geiter og han avlet 13–14 tønner korn årlig. Etter matrikkelutkastet fra 1723 hadde gjennomsnittsbonden hest, 7–8 kuer, 10 sauer og geiter og avlet 13–14 tønner korn. Det var således små forandringer både når det gjaldt husdyrhold og kornavl på bruket.

Men gjennomsnittsbonden eksisterte bare på papiret. Etter matriklene fra 1665 og 1723 var det store variasjoner mellom gårdene i de ulike landsdelene, innen det samme fogderi og innen samme sokn. Men gjennom alle variasjonene trer det fram et klart mønster: forskjellen mellom bonden på Østlandet og bonden i det vesta- og nordafjelske Norge. I 1723 hadde en gjennomsnittsbonde i Akershus amt 2 hester, 8–9 kuer, 7 sauer og geiter og han avlet 26 tønner

---

Bondekone fra slutten av 1600-tallet med åtte barn. Hun var Golbonden Bjørn Frøysaaks annen kone. Med den første hadde han ti barn. Bjørn på Frøysaak (se s. 171) hadde med andre ord en husstand som i størrelse var langt over gjennomsnittet. På den annen side skal man ikke utelukke at endel av barna på bildet kan være dødfødte eller død i ung alder. Det var vanlig å portrettere alle, både levende og døde på slike bilder. Utsnitt av et maleri fra 1699 i Gol stavkirke, nå på Norsk Folkemuseum.

korn. Gjennomsnittsbonden i Søndre Bergenhus amt delte hest med grannen, hadde 9 kuer, 14 sauer og geiter, og han avlet 8–9 tønner korn.

Nå gir likevel disse oppgavene over husdyrhold og utsæd på mange måter et skjevt bilde av levekårene i de ulike deler av landet, fordi østlandsbonden hadde en viktig støttenæring i skogen, vestlandsbonden i fisket. Et mer nyansert bilde får man gjennom skifteprotokollene. En undersøkelse som er gjort på basis av systematisk utvalgte skifter i Sunnhordland fogderi i årene 1690–1722, viser at bøndene langtfra utgjorde noen homogen gruppe. Den rikeste bonden i fogderiet hadde en nettoformue på 582 riksdaler, mens de 35 fattigste bøndene det ble holdt skifte etter, bare hadde en gjennomsnitts nettoformue på 25 riksdaler. Der var også en markert forskjell på bøndene i de indre byg-

En bonde i vadmels-bukse og kofte, ull-strømper og toppplue spiller på klarinett. Malt glassrute fra begynnelsen av 1700-tallet.

Bondeektepar fra Trøndelag i første halvdel av 1600-tallet. Malt glassrute fra Hindrum kirke omkring 1630.

dene, som tydelig satt i bedre økonomiske kår, og bøndene ved kysten.

Den forskjellen som matriklene viste mellom bøndene i det sønnafjelske Norge og i det nordafjelske, avspeiler seg også i bondeskiftene fra begynnelsen av 1700-tallet.

BØNDERS FORMUE ETTER SKIFTER OMKR. ÅR 1700

Sorenskriveri	Tids-intervall	Antall skifter	Formue
Aker	1711–20	175	183 rdr.
Nedre Telemark	1701–16	134	185 »
Østre Råbyggelaget	1701–20	283	121 »
Hardanger og Voss	1701–20	436	123 »
Sunnhordland	1690–1722	111	83 »
Romsdal	1701–16	248	57 »
Inderøy	1711–20	209	67 »

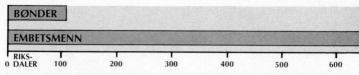

Diagrammet viser forholdet mellom embetsmenns og bønders bruttoformue i Sunnhordland i begynnelsen av 1700-tallet. Tal-

I Aker og Nedre Telemark var den gjennomsnittlige «beholdne formue» pr. skifte 183 og 185 riksdaler, i Romsdal bare 57 riksdaler og i Inderøy 67 riksdaler.

Nå skal en selvfølgelig være varsom med å trekke slutninger om levekår også på grunnlag av skiftemateriale, men forskjellen mellom skiftene fra det sønnafjelske Norge, Aker, Nedre Telemark og Råbyggelaget og skiftene fra det nordafjelske, Romsdal og Inderøy er så store at en må kunne trekke slutningen: Ved inngangen til 1700-tallet har gjennomsnittsbonden på Østlandet økonomisk sett stått høyt over gjennomsnittsbonden på Vestlandet og i Trøndelag. Matriklene og skiftene gir opplysninger om bøndene, oppsitterne på gårdene, men ingenting om tjenestefolkene. I 1665 var 17–18 prosent av alle menn på bygdene tjenestegutter, det vil si at en fant en tjenestegutt på annen hver gård. En undersøkelse basert på folkelønnsskatten fra 1711, viser at drenger hos vanlige bønder tjente årlig 3–4 riksdaler, tjenestepikene 2–3 riksdaler. Hva dette betydde i realinntekt, får man en antydning om i det presten i Åseral skrev som innledning til folkelønnsskattemanntallet: «Udi dette sogn får tjenestefolk ikke andet end deris hverdags klær til året.» At maten var inkludert, fant ikke presten det nødvendig å nevne.

Folkelønnsskatten viser at embetsmennene betalte langt høyere lønn til tjenestefolkene enn bøndene. Hva drengene hos sorenskriver Niels Hedemark fikk, har vi sorenskriverens egne ord for: «Tvende drenge hver 3 rigd. i løn i klæder hver 3 rigd.» Han gir også klar opplysning om hva slags klær det var: «Klæder efter landes skik; en vadmels klædning, to strie skjorter, tre par skor og et par strømper.» Niels

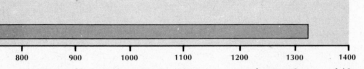

lene som ligger til grunn for diagrammet er hentet fra arveskifter 1690–1722. Arbeidet er utført av Anders Kåre Engevik.

Hedemark hadde også to tjenestepiker. De fikk 1 riksdaler og 2 ort i kontanter foruten «deris klæder; en vadmels klædning, skiorten af strie, tre par skor og et par strømper». Verdien av klærne til tjenestepikene ble taksert til 3 riksdaler.

For en dreng som hadde en årslønn på 3–4 riksdaler foruten kosten, fantes det små muligheter for å avansere sosialt innen bondesamfunnet, dersom de ikke ble giftet inn på en gård, eller fikk bygsle en eiendom. Men de hadde muligheter for å dra til byene for å søke sitt utkomme der, ta hyre på en båt, eventuelt dra til Danmark, Holland, eller England, eller de kunne gjøre slik det nå begynte å bli vanlig – slå seg ned som husmann under en gård. Men husmannsstanden utgjorde en klar underklasse innen bondesamfunnet. Mens hver gjennomsnittsbonde i Akerhus amt 1723 hadde 2 hester, 8–9 kuer, 7 sauer og geiter, og avlet 26 tønner korn, hadde gjennomsnittshusmannen i amtet én ku, noen sauer og avlet 2–3 tønner korn. Lignende forhold finner en i de andre amtene i det østafjelske Norge. Tendensene til en kløft mellom en velholden odelsbondestand og en fattig husmannsstand var tydelige alt i 1723.

Men tross de store forskjeller som eksisterte mellom bøndene innen den enkelte bygd, mellom østlandsbonden og vestlandsbonden, mellom husbondsfolk og tjenestefolk og husmenn, dannet likevel bondesamfunnet på mange måter en enhet i forhold til de to nye herskerklassene som nå inntok adelens plass som de ledende samfunnsgrupper i landet.

Tallmessig utgjorde embetsstanden og storborgerskapet en minoritet i samfunnet, som på mange måter var skilt fra bondesamfunnet. Bøndene hadde sine røtter i Norge, det

En norsk embetsfamilie i 1670-årene, Romsdal-fogden Iver Anders-
søn (1630–83) med hustru Anna Ludvigsdatter Munthe (1630–88)
og seks barn. Utsnitt av et epitafium i Vestnes kirke, Møre og
Romsdal.

store flertall av embetsmenn og storborgerne var enten selv
innflyttere, eller stammet fra innflyttere. Dette skillet
ble klart markert rent språklig. Mens bøndene talte norske
dialekter, brukte mange av innflytterne sitt morsmål, enten
det var dansk, tysk, engelsk eller hollandsk. Men etter hvert
som innflytterne ble bofast i Norge, ble også dansk deres
talespråk. Bare det språklige skillet dannet en dyp kløft
mellom embetsstanden og storborgerskapet på den ene si-
den og bondestanden på den andre. Embetsstanden og bor-
gerne inntok også en rekke maktposisjoner i samfunnet som
hevet dem høyt over bondesamfunnet. Prestene tolket Guds
ord i kirken, sorenskriveren kongens lov for retten, offise-
ren kommanderte legdshæren i landsherrens navn, tolleren
krevde opp kongens toll og fogden kongens skatt. Amt-
mannen og stiftamtmannen avgjorde mange mindre saker i
lokalsamfunnet, og deres påtegning skulle som regel bli

avgjørende for den skjebne sakene skulle få i kollegiene i København.

Embetsmennene hadde sin autoritet i kraft av den kongelige utnevnelse og i kraft av å være kongens representant i landet. Borgerskapet hadde skaffet seg maktposisjoner i det økonomiske liv, gjennom bergverksprivilegier, sagbruksprivilegier, kjøpstadprivilegier, og hadde fordelen av å disponere store kapitaler. Den maktposisjon som embetsmenn og borgere inntok overfor bondesamfunnet, var dels et resultat av oppgaver de var overdratt av kongen, dels et resultat av rikdom. Og maktposisjon og rikdom skulle danne grunnlag for ny rikdom. – Selv soknepresten i landets fattigste kall stod økonomisk sett høyt hevet over bøndene som omgav ham.

En undersøkelse av formuesforhold hos prester og embetsmenn i Sunnhordland 1690–1722 basert på skifter, viser at bøndene hadde en gjennomsnitts nettoformue på 87 riksdaler, embetsmennene 1217 riksdaler. Men samtidig må det understrekes at sokneprest Kristoffer Garman ikke er tatt med ved utregning av prestenes gjennomsnittsformue. Han alene hadde en nettoformue på 13 089 riksdaler. (Diagrammet s. 312 viser bønders og embetsmenns bruttoformue.)

Mange år etter statsomveltningen var det som før ikke noe klart skille mellom embetsmenn og borgere. Embetsmenn drev borgerlig næring og borgerne ble embetsmenn. Mange av de store næringsdrivende hadde begynt som embetsmenn slik som sagbrukseieren Jørgen Philipsen. Han hadde vært fogd, ble senere lagmann for til sist å vie seg helt til sin forretningsdrift på Hønefoss og i Drammen. Noe lignende gjaldt Hans Brix i Trondheim. Takket være sin innsats under den andre svenskekrigen i 1658, ble han president i Trondheim, men drev også omfattende forretningsvirksomhet, og ble en av byens største sagbrukseiere og trelasthandlere. En motsatt vei gikk Jørgen Thormøhlen i Bergen, som begynte som forretningsmann, men som fra 1681 også ble kommersedirektør i Norge. Andre, som generalene Tritschler og Hausmann, ble store forretningsmenn ved å gifte seg inn i borgerfamilier.

315

En av dem som vant størst ry innenfor litteraturens verden i siste halvdel av 1600-tallet, var bergenserinnen Dorothe Engelbretsdatter (1634–1716). Hun skrev lette og inderlige vers som samtiden satte stor pris på. Dette bildet av henne er et utsnitt av tittelkobberet til en utgave av hennes debutbok, «Sielens Sang-Offer», fra 1678.

Fra rent borgerhold ble det reist gjentatte klager over embetsmenn som drev forretningsvirksomhet. Statsledelsen så også med skepsis på mange embetsmenn som drev forretninger, selv om selveste stattholderen var en av Norges største næringsdrivende. Fra 1680-årene førte man derfor en

bevisst politikk rettet mot embetsmennenes forretnings-
virksomhet fordi embetsmannen i kraft av sin stilling som
kongens representant i et amt eller et fogderi lett kunne ut-
nytte den makt han var forlent med som kongens represen-
tant til å skaffe seg fordeler i handelen. Til å begynne med
ble derfor embetsmenn forbudt å drive forretningsvirksom-
het innen sitt eget embetsdistrikt. Senere ble bestemmelsene
skjerpet, og skillet mellom en storborgerstand og en embets-
stand ble mer og mer klart utover på 1700-tallet.

Men selv om det oppstod et klart skille mellom embets-
menn og storborgere, kom de på mange måter til å danne en
enhet like overfor bondesamfunnet, bundet sammen med sitt
språk, sin kultur, sine omgangsformer, sin økonomiske vel-
stand, og sine maktposisjoner. Etter som tendensen til selv-
rekruttering både innen borgerskapet og innen embets-
standen ble mer og mer fremtredende, betydde det at kret-
sen ble mer og mer lukket i forhold til den menige allmue.
Det hendte nok at folk fra de kondisjonertes rekker sank
ned i allmuens rekker; men for en allmuesmann var veien
inn i storborgerskapet eller embetsstanden lukket.

Utbyggingen av et statlig byråkrati og fremveksten av et
storborgerskap var begynt lenge før 1660, men den skjøt for
alvor fart etter statsomveltningen, og går vi fram til slutten
av 1600-tallet, var den norske befolkning delt i to klart at-
skilte sjikt, en herskerklasse av borgere og embetsmenn og
en menig allmue. Det skaptes som alt nevnt en dualisme som
skulle bli et særkjenne ved det norske samfunn gjennom
hundreår, en dualisme tilspisset i formuleringen: ett land,
to kulturer.

På det indre plan møter man ofte både i siste halvpart
av 1600-tallet og på 1700-tallet alvorlige rivninger mellom
storborgere og embetsmenn på den ene siden og allmuen på
den andre, slik som i opptøyene ved bergverkene på Røros
og Kongsberg. Men tross den dype kløft som gikk mellom
de mektige herskerklasser med røtter i fremmed land og
fremmed kultur, og den norske bondeallmue, var det også
bånd som knyttet dem sammen: riksdelen Norges interesser
i det oldenborgske statssystem.

RIKSDEL OG RIKSPOLITIKK

Undersått og øvrighet

Fra rikspolitisk synspunkt

Rikspolitisk stod statsledelsen i København overfor to hovedproblemer etter statsomveltningen: regimets stilling i riket, og rikets stilling i Europa. Det første problemet hadde man bevisst søkt å løse ved omstøpningen av rikets sentralforvaltning og lokalforvaltning etter statsomveltningen. «Voris kongelige arvehuses conservation» inngikk alltid som første punkt i den lange rekke instrukser som ble utferdiget for embetsmenn.

For å sikre kongen ytterligere mot eventuell uro eller opprør ble det i 1663 ansatt én generalfiskal for Danmark og én for Norge.

Disse skulle fungere som sjefer for et hemmelig overvåkingsvesen: «Skal han med hans underhavende på det allerflittigste lade sig vere angelegen at erfare og fornemme, om nogen uformodentlige forsamlinger, forræderi eller oprør kunde være forhånden eller bringes på baner, som mod os, voris kongelige arvehus så og riger og lande kunde vere anstillet eller og om nogen enten hemmelig eller åbenbare

Verken Fredrik 3. eller Kristian 5. innlot seg på kostbare slottsbygg. De holdt hoff i sin forgjenger, Kristian 4.s, storstilte renessanseanlegg på Rosenborg i København og Frederiksborg i Hillerød. I utenlandske øyne var kanskje ikke Frederiksborg – som sees her – spesielt luksuriøst, men i nordmenns og danskers øyne var det et imponerende slott. Det var Fredrik 2. som kjøpte Hillerødholm i 1560 og gav det navnet Frederiksborg. Hans sønn Kristian 4. – som var født der – rev det meste ned og reiste i årene 1602–20 det slottet som fremdeles er bevart. Utsnitt av et tresnitt etter en tegning av C. V. Nielsen fra omkring 1880.

skulle understå sig, oss eller voris kongelige arvehus med forsmedelig bagtalelse at forulempe, da skal bemelte fiscal ingenlunde dølge eller fortie, men for alting os det i tide tilkjendegive.» Stillingen som generalfiskal i Norge ble opphevet i 1670, og generalfiskalen for Danmark ble nå generalfiskal for begge kongerikene. Hans oppgaver ble også endret slik at han vesentlig ble anklager i saker anlagt av generalprokurøren, som nå overtok generalfiskalens oppgave som sjef for rikenes overvåkingsvesen.

En strengere kontroll med hva undersåttene tenkte, sa og gjorde var ett middel for å styrke det eneveldige borgerregimes maktstilling. En sterk understrekning av kongens storhet og guddommelige mandat var et annet. I Kongeloven hadde Peder Schumacher riktignok basert det kongelige enevelde på et naturrettslig fundament. Men for biskop Hans Vandal hadde denne læren måttet vike for teorien om kongedømmet av Guds nåde. Mens Kongeloven forble en hemmelighet for de fleste helt fram til 1709, nådde Vandals teorier i forenklet form ut til folk alt i de første tiårene etter statsomveltningen. De gikk igjen i prestenes prekener og ble hamret inn i folks tankegang. «Gud alene giver konger,» skrev Frederik Gabel, «og konger, af Gud satte, giver regeringsmåden, som undersåtterne vil submittere til.» Og Kristian 5. erklærte i et av sine testamenter at «Rigerne hører kongen til som sit patrimonium og domæne».

Det var ved Ludvig 14.s hoff at læren om kongedømmet av Guds nåde hadde sin fremste talsmann, biskop Bossuet. Det var også Ludvig 14. som skulle gå foran når det gjaldt å understreke kongens opphøyde maktstilling med ytre prakt og glans. Livet i Solkongens Versailles ble en modell som Europas små og store enevoldsfyrster søkte å kopiere så langt de økonomiske ressurser tillot.

Nå var riktignok hoffholdet i København under de første enevoldskonger enkelt sammenlignet med den luksus som samtidig ble utfoldet ved søreuropeiske hoff. Verken Fredrik 3. eller Kristian 5. innlot seg på kostbare slottsbygg. Det var først i Fredrik 4.s første regjeringsår Frederiksberg stod ferdig, men sett med utenlandske diplomaters øyne, var

selv det lite og enkelt. Det ville ha vært en vakker privatbo-
lig for en privatmann, skrev en blasert engelskmann, men
som kongeslott var det ingen merkverdighet.

Men alt er relativt, også hoffhold. Selv om slottsbygg og
hofflivet var enkelt i København sammenlignet med all den
prakt som ble utfoldet i Ludvig 14.s Versailles eller med
den overdådige mengde av kunstskatter som ble samlet av
August den sterke i Dresden, betegnet statsomveltningen et
markert skifte. Også i København skulle det brukes veldige
beløp på fester, maskerader, smykker, kunstskatter for i
det rent ytre å markere kongens opphøyede stilling. Selv om
Fredrik 3. elsket et tilbaketrukket liv viet sine bøker, sver-
met iallfall hans unge dronning, Sofie Amalie, for praktful-
le ball, teater og operaforestillinger. Kristian 5. opprettet
den nye høyadelen av grever og baroner til «voris konge-
lige arvehuses zir», og i tråd med dette ble det laget detal-
jerte rangforordninger i 1693, 1699 og 1716. Det er et godt
vitnemål om den vekt som ble tillagt disse rangforordnin-
gene, at Kristian 5. konsiperte den første, og den tredje ble
til midt under Den store nordiske krig. Det hørte også med
til den underdanige hyllest av kongen at det ble saluttert
med kanonskudd, blåst trompetfanfarer og slått på pauker
når kongen skulle gå til bords. Ved høytidelige anlednin-
ger ble det samme gjentatt «så tidt retterne bleve ombårne».
Når enten en konge eller en dronning døde, påbød etiket-
ten at «alle af adel såvel som i det hele både høie og nedrige
betjente såvel som magistraten og de fornemme borgere i
København skulle tillige med deres tjenere bære sorte sørge-
klæder et helt år igjennem».

Ønsket om å skape glans omkring kongen førte også til en
stor utvidelse av hoffstaben, av hoffembetsmenn og hofftje-
nere, som til sammen utgjorde flere hundre og spente fra
riksmarskalk, kammerherrer nedover til livleger, predikan-
ter, statsbetjenter, jaktbetjenter, barberere, dansemestre.
Dette betydde også at det gikk med langt større beløp til
hoffholdet enn tidligere. Også Kristian 4. hadde brukt store
summer på sine mange slottsbygg og på hoffestligheter, men
det var likevel lite mot hva som ble brukt i årene etter stats-

omveltningen. I Kristian 4.s siste år og i Fredrik 3.s første regjeringstid ble det brukt omkring 26 000 riksdaler til hoffbespisningen, og 20 000 riksdaler til vinkjelleren samt «sukker og gewürtzt». I 1664 gikk det med nærmere 53 000 riksdaler til hoffbespisningen og 29 000 riksdaler til vin og øl.

Selv om den engelske statsutsendingen, Molesworth, som besøkte København i 1693, fant det danske hoff så enkelt at det neppe fortjente å kalles et kongelig hoff, slukte det i årene 1661–75 i gjennomsnitt 400 000 riksdaler pr. år, eller en femtepart av de samlede statsutgifter. En annen femtepart av statens utgifter omfattet en rekke poster, men den største blant disse var uten sammenligning lønninger til embetsmenn i rikets sentral- og lokalforvaltning, som på sin måte skulle tjene som fundament under den eneveldige kongemakt, slik som all prakten ved hoffet og den underdanige kongehyllest.

Den tredje og viktigste oppgave statsledelsen stod overfor på riksplanet, gjaldt forholdet til fremmede makter. Det omfattet tollpolitikk og handelstraktater. Det gjaldt fremfor alt maktpolitiske spørsmål. Freden i København hadde som nevnt totalt forandret Danmark-Norges utenrikspolitiske stilling. Maktbalansen i Norden var definitivt endret til Sveriges fordel. Fra 1658 til 1713 lå dessuten Gottorp som en fiendtlig enklave på dansk grunn. Det betydde at Danmark, som nevnt, i de to første mannsaldrene etter statsomveltningen befant seg i en militær og politisk knipetang, klemt mellom Sverige og Sveriges allierte, Gottorp. Dette forholdet kom naturlig til å diktere hovedlinjen i dansk utenrikspolitikk. Det første målet var å knekke Gottorp, det andre og viktigste å gjenerobre de tapte landskaper i Sverige og atter skape maktbalanse i Norden.

Fra freden i København i 1660 til freden på Frederiksborg i 1720 skulle derfor Danmark føre en aktiv utenrikspolitikk. I 1675 ble en ny og blodig krig med Sverige innledet med angrep på Gottorp, fulgt av danske styrkers landgang i Skåne og norske styrkers innfall i Båhuslen. I 1684 besatte danske styrker for andre gang Gottorp, og styrkene fortsatte videre mot Hamburg. I 1695 innledet Danmark det tredje

Fredrik 3.s praktelskende dronning, Sofie Amalie, ønsket å pynte opp Rosenborg slott som var noe gammelmodig etter hennes smak. Som et ledd i denne ansiktsløftning lot hun Abraham Wuchters male et takmaleri av seg selv som Olympens dronning Hera — naken og yppig. Det virket ikke direkte hemmende på alle de rykter som verserte om dronningen og hennes mange elskere. Foruten denne praktlyst og elskovstrang viste dronningen dessverre også et maktbegjær og et uforsonlig hat til sine fiender.

felttoget mot Gottorp og i 1699 det fjerde, som fra dansk side ble like resultatløst som de tre første. Ti år senere erklærte Fredrik 4. krig mot Sverige, og krigen ble først avsluttet med freden på Frederiksborg elleve år senere.

Den aktive danske utenrikspolitikken var en konsekvens av den knipetangsstillingen landet befant seg i, og den var basert på to forutsetninger: sterke allierte og egen styrke. Oppgaven å velge rette allierte til rett tid i Ludvig 14.s Europa var ingen lett oppgave selv for den mest klartseende politiker, og utenrikspolitisk klarsyn var ikke det mest fremtredende trekk ved utenriksledelsen i København. Man valgte allianse med Nederland og Brandenburg når man burde ha valgt allianse med Frankrike, og man valgte allianse med Frankrike på et tidspunkt da man burde ha søkt tilknytning til Frankrikes motstandere.

Ved inngangen til 1600-tallet hadde utgiftene til forsvaret vært relativt beskjedne og var stort sett blitt dekket ved de inntekter lenene brakte. Rikenes militærmakt bestod av små garnisoner i festningsbyene og den militærplikt som påhvilte lensmennene. Dersom rikene kom i krig, var man gått til en utstrakt verving av yrkessoldater i utlandet, som ble dimittert når krigen var slutt. Først i 1630-årene fikk rikene en fast stående hær på 3000 mann, og fra 1640-årene av trengtes det langt større styrker, om man ikke skulle oppleve en plutselig overrumpling fra svensk side. I 1640-årene hadde Hannibal Sehested med hell tatt i bruk utskrevne bondesoldater i Norge, og senere skulle en gå til et lignende skritt i Danmark. For fremtiden skulle det dansk-norske forsvarsvesenet bestå av en stor flåte, en stor vervet hær og utskrevne soldater. Men denne utvidelsen av rikets militære styrke førte også til en veldig økning i statsutgiftene.

Fra begynnelsen av 1620-årene fram til 1660-årene ble rikets utgifter mangedoblet. De hadde gjort et veldig sprang oppover ved hver krig, Keiserkrigen, Torstensson-feiden og krigene mot Karl 10. Gustav, for å synke når det atter var blitt fred. Men hver gang stabiliserte de seg på et høyere nivå enn før krigen. I årene 1661–75 beløp de seg til 1,57 millioner riksdaler i gjennomsnitt pr. år, og av dette beløpet gikk 60 prosent til hær og flåte og 20 prosent til hoffhold. I tidsrommet 1676–1699 var statsutgiftene kommet opp i 3,3 millioner riksdaler pr. år, og ved utgangen av Den store nordiske krig hadde de nådd nye ukjente høyder.

De store utgifter til hoffhold, til statsadministrasjonen og fremfor alt til hær og flåte, stilte statsledelsen overfor veldige finansielle problemer. Det trengtes stadig større summer for å dekke utgiftene. Den raske utbyggingen av flåten og den utskrevne hæren skapte et konstant behov for ungt mannskap. Penger og soldater ble de to nøkkelordene som stadig gikk igjen. Men dermed rettes også søkelyset mot de reserver statsledelsen disponerte over, mot de enkelte riksdelene, mot Norge. Hva betydde vårt land fra et rikspolitisk synspunkt? Hva kunne det yte som bidrag til statens finanser i form av skatt og toll? Hvor mye mannskaper kunne en skrive ut der til hær og flåte?

Men før vi går nærmere inn på disse hovedspørsmålene og de faktorer som dikterte løsningen, må vi først rette søkelyset mot den innflytelse nordmennene øvde på statsledelsens avgjørelser rent alment under det unge eneveldet.

Privilegier og forordninger

Det var i samsvar med den eneveldige ideologi at hele statssystemet fra øverst til nederst skulle dirigeres av den eneveldige monark og hans rådgivere. I Danmark-Norge betydde dette at endog alle former for lokalt selvstyre ble utslettet. I byene ble det gamle folkevalgte byrådet erstattet av en magistrat på fire til åtte medlemmer utnevnt av kongen, og de skulle nå løse alle de oppgaver byrådet hadde hatt, dels hadde løst sammen med store borgermøter. Magistraten skulle føre tilsyn med vaktholdet i byen, utstede borgerbrev, ha kontroll med de kommunale bestillingsmenn, som i det første tiår etter statsomveltningen også ble utnevnt av kongen. Endelig skulle magistraten fungere som rådstuerett overordnet byretten, hvor byfogden dømte. Bare ved valg av takserborgere var avgjørelsen fortsatt overlatt borgerskapet.

På bygdene ble sentraliseringen gjennomført med enda større konsekvens enn i byene. Menighetene mistet nå definitivt sin medvirkning ved prestevalg; men allmuemenn ble betrodd vervet som kirkeverger og å føre kirkeregnskaper.

Ved Kristian 5.s lov ble bøndenes rett til å møte på tinget opphevet. Mens lagrettemennene tidligere var valgt på livstid blant de fremste bønder innen tinglaget, skulle for fremtiden ombudet som lagrettemenn gå på omgang mellom alle bønder på skattelistene. Det betydde at sorenskriveren i enda større utstrekning enn før ble den virkelige dommer i saker på bygdetingene. Lagrettemennene ble bisittere uten mulighet for å gjøre seg gjeldende. Tyngdepunktet ble dermed forskjøvet. Bygdetingene ble ikke lenger bøndenes organ, men et redskap for den eneveldige kongemakt, hvor fogden og sorenskriveren førte det avgjørende ord.

Men tross ønsket om å gjøre embetsverket utelukkende til et redskap for den eneveldige konge, kom praksis ofte til å stå i klar kontrast til intensjonene. Det er betegnende at alt omkring 1670 ble det opprettet nye valgte borgerorgan i Trondheim og Kristiansand, «de eligerte menn», som skulle føre kontroll med byenes budsjett og forhandle med den kongelig utnevnte magistraten om «hvad byen og borgerskabet til gavn kan gelinge». Senere fikk også de andre kjøpstedene sine «eligerte», i Stavanger åtte mann, i Trondheim og Kristiansand tolv, i Bergen seksten. «De eligerte menn» ble i praksis et selvrekrutterende organ, hvor medlemmene satt på livstid, og hvor storborgerskapet dominerte. Men tross sin konservative karakter kom «de eligerte» til å bli en kjerne for videreutvikling av et lokalt selvstyre i byen. Gjennom «de eligerte» fikk borgerskapet et eget organ som med tyngde kunne representere den enkelte by overfor øvrigheten.

Ved utformingen av det uniformerte og sentraliserte embetsverket i 1660-årene var tanken som nevnt først og fremst å skape et organ for den eneveldige kongemakt. Men i praksis kom embetsmennene til å stå i en dobbeltstilling. Når Petter Dass stod på prekestolen i Alstahaug kirke og talte til menigheten, var han den autoritære prest, utnevnt av kongen, som refset menigheten for synd og usømmelig levnet. Men når han skrev til biskopen, eller når han formet sine dikt, var han menighetens representant, som talte med varme om den fattige allmue han hadde fått som opp-

*Et norsk prestepar i slutten av 1600-tallet, sokneprest Ole Gjerd-
rum (1654–1732) og hustru Guri Søfrensdatter f. Pay (ca. 1653–
1729). Presten var øvrighetens representant i prestegjeldet, men
også dens talsmann overfor kongen.*

gave å våke over. Og som med Petter Dass var det med de
andre embetsmennene. De var kongens representanter i lo-
kalsamfunnet, men de var også lokalsamfunnets representan-
ter overfor kongen, og de skulle på mange måter bli bestem-
mende for hundrer og tusener av de avgjørelser som ble tatt
i kollegiene og i konsilet.

Hovedlinjene i rikenes utenrikspolitikk og de store prin-
sipielle avgjørelser i rikenes indre styre ble nok fattet av de
sentrale forvaltningsorganene. Den store mengde av små og
større saker som angikk lokalsamfunnene – det enkelte stift,
det enkelte amt, det enkelte prestegjeld – fikk nok også for-
melt sin avgjørelse i kollegier og konsil, stadfestet med kon-
gens underskrift. Men initiativet til sakene var som regel tatt
på det lokale plan, av embetsmenn, borgere og bønder. I sa-
ker av lokal karakter ble som regel de lokale embetsmenne-
nes innstilling avgjørende på grunn av deres kjennskap til
forholdene i det embetsdistriktet de bodde i. Skulle det
bygges ny kirke et sted? Skulle et prestegjeld deles? Burde

327

Ulrik Frederik Gyldenløve. Utsnitt av et samtidig maleri på sorenskriverkontoret i Drøbak. For Gyldenløve ble revisjonen av det norske lovverket en like stor merkesak som hans kamp for den norske bondes rettigheter. Hans utallige kjærlighetseventyr og noe rikelige konsum av alkohol kunne ikke svekke nordmennenes begeistring for stattholderen.

en borger tilståes privilegier på et nytt bergverk? Det var alt sammen saker hvor vurderingen til den lokalkjente måtte bli tungtveiende.

Heller ikke når det gjaldt utformingen av hovedlinjer i den økonomiske politikk eller revisjon av det generelle lovverket, foregikk det noen ensidig dirigering ovenfra. Embetsmenn, og til dels også borgere i Norge, hadde som regel et avgjørende ord med i laget. Det gjaldt utformingen av de generelle kjøpstadprivilegiene av 1662, som ble til etter et andragende fra de norske borgerrepresentantene under arvehyllingen i 1661, og etter inngående forhandlinger i København mellom representanter for kollegiene og norske embetsmenn og kjøpstadborgere. Det samme gjaldt utformingen av bergordinansen av 1683, og sagbruksreglementet av 1688. Heller ikke her stod man overfor en dirigering ovenfra. Reglementet om kvantumsager fikk riktignok sin sluttbehandling i kommisjonen «i Rådstuen for Københavns slot», men en rent norsk komité hadde innhentet det grunnmateriale man bygde på, og hadde kommet med forslag til løsning av problemene. Visestattholder Høegh hadde dessuten innhentet en rekke uttalelser om reduksjon av sagskuren fra en rekke norske borgere og embetsmenn, og hele dette materialet stod til disposisjon for kommisjonen «i Rådstuen for Københavns slot».

Går man fra behandlingene av hundrer og tusener av småsaker, vidtrekkende lover som kjøpstadprivilegiene av 1662 og sagbruksreglementet av 1688, til utarbeidelsen av Kristian 5.s Norske Lov, finner man her beslektet saksbehandling. Det var den norske adelsmannen Jens Bjelke som først foreslo en omfattende revisjon av hele det norske lovverket. Hannibal Sehested hadde i sin stattholdertid ivret for saken, og fra Gyldenløve kom til Norge, ble det en merkesak for ham. I 1666 gav kongen sitt samtykke til at arbeidet ble satt i gang, og det var planen at det skulle utføres av lagmennene i Norge, men det ble foreløpig innstilt. Først i 1680 kom revisjonen i gang, og arbeidet skulle gå gjennom en lang rekke skiftende faser før lovrevisjonen ble avsluttet i 1687. I 1680 holdt en dansk komité på å avslutte en ny dansk lovbok, og komitéen, som ble forsterket med fire nordmenn, fikk i oppdrag også å revidere det norske lovverket. Men kort etter ble det nedsatt en egen lovkomité som skulle arbeide i Norge med den norske lovrevisjonen. Men heller ikke dette førte til noe endelig resultat. To år senere satte kongen ned en ny norsk komité som skulle arbeide med den norske lovboken, men dette skulle foregå i København, og mandatet var formet ut fra et klart helstatsideal. Ved utarbeidelsen av den nye norske landsloven skulle den nye danske landsloven legges til grunn for å oppnå størst mulig uniformitet. Men i det utkastet komitéen la fram like før jul

Kristian 5. flankert av overflodens eller fruktbarhetens gudinne og rettferdighetens gudinne, Justitia, med vekt og sverd (men uten bind for øynene). Utsnitt av tittelkobberet til Kristian 5.s Norske Lov. Tidens mest kjente salmedikter, Thomas Kingo (1643–1703), har forsynt tittelkobberet med følgende vers: «Sku her Kong Christian den Femte, Nordens Ære,/dog, ikke som du seer ham her affskygget være,/Men som hand er, naar hand op paa sin Throne Stool/Er full af Herrens Frygt og Rettens klare Sool:/Høør hvor hand taler her i Lovens rene stemme/Til Folket længst i Nord om Ret og skiel at fremme,/ Hvert Field, hver By og Flek hver Skib og Baad i Søe/De prise Kongens Lov og lar ham aldrig døe.»

1682, hadde den tatt så utstrakt hensyn til særnorske rettsforhold og rettspraksis at det året etter ble nedsatt en ren dansk komité som skulle revidere den norske komitéens lovutkast. Etter at den danske komitéen hadde foretatt en rekke vidtrekkende endringer i det norske lovutkastet og etter at en ny komité hadde gått gjennom revisjonsforslagene, avgav den danske revisjonskomitéen sitt endelige utkast, som ble godkjent ved kongelig sanksjon 15. april 1687. Under hele arbeidet med lovrevisjonen hadde man pendlet mellom to hovedprinsipper, ønsket om å skape størst mulig uniformitet i lovverket og hensynet til de særegne forhold i Norge. Selv om statsledelsens krav om uniformitet hadde vært et hovedsiktepunkt under lovarbeidet, står arbeidet med lovutkastet som et klart vitnesbyrd om hvor sterkt norske embetsmenn ble trukket inn i det forberedende arbeid. Dette skulle også avspeile seg i sluttresultatet. Selv om Kristian 5.s Norske Lov på mange punkter ble formet med den nye danske landsloven som modell, kom den nye norske lovboken til å inneholde en lang rekke særnorske rettsregler, for jordleie, odelsrett, åsetesrett, jakt og fiske, for handel og militærvesen. Tross likhet mellom den danske og den norske loven måtte Norge derfor fortsatt betraktes som et eget rettsområde.

Det var embetsmennene som dannet bindeleddet mellom rikets sentralforvaltning og de norske lokalsamfunn. Det var de som sammen med borgerskapet hadde størst mulighet for å påvirke de avgjørelser som ble tatt på riksplanet. Men også for allmuen var døren åpen for å søke hjelp og støtte hos Hans Majestet og påvirke de avgjørelser som ble tatt i Kongens København.

Supplikk og klagereise

I 1706 ble Sigrid Olsdatter fra Bratsberg dømt fra livet først av bygdetinget, senere av lagtinget fordi hun hadde født et levende barn i dølgsmål og senere lagt det i «hendes tine under lås», hvor det ble funnet dødt. Etter gjeldende lov kunne imidlertid ikke en dødsdom fra lagmannsretten eksekveres uten at kongens resolusjon forelå, og amtmann Adeler oversendte saken til kanselliet for å få nærmere ordre om hva som skulle skje med Sigrid Olsdatter fra Bratsberg. Fra kanselliet gikk saken til geheimekonsilet, hvor den ble foredratt for kongen. Etter kongens ønske ble saken oversendt til det teologiske fakultet til uttalelse. Men de teologiske professorene fant ikke å kunne «tilråde pardon»; dommen burde «andre til eksempel exeqveres». Derpå gikk saken igjen til kanselliet, og teologenes innstilling ble lest opp for kongen, som heller ikke nå ville underskrive dødsdommen. Saken burde prøves for overhoffretten i Kristiania, hvor det falt dom 1. september 1707, hvor «hun i lige måde dømmes fra livet». Men da Sigrid Olsdatter ønsket saken inn for høyesterett, ble dommen med hennes søknad for tredje gang forelagt kongen i konsilet, og for tredje gang tok kongen den dømtes parti. Saken skulle prøves for høyesterett i København, og da den dømte ikke hadde penger til sakførsel, skulle saksomkostningene bæres av staten. Der var bare én reservasjon: saken måtte med det første «foretages for at spare omkostninger».

Behandlingen av Sigrid Olsdatters fødsel i dølgsmål gir et godt bilde av hvor grundig rettsapparatet virket i den dansk-norske enevoldsstaten. Saken gir også et bilde av regimets humanitære karakter og den sentrale rolle kongen inntok i saksbehandlingen, selv i en så vanlig og rutinemessig sak som fødsel i dølgsmål. Saken viser også en sentral funksjon i det eneveldige statsmaskineriet som stod åpen for alle fra de høyeste embetsmenn til den fattigste allmuesmann, supplikken.

Supplikken var i det dansk-norske enevoldsregimet en lovfestet institusjon. Alle kongens undersåtter skulle ha rett og adgang til å supplisere til kongen. I den viktige forordningen om «ulovligt pålægs afskaffelse i Norge» i 1684, ble sorenskriverne direkte pålagt å skrive supplikker for allmuen, bringe dem «i sømmelig stil», «på det almuen ikke skal hindres i at bringe deres anliggender frem». Etter Kristian 5.s Norske Lov skulle supplikken ordinært gå gjennom «Kongens befalingsmand, eller den, som på kongens vegne, geistlig eller verdslig, øvrighed, på de stæder haver at sige».

Alle samfunnslag kunne sende inn supplikker til kongen, og supplikker strømmet hvert år inn i hundrevis og tusenvis. Mange av supplikkene gjaldt en enkelt sak, eller en enkelt person, slik som en søknad fra mor til den dødsdømte

Halvor Jonsen. Han hadde skutt sin far med en puffert, og ble for det dømt til å «knibes 5 gange med gloende tænger, den høire hånd først, derefter hodet afhugges med øks, kroppen på steile og hoved med hånden på en stage». Morens supplikk gjaldt bare et eneste punkt i dommen: sønnen måtte befries «for kniben med gloende tænger». Da gutten bare var 17 år, og da amtmannen anbefalte søknaden, ble den innvilget av kongen.

Supplikkinstitusjonen fungerte som et viktig styrings- og kontrollorgan innen statsmaskineriet. Borgere sendte klager på embetsmenn, og embetsmenn klaget på borgere og andre embetsmenn. Mange av allmuens klager gjaldt embetsmenn, sorenskrivere, fogder, offiserer og ikke minst prestene, som de kom hyppigst i kontakt med. Et eksempel er den klage allmuen i Hauge prestegjeld sendte over sin sokneprest, magister Niels Hierman. Synderegisteret var langt og stort. Hierman tok for mye bygsel og for mye landskyld etter loven. Han plaget dem med noe han kalte «husemåtte», hvor han årlig tilsa allmuen å brygge og lage traktement for ham selv og hans selskap på sju-åtte personer under påskudd av å besiktige deres gårder. Videre tok han utilbørlige penger for jordeferd, likpreken og jordpåkastelse. Slektninger som måtte ha kongebrev for å bli gifte, trolovet han for 10 à 12 riksdaler «for at de må komme sammen uden noget kongebref eller bevilling». Og om noen «byder ham mindre end hand krever og påsetter, da blir pengene med forhånelse slengt tilbage, og den bydende dertil ilde udgiort».

Supplikken fra Haug menighet gikk først til stiftamtmannen, som gav sorenskriveren ordre om å ta opp forhør i saken. Senere sendte han saksdokumentene til kanselliet med forespørsel om hva som videre skulle skje «såsom hand herved intet andet søger end dend fattige bondes conservation». Saken havnet i konsilet, hvor kongen bestemte at visestattholderen i Kristiania skulle foreslå tre geistlige og tre verdslige menn som skulle undersøke og dømme i saken. Resultatet ble i samsvar med bygdeallmuens ønske: Niels Hierman ble avsatt fra sitt embete. Men dermed var hans tur kommet til å sende supplikk til kongen og klage over at han av «had og avind forfølges». Men kongens forrige beslutning ble uendret. Avsettelsen ble opprettholdt. Dersom den vanlige supplikkveien ikke førte fram, stod en annen mulighet åpen. Man kunne dra til København og personlig legge saken fram for kongen. Et eksempel er bergfolkenes klagereise fra Røros i 1670 (s. 279). En annen slik klagereise var den fogden Petter Falch foretok i 1683 på vegne av tingallmuen i Nordland (s. 246). Men det var ikke bare bønder og arbeidsfolk som på den måten la sine klager direkte fram for kongen. Borgere og embetsmenn innfant seg langt hyppigere i de kongelige gemakker for å legge fram sine ønsker eller klager. Selv en så mektig person som Joachim Irgens visste hva et besøk hos kongen kunne bety, især når han, som i 1667, først hadde forberedt sin audiens med en liten dusør på 3500 riksdaler til kongens mest betrodde mann, Christoffer Gabel.

Emnet for supplikkene gjaldt personlige forhold, og forhold innen Norge. En helt annen situasjon oppstod imidlertid når kongens befalinger kom i klar motsetning til ønsker og krav innen embetsstanden, borgerstanden eller allmuen. Et middel var da å sabotere de kongelige befalinger. Mange av bestemmelsene i de kongelige forordningene og reskriptene fikk sove uten at noen festet seg ved det. Kravet i byprivilegiene, for eksempel, om at alle håndverkerne skulle flytte til byene, ble aldri tatt på alvor. Forhøyelser i tollsatsene resulterte som regel i større smugling. Det beste eksempel er uten tvil den store tollsvikskandalen som ble rullet opp i Kristiania i begynnelsen av 1700-tallet, hvor så mange prominente borgere og embetsmenn i byen var implisert, at visestattholder Frederik Gabel ikke fant det tilrådelig å trenge dypere inn i saken.

Når allmuen ikke maktet å drive sine krav igjennom med supplikker og klagereiser, kunne de kjempe for sine krav med «bulder og opsetsighed», som ved urolighetene på Røros og Kongsberg. Disse gjaldt likevel bare lokalt avgrensede stridsemner. Under Den skånske krig, og fremfor alt under Den store nordiske krig, skulle en oppleve konflikter

av langt mer omfattende karakter, hvor kongens krav om
større skatt og flere knekter ble besvart med så «tumultua-
riske optrin» av allmuen at det førte til vidtrekkende inn-
rømmelser fra den eneveldige kongens side.

Skatter og pålegg

Da stendene trådte sammen i København høsten 1660, var
det for å løse de finansielle problemer som krigen hadde
skapt; men det ble Hannibal Sehested og skattkammerkol-
legiet som kom til å ordne opp i det finansielle kaos og legge
grunnlag for den skattepolitikk som senere skulle bli fulgt.
De store lånene som staten hadde tatt opp under krigen, ble
stort sett dekket ved avkastningen av krongodssalget. Men
de ordinære statsutgiftene i 1660-årene, 1,6 millioner riks-
daler pr. år, måtte stort sett dekkes på ordinær måte, ved
skatter og toll, subsidier fra allierte osv. Riktignok førte
krongodssalget til en betydelig nedgang i kronens land-
skyldinntekter, men dette hadde reelt sett mindre betyd-
ning etter statsomveltningen, fordi kongen nå kunne skrive
ut nye skatter og øke tollsatsene uten å innhente godkjen-
ning av et riksråd. Statsomveltningen betydde også at adelen
ble skattepliktig og at skattegrunnlaget, især i Danmark,
ble langt bredere.

Da Sehested og skattkammerkollegiet stod overfor proble-
met å skaffe dekning til de faste årlige utgiftene, prøvde de
på forskjellige alternativer. I 1657 var det innført en stem-
pelpapiravgift, og fra 1664 ble den gjort gjeldende for hele
riket. Høsten 1660 bevilget stendene en konsumpsjonsskatt,
men den ble foreløpig bare innført i Danmark. Hovedinn-
tektskilden skulle imidlertid nå som før bli skatter på jord-
eiendom og tollinntekter; derfor var det viktig å skape en
rettferdig fordelingsnøkkel. Alt to år etter statsomveltnin-
gen ble det således utarbeidet en ny jordmatrikkel for Dan-
mark, hvor det ble satt en fast skyld, en takst kan man si, på
hver gård, og den skulle danne grunnlaget for fordelingen av
skattene; i 1664 ble den to år gamle matrikkelen revidert.

Den 23. januar 1665 gikk det, som tidligere nevnt, ut en ordre fra kongen til samtlige lagmenn i Norge «angående gårdenes besigtigelse og taxering sammesteds», for at «af lige gode gårde, jordbrug og herlighed også skyldes og skattes lige af den ene såvel som den anden». Derfor skulle lagmannen sammen med «enhver vor foged og sorenskrivere samt sex upartiske, forstandige og edsvorne laugretsmænd af hvert sogn i hvert fogderi» besiktige enhver gårds «leilighed og herlighed». De skulle forhøye landskylda hvor den åpenbart var for lav, men redusere den hvor den var for høy, dog slik at totalt sett «intet afgår, men snarere forbedres». Tidligere var skylda fastsatt i en lang rekke skyldspesies, som «vadmel, gråskind, ilderskind, hermelin, mårskind, kalvskind, huder, tjære, bast, osmund, jern, næver, boløkser, salt, humle, tørrfisk» osv. Nå var målet å forenkle systemet og komme fram til tre skyldspesies: skippund tunge korn sønnafjelds, lauper korn og våger fisk nordafjelds.

Arbeidet med den nye matrikkelen for Norge ble påbegynt alt i 1665 og ble først avsluttet i 1669. Nå lyktes det riktignok ikke å redusere skyldenhetene til tre, slik det var forutsatt i kongens befaling, men matrikuleringen førte til en langt større forenkling enn før. Den danske matrikkelen fra 1664 ble avløst av en ny matrikkel i 1668. Et forsøk på å lage en ny matrikkel for Norge i 1723 førte ikke fram. Den norske matrikkelen fra 1665 bestod helt fram til 1838, og tjente som grunnlag for fordeling av de viktigste skattene i Norge fram til begynnelsen av 1800-tallet.

Både under Hannibalsfeiden og i slutten av 1650-årene var skatte- og tollinntektene fra Norge langt høyere enn de tilsvarende inntektene fra Danmark, først og fremst fordi store deler av Danmark var besatt av fiendtlige styrker. Etter statsomveltningen ble kvegskatten i Norge opphevet, og kontribusjonen redusert til halvparten. I de tretten årene – 1663–75 – var de årlige statsinntektene for hele monarkiet 1,56 millioner riksdaler i gjennomsnitt. Av dette beløpet kom 898 000 riksdaler fra Danmark, eller 57 prosent og 438 000 fra Norge eller 29 prosent. Resten kom hovedsakelig fra hertugdømmene og grevskapene.

Skatter og toll fra Norge utgjorde således bare vel fjerde-parten av rikenes samlede statsinntekter, og mindre enn halvparten av det som kom inn fra det egentlige Danmark. Det var dessuten to andre markante forskjeller når det gjaldt statsinntektene fra de to rikene. I Danmark kom bare 15 pro-sent av statsinntektene i årene 1663–75 inn i form av toll, i Norge 62 prosent. I Danmark kom 23 prosent av skattene fra byene, i Norge bare 5 prosent. Men det bør samtidig understrekes at hovedtyngden av statsinntektene i Norge ble sendt til Danmark. I årene 1663–70 kom det således år-lig 450 000 riksdaler inn i toll og skatt i Norge. Bare 170 000 riksdaler av dette ble i landet; resten ble sendt til Danmark.

De trekkene som vi finner i statsregnskapene fra de første årene etter statsomveltningen, skulle bli gjennomgående for hele enevoldstiden. Norges bidrag til de samlede statsinn-tektene ble faktisk mindre og mindre jo lenger man kom utover på 1700-tallet, og den skatten norske bønder måtte utrede, ble etter hvert redusert i forhold til den skatt dans-ke bønder måtte betale. Endel av forklaringen på dette lig-ger i den sentrale plass tollen alltid inntok i de norske stats-inntektene og fortsatte å gjøre helt fram til slutten av 1800-tallet. Men også den norske tollen inntok en stadig mindre prosent av rikenes samlede statsinntekter, og den alene kan ikke forklare at bøndene i Norge betalte så lite skatt. Nettopp i dette forholdet ligger det et grunnleggende pro-blem i enevoldstidens historie. Var de norske bøndenes kår så langt dårligere enn bøndenes kår i Danmark? Var kan-skje skattetrykket på den norske bonde i realiteten like stort som skattetrykket på den danske? Eller fantes det andre grunner som gjorde at kongen ikke ønsket å belaste den norske bonde med store skatter?

«Skal af tvende fulde gårder forskaffes en soldat»

I Danmark hadde krigene mot Karl 10. Gustav først og fremst vært ført med vervede soldater og vervede offiserer. Men det å holde en vervet hær var kostbart, så kostbart at Kristian 5. i 1690-årene leide ut mange vervede regimenter til England og til keiseren for å skaffe soldatene sold og underholdning, og for selv å få en betaling på 2 riksdaler for hver død soldat og 10 riksdaler for hver død rytter. Etter statsomveltningen gikk man derfor av økonomiske grunner inn for å skape en milits i Danmark av utskrevne bondesoldater. Griffenfeld førte planene videre og tok initiativ til opprettelse av et nasjonalt rytteri på 4500 mann og et infanteri på 9000 mann i Danmark og i den kongelige del av hertugdømmene. Men de vervede soldatene utgjorde fortsatt kjernen i den danske hæren, og etter Den skånske krig ble den danske militsen helt oppløst for først å bli gjenopprettet i 1701. I Norge utgjorde den utskrevne hæren alt fra 1640-årene kjernen i landets forsvar.

Det var først Hannibal Sehested som klarte å organisere en utskrevet norsk bondehær og bruke den i felten. Men riksrådet i København var mer interessert i skattepenger fra Norge enn norske legdssoldater, og ved Sehesteds fall ble den norske hæren redusert til tre regimenter.

Krigen mot Karl 10. Gustav førte til nye utskrivninger av bondesønner og tjenestegutter, og det ble atter skapt en norsk hær som spilte en aktiv rolle under krigen. Etter statsomveltningen hersket det ikke lenger tvil om at det norske forsvaret burde baseres først og fremst på de utskrevne bondesoldatene. I 1661 ble det etter forslag fra Ahlefeldt bestemt at den norske hær skulle bestå av 1500 vervede soldater og en utskreven styrke på 9500 mann. De samlede utgifter var regnet til 98 168 riksdaler. To år senere ble det dessuten bestemt at det skulle opprettes et kavaleriregiment, og at det skulle legges ut 1096 gårder til ryttere og offiserer i regimentet, mens 204 gårder ble reservert for offiserer i infanteriet.

Hovedstyrken i den norske hæren skulle således bestå av utskrevne soldater, og i 1666 ble det utferdiget en detaljert forordning som fastslo regler for utskrivning av soldater, regler som med mindre endringer skulle bestå helt fram til 1717. I samsvar med krigsordinansen av 1628 ble landet delt inn i legder, og hver legd skulle bestå av to fullgårder – slik Hannibal Sehested hadde fastsatt i sin rekrutteringsplan fra 1647 – og stille én soldat. Var det flere i legda som kunne

Det var først i årene omkring år 1700 at norske militære fikk ens-artet antrekk, men til å begynne med fikk bare offiserene unifor-mer (se s. 341). Hensikten var blant annet å styrke standsfølel-sen og samholdet. Denne tegningen fra 1697 viser en gruppe in-fanterister.

skrives ut, skulle valget skje ved terningkast i nærvær av embetsmenn. Men denne bestemmelsen ble neppe alltid tatt alvorlig, og det lød gjentatte klager over at «rige bønder-sønner befries». Utskrivningen var avgrenset til landdis-triktene i Sør-Norge. For at det ikke skulle oppstå rivalise-ring med sjøetaten, var det skilt ut egne sjølegder, hvor det foregikk utskrivning til krigsmarinen.

Soldatene som ble utskrevet, stod som regel i rullene i ti år, og innrulleringen virket på flere måter som et stavns-bånd. Når soldaten ikke var utkalt til militærtjeneste, var han bundet til legda. Ingen geistlige eller verdslige måtte

«udi tjeneste antage og beholde eller bruge på arbeide no-
gen utskreven soldat» med mindre han hadde oberstens
pass og avskjed, eller han hadde sine legdsmenns samtykke
til å ta arbeid utenfor legda.

Selve eksersisen skulle foregå ved kirkene når prekenen
var «til ende og gudstjenesten forrettet». Når soldatene ble
pålagt å møte til mønstring eller eksersis, skulle legda gi
ham det nødvendige underhold både på frem- og tilbakerei-
sen, «og på det lægdsmændene med soldaten ikke skulle
have derom nogen strid, skal lægget give soldaten, så len-
ge han er på marschen, hver dag otte skilling danske». Se-
nere ble det bestemt at når soldaten drog i felt, skulle legda
ruste ham ut med mat for en måned. Hva legda for øvrig
måtte sørge for av utrustning, gir en klage for allmuen i
Sparbu i 1704 antydning om: «Til soldaters utredning de 2
sletdaler til kiolepenge. Har de måttet betale af legget 1 par
sko, 1 par hoser, 2 skiorter, 1 cattuns halsdug, en smurleders
skreppe, og et dito hylster til geværet, som beløber 2 rdr.
3 ort 16 sh., så og i kobberkjelepenge 1 ort 4 s og udi telte-
penge a leg 3 ort 12 s. Udi årlig generalmunstringspenge til
soldaten og reserven 1 rdr. 2 ort, endnu for et par mands-
feldske sko til soldaterne 1 rdr. og for de enroullerede bøn-
ders ny hamborgske snaphaner given 3 rdr. 1 ort 8 s.»

Byrden som påhvilte legdene i fredstid, var tung. Men
langt verre ble den i krigstid. Om en mann falt eller deser-
terte eller døde av sykdom, måtte legda stille og utruste en
ny mann på samme måten som den første. Og dersom også
han ble revet bort, måtte legda stille og ruste ut en tredje
mann. Ble krigen lang, hendte det ofte at en legd måtte stil-
le i tur og orden opptil fem-seks mann. «Dersom det ikke
lenger var noen ung karl i samme læg, da skal lægget for-
skaffe en.» Hvis det ikke kunne skje fra andre legd, skulle
legdsmennene selv, som ellers var fritatt for tjeneste, av-
gjøre «hvo af dennem til soldat skal udskrives». «Man haver
mange exempler,» forteller Gyldenløve i 1693, «at en fader
haver mist udi kongens tjeneste 2–3 og flere sønner, hvoraf
nogle ere blevne slagne af fienden, andre omkomne og af den
krigen medførende misere, og de, som endeligen ere blevne

beholdne, ere hjemkomne enten krøblinger eller ganske ud-
slæben.»

Gyldenløve gav i sin skildring et bilde av den skjebne som
kunne ramme soldaten som kom i krigen. H. Huitfeldt har

*En norsk kaptein i uniform, Frantz Wilhelm Volkersahm, kneler
ved et kors. Utsnitt av et epitafium fra 1678, antagelig malt av
Jørgen Schult.*

i en skildring fra 1714 gitt et bilde av hvordan forholdene kunne bli hjemme på gårdene når utskrivningene tynnet ut i rekkene av mannfolk. Blant en stor del av soldatene i det bergenske infanteriregiment var det mange gifte bønder som satt med gårdsbruk, men som likevel ved deres «udmarchering har forsynet deres gårde med karle som kunde drive avlingen». Men senere hadde «de sivile betiente til completeringene borttaget disse karle, hvorover gårdene står øde, hustruer og børn må betle, og soldaten, når han engang hjemkommer, måske er ruineret og i største elendighet, i det hand har været udkommanderet til H.k.M^{ts} tjeneste».

Utskrivningen av soldater var en tung byrde som hvilte på det norske bondesamfunnet i hele enevoldstiden, men den norske legdshærens store betydning skulle samtidig gi den norske bonde en maktstilling overfor statsledelsen, en maktstilling som kunne brukes ikke minst når det gjaldt å bekjempe nye og store skattekrav.

Den skånske krig

Fredens forkjemper og krigspolitikkens offer

Freden i København hadde som nevnt totalt endret Danmark-Norges utenrikspolitiske stilling. Tidligere hadde danske og norske styrker fra baser i Skåne og Båhuslen kunnet rykke langt inn i de svenske kjerneområder. Nå hørte Jemtland, Herjedalen og Båhuslen til Sverige. I sør gikk rikets grense ved Sundet, og i Holsten lå et halvt selvstendig Gottorp som en fiendtlig enklave på dansk grunn. Fra et militært synspunkt var stillingen for Danmark ytterst vanskelig. En ny frostvinter var det ingenting i veien for at en ny ambisiøs svensk feltherre kunne gjenta Karl 10. Gustavs bedrift, men han trengte ikke gi seg ut på en farlig marsj over bæltene. Det smale Øresund skilte nå Sverige fra Sjælland. Ved siden av strategiske vurderinger ble den danske statsledelsens planer og ønsker også diktert av mer følelsesmessig betonte motiver. Fremdeles ble områdene nord for Øresund betraktet som danske områder, og befolkningen der nord ønsket fortsatt en gjenforening med

Danmark. Det store målet for dansk utenrikspolitikk var fastlagt både strategisk og følelsesmessig: gjenerobring av de tapte landområder.

I 1660-årene og første halvpart av 1670-årene var Danmark-Norge nøytralt. Det eneste militære intermesso i perioden var det tragikomiske slaget på Bergen våg i 1665. Engelskmennene, som var i krig med Nederland, hadde nemlig fått kjennskap til at en stor nederlandsk flåte var på vei hjem fra oversjøiske farvann med en overdådig rik last, og at de aktet å gå innom Bergen. De tilbød derfor Fredrik 3. at han skulle få halvparten av byttet dersom det ikke ble lagt hindringer i veien for den engelske flåten, som skulle gå inn til Bergen og ta de nederlandske koffardiskipene. Håpet om å gjøre det store kupp, om å skaffe nye veldige beløp til en slunken statskasse, veide tyngre for Fredrik 3. enn forpliktelsene overfor hans allierte Nederland.

Men hele den storstilte kapringsoperasjonen ble et stort nederlag for engelskmennene og en kompromitterende fiasko for Fredrik 3. Den nederlandske flåten kom ganske riktig til Bergen. Den engelske orlogsflåten kom også, men kongens dubiøse ordre til kommandanten på Bergenhus nådde ikke fram i rett tid. Følgen ble at engelskmennenes kanonade mot nederlenderne ble besvart med så kraftig skyts fra festningen at engelskmennene måtte trekke seg tilbake med et tap på mange hundre mann og uten den rike lasten som lå trygt forvart i nederlendernes skip på Bergen våg.

Tross sitt lite hederlige spill oppnådde Fredrik 3. likevel å komme til forståelse med Nederland samtidig som han bevarte sine rikers nøytralitet.

Mulighetene for å realisere de danske revansjeplanene overfor Sverige syntes å åpne seg da Frankrike i 1672 begynte krig med Nederland. Samtidig sluttet det forbund med Sverige, som forpliktet seg til å gå med i krigen dersom tyske fyrster kom Nederland til hjelp. Ved det danske hoffet var meningene sterkt delte. Et krigsparti mente tiden nå var kommet til et oppgjør med Sverige, mens rikenes egentlige hersker, Peder Griffenfeld, gikk inn for å bevare et godt forhold til Frankrike, Europas ubestridt sterkeste makt.

Slaget på Vågen i Bergen 2. august 1665. Dette utsnittet av August Schneiders kopi av Willem van de Veldes samtidige skildring viser noen av de engelske skipene som er ankret opp og har lagt bredsiden til for å ta knekken på nederlenderne lenger inne i Vågen. Men det gikk ikke som avtalt med Fredrik 3. Kommandanten på Bergenhus, Claus Ahlefeldt, gav ordre om ildgivning

Men valgte man den franske linjen, ville det bety at en foreløpig måtte gi opp håpet om en revansjekrig med Sverige. I 1673 måtte Griffenfeld riktignok akseptere at det ble sluttet en forbundstraktat med Nederland som innebar at Danmark skulle være forpliktet til å gripe inn i krigen dersom en ny forbundsfelle sluttet seg til Frankrike. Og denne situasjonen oppstod da Sverige senhøstes 1674 angrep Frank-

fra festningen. Engelskmennene måtte trekke seg tilbake. I bak-
grunnen til venstre sees Sverresborg med sine primitive palisader
og til høyre Bergenhus med dansk flagg utenfor Håkonshallen.
Det sekskantede tårnet var dengang festningens viktigste anlegg.
Håkonshallen, like foran Rosenkrantztårnet, mangler tak. Det
hadde råtnet og var blitt fjernet 20 år tidligere.

rikes motstander, Brandenburg. Men Griffenfeld holdt
fortsatt fast på sin tidligere politikk, ledet av devisen «Pen-
nen styrer sverdet». I stedet for umiddelbart å sette inn
danske styrker i kampen mot Ludvig 14.s allierte, tilbød
han Solkongen megling på gunstige vilkår og under forut-
setning av at også Danmark fikk sin belønning. Men denne
politikken forutsatte også en tilnærming til Frankrikes al-

Den 6. oktober 1675 erobret danske tropper under Kristian 5.s ledelse Damgarten i Forpommern. Etter et forgjeves angrep mot Stralsund sammen med kurfyrst Fredrik Vilhelm av Brandenburg fortsatte Kristian 5. mot Wismar, som falt 13. desember etter mer enn sju ukers beleiring. På dette gobelinet av Berent van der Eichen sees Kristian 5. ved overgivelsen av Damgarten.

lierte Sverige. Traktaten med Frankrike kom riktignok ikke i stand, men utsoningsforsøkene med Sverige munnet ut i en avtale om ekteskap mellom Karl 11. av Sverige og Kristian 5.s søster, Ulrikke Eleonore.

I juni 1675 vant kurfyrst Fredrik Vilhelm av Brandenburg en overlegen seier ved Fehrbellin over en svensk styrke ledet av den gamle og erfarne offiseren Karl Gustav Wrangel, og denne seieren ble også en seier for krigspartiet ved det danske hoffet. Nå var øyeblikket kommet da det gjaldt å slå til. Danske styrker tok umiddelbart hertug Christian Albrecht av Gottorp til fange og tvang ham til å overgi sine tropper og festninger til Danmark. Senere ble danske styrker etter ønsker og press fra Danmarks allierte satt inn i kampen mot svenskene i Pommern, og etter en blodig og kostbar beleiring inntok de Wismar.

Tross krigshandlingene i Holsten og Nord-Tyskland hadde ikke Griffenfeld gitt opp sin fredspolitikk. Et brev fra den danske gesandten i Paris til den franske gesandten i København i februar 1676 gav et klart bevis for at han ønsket å opprettholde et vennskapelig forhold til Frankrike. Men brevet, som kom i hendene på Griffenfelds fiender, skulle bli det umiddelbare støtet til hans fall, fredspolitikkens definitive nederlag og krigspartiets seier ved det danske hoffet. Nå ble alle planer om å komme til forståelse med Frankrike gitt opp, og det avtalte ekteskapet mellom Karl 11. og Ulrikke Eleonore måtte utstå. Nå skulle rikenes ressurser mobiliseres til det avgjørende oppgjøret med Sverige. Den danske flåten skulle ta Gotland og nøytralisere de svenske sjøstridskreftene. Store danske styrker skulle rykke inn i Skåne og igjen befri landsdelen fra de svenske herskerne, og Ulrik Frederik Gyldenløve skulle i spissen for den norske legdshæren rykke inn i Båhuslen mot Göteborg i håp om å etablere kontakt med danske styrker fra Skåne.

Norske rustninger

Motsetninger mellom Gyldenløve og hans tidligere venn Peder Griffenfeld, og faren for en ny krig med Sverige, dannet bakgrunn for at stattholderen reiste til Norge i 1673, hvor han skulle bli de seks neste årene. Gyldenløve hadde en god skolering som offiser. Han hadde deltatt i krigene mot Karl 10. Gustav og hadde hatt selveste Hans Schack som sin store læremester. Etter freden i København hadde han for en tid gått i spansk tjeneste, hvor han hadde utvidet sin militære erfaring. I 1670 avgav han sammen med Jørgen Bjelke en omfattende betenkning om forsvaret av Norge. Noe angrep fra sjøen anså de ikke sannsynlig på grunn av «havnenes farlighed samt anlandingens vanskelighed uden piloter». Heller ikke regnet de med at fienden kunne bringe fram stor «bagage eller artilleri» i det vanskelige norske terrenget. Et eventuelt fiendtlig angrep måtte skje i områdene omkring Svinesund, Solør og i Trøndelag. Kjernen i det norske forsvaret burde derfor bli det utskrevne infanteriet støttet av ryttere og dragoner, og ved de viktigste innfallsportene til riket burde det ligge festninger. Dette forslaget fra Gyldenløve og Bjelke ble lagt til grunn for det nye reglementet for forsvaret av Norge, datert 3. januar 1671.

Det norske forsvaret var først og fremst tildelt en defensiv oppgave, og skulle bestå av tre deler: 1. Festningene Fredriksten, Fredrikstad, Akershus, Kristiansand, Bergen, Trondheim og Vardø, hvor man skulle ha vervet mannskap. 2. Utskrevet infanteri på seks regimenter, hvert regiment på åtte kompanier. 3. Et kavaleri på fire rytterkompanier og to dragonkompanier.

Da Gyldenløve kom til Norge, satte han i gang et omfattende arbeid på festningene. Størst betydning tilla han Fredrikstad «eftersom samme plads både til lands og til vands altid kunde vorde secunderet, såfremt fienden ey formerer tvende corps d'armé og er mester af søen». Alt i 1673 ble det satt 500 mann inn i festningsarbeidene, året etter 600 og i 1675 nærmet det seg 900. Også ved Trondheim ble det satt i gang omfattende forsvarsarbeid både på Munkholmen og på Kalvskinnet. Ved viktige innfallsveier til Norge ble dessuten anlagt små fort, ved Vinger og Elverum i det sønnafjelske, og ved Steine og Skånes i Trøndelag. Parallelt med festningsarbeidene gikk Gyldenløve inn for å sikre forsyningstjenesten, og i tillegg til de gamle provianthusene ble det nå opprettet en rekke magasiner nær de sannsynlige kampsoner. Alt under sitt første opphold i Norge hadde han tatt opp Sehesteds gamle idé om å slutte kontrakt med borgere om bygging av defensjonsskip. Først i 1670 kom det imidlertid for alvor fart i planene, og i 1674 hadde Norge allerede en defensjonsflåte på sytten skip mens fire var under arbeid.

Ved forsvarsreglementet av 1671 skulle de norske styrkene bestå av det vervede mannskap i festningene, seks infanteriregimenter, fire rytterkompanier og to dragonkompanier. Gyldenløve gikk nå bevisst inn for å øke styrkene. Det gamle marineregimentet ble riktignok oppløst, men til gjengjeld ble tallet på infanteriregimenter økt fra seks til

Festningen på Munkholmen like utenfor Trondheim ble anlagt i 1660-årene. På holmen, som tidligere ble kalt Nidarholm, hadde det fra begynnelsen av 1100-tallet ligget et kloster. Det brente både i 1210 og 1531, og siste gang ble det ikke bygd opp igjen. Denne tegningen av festningen er fra slutten av 1600-tallet.

åtte, og tallet på kompanier fra 48 til 67. For å styrke kavaleriet ble den gamle rosstjenesten igjen påbudt, og embetsmenn og proprietærer ble igjen pålagt å stille ryttere til hæren. Gyldenløve drev også gjennom at det ble opprettet et eget livregiment for ham. 40 dragoner skulle utrustes for hans egen regning, mens resten av regimentet skulle bestå av mannskap hentet fra rosstjenesten.

Alt sommeren 1675 hadde Gyldenløve kalt inn legdssoldatene fra de mest fjerntliggende områdene, Agder, Bergenhus stift og Trøndelag, og den første lille trefning fant sted i oktober. Men det var neste vår det store oppgjøret med Sverige skulle begynne.

Det svenske admiralskipet Stora Kronan med admiral Lorentz Creutz og 800 mann om bord springer i luften under slaget ved Öland 1. juni 1676. Detalj av Claus Møinichens maleri, utført for Kristian 5.s audienssal på Frederiksborg.

Med hæren i felten

Det var den danske flåten under Niels Juels kommando som innledet det danske felttoget våren 1676. Alt 29. april begynte landsettingen av danske styrker på Gotland. Den 8. juni drog Gyldenløve i spissen for den norske hæren inn i Båhuslen, og i slutten av måneden gjorde Johan Adolf av Plön, som var utsett som øverstkommanderende i sør, landgang i Skåne med en styrke på 14 000 mann.

Første fase i felttoget skulle bli preget av store seire både for den danske flåten og for de danske og norske landstyrkene. Niels Juels uventede angrep på Gotland betydde at hele øya og Visby festning ble tatt av danskene. Kort etter vant han en overlegen seier over den svenske flåten ved Öland. I Skåne ble de danske styrkene mottatt som befriere. Helsingborg, Landskrona og Kristianstad ble inntatt i rask følge. Rundt i bygdene dannet det seg geriljagrup-

Byen Landskrona overgav seg 11. juli 1676, mens festningen i bakgrunnen ikke kapitulerte før 2. august. På dette utsnittet av Anton Steenwinckels samtidige maleri sees Kristian 5. med hatt og kommandostav og nærmest ham til venstre overfeltmarskalken, Johan Adolf av Plön.

351

per av bønder, snapphanene, som opererte i ryggen på de svenske styrkene. Til sist fant Karl 11. stillingen uholdbar og trakk seg tilbake til Småland med restene av sin hær.

I Båhuslen hadde Gyldenløve i spissen for den norske bondehæren gjort like raske fremstøt som hertugen av Plön i sør. Etter få dager stod de norske styrkene ved Uddevalla, og også Vänersborg ble snart tatt. Etter ordre fra kongen gav Gyldenløve sin hovedstyrke ordre om å rykke fram mot Göteborg, men da han ikke fikk den støtte han hadde regnet med fra en dansk flåteavdeling, vendte han seg i stedet mot Båhus festning. Fra Norge var Tønne Huitfeldt på vei sørover med en styrke på 2000 soldater, og fra sør var generalmajor Duncan på vei nordover med en styrke på 3000 mann. En avgjørende seier i Göteborg-traktene syntes innen rekkevidde.

Under marsjen nordover ble Duncan imidlertid angrepet av svenske styrker og led et tilintetgjørende nederlag. Bare 5–600 dragoner av en styrke på 3000 klarte å komme tilbake til Skåne. For Gyldenløve fikk dette alvorlige konsekvenser. Riktignok disponerte han i navnet en feltstyrke på 7000 mann, men av disse var omkring 3000 syke. Da det imidlertid innløp rapporter som fortalte at store svenske styrker var på vei nordover, besluttet han i begynnelsen av september å trekke seg tilbake på den norske siden av grensen med sin norske hær intakt.

Annerledes gikk det i Skåne. Den dyktige, men arrogante hertugen av Plön ble avsatt som øverstkommanderende, og Kristian 5. inntok hans plass uten å ha tilstrekkelige evner eller militær erfaring til å lede omfattende krigsoperasjoner. For svenskene betydde seieren over Duncans hæravdeling og den norske tilbaketrekningen et avgjort vendepunkt. Nå kunne Karl 11. sette inn sin hovedstyrke i Skåne, og i det blodige slaget ved Lund 4. desember vant han en overlegen seier. Selv om Kristian 5. personlig viste stor tapperhet un-

Den 21-årige Karl 11. på hesten Brilliant i slaget ved Lund 1676. Utsnitt av et maleri av David Klöcker Ehrenstrahl fra 1682. Karl 11. var ordblind og lærte seg aldri å lese, men han tok sitt igjen på hesteryggen. En italiener som besøkte det svenske hoffet, sier blant annet om ham: «Han fekter glimrende og er dyktig på hesteryggen. For øvrig er han ukyndig i alt.»

der slaget, kunne han ikke hindre et skjebnesvangert neder-
lag som kostet ham 7000 mann.

Felttogplanene for de danske og norske styrkene i *1677*
ble lagt opp etter samme modell som året før. Skåne ble som
før hovedslagmark, og nye store danske troppeforsterknin-
ger ble satt over Sundet. Kristianstad ble unnsatt, og det
ble atter etablert kontakt mellom de danske styrkene i det
østlige og vestlige Skåne. Men et forgjeves forsøk på å stor-
me Malmö kostet Kristian 5. 4000 mann, og ved Landskro-
na led han et nytt og avgjørende nederlag for Karl 11.s styr-
ker, et nederlag som i sine konsekvenser kanskje var enda
mer skjebnesvangert enn nederlaget ved Lund året før. Der-
imot hadde den danske flåten under Niels Juel vunnet nye
seirer. Først var en svensk eskadre på det nærmeste blitt
tilintetgjort sør for Møn, og i det store slaget i Køgebukt
1. juni mistet svenskene tjue skip med 700 kanoner og 3000
mann.

I løpet av vinteren hadde Gyldenløve fått komplettert
sine norske styrker ved nye utskrivninger, og felttoget i
1677 skulle få langt større betydning enn felttoget året før.
Generalmajor Løvenhjelm rykket med selve hovedhæren
landeveien inn i Båhuslen og mot Uddevalla, som ble gjen-
erobret. Gyldenløve, derimot, drog sjøveien med to infan-
teriregimenter til Marstrand, hvor han besatte byen og med
en suveren beleiringsteknikk inntok Karlsten festning.
Erobringen ble feiret med et gratiale på 24 riksdaler til hver
kaptein, 16 riksdaler til hver løytnant, 2 riksdaler til hver
underoffiser og 1 riksdaler til hver tambur og menig som
hadde deltatt i kampen.

Etter den uventede og overlegne seieren ved Marstrand
rykket Gyldenløve med en del av sin styrke mot Uddevalla
for å forene sin styrke med hovedstyrken under Løvenhjelm,
som snart skulle vinne en enda mer overlegen seier over
svenskene enn seieren ved Marstrand. Men før det skjedde,
drog Gyldenløve i all hast til Larvik for å vies til Antonette
Augusta av Aldenburg, og i like raskt tempo vendte han
tilbake til styrkene i Båhuslen, hvor han snart skulle oppleve
den største seier den norske hæren vant under hele krigen.

*Ulrik Frederik Gyldenløve på sin hvite hest under beleiringen
av Marstrand i juli 1677. Byen – på øya i bakgrunnen – overgav
seg etter kort tid, mens festningen Karlsten på toppen av øya holdt
stand til 23. juli. Utsnitt av Claus Møinichens maleri på Frede-
riksborg.*

Den 29. juli rykket generalmajor Løvenhjelm med en styr-
ke på 5600 mann mot Uddevalla, hvor han fant en svensk
armé på 8000 mann oppstilt i full slagorden. Løvenhjelm
anså seg for svak til å gå til angrep, og ville vente til Gylden-
løve kom fram med sine tropper. Derfor gjorde han en om-
gående bevegelse for å komme i ly for de svenske kanonene.
Men dette skapte panikk i den svenske hæren, som oppløste
seg i vill flukt. Kavaleriet, fotfolket og artilleriet, alle ville
på samme tid rykke gjennom byen. Men dette gav de norske
styrkene desto større muligheter til angrep, og da en heftig
regnskur gjorde det vanskelig å bruke skytevåpen, brukte de

355

*Generalmajor for det akershusiske regiment Hans von Løven-
hjelm (1627–99). Samtidig maleri.*

norske styrkene bajonetter, kårder og knyttnever. Det ble
ikke gjort det minste forsøk på motstand. «Särdeles lupo de
frejdade dalkarlarne som harar bland klipporne,» forteller
en svensk historiker. Dramaet endte ved Kuröd bru, hvor en
stor mengde av de flyktende svenskene i trengselen ble skjø-
vet ut i elva og druknet. Bare takket være en bataljon øst-
göter ble den totale katastrofen unngått. Men svenskene

hadde et tap på minst 1500 mann, som dels var drept i kamp, dels druknet, dels tatt til fange. – De norske tapene begrenset seg til to offiserer og tolv menige.

Samtidig som Gyldenløve rykket inn i Båhuslen, hadde det nye trondhjemske regimentet under generalmajor Reinhold von Hoven rykket inn i Jemtland, og i siste halvpart av august var all svensk motstand der slått ned. Dermed var alle de gamle norske landskapene igjen besatt av norske styrker bortsett fra Båhus festning som fortsatt ble holdt av svenskene.

Reinholdt von Hoven trakk seg imidlertid etter kongens ordre tilbake til Trøndelag før vinteren satte inn, og svenske styrker rykket igjen inn i Jemtland. Men Gyldenløve, derimot, gikk nå i vinterkvarter med sine styrker i det gamle norske landskapet Båhuslen.

I de danske felttogsplanene for *1678* inntok operasjonene i Skåne en beskjeden plass. En langt mindre styrke ble overført til Skåne enn de foregående år, og deres mål var også et annet enn før. Nå var det ikke lenger håp om å slå Karl 11. i felten, men å herje og brannskatte for å sinke hans fremrykning. To år før hadde skåningene hilst danskene velkommen som befriere, nå opplevde de dem som brutale røvere. Kjærligheten til de gamle landsmenn ble i løpet av noen måneder forvandlet til bittert hat, og det frodige Skåne ble en svart branntomt.

I de to krigsårene hadde Gyldenløves felttog i Båhuslen først og fremst hatt karakter av støtteaksjoner for å avlaste presset på de danske styrkene i Skåne. I 1678 ble Båhuslen hovedslagmark, og generalene Giese og Degenfeld ble sendt nordover med store danske styrker for å tvinge igjennom en avgjørelse ved Göteborg. Uoverensstemmelse mellom Gyldenløve og de danske generalene førte til at svenskene besatte Hisingen, Båhus festning ble atter innesluttet.

«Udi denne hårde og forskrekkelige beleiring,» forteller Gyldenløve, «ere indkastede udi Båhus 2265 store bomber og stinkpotter, 600 trechementskuler, 79 granat-sekker, 384 stenkast foruden utallige mange tusende canonskudd. Hvo haver nogen tid hørt sådant udi så stakket en beleiring?

357

Norske styrkers beleiring av Båhus festning sommeren 1678. Utsnitt av I. P. Lemkes maleri på Drottningholm slott. Offiseren på den hvite hesten til høyre er antagelig Gyldenløve. Han ser ut-

Denne mektige festning havde hid indtil været aktet for uovervinnelig, men dersom de norske havde kunnet blive

over en «Del af Norske Lägret opå Fontin-Berget» og på de nors-
ke stillingene, som fra 4. juni bombarderte festningen så å si uopp-
hørlig i fire døgn og brakte fiendens kanoner til taushet.

stående der inntil denne måneds udgang, da havde de ufeil-
bar kastet den ganske festning over ende.»

Rapporter om at store svenske styrker var på marsj nord-over, førte til at beleiringen ble oppgitt natten til 23. juli. Giese og Degenfeld vendte tilbake til Skåne med de danske styrkene, etter først å ha brannskattet og herjet hele området mellom Båhus og Kvistrum. Gyldenløve, derimot, holdt fortsatt Karlsten og Marstrand besatt og la igjen en styrke på 300 mann i fortet ved Uddevalla, mens den norske styrken ble trukket tilbake og gikk i vinterkvarter på norsk side av grensen.

I de første krigsårene hadde de danske og norske styrkene tatt initiativet. I *1679* hadde rollene skiftet. Nå var det svenskene som tok offensiven både i Skåne og mot Norge. Året før hadde et svensk regiment rykket inn i Trøndelag, brannskattet Tydal og plyndret og brent Røros. I 1679 rykket en ny svensk styrke inn i det nordafjelske. Marsjruten gikk nå gjennom Herjedalen over Røros og videre ned gjennom Gauldalen. Men ved Ålen ble de stoppet av norske styrker under oberst Schultz, og under retretten ble de utsatt for stadige angrep av mindre norske avdelinger. Men de rakk tross dette å brenne de siste rester av hus som stod igjen på Røros.

Det svenske innfallet i Trøndelag i 1679 var likevel bagatellmessig sammenlignet med et stort planlagt felttog mot Båhuslen. Med en styrke på 8000 mann rykket Gustav Sten-bock nordover mot Uddevalla for å tilintetgjøre den norske styrken der. Den norske skansen ble utsatt for et heftig bombardement og ble satt i brann, men besetningen på 300 mann holdt stand inntil Gyldenløve kom fram med forsterkninger sjøveien. Under tredobbelt ild, fra skansen, fra Gyldenløves galeier og fra landsatte norske styrker, ble Stenbock tvunget til å trekke seg tilbake med sine 8000 soldater. Gyldenløve hadde atter føyd en ny stor seier til den lange rekke av seire han alt hadde vunnet med den norske hæren. Uddevalla og Marstrand skulle bli holdt av norske styrker helt til freden med Sverige var et faktum.

Freden i Fontainebleau

Det var Ludvig 14.s angrep på Nederland i 1672 som hadde dannet bakgrunn for den dansk-svenske krigen. Tross veldig innsats av penger, mannskap og materiell hadde han ikke klart å knekke Nederland. Men Frankrike var tross det sterkere enn noen gang før. Det ble til fulle bekreftet ved freden i Nijmegen i 1678. Ved forhandlingsbordet var imidlertid de franske diplomatene like overlegne som de franske generalene hadde vært i felten. Ved klok forhandlingstaktikk lyktes det å splitte Frankrikes motstandere, og hvor forhandlingstaktikken ikke førte fram, ble det brukt makt. Dette kom ikke minst klart til uttrykk under fredsoppgjøret med Brandenburg og Danmark.

Brandenburg hadde tatt svensk Pommern, og danskene hadde tross de mange tapte slag i Skåne fremdeles besatt Rügen, Wismar og Bremen og Verden i Tyskland, Got-

Ludvig 14. på hjortejakt utenfor Fontainebleau sør for Paris i 1660-årene. Det var i det store slottet i bakgrunnen den dansk-franske traktaten ble undertegnet 23. august 1679. Fontainebleau har også andre tilknytninger til nordisk historie. Dronning Kristina levde her en tid etter abdikasjonen i 1654, og i en av slottets saler lot hun høsten 1657 sin sekretær, den italienske marki Gian Rinaldo Monaldesco, henrette.

torp i Holsten, og Gotland, Landskrona, Helsingborg og Marstrand og Uddevalla i Sverige. Alt tilsa at Brandenburg og fremfor alt Danmark måtte få betydelige territorielle utvidelser ved fredsslutningen.

Men ved forhandlingsbordet var det ikke mengden av erobringer som betydde noe, men Ludvig 14.s og Frankrikes makt. Da Fredrik Vilhelm av Brandenburg ikke ville bøye seg for Solkongens diktat, rykket franske styrker inn i Brandenburg og franske diplomater sluttet fred med kurfyrsten på vegne av Sverige. Fredrik Vilhelms eneste resultat etter fire års krig ble en liten symbolsk landstripe.

I juni 1679 ble det innledet fredsforhandlinger mellom Sverige og Danmark i Lund, men avstanden var for stor til at partene kunne møtes. Da Ludvig 14. demonstrerte sin makt ved å la franske styrker besette Oldenburg, ble Kristian 5. også tvunget til å godta fransk megling. Den 23. august 1679 ble den fransk-danske fredstraktaten undertegnet i Fontainebleau, og resultatet ble enda magrere for Kristian 5. enn for Fredrik Vilhelm. Danmark fikk ikke beholde et eneste av de områder som var besatt; det eneste positive i traktaten var et vagt løfte om at Frankrike ikke ville blande seg inn i forholdene i Gottorp.

Forhandlingene i Fontainebleau var foregått uten svensk medvirkning, og den fransk-danske fredstraktaten rommet derfor et løfte om at Frankrike skulle få Sverige til å godta traktatens bestemmelser innen tre måneder. Selv om de franske forhandlerne til det ytterste hadde varetatt de svenske interessene under forhandlingene, fikk den fransk-danske fredstraktaten karakter av en diktatfred overfor Sverige, som virket til det ytterste krenkende. Men dermed var også grunnlaget lagt for en tilnærming mellom Sverige og Danmark. Den 26. og 27. september 1679 ble det undertegnet en fredstraktat mellom de to nordiske statene, og samtidig ble det inngått en forbundstraktat. Omsider kunne den ekteskapsavtalen Griffenfeld hadde fått i stand fem år før, realiseres. Den blodige krigen mellom Danmark-Norge og Sverige skulle avsluttes med bryllupet mellom Karl 11. og Ulrikke Eleonore.

*Etter freden mellom Sverige og Danmark-Norge i september 1679
kunne ekteskapet mellom Karl 11. og Kristian 5.s søster Ulrikke
Eleonore inngåes. Bryllupet ble feiret på et slott i Halland, under
utfoldelse av liten festivitas, 6. mai 1680. Men i november ble
Ulrikke kronet til svensk dronning under vanlig praktutfoldelse
i Stockholm. Dronningen døde allerede i 1693, knapt 33 år gam-
mel. Da hadde hun født sju barn, men fire sønner døde som sped-
barn. På dette maleriet av David Klöcker Ehrenstrahl fra 1686/
87 sees fra venstre Karl 11., enkedronning Hedvig Eleonora (Karl
10. Gustavs dronning), to av barna: prins Karl (12.) og prinsesse
Hedvig Sofia sammen med Karl 11.s faster. Ytterst til høyre står
Ulrikke Eleonore, eller Ulrika Eleonora som hun het i Sverige.*

«Die verbotene Früchte anzugreifen»

Som øverstkommanderende hadde Gyldenløve hatt et avgjø-
rende ord når det gjaldt felttogsplanene for den norske hæ-
ren. Personlig hadde han hatt kommandoen over avdelin-
gene i felten, og ved sitt blide og vinnende vesen hadde han

vunnet soldatenes tillit og hengivenhet og styrket kampviljen. Han hadde vært det sentrale og samlende midtpunktet for den norske hæren, feltherren som med sine utskrevne bondesoldater hadde gått fra seier til seier.

Men Gyldenløve hadde samtidig innehatt stillingen som stattholder i Norge, og i egenskap av å være høyeste militære og høyeste sivile øvrighet i landet, var han blitt stilt overfor hundrer og atter hundrer av små og store spørsmål som krevde sin avgjørelse. Først og fremst gjaldt det å løse de mange nye og presserende oppgaver som krigen reiste: krav om penger til underhold av hæren, krav om nye soldater når epidemier eller fiendtlige kuler tynnet ut i geleddene.

I reglementet for det norske militærvesenet fra 1671 var det fastsatt at det skulle stilles 102 000 riksdaler pr. år til disposisjon for militære formål i Norge. Dette beløpet viste seg også å være stort nok i fredstid, men da Gyldenløve satte i gang omfattende festningsarbeid og utvidet styrkene, økte de finansielle problemene tilsvarende. Fra det øyeblikk krigen brøt ut, trengtes det summer som langt oversteg de beløp som var stilt til disposisjon i 1671. I 1674 ble det derfor skrevet ut en ny skatt, proviantskatten, som påla hver fullgård å utrede et halvt bismerpund smør og for en halv riksdaler kjøtt for året. Proviantskatten var imidlertid liten, og i Akershus stift innbrakte den årlig i gjennomsnitt bare 5400 riksdaler. Langt tyngre var korn- og høyskatten, som ble utskrevet første gang i 1675. For Akershus stift innbrakte den i 1678 vel 25 000 riksdaler, et beløp som tilsvarte en tredjepart av de faste ordinære skattene i stiftet. Det var riktignok en stor skatteforhøyelse, men den var likevel liten sammenlignet med de skatter Hannibal Sehested hadde skrevet ut under Hannibalsfeiden, og de skatter som var skrevet ut i slutten av 1650-årene. I 1675 ble det også skrevet ut en ekstraskatt på byene, familiehjelpen, men den var «bønder og allmuen på landet» fritatt for. Men familiehjelpen var liten og utgjorde for eksempel ikke mer enn 1865 riksdaler for Norges største by, Bergen. Det var ikke gjennom nye skattepålegg Gyldenløve skulle finansiere krigen mot Sverige.

Da Gyldenløve kom til Norge, ble bare en mindre del av de ordinære skatte- og tollinntektene i Norge brukt i landet. Det meste gikk til, eller for å holde seg til tidens språkbruk, ble assignert til formål i Danmark. Sjøetaten var således tillagt 156 809 riksdaler av inntektene i Norge. Enkedronning Sofie Amalie var assignert tollinntektene fra Drammen og Langesund. En stor del av utgiftene til hoffet, til den kongelige vinkjeller og den kongelige stall, ble for en stor del betalt med penger fra norske tollkister og skatter fra norske fogderier. Situasjonen var kort slik krigskommissær Jens Juel skildret den i 1675 at «den ringeste penge her» var «bortassigneret, og de assignationerne haffuer drager nu med sommeren bort så imod høsten står landet blott og da for *hundrede tusende* mere og mindre pericliterer».

Det var nettopp disse store beløpene assignert til formål i København og Danmark, Gyldenløve og krigskommissær Juel brukte for å finansiere krigen i Norge. Riktignok hadde stattholderen streng ordre om at de midler som var assignert til flåten og enkedronningen, ikke måtte røres, men 6. august 1675 gav han ordre til tollstedene om å sende alle andre penger som var i tollkistene eller som senere kom inn, til krigskommissariatet på Akershus. Dagen etter fikk stiftamtskriverne en lignende befaling når det gjaldt de ordinære skattene og tienden. Det skulle ikke bli noe igjen til hoffetaten verken for 1676 eller de kommende år.

I 1676 var situasjonen ytterligere forverret, og Gyldenløve ble skarpere i tonen i sine brev til kongen: «Mens efterdj det intet skeet, forstå vi det icke anderledes end at Eders Maysts Allernådigste villie er at *vi skal tage huad dertil behøves huor det findes* huor efter vi da og indtill nermere ordres voris mesures anstiller.» Da dette brevet ble skrevet, hadde riktignok kongen forlengst tatt skritt for å løse den finansielle krisen i Norge. Den 15. januar hadde nemlig Gyldenløve fått fullmakt til å «udskrive og påbyde alle de contributioner og skatter» som han anså nødvendig for å underholde hær og flåte. Men han benyttet seg bare delvis av denne fullmakten. Høsten 1676 skrev Gyldenløve riktignok ut en ny skatt, krigsstyren, som skulle betales av «alle og en

Karel van Manders maleri av Ulrik Frederik Gyldenløve som den store feltherre med slagtummel i bakgrunnen.

hver uden forskjel af hvad stand og condition som nogenlunde, middel, bestilling eller næring hafuer, liden eller stor på landet såvelsom i kjøbstæderne». Men den «gemene almue» ble fritatt. Bøndene skulle ikke belastes med nye skattebyrder. Det er blitt påpekt at krigsstyren betydde en veldig forhøyelse av skatten på byborgere og kondisjonerte på landet; men det bør samtidig understrekes at byene tidligere praktisk talt ikke hadde betalt skatt. For Bergen utgjorde den samlede krigsstyren for 1677 således ikke mer enn 10 052 riksdaler eller bare en fjerdepart av den krigsstyren byen ble pålagt i 1712.

Gyldenløve og krigskommissariatet førte i 1676 stort sett den samme finansieringspolitikken som året før. Statsinntekter som var assignert til formål i Danmark, ble beslaglagt for krigsformål i Norge. I begynnelsen av april gav Gyldenløve ordre til samtlige tollsteder om å overføre alle tollinntekter til krigskommissariatet på Akershus «uagtet i alle måder til hvem de end assignerede ere». Nå ble det ikke lenger tatt hensyn til kongens ordre om å spare det som var bestemt for sjøetaten. Endog i tollinntektene fra Drammen og Langesund som var assignert Sofie Amalie, ble det gjort store innhugg.

I 1677 og 1678 var Gyldenløve mer varsom med «die verbotene Früchte anzugreifen». Enkedronningen fikk alt det hun skulle ha, men det ble intet igjen til hoffetaten. Gjentatte ganger måtte krigskommissariatet låne av de penger som var assignert til sjøetaten, men alle forbud sluttet å eksistere når situasjonen var slik krigskommissær Hans Hansen skildret den i 1678: «En armé stod i fuld march, og der var ikke en daler i forråd, enten til at forstrecke officererne og langt mindre til soldaternes drikkepenger».

Tross advarsler fra København fulgte Gyldenløve sin linje konsekvent. Selv om han hadde fullmakt til å skrive ut nye skatter valgte han å finansiere krigen først og fremst med penger assignert til formål i København og Danmark. Intet skulle bevege ham til å skrive ut nye skatter på bøndene; grensen var satt med proviantskatten og korn- og høyskatten. Hensynet til bøndene veide tyngre enn kongens ønsker. Men nettopp i dette forholdet ligger det et sentralt problem. Var Gyldenløves skattepolitikk et resultat av den bondevennlighet han så ofte er hyllet for, eller befant han seg i en tvangssituasjon hvor kongens ordrer måtte underordnes de problemer krigen skapte?

«Indbyggernes vilkår, affection og villighed»

Oppgaven å reise penger var det ene hovedproblemet Gyldenløve stod overfor som øverstkommanderende og stattholder under Den skånske krig; det andre var å skaffe soldater til regimentene. Riktignok må det ha blitt født omkring 7000 gutter pr. år i Norge i Gyldenløves tid, men neppe stort mer enn 4000 nådde voksen alder. Av disse igjen kunne neppe mer enn 3000 skrives ut til militærtjeneste, og marinen skulle hvert år ha et stort antall norske matroser. I 1676 forteller således Gyldenløve at det var sendt 7–8000 mann til København i den tiden han hadde vært stattholder i Norge, og det ble oppfattet nærmest som en ufravikelig regel at de «som tid efter anden» ble sendt til Danmark, ikke kom tilbake.

Det var således tynnet sterkt ut i de små årskullene alt før Gyldenløve begynte å skrive ut mannskaper for å fylle hullene i kompaniene. Høsten 1675 hadde han riktignok klart å reise en styrke på 9299 mann, men da han samtidig fikk ordre om å skrive ut ytterligere 1000 mann for tjeneste i Danmark, svarte han bestemt avvisende. «Om nogen skulle ville berette, at der er overflødig ungt mandkiøn udi landet, må de ikke vel vere kiendte eller informerede.» Bare av «gamle mend og quindfolk ere der overflødige». Tanken på å komplettere kompaniene gjorde det nødvendig å ha en reservestyrke på 6000 mann, men denne bestod bare av bønder som hadde gårder, og «små drenge».

Sykdom, desertering og døden for fiendtlige våpen skapte et stadig behov for nytt mannskap. Noen bevarte fragmenter av legdsruller fra Vestlandet fra 1675 og 1676 viser at omkring halvparten av soldatene ble skiftet ut i løpet av dette ene året. Da tjenestetiden normalt var ti år, ligger det nær å tro at utskiftningene var en konsekvens av sykdom eller krigshandlinger. Alt første krigsåret hadde Gyldenløve trukket halvparten av det trondhjemske infanteriregiment til Østlandet. Året etter trakk han den andre halvparten sørover, og i Trøndelag måtte det nå opprettes et nytt regiment på 2100 mann, slik at den samlede militsen kom til å bestå av

10–11 000 mann. Samtidig ble det etter ordre sendt 1600 mann til Danmark. Resultatet var dermed gitt. Av den reserven på 4700 mann som stod oppført i rullene i 1677, var det etter Jens Juels vurdering bare 2000 som kunne brukes i felten.

I 1679 ble det bestemt at krigføringen nå først og fremst skulle baseres på sjøoperasjoner, og med det for øye skulle det verves 600 matroser i Norge og sendes 2400 mann av infanteriet til tjeneste i marinen. Viseadmiral Christian Bjelke ble sendt til Norge med det oppdrag å skaffe båtsfolkene, og et brev fra hans egen hånd forteller om de vanskeligheter han ble stilt overfor: «Her er slig beskaffen, at dersom man lader slå trommen – at hver der har lyst til at tjene Hs. Maj. måtte fremstille sig, – så løbe de ud af byen alle unge karle og mandskaber. Man svarer, at det er ikke at forundre sig over, at her er så få folk å få; thi alle de som tid efter anden ere nedsendt til Danmark, ere ikke komne igien, og består hele den norske armadi af norske indfødte. Det er nu således heroppe, at når en mand dør ved kompagniet, kan de med største besværlighed neppe få nogen mand istedet.»

Det var i 1679, som tidligere, vanskelig å skaffe sjøfolk til marinen. Gyldenløve hadde også erfaring for at mange av de utskrevne soldatene deserterte. Da det vesterlenske regimentet på 1600 mann marsjerte til Østlandet sommeren 1675, ble 150 mann syke eller døde og 120 rømte på veien.

Men tross alle vanskelighetene måtte styrkene skaffes, og styrkene måtte fylles med kampvilje. Derfor var det også nødvendig, som Gyldenløve uttrykte det mange år senere, å vinne deres tillit, «deres affection og villighed». «Thi hvor gode og stærke fæstningerne endog monne være, og ydermere forbedres kunne, så kan dog ingen vigoreuse resistance forventes, når besætningen og de, som dennem skulle secondere, ikke ere standfaste og af godt mod villie og inclination.» Men dermed står vi også ved nøkkelen til Gyldenløves skattepolitikk; skulle man ta de siste mannskapsreserver fra bygdene, og skulle man få en lojal og kampdyktig hær, var der en klar grense for hvor langt en kunne presse skattekravene. Mange trekk tydet på at grensen alt var nådd med korn- og høyskatten.

Både 1674 og 1675 hadde vært uår i store deler av landet, og overalt hadde det vært et veldig overskudd av døde. Hardest var uten tvil Telemark og Råbyggelaget rammet. I 1675, opplyser fogden, hadde ikke bøndene i Bratsberg fått sådd mer enn halvparten av det vanlige, «og hvem som fik sådd, fik lidet eller intet igjen». Bedre var det ikke i Råbyggelaget. I 1674 klaget oberst Krag over at han var assignert 2000 riksdaler av inntektene i Råbyggelaget fogderi, hvor «den største del (...) går og betler deris brød». Fogden

Baron Ludvig Rosen-krantz (1628–85) var amtmann i Stavanger fra 1673 og bodde på Kongsgård i Stavanger. Men han eide også storgårdene Hatteberg, Mel og Seim i Kvinn-herad, Ytre Hardanger. 14. januar ble han opphøyd til friherre og hans gårder ble baroniet Rosendal. Det var på Hattebergs grunn han i 1663–65 oppførte den hovedbygningen som fremdeles står (se s. 182).

hadde derfor ikke kunnet gi ham løfte på mer enn 100 riksdaler. På et ting i Ryfylke kom det til regulære uroligheter. Allmuen «skrek og hylet over deris armod, de havde nu intet, de kunde nu gjøre med dem hva de villie». I mars 1676 skrev amtmann Wind i Trøndelag om «bondens store forarmelse og fattigdom» fordi de selv måtte holde grensevakt. Fra lagmannen i Steigen finnes en beretning fra mars 1677, stadfestet av amtmann Giedde, som viser at stillingen der nord var enda vanskeligere. På grunn av dårlig fiske hadde ikke allmuen tilstrekkelig verken til livets opphold eller kongens skatter. Folk døde av sult, og smittsomme sykdommer herjet.

Da amtmann Ludvig Rosenkrantz i Stavanger i april 1677 skrev til stattholderen om den store «urolighed og opsetsighed» i Ryfylke, stilte han samtidig spørsmål om hvordan man nå skulle drive inn kongens skatter. «Thi tør ingen nu i disse dage sig noget med almuen befatte.» Kongen hadde gitt et klart svar på spørsmålet i forordningen av 26. februar 1676. Dersom ikke folk frivillig betalte skattene, skulle skattene drives inn med militær eksekusjon, det vil si militære styrker skulle innkvarteres hos bøndene, og kongens tilgodehavender innkasseres av soldatene i form av det daglige brød.

Også Gyldenløve søkte å drive skattene inn med militær eksekusjon, men i en moderert form. Det var et tvangsmiddel han nødig grep til. Dessuten var det ofte soldatene som ble rammet, for de skattepliktige bøndene hadde ikke mat. Hvor skattebetalerne hadde muligheter til å betale skattene, viste riktignok Gyldenløve ingen ettergivenhet. Men mange søknader om skattelettelse ble innvilget. Mange fogder lot også skatterestansene vokse fra år til år uten at det ble grepet inn ovenfra. Neppe noen gang verken før eller siden har skatterestansene fått lov til å hope seg slik opp. Først da krigen var slutt og soldatene var vendt hjem, ble det holdt store oppgjør med mang en fogd og mang en tingallmue. Men under krigen var Gyldenløves politikk fast. Virkningene av flere uår og de store utskrivningene gjorde det ikke forsvarlig å skrive ut nye skatter på bøndene eller bruke hardhendte midler til å drive inn skatterestanser. Det ville bare føre til «urolighed og opsetsighed», som i Ryfylke.

Gyldenløve var kommet til Norge som kongens statthol-der og militær øverstkommanderende. Det var først og fremst kongens og regimets interesser han ivaretok. Når han nektet å legge nye skatter på bøndene, var neppe dette ut-trykk for en bondevennlig innstilling, men et resultat av en realpolitisk prioritering. Skulle han klare å skaffe soldater til den norske hæren, og skulle han vinne soldatenes «af-fection og villighed», kunne han ikke samtidig drive allmuen til opprør gjennom en hensynsløs skattepolitikk.

Tretti år senere skulle Fredrik 4. prøve å løse begge opp-gavene, både skape en slagkraftig norsk hær og samtidig skrive ut nye og store skatter. Skattekravet førte til så om-fattende reisninger i Norge at kongen måtte la det falle. Den kurs Gyldenløve hadde slått inn på under Den skånske krig, skulle bli bestemmende for den linje statsledelsen skulle føl-ge helt fram til 1814. Behovet for en sterk og lojal norsk hær tvang statsledelsen til moderasjon i skattespørsmål.

Krig og nøytralitet

Nye konger og gamle stridsemner

«Kongen er død. Kongen lever.» Det var den obligate ny-heten heroldene forkynte i Københavns gater ved et tron-skifte i eneveldets Danmark-Norge. Den 25. august 1699 var det Kristian 5. som var gått bort, og hans eldste sønn Fredrik, som besteg tronen som Fredrik 4., skulle gjennom 31 år sitte som statsoverhode i det oldenborgske statssystem.

Fredrik 4. var på mange måter en kontrast til sin far. Hel-ler ikke han var noen overlegen politisk begavelse, men han var uten tvil den mest evnerike av de oldenborgske ene-voldsherskerne, bortsett fra Christian Frederik. Samtiden var riktignok sterkt opptatt av Fredriks privatliv, og i etter-tidens historiske litteratur har man dvelt omhyggelig ved hans åpenlyse bigami med ekteskap til venstre og høyre hånd. Her er alt hva en hoffkronikør kan ønske seg for å

Under Fredrik 4.s besøk i Venezia våren 1709 ble det arrangert en regatta på Canal Grande til ære for kongen. Den italienske maleren Luca Carlevaris festet begivenheten til lerretet samme år. Fredrik 4. tar det praktfulle opptog i øyesyn fra balkongen til høyre.

lage pikant-historie og god dekning for prøysserkongen Fredrik 2.s sarkastiske uttalelse om «de skjøger den danske kongen hadde på stallen». Fredrik 4.s utdannelse var også mangelfull. Han savnet de mest elementære kunnskaper som var nødvendig for et statsoverhode. Men tross dette hadde Fredrik 4. mange gode egenskaper som regent. Han var utrolig arbeidsom og flittig, samvittighetsfull til det ytterste, og de fleste saker fikk i hans tid en inngående og grundig behandling. Når han var i stallen, kunne alle komme og legge sine klager fram for ham. Ingen sak var for liten til det.

To år før Kristian 5. døde, var også Karl 11. av Sverige gått bort, og han ble fulgt på tronen av Fredrik 4.s fetter Karl 12., som da bare var 15 år gammel. I motsetning til Fredrik 4. hadde Karl fått en grundig utdannelse, i språk, historie, krigshistorie og statskunnskap. Han hadde fått en god fysisk trening i riding, fekting og skyting. Som ung hadde han ikke vært fremmed for Bacchi nytelser, men et vådeskudd i en rus skremte ham, og han smakte aldri senere

De to krigerske fettere Fredrik 4. (til venstre) og Karl 12. Deres felles bestefar var Fredrik 3., far til Kristian 5. og Ulrikke Eleonore. Fredrik var født i 1671 og var ni år eldre enn Karl, som ble svensk konge i 1697 to år før fetteren. Maleriet av Fredrik 4. er utført av Bénoit Le Coffre og etterlater ikke tvil om at denne

alkohol. Mens Fredrik 4. sløste bort store summer på sine kvinner og nøt livet til overmål på sine lystreiser til Italia, var Karl 12. asket, lukket og innesluttet. Bare én ting hadde de to søskenbarn felles: ønsket om å føre krig. Men også

krigslystne mann overlot til sine generaler å utføre «det skitne håndverk». Johan David Swartz' portrett – malt i Altranstädt 1706 – gir et like klart uttrykk for at man her blir presentert for selve krigerkongen iført den klassiske karolinske uniformen. Begge bilder er noe beskåret.

der var det en forskjell. Mens Fredrik 4. overlot ledelsen av sine felttog til sine generaler, var Karl 12. selv den store strateg og det militære geni. Fra han besteg tronen i 1697 til sin død i 1718 skulle han leve nesten uavbrutt på feltfot.

Karl 12. var en frukt av ekteskapsavtalen fra 1674, og ekteskapet mellom Karl 11. og Ulrikke Eleonore i 1679. Det var et ledd i forsoningspolitikken mellom Danmark og Sverige etter freden i Fontainebleau. Men forsoningen skulle ikke vare lenge, og atter en gang var Gottorp utgangspunkt for konflikten. Griffenfeld hadde atter og atter pekt på betydningen av å stå i et godt forhold til Frankrike, og i 1682 slo man inn på den politiske kursen greven hadde pekt ut åtte år tidligere. Det magre resultatet ved freden i Fontainebleau skyldtes først og fremst Frankrikes motstand. Nå var målet å løse det gottorpske problemet og dermed endre Danmarks utenrikspolitiske stilling med fransk støtte. I 1684 ble den gottorpske delen av Slesvig inntatt og hertugdømmene besatt av danske styrker. Inspirert av Ludvig 14.s reunionspolitikk, forlangte Kristian 5. at Hamburg skulle avlegge ed til ham i hans egenskap av hertug av Holsten, og da dette kravet ble avvist, marsjerte danske tropper mot byen.

Kristian 5. hadde innledet sitt angrep mot Gottorp i håp om fransk støtte. Men Frankrike var nå så sterkt engasjert i vest at Danmark ble stående alene. Hamburg, derimot, fikk militær hjelp fra Braunschweig-Lüneburg og diplomatisk støtte fra keiseren og Brandenburg. Da også Sverige sluttet seg til Danmarks motstander, måtte Kristian 5. kapitulere og ta et nytt nederlag, forliket i Altona 20. juni 1689. Christian Albrecht ble gjeninnsatt som hertug med alle de rettigheter han og hans fyrstedømme hadde hatt før 1684. Forsøket på å trygge rikenes utenrikspolitiske stilling med fransk støtte var dermed mislykket.

Altona-forliket førte til at Kristian 5. foreløpig slo inn på en nøytralitetspolitikk. Et hærkorps på 7000 soldater leide han ut til Vilhelm 3. av England, et annet på 2000 mann til keiseren. Samtidig mottok han årlig 200 000 riksdaler i subsidier fra Frankrike, mens svenske og danske orlogsskip i fellesskap beskyttet skandinaviske koffardiflåter mot fremmede krigsskip og kaprere. Alt var tilsynelatende preget av fred og forsonlighet i Norden. Men – et nytt dødsfall, en ny krig.

Det første oppgjør

I 1694 døde Christian Albrecht av Gottorp, og atter en gang skulle det lille hertugdømme bli utgangspunkt for en konflikt. Hans sønn og etterfølger Fredrik 4. av Gottorp var en bitter fiende av Danmark og like nær knyttet til Sverige, et bånd som ble ytterligere styrket da han tre år etter sin tronbestigelse ble gift med Karl 12.s søster, Hedvig Sofia. Alt kort etter Fredrik 4. av Gottorp hadde besteget tronen, begynte han å bygge ut festningsverkene i hertugdømmet med svensk støtte og svenske tropper. Etter at Karl 11. var død, mente man i København tiden var inne til et oppgjør med den gottorpske hertug. Danske styrker rykket inn i hertugdømmet og ødela de nye forsvarsverkene. Men da Sverige rustet og Danmarks allierte ønsket fred, ble de danske styrkene trukket tilbake.

I 1699 kom det for annen gang svenske styrker til Gottorp for å gjenoppta forsvarsarbeidene, og for Danmarks nye konge, Fredrik 4., var nettopp dette øyeblikket han hadde håpet på. Hans far hadde først søkt å slå Sverige med Nederland, Brandenburg og keiseren som allierte, men det hadde ført til den forsmedelige freden i Fontainebleau. Deretter var Frankrike blitt Danmarks allierte, og med dets støtte hadde Kristian 5. håpet å knekke Gottorp. Det hadde endt i forliket i Altona. Da Fredrik 4. i 1699 atter forberedte et angrep på Gottorp, hadde han nye allierte: den unge tsar Peter av Russland, som i fremtiden skulle få tilnavnet «den store», og kurfyrst August 2. av Sachsen, som også var valgt til konge i Polen. I vissheten om deres støtte gav Fredrik 4. sine styrker ordre om å rykke inn i Gottorp.

Samme år Den skånske krig ble avsluttet, flyttet Ulrik Frederik Gyldenløve til København og kom senere til Norge bare på kortere besøk. Som øverstkommanderende under ham utnevnte kongen en tysker, som hadde mange års militær erfaring bak seg, Gustav Wilhelm Wedel Jarlsberg. Han hadde deltatt i krigen mot tyrkerne, og mot nederlenderne og mot svenskene i Skåne. Han hadde fått

*Grev Gustav Wilhelm von Wedel Jarlsberg (1641–1717), som var
av tysk slekt, var feltmarskalkløytnant i Kristian 5.s hær fra 1679.
To år senere ble han kommanderende general i Norge, hvor han
særlig ofret seg for utbyggingen av våre befestningsanlegg. I
1683 kjøpte han det meste av Tønsberg grevskap som 4. januar
1684 ble grevskapet Jarlsberg. Samtidig maleri.*

mange impulser fra Ludvig 14.s store festningsekspert,
Vauban, og i norsk militærhistorie vil han uten tvil innta
plassen som den store festningsbygger. I de ti årene 1681–
91 han oppholdt seg i Norge, satte han i gang et omfatten-
de befestningsarbeid. Fredriksten festning i Fredrikshald
og Kongsten festning i Fredrikstad ble under hans ledelse
forsterket og utvidet. Det samme gjaldt Akershus festning

og festningsanleggene i Kristiansand. De «opplandske fest-
ninger», Basmo, Kongsvinger og Kristiansfjell, ble dels om-
bygd, dels bygd opp fra grunnen av. Det samme gjaldt
Kristiansten festning i Trondheim og Akerøya på Hvaler,
mens de eldre små fortene i Sponvika, Blaker og Stavern
fikk en permanent karakter. En kjede massive festningsan-
legg skulle stå som et minne om Wedels virksomhet i Nor-
ge, men de er også et klart vitnesbyrd om den sterkt defen-
sive oppgave han tiltenkte det norske forsvaret.

*Dette utsnittet av Jacob Conings maleri fra 1702 viser Sponvika
skanse oppe på en høyde ved nordsiden av Iddefjorden sørvest for
Fredrikshald. I forgrunnen ligger kommandantsjaluppen som har
brakt maleren ut fra Fredrikshald. Fredrikstens kommandant står
selv på bryggen. I 1716 ble Sponvika ødelagt av Karl 12.s tropper.*

I 1692 ble Wedel guvernør i grevskapene Oldenburg og Delmenhorst, og flyttet dit, men høsten 1699 vendte han tilbake til Norge som kommanderende general etter Gyldenløve for å forberede Fredrik 4.s felttog fra norsk side. Hans første rapport til kongen var ikke oppmuntrende. «Troppene er gåt tilbake i brugbarhed, fæstningerne dårlig vedligeholdt, efterretningsvesenet slet, kassen tom.» Men det kunne ikke temme kongens krigslyst. Alt før krigen begynte, hadde han gitt ordre om at elleve norske kompanier skulle sendes til København for å gjøre tjeneste i flåten, og senere forlangte han ytterligere 4000 norske legdssoldater til Danmark.

Men krigen ble bare et intermesso. De danske styrkers fremrykning i Holsten fortsatte nok etter planen. Hele Gottorp ble erobret bortsett fra Tönning, som ble forsvart av svenske og lüneburgske soldater. Men der gikk også grensen for de danske styrkenes seierrike fremrykning. England og Nederland som nå stod foran et nytt oppgjør med Ludvig 14. og Frankrike, ønsket ikke en ny krig i Norden. Derfor sendte de en flåtestyrke til Sundet. Takket være denne og den svenske flåten, lyktes det i første omgang for Karl 12. å overføre svenske styrker til Sjælland. For Fredrik 4. var dermed krigen tapt. Hæren var passivisert i Holsten. Svenskene stod på Sjælland klar til å rykke fram mot København. Flåten lå innesperret ved hovedstaden uten mulighet for å gå ut. Fredrik 4. måtte derfor bite i det sure eple og slutte fred med Gottorp i Travental i Holsten, hvor han måtte anerkjenne Gottorp full suverenitet, og betale hertug Fredrik 260 000 riksdaler i skadeserstatninger.

Men heller ikke for Karl 12. skulle krigen føre til nye store seire, som landgangen på Sjælland hadde gitt håp om. Da Nederland og England hadde tvunget Danmark til å slutte fred, hadde de oppnådd sitt mål med intervensjonen, og trakk sine flåtestyrker bort fra Sundet. Men det betydde at den danske flåten kunne gå ut, og Karl 12. risikerte at den svenske styrken kunne bli innesperret og tilintetgjort på Sjælland. Heller ikke han hadde derfor noe egentlig valg. Han måtte slutte fred og godkjenne Travental-

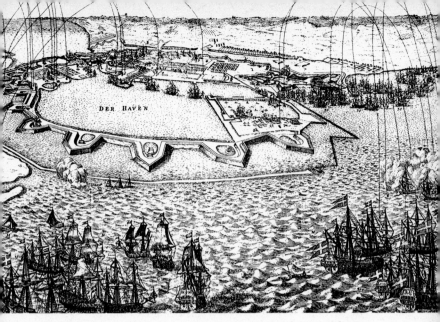

*Mens den danske flåten lå innesperret ved København (til høyre)
bombarderte svenske, engelske og nederlandske flåteenheter
hovedstaden 25. juli 1700. Fredrik 4. måtte slutte fred selv om
skadene i København var små. Samtidig kobberstikk.*

overenskomsten. Den første krigen mellom Fredrik 4. og
Karl 12. var dermed til ende; men for Sverige betydde ikke
det fred. Krigen med Danmark var slutt, men landet var
fortsatt i krig med Russland, Polen og Sachsen.

Det skulle gå ni år før Fredrik 4. atter kastet sine riker
inn i en ny krig med Sverige. I disse årene skulle den dans-
ke og norske forretningsstanden i ly av nøytraliteten ut-
nytte en krigskonjunktur skapt av Karl 12.s kriger i øst og
Den spanske arvefølgekrig i vest. I disse årene skulle Fred-
rik 4. på mange måter styrke sine rikers stilling innad, og
ikke minst skulle hans interesse være rettet mot Norge.

Slottsloven

Kongeskiftet i 1699 fikk ikke store konsekvenser for stats-
styret i Danmark og Norge. Enkelte av Kristian 5.s be-
trodde menn ble skiftet ut og erstattet med menn som stod

Fredrik 4. nærmere. Men det ble bare et personskifte, ikke et regimeskifte. Rikene ble i hovedtrekkene styrt etter de hovedprinsipper Kristian 5. hadde fulgt, og borgerskapet skulle fortsatt øve en sterk innflytelse på den politiske ledelse. Bare når det gjaldt Norge, ble det foretatt administrative forandringer av større rekkevidde.

Tronskiftet betydde at Norges gamle stattholder og øverstkommanderende, Ulrik Frederik Gyldenløve, trolig frivillig, søkte avskjed for å leve sine siste år i Hamburg. Gyldenløve hadde både vært stattholder og militær øverstkommanderende, en kombinasjon Kristian 5. hadde funnet betenkelig, og mente den bare kunne forsvares når man hadde en mann som var så lojal og stod kongehuset så nær som Gyldenløve. Fredrik 4. handlet i samsvar med sin fars testamente, og stillingen som øverste militære og sivile myndighet i Norge ble delt i to. Christoffer Gabels sønn, Frederik, overtok Gyldenløves sivile oppgaver og ble visestattholder i Norge til sin død i 1708. Gyldenløves militære nestkommanderende, grev Gustav Wilhelm Wedel Jarlsberg, ble som nevnt kommanderende general.

Kort etter at Fredrik 4. besteg tronen, utarbeidet Hans Hansen Rosencreutz, som gjennom mange år hadde vært landkommissær i Norge, på oppfordring av kongen en «relation» om Norge. Rosencreutz' arbeid ble innledet med en skildring av landet, dets natur, grenser, festninger, uthavner, veier. Deretter gikk han over til sitt hovedemne, «Norges riges invortes leilighed og dets indbyggeres beskaffenhed». Med varme skildret han nordmennenes troskap, lojalitet, deres vilje til å ofre liv og blod for konge og fedreland tross deres store fattigdom.

Til sist rettet han en flengende kritikk mot måten landet var blitt styrt på, og ikke minst rammet kritikken den avgåtte stattholderen. Stattholderen hadde som oppgave å passe på at kongens lover og forordninger ble holdt uten hensyn til person eller stand, at prestene ikke drev kjøpmannskap og handel, at prisen på de varer som allmuen trengte, ikke ble satt for høyt, at ikke mynten korrumpertes, at handelen ble fremmet, «at de tingester, hvorudi

*Akershus festning sett fra Hovedtangen, det vil si fra sørøst. Ut-
snitt av Jacob Conings maleri fra 1699. Slottet var på denne tid
svært forfalt, men våren 1704 fikk det en grundig overhaling
både utvendig og innvendig i anledning Fredrik 4.s besøk i juni.*

landets og indbyggernes bedste består, ikke som hidindtil
såsom et rov behandles». Slik burde det være. «Men almæg-
tige, evige Gud; haver sådanne ædle sandser på en tid en-
ten ikke været nærværende, eller forstoppede, efterdi det
nu desværre overalt står så meget ilde til i landet.»

Rosencreutz hadde bodd i Norge gjennom mange år og
kjente landet innenfra. Frederik Gabel hadde sin erfaring
som diplomat og hadde passert de femti da han kom til Nor-
ge for å overta den høye stillingen som visestattholder. I
samtiden var det mange som betraktet Gabel som litt av
en narr, og det manglet ikke på egenheter som kunne få
standskolleger til å trekke på smilebåndet. Det gjaldt hans
snirklete språk. Det gjaldt hans vesen og opptreden. Han,
sønnen til den gamle adelsfienden Christoffer Gabel, had-
de selv giftet seg inn i den gamle adelen, og søkte på alle
måter å kopiere dens livsstil og manérer. Men Gabel er uten
tvil blitt undervurdert. Han hadde ikke vært mange ukene
i Norge før han ble klar over at forholdene her nord var

Fredrik 4. til hest. Reversen av en medalje slått til minne om kongens norgesreise i 1704. Som sin far i Kristian 5.s Norske Lov (s. 330) er også Fredrik 4. flankert av rettferdighetens og fruktbarhetens gudinner. Adversen er gjengitt på side 392.

annerledes enn i Danmark, og at Norge derfor burde styres etter landets eget behov. I brev etter brev til kongen understreket han behovet for at «Norges rige også først og fremmest efter E.k.Maj.s egen og ej efter Danmarks og andre particulieres deres convenients blive administreret». For at Danmark og Norge skulle nå sin største styrke og velstand, var det nødvendig «at ethvert rige bærer sine incommoditeter, og dermed det andet rige ei graveres og dets opkomst hindres, mens det ene rige udi sin handel, vandel og næring samt havende commoditeter aldeles af det andet bliver umolesteret og utvungen».

Rosencreutz' «relation» og Gabels brev til kongen dannet uten tvil bakgrunnen for plakaten av 16. februar 1704 om at det skulle opprettes et sentralt forvaltningskollegium for Norge, Slottsloven, som skulle bestå av fire sivile og et militært medlem foruten en sekretær. Visestattholderen ble den selvskrevne formann. De øvrige medlemmer ble etatsråd Christian Stockfleth, generalmajor Hans Ernst Tritschler, etatsråd Mathias de Tonsberg og justisråd Henrich Adeler som skulle fungere som sekretær.

I en lang instruks ble det fastslått hvilke oppgaver Slottsloven skulle vareta. Først stod hensynet til kongehuset. «Skal de af yderste kraft og formue lade sig være angelegen, at Vores absolut dominium, souverainitet og arverettighed over begge Voris kongeriger og de derunder liggende lande ikke allene uforanderlig bliver konserveret, men endog på Vores retmæssige arve-successorer i regjeringen forplantet.» Derfor skulle Slottsloven mane de norske undersåtter til «troskab, respekt og lydighed at holde». Deretter fulgte hensynet til nordmennene, at de skulle bli befridd for besværlige reiser til København, men kunne vende seg til Slottsloven, som fikk fullmakt til å avgjøre saker som stemte med lov og forordninger. Den skulle motarbeide prosesslysten i Norge, ha fullmakt til å skaffe fattige folk gratis rettshjelp, til å suspendere embetsmenn som ikke oppfylte sine plikter. Slottsloven skulle stadig korrespondere «med amtmænderne og magistraten i kjøbstæderne, om hvad som til landets og stædernes opkomst og tiltagelse kan geråde». Den skulle gi støtte til manufakturer (håndverk og industri), føre tilsyn med bergverkene, holde seg underrettet om hva som foregikk på svensk side av grensen. Den skulle også «overlægge og udfinde, hvorledes regimenternes og reservens udskrivning og komplettering, så og et godt antal matrosers enroullering efter Vores allerede udgangne allernådigste forordning føieligst kan ske». Slottsloven skulle hver uke eller hver fjortende dag, eller oftere «udførlig berette Os om alt, hvad der passerer og hvad de til Vores tjeneste og det gemene bedste haver anordnet».

Slottsloven skulle etter instruksen tre i kraft alt 1. mai 1704, men åpningen ble utsatt til 11. juni. Den 14. mai forlot nemlig Fredrik 4. selv København for å dra ut på en stor norgesreise. Den 7. juni kom han til Kristiania, og her foretok kongen selv den offisielle åpning av Slottsloven fire dager senere. «Han sad under en rød damaskes himmel og havde et bord for sig, hvorpå var papir og blæk. Hans lænestol, lidt ophøiet, stod under himmelen. På begge sider var et bord, hvorved sad alle de blå riddere, geheimråderne, de to oversekretærer, etatsråd Tonsberg, generalmajor Tritschler og justisråd Adeler.» I kongens nær-

Fredrik 4. presiderer «under den rød damaskes himmel» ved Slottslovens første møte på Akershus 11. juni 1704. Reversen av en minnemedalje utført ved Den kongelige mynt i København etter en tegning av Christian Wineke.

vær ble det lest opp en redegjørelse om Slottslovens tilblivelse og instruksen for kommisjonens virke.

Med Slottsloven hadde Norge fått et kollegium for Norge i Norge med hele landet som virkefelt, og den ble først oppløst ved reskript 17. april 1722, da Ditlev Vibe ble statt-holder i Kristiania. Riktignok var dens mandat avgrenset til bestemte typer av saker, og uenighet mellom Slottslo-vens medlemmer skulle ofte hindre dens virksomhet. Men dens betydning har uten tvil vært undervurdert. Ikke minst fikk den stor betydning i krigsårene 1709–20 da forbindel-sen med Danmark ofte ble brutt. I slike situasjoner måtte kommisjonen ofte ta avgjørelser av stor rekkevidde. Et vit-nesbyrd om kommisjonens virksomhet har man i tallet på møter som ble holdt, i 1704–21, i årene 1705–09 i gjennom-snitt 28 pr. år, i årene 1710–21 i gjennomsnitt 78 møter, og i 1722, da den ble oppløst, 11. På mange måter kom opp-rettelsen av Slottsloven til å bety en endring av styret i Nor-ge. Selv om medlemmene nesten utelukkende skulle bli danskere eller tyskere, kom de ofte i sine forslag til å tre fram som talsmenn for en norsk politikk og norske interes-ser.

«Mod, troskab, tapperhed og hvad der giver ære»

Oppholdet i Kristiania og åpningen av Slottsloven var bare en mellomstasjon for Fredrik 4. på hans reise somme-ren 1704. Han hadde forlatt København alt den 14. mai, og hadde reist gjennom Sjælland og Jylland. Den 30. mai steg han i land ved Fredrikstad, hvor han de neste dagene mønstret troppene og besøkte Fredriksten festning og Aker-øya festning. Fra Kristiania gikk reisen vestover til Dram-men, med en avstikker til Kongsberg, og senere drog han kysten rundt. By etter by ble besøkt – Tønsberg, Larvik, Kragerø, Risør, Arendal. I Kristiansand gjorde han et opphold noen dager før han fortsatte videre til Mandal og Egersund og Stavanger. På Stangeland ved Karmsundet hilste han på islendingen og historikeren Tormod Tor-fæus. Bergen bar ennå preg av den veldige brannen som

387

Under norgesreisen sommeren 1704 besøkte Fredrik 4. også Tormod Torfæus (1636–1719) på Stangeland på Karmøy. Torfæus var islending, tok teologisk embetseksamen i København 1657 og giftet seg med en velstående enke på Karmøy i 1664. Tre år senere ble han kongelig antikvar og i 1682 kongelig norsk historiograf. Hans hovedverk er «Historia rerum Norvegicarum», trykt i 1717. Bildet av Torfæus er utsnitt av et samtidig maleri.

to år før hadde lagt mesteparten av byen i aske. Reisen videre nordover gikk sjøveien til Surnadalsøra på Nordmøre, hvor han fortsatte over land til Trondheim, og den 26. juli holdt han sitt inntog i byen. Ti dager senere begynte reisen sørover, den gikk over Dovre, ned gjennom Gudbrandsdalen, og 16. august var han igjen i Kristiania, etter først å ha avlagt besøk ved enkelte av grensefortene. Den 29. august om kvelden forlot han byen, og tre dager senere var han i Fladstrand.

Tiden omkring århundreskiftet hadde vært preget av en økonomisk krise, som først og fremst hadde rammet de norske byene. Det var igjen blitt fred i Europa, og sjømaktenes koffardiskip kunne igjen ta opp konkurransen uten fare for å bli oppbrakt av franske kapere. I 1701 hadde Danmark dessuten måttet slutte en ugunstig handelstraktat med Nederland, som betydde at defensjonsskipene mistet sine tidligere privilegier. Nederlenderne overtok også mer og mer handelen på Middelhavet. Men utbruddet av Den spanske arvefølgekrig og Karl 12.s kriger i øst brakte igjen en ny blomstringsperiode for norsk skipsfart, som varte helt fram til krigsutbruddet i 1709. Tollinntektene forteller også at eksporten av trelast var betydelig, og en storstilet smugler- skandale på Østlandet viste at utførselen av bord og plan- ker var langt større enn de tall tollbøkene angav. Det var således et land preget av økonomisk aktivitet Fredrik 4. møtte på sin norgesreise. I byene var det derfor brukt store beløp for å gi Hans Majestet en så verdig mottagelse som mulig. Kongen ble hilst med æresporter, minneskrifter, hyllingsdikt og parader, slik sorenskriver Skaanlund har skildret hans inntog i Trondheim:

«Anno 1704 den 26de juli, en løverdags aften kl. halv- gåen 9 omtrent, ankom H.K.M.ᵗ kong Frederik IV med ganske følgende suite til Trondhjem over land fra Stene på Bynesset (...) ved Hs. Mᵗˢ ankomst igjennom Skanse- porten ind i byen løsnedes på volden sammesteds 27 styk- ker foruden de fire kompagnier af borgerskabet enhver i

Omtrent slik så Fredrikshald og Fredriksten ut da Fredrik 4. be- søkte byen og festningen i begynnelsen av juni 1704, fem år etter at Jacob Coning malte dette bildet, sett fra Rødsparken. Bildet er det eldste man kjenner av Fredriksten. Til venstre sees Christi Herberge kirke (se også s. 193).

egen person, som på begge sider og i tvende linier stod i gevær, ligefra Skanseporten til det sted, hvor H.K.M^t logerede, som var i generallieutenant Vibes gård i Trondhjem. I gården stod parat til at opvarte H.M.^{t} på den ene side biskopen med mange af presteskabet, på den anden side stod stiftamtmanden med mange andre civile betjente. Efter at H.K.M^t med herskaber var kommen ind i byen, trækkede samtlige bemeldte fire kompagnier borgerskab straxen med flyende fane, og rørende trommer item for sig havende byens tvende musikantere, som spillede på deres hoboer, lige før porten, hvor H.M.^{t} logerede, og der gav deres trende salver. Og lod H.M.^{t} samme aften sig se af alle og enhver, imedens han sad til taffels, hvortil dennem og blev given forlov.»

Gjennom sin reise hadde kongen fått se en stor del av Norge, og opplevd landets skiftende og mangeartede natur. Samtidig var han blitt overrakt hundrer og atter hundrer supplikker, hvor folk bar fram søknader eller klager, Mange gjaldt rent personlige problemer. Jens Krudtz som satt på Akershus dømt for drap, bad om å få komme for «hans May^{ts} hellige åsiun for at forklare sin uskyldighed». Musikant Peder Hagenberg fra Fredrikstad beklaget seg over «at brudefolkene nu ingen musique bruger, hvorover hand med kone og børn må crepere». John Olsen fra Råde søkte om å bli fritatt for å betale begravelsesomkostninger for sin stedsønn, som var blitt «ihjelstukken af en anden soldat, efter at de hafde drukket sammen i 3de nætter og dage i Carlshus sammested». Karen Halstensdatter i Bergen klaget over «hendes ikomne og elendige og besværlige ægteskab med Detlof Christophersen Buchwalt» som alltid hadde levet i «fuldskab og galskab, hende og hendes moder ukristelig trakteret med hug og slag og blameren».

Mange av klagene gjaldt embetsmenn. Allmuen i Råde fortalte at deres sokneprest var så gammel «så de moxen, ingen kiendelse eller forståelse deraf kand have, thi i hans høye alderdom er både hørelse og mæle ham betagen, hvorover de mister mange prekener og deres ungdom bliver forsømt». Langt mer alvorlig var den klage bøndene i Sund prestegjeld i Nordhordland hadde mot sin prest, Nicolai Stabel. Når noen sa ham imot, «så fortørnis hand og negter dem sacramentet indtil de afsoner sig med en eller to rigsdaler». Brudevielsene utsatte han lengst mulig i håp om at barnet skulle komme for tidlig, og da tvang han ektefolkene til «åbenbare skriftemål» og konen til å betale seg en riksdaler. For en likpreken ville han «efter mellemhandling som et andet kiøb ikke lade sig nøye med mindre end 2 à 3 rdr.».

Allmuesupplikkene var i stort flertall, men også embetsmenn og borgere hadde sine bønner til kongen. Særlig var embetsmennene ivrig etter å sikre suksesjonen for sine sønner, og skaffe dem løfte på deres embete. Sokneprest Hannibal Knudsen Hammer var så forutseende at han ikke bare søkte om at hans sønn måtte bli utnevnt til sokneprest i hans soknekall «formedelst hans alderdoms skrøbelighed», men bad også om at han for «sin liden livstid igien måtte beholde kaldet», i fall sønnen skulle dø før ham. Tidligere sorenskriver Christian Nicolai Aboe, som var fradømt sitt embete i overhoffretten, søkte om å få det igjen «til fattig hustru og fiorten uforsørgede børns hielp og trøst», og for at han ikke «skulle crepere i usselhed».

Ikke minst i Bergen fikk kongen mange supplikker om suspensjon fra de byggeforskrifter som var utferdiget etter brannen, og som i virkeligheten for lengst var brutt. Og byens magistrat søkte om å få hjelp og assistanse «til deris afbrendte rådhuses opbyggelse», og dersom det ble innvilget, skulle det nye rådhuset «opbygges efter dend model, hans kong: May^t selv behager».

På enkelte av supplikkene svarte kongen relativt snart, og gikk bevisst inn for å dokumentere sin landsfaderlige omhu for sine undersåtter. Klagene fra Sunds allmue over sokneprest Stabel besvarte kongen med å henstille til biskop og stiftamtmann om å formane Stabel «ikke at bebyrde sin menighed med noget imod loven», og å komme med forslag om hvordan presten kunne «transloceres». Enkelte ganger gav kongen sin nåde til kjenne uten noen foregående formaliteter. Under oppholdet i Trondheim frigav han

Fredrik 4. Adversen på den minnemedalje som ble slått i anledning norgesreisen i 1704 (se også s. 384). Til samme anledning ble det også slått et antall minnedalere.

således tolv fanger som satt sluttet i jern på Munkholmen, og noen av dem ble sendt til København for å tjenestegjøre i militsen. Men de fleste av supplikkene ble behandlet med den ansvarsbevissthet som var så typisk for Fredrik 4., og nettopp i denne sammenheng fikk Slottsloven sin store betydning. En lang rekke av supplikkene ble nemlig oversendt til dens uttalelse. Deriblant var det for eksempel 221 som angikk klagemål fra bønder om bygselsforhold, odelsrett og lignende. Ikke minst var kongen åpen for alle angrep på embetsmenn, og 2. august gav han Slottsloven en spesiell ordre om å undersøke klager over prester, skrivere, lagmenn.

Før Fredrik 4. reiste til Norge, hadde han latt slå en minnedaler som han delte ut under reisen, og på den var det gravert inn et vers som både skulle tjene som en hyllest til nordmennene, og et program for fremtiden:

Mod, troskab, tapperhed og hvad der giver ære,
den hele verden kan blandt norske klipper lære.

Verset faller som opprettelsen av Slottsloven inn i et mer langsiktig perspektiv enn de emner mange av supplikkene kretset om. Blant de klager som kongen fikk under sin reise, var det én gruppe han viet spesiell oppmerksomhet, klager som angikk militærvesenet, utskrivning, eksersis, offiserer, og det manglet heller ikke på slike. Det kunne merkes på mange måter at kommanderende general, grev Wedel Jarlsberg, gjennom årrekker hadde bodd utenfor landet. Soldatene under kaptein Krag fortalte således hvordan han gjorde forskjell på folk ved utskrivningen, «så at nogle gamle bønder, som ey selv kand dyrke deris jord, og ey haver råd at give foræringer», fikk sine sønner utskrevne, mens de «som kand spendere bliver fritagen og tar tieneste hos præsterne». Bøndene i Hjelmeland og Årdal skipreider klaget over de «penge de betynges med at betale til soldaternes udredning såsom skrepper, sko, kioler, øxer, og deslige, og at når de er ferdig, kasseres det igjen af captainen, og de må igien contribuere». Bøndene i Oppdal skipreide kunne fortelle at «deris børn, som ere soldater, ilde behandles med hug og slag på munstringerne af officererne».

Alt før kongen var kommet til Norge, hadde han satt ned en kommisjon som skulle avgi innstilling om det norske infanteriet, og alle klagene han møtte på sin reise, skulle gi ny fart i arbeidet. Resultatet ble den kongelige forordning av 28. februar 1705 som hadde som formål å «afskaffe de store misbruge og egennyttigheder, som ved landmilitien i Norge haver indsneget sig, såvel almuen, som de indroullerede». I hovedtrekkene ble forordningen en gjentagelse av de bestemmelser som var fastsatt i forordningen av 27. januar 1666, men bestemmelsene ble mer presist utformet, reglene skjerpet. Tjenestetiden for knektene ble nå slått fast til ti år eller mer dersom det ikke var rekrutter å få. Hver søndag før eksersisen begynte, skulle det bli lest opp et kapittel av krigsartiklene og innholdet bli forklart. For å skape glans om soldatyrket, skulle soldatene under tjenestetiden «agtes og æres udi alle samquemme fremfor de andre unge karle, og altid have det øverste sæde og gang over dem». Og for at de utskrevne soldater ustraffet skulle få det mer behagelig, ble de på linje med de vervede soldater fritatt for alle anklager og bøter ved første gangs leiermål (samleie utenfor ekteskap).

Slottsloven og den nye forordningen om utskrivningen av soldater var et klart vitnesbyrd om at kongen ikke regnet med at rikene fortsatt kunne forbli nøytrale. Selv om borgerne i de norske byene i 1704 kunne profittere på en europeisk krigskonjunktur, kunne situasjonen plutselig endre seg. De mange løfter kunne bli nye krav, de smigrende ord på kongens minnedaler en kongelig befaling: «Mod, troskab, tapperhed».

Rikene i krig og krigen om Norge
Fra lystreise til krig

Europa var i krig. Det var situasjonen i 1708 som sju år før. I vest fortsatte kampene mellom Frankrike på den ene siden og England, Nederland og keiseren på den annen om arvefølgen i Spania og hegemoniet i Europa. I øst fortsatte Karl 12. sine felttog. Etter å ha tvunget August 2. av Sachsen til å frasi seg sin polske krone ved freden i Altranstädt i 1706, vendte han seg for andre gang mot Russland, som var blitt konsolidert under tsar Peter 1.s ledelse. Midt i denne krigenes verden lå Danmark-Norge som en fredens øy, og høsten 1708 var rikenes eneveldige hersker, Fredrik 4., opptatt av tanker på alt annet enn krig. Som ung hadde han vært i Italia, og hans lengsel etter det lettsindige og fargeglade livet i sør drev ham nå ut på hans annen Italia-reise. Den 2. november forlot han

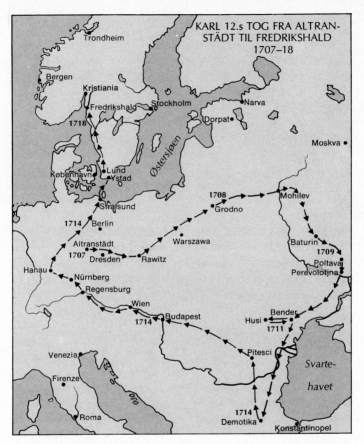

KARL 12.s TOG FRA ALTRAN-
STÄDT TIL FREDRIKSHALD
1707–18

under navnet greven av Oldenborg Antvorskov slott i spissen for et stort følge på 96 personer.

Kongens reise gikk gjennom Tyskland, de østerrikske arveland og over Alpene til det kjære og elskede Italia, til Verona, Vicenza, hvor han feiret jul, og til Venezia hvor han skulle oppholde seg i hele ni uker. Her ble et stort palass ved Canal Grande stilt til kongens disposisjon, og dagene skulle gli hen som en kontinuerlig fest med ball, teaterforestillinger, praktfulle selskaper og regattaer (illustr. s. 373). Som under sitt første opphold i Syden, var det

Portrettene på denne og neste side viser hovedaktørene under Den store nordiske krig. Fra venstre: August 2. den sterke av Sachsen (1670–1733), konge av Polen fra 1697, avsatt av Karl 12. i 1706, men på ny konge av Polen fra 1709. Utsnitt av et maleri av Louis de Silvestre. Dernest: Fredrik 4. (1671–1730), konge av Danmark-Norge fra 1699. Utsnitt av en pastell av Rosalba Carrie-

ikke først og fremst kvinner hogd i marmor eller festet til lerretet med pensel som mest opptok kongens interesser. Her fikk han tilfredsstillelse for hele sin veldige livsappetitt, som ikke ekteskapet med dronning Louise hadde gitt ham. Kongen ble venetianernes yndling, og ble forært praktfulle gaver som ennå er klenodier i danske museer, og fra rentekammeret i København hadde kongen tatt med seg så rikelig med skattepenger fra danske og norske bønder at han ikke hadde vanskeligheter med å betale for den store gjestfrihet.

Etter begivenhetsrike uker ved Canal Grande gikk reisen videre sørover til Firenze, og i begynnelsen av april 1709 drog han nordover igjen. Den 26. mai kom han til kunstens og lettsindighetens Dresden, til August 2. av Sachsen. Men nå hadde de to kongene mer alvorlige ting å tale om enn smukke elskerinner og fargeglitrende karne-

ra, malt i Venezia 1709. På denne siden: Karl 12. (1682–1718),
svensk konge fra 1697. Utsnitt av David von Krafts maleri fra om-
kring år 1700. Og ytterst til høyre: Peter 1. den store (1672–1725),
tsar av Russland fra 1682. Utsnitt av en tegning utført i Zaandam
i Nederland hvor tsaren arbeidet som tømmermann ved et skips-
verft i 1697. Det var tolv år mellom den yngste og den eldste.

valseventyr. I øst hadde russiske styrker rykket helt fram
til Østersjøen og fordrevet svenskene fra en rekke av deres
nøkkelstillinger – Narva, Ivangorod, Dorpat. Sommeren
1708 hadde Adam Ludvig Lewenhaupt i spissen for en
svensk styrke på 16 000 mann lidd et avgjørende neder-
lag. Da Fredrik 4. og August 2. var sammen i Dresden i
juni 1709, kjente de ennå ikke til Karl 12.s og svenskenes
katastrofale nederlag ved Poltava, men varslene var klare
nok. Tiden var kommet da det gjaldt å gripe inn aktivt om
man skulle bli med på å dele byttet ved Karl 12.s forventede
fall. Den 28. juni sluttet Fredrik 4. og August 2. en allian-
setraktat rettet mot Sverige, en traktat som først skulle tre
i kraft når også Russland hadde sluttet seg til.

Høsten 1708 hadde tsaren riktignok fremsatt et forslag
om allianse med Danmark, en allianse som ville ha gitt
Danmark 300 000 riksdaler i subsidier det første året og

senere 100 000 riksdaler pr. år. Men Fredrik 4. hadde av-
slått. Da Fredrik på ettersommeren 1709 nærmet seg Russ-
land med tilbud om allianse, var russerne langt mer kjø-
lige. Riktignok var de interessert i en allianse med Dan-
mark og med Sachsen, men etter at Karl 12. hadde lidd et
avgjørende nederlag ved Poltava og hadde trukket seg til-
bake på tyrkisk område, var man på russisk side ikke len-
ger beredt til å stå ved sitt gamle tilbud om subsidier. Men
Fredrik 4. ville nå ha krig. Karl 12. og Sverige skulle knek-
kes; de gamle danske landskaper gjenerobres. Alliansen
med Russland ble derfor inngått uten noe løfte om økono-
misk støtte fra russisk side. «Jeg har ikke måttet gi noe,
ikke en soldat, ikke en skilling,» skrev den russiske
forhandleren begeistret hjem etter at alliansetraktaten med
Danmark var brakt i havn 22. oktober.

Seks dager senere erklærte Danmark Sverige krig, og i
november 1709, et år etter at Fredrik 4. innledet sin lyst-
reise til Italia, begynte angrepet på Skåne. Ingen visste da
at rikene stod ved inngangen til en elleveårig krig, en
krig som i sin sluttfase skulle bli en krig om Norge.

«Jeg tilbyr meg med brød å føre krig»

Karl 12.s kriger hadde alt i 1709 tappet det egentlige Sve-
rige for soldater og økonomiske ressurser, og Fredrik 4.
mente det ville være en lett oppgave å slå de svenske hjem-
mestyrkene mens kongen selv befant seg i Tyrkia. Skåne
ble utsett til hovedslagmark, og bare fjorten dager etter at
kongen kom hjem fra sin lystreise, stod en stor dansk trans-
portflåte over Sundet, og den 12. november begynte land-
gangen i Skåne på samme sted som i 1676. Nå skulle endelig
de gamle danske provinsene gjenerobres og Sverige knek-
kes. Første fase i krigen ble en delvis seier for de danske
styrkene. Helsingborg ble snart erobret. Landskrona og
Malmö ble beleiret, samtidig som danske styrker rykket
østover helt til Blekinge, hvor de inntok både Kristianstad
og Karlshamn.

Under Den skånske krig hadde de norske innfallene i
Båhuslen og Värmland bundet store svenske styrker i
nord og dermed redusert de styrker svenskene kunne sette
inn i Skåne. De norske styrkene var nå tildelt en lignende
oppgave. Den norske hovedstyrken på Østlandet skulle
rykke inn i Sverige nord for Svinesund, mens en mindre av-
deling skulle ta seg fram fra Kongsvinger-traktene til Värm-
land. Endelig skulle de trønderske avdelingene supplert
med styrker fra Vestlandet rykke fra traktene omkring Skå-
nes inn i Jemtland. På alle de tre frontavsnittene skulle de
norske styrkene opptre slik at «svenskene holdt det helt
sannsynlig at man vil angripe dem». Målet var med andre
ord å kopiere Gyldenløves seierstog under Den skånske
krig. Atter en gang skulle den norske legdshæren bli ham-
merhodet som skulle falle tungt inn i Sverige og binde store
svenske styrker. Men det ble ikke noe nytt norsk seierstog
høsten 1709; ikke en eneste norsk soldat skulle passere gren-
sen. Den hjelpen Fredrik 4. regnet med fra Norge da han
så de danske styrkene stå over Sundet, kom ikke.

Da krigen brøt ut i 1709, var Gustav Wilhelm Wedel
Jarlsberg fremdeles øverstkommanderende i Norge, men
han hadde besøkt landet for siste gang i 1704, og var senere
bosatt i Oldenburg hvor han innehadde embetet som guver-
nør. Ordningen innebar at mange administrative saker og
endog kommandosaker under krigen måtte sendes fra Nor-
ge til Oldenburg og derfra til København for å gå samme
vei tilbake. Det kunne ofte gå uker og måneder for å få svar
på et enkelt brev. Hans Ernst Tritschler, som var kommet
til Norge 20 år gammel i 1667, og som hadde tjent som offi-
ser i den norske hær og steget i gradene fra kornett til gene-
ralløytnant, ble utnevnt til øverstkommanderende i Norge
under Wedel Jarlsberg. Tritschler som også var medlem
av Slottsloven, sendte 29. september ut mobiliseringsordre,
og den 3. november kunne han rapportere at han nå hadde
samlet sønnafjells en styrke på 6600 mann og 1800 hester.
Dessuten lå store styrker i festningene. Det eneste som
manglet, var 3 vesterlenske kompanier, det bergenhusiske
infanteriregiment og skjærgårdsflåten. Alt syntes på det

nærmeste klart for å begynne den planlagte innrykningen i Sverige.

Vel en måned senere, den 11. desember, besluttet Tritschler i samråd med regimentsjefene å sende styrkene hjem. Det var ikke på forhånd innhentet godkjenning på beslutningen, verken fra øverstkommanderende eller fra kongen. I København vakte avgjørelsen stor misnøye, og Tritschler ble kort etter suspendert fra stillingen som øverstkommanderende og tre år senere avsatt. Hans stabssekretær, Mørsing, og et par andre av hans nærmeste medarbeidere ble holdt i fengsel på Akershus, mistenkt for forræderi. Senere ble de riktignok løslatt, men dommen over Tritschler var fortsatt hard. Han var hovedansvarlig for at det ikke ble noe av det planlagte angrepet på Sverige høsten 1709.

I det store arbeidet Elleveårskrigens militære historie har oberstløytnant Johannes Schiøtz trukket fram en rekke momenter som viser at Tritschlers beslutning ikke bare var velbegrunnet, men endog nødvendig. Når han den 11. desember besluttet å demobilisere, hadde det mange grunner. Feltartilleriet var på den tid ennå ikke operasjonsdyktig. Skjærgårdsflåten ble først samlet 15. november. Men den manglet bestykning, håndvåpen og ammunisjon. Flotiljen var også for liten sammenlignet med den store svenske skjærgårdsflåten. Den kunne bare utrette noe om den fikk støtte av en større sjøgående eskadre, men det fikk den ikke. I november satte det dessuten inn med en så sterk kulde at også forsyningsskip og flotilje kunne risikere å fryse inne i den svenske skjærgården. Hovedargumentet for Tritschler var fremfor alt den vanskelige forsyningssituasjonen.

De militære lagre i Norge i 1709 var langtfra tilstrekkelige for en offensiv krig mot Sverige. Enkelte avdelinger måtte dimitteres fordi de var nesten uten klær. Størst problemer skapte imidlertid mangelen på mat. Skulle en føre krig, måtte en sørge for «at voris folk altid har magen fuld», skrev Tritschler, «ellers blive de siug og regimenterne ruineres». Men «magen fuld» hadde ikke alltid Tritschlers soldater. De forsyninger soldatene brakte med fra legdene, var snart spist opp. De militære kornlagrene var små og utilstrekkelige for underhold av de store styrkene som ble trukket sammen. Fra Danmark fikk man praktisk talt ingenting på grunn av mangel på skip. Overalt var situasjonen den samme. Korn var nesten ikke å oppdrive; kjøtt manglet totalt. I enkelte avdelinger fikk soldatene penger i stedet for mat, men penger var ikke til noen nytte når kornvarene manglet. Heller ikke kunne en regne med å skaffe forsyninger ved å rykke inn i Båhuslen, for de svenske lagrene var flyttet langt bak grensen. Tritschler kunne bare trekke en konklusjon, den konklusjonen som lå til grunn for demobiliseringsordren 11. desember: «Jeg tilbyr meg med brød å føre krig, og når det ikke lar seg skaffe, så hjelpe Gud vet jeg ingen råd.»

På Østlandet var største delen av legdshæren trukket sammen. I Trøndelag, hvor den 77 år gamle Georg Christian von Schultz hadde overkommandoen, gikk man til en mer begrenset mobilisering. Visestattholder Johan Vibe, som hadde vært øverstkommanderende i Trøndelag i 27 år, anså et innfall i Jemtland betydningsløst, og Schultz handlet stort sett i samsvar med det. Bare en del av de trønderske styrkene ble trukket sammen, og 14. desember gav også han ordre om at styrkene skulle sendes hjem. Det skulle ikke bli noe av den planlagte støtte fra Norge; svenskene kunne konsentrere sine hovedstyrker mot danskene i Skåne.

Mens de norske styrkene ble trukket sammen for kort etter å sendes hjem igjen, lyktes det på utrolig kort tid å reise en svensk hær, og under den dyktige administratoren og hærføreren Magnus Stenbock ble de danske styrkene i Skåne drevet tilbake fra stilling til stilling, helt til det avgjørende slaget ved Helsingborg 10. mars 1710, hvor danskene hadde et tap på 5000 døde og sårede og 2500 fanger. Resten av det danske korpset måtte i hast evakueres til Sjælland.

Krigen skulle nok ennå fortsette i 10 år, men på nye slagfelter og med ny strategi.

Krig i Tyskland – innfall i Båhuslen

Krigen i Skåne og en veldig pestepidemi som herjet København i 1710 la ingen demper på Fredrik 4.s interesse for det annet kjønn. Alt i 1703 var han blitt gift til venstre hånd med den prøyssiske adelsdame Elisabeth Helene Vieregg, men hun døde alt året etter. Mens kampene pågikk i Skåne og tusener av danske soldater ble ofret på slagmarken, boltret kongen seg på slottet i København i overdådige karnevalsfester, hvor midtpunktet var hans nye elskerinne, Charlotte Helene Schindel, som ble opphøyet i grevestand og belønnet med herregårder og store pengesummer til sitt underhold. Men hennes veldige pengesløserier og forsøk på bedrageri endte i skandale og brudd med kongen, som straks kastet seg inn i et nytt eventyr. I hemmelighet bortførte han den 18 år gamle Anna Sofie Reventlow, datter til storkansler Konrad Reventlow, og lot seg vie til henne til venstre hånd. For annen gang levde kongen i åpenlys bigami, en synd som etter gjeldende lov ville ha kostet hans undersåtter livet.

Pesten og de mange kjærlighetseventyr forhindret ikke at krigen gikk sin gang. Men de tre neste årene ble de danske hovedstyrkene rettet mot de svenske besittelsene i Nord-Tyskland, Pommern og Rügen, hvor danskene kunne operere sammen med russiske og saksiske styrker. En seier ville bety en radikal endring i Danmarks forhold til Gottorp, som gjennom et par mannsaldre hadde vært en permanent trusel i sør. Men også i felttogplanene for 1711 inngikk det som et fast ledd at store svenske styrker skulle bindes ved angrep fra Norge.

Etter at visestattholder Vibe var død i begynnelsen av 1710, sendte kongen kammerjunker Hans Caspar von Platen til Norge, for å skaffe seg førstehånds informasjon om stillingen i landet, om hæren, festningene, forrådene og om bakgrunnen for passiviteten høsten 1709. Platens rapporter var langtfra oppmuntrende. «Tilstanden var helt confus,» skrev han, «thi der er ikke den rette nidkjærhed og vivacitet hos dennem, ikke heller den subalternske kjærlig-

Under et maskeball på Koldinghus i 1711 traff Fredrik 4. den 18 år gamle Anna Sofie Reventlow, som her sees portrettert av Balthasar Denner. Den 40 år gamle kongen ble vilt forelsket, og neste sommer viet han seg til henne til venstre hånd. Dagen etter dronning Louises bisettelse i 1721 viet Fredrik 4. seg til Anna Sofie ved høyre hånd, og noen uker senere kronet han henne til dronning. At hun var sterkt pietistisk vil kanskje undre noen.

hed, som der burde være; thi her tales og raisonneres meget, mens lidet bliver der bestilt.» Det trengtes derfor en mann med organisatoriske evner, handlekraft og militær erfaring, og mannen fant Fredrik 4. i Waldemar Løvendal, sønn til Norges gamle statholder Ulrik Frederik Gyldenløve, som da var i tjeneste hos August 2. av Sachsen. I juni 1710 ble Løvendal utnevnt til «general over militien» til hest og til fots i Norge, og da visestattholder Johan Vibe døde, ble han også «generaldirektør over civiletaten» eller statholder. Igjen var stillingen som militær øverstkommanderende og statholder i Norge forent på én hånd, slik som i hans fars tid.

Løvendal kom til Kristiania i slutten av august 1710, og det skulle snart merkes at det var kommet en ny kraft til landet. Bevisst ble Slottsloven skjøvet til side; Løvendal ble den drivende kraft både i militære spørsmål og sivilsaker. Militært fikk han samme oppgave som Tritschler hadde hatt, nemlig å rykke med store styrker inn i Sverige, for å hindre svenskene i å sende forsterkninger til Tyskland. Korn og kjøttvarer ble samlet i de militære magasiner, og en stor sjøstyrke under viseadmiral Christian Thomesen Sehested ble sendt til Norge for å assistere de norske styrkene som skulle rykke fram gjennom Båhuslen til Göteborg.

Men felttoget gikk ikke helt etter Løvendals ønsker. En stor del av Sehesteds flåte fikk ordre om å seile til Østersjøen, for å hindre overførselen av svenske styrker til Tyskland. Dermed falt en viktig forutsetning for operasjonene i Båhuslen bort. Ikke desto mindre rykket Løvendal 21. august 1711 over Svinesund med en styrke på 7000 mann, og vel en uke senere stod han få kilometer fra Uddevalla, hvor han regnet med å få kontakt med den danske flotiljen. Men den var drevet bort av en stor svensk flåtestyrke, og da det manglet forsyninger, samtidig som svenskene fikk forsterkninger, så Løvendal seg tvunget til å trekke seg tilbake. Den 16. september passerte hans styrker igjen Svinesund. Dermed var det andre norske felttoget i Den store nordiske krig til ende. Riktignok hadde Løvendal oppnådd mer enn Tritschler i og med at den norske hovedhæren hadde rykket inn i Sverige og holdt seg der en måned, men det fikk ingen betydning for krigens videre gang.

Resultatet av det andre mislykte felttoget dannet bakgrunnen for at Fredrik 4. besluttet å sette den norske hæren på «fredsfot». Det betydde at Løvendal valgte å vende tilbake til Sachsen hvor han fikk en høy ministerstilling. I Norge ble generalløytnant Caspar Herman Hausmann hans etterfølger som øverstkommanderende, mens tyskeren Claus Henrik Vieregg ble visestattholder. Samtidig ble antallet på høyere offiserer i Norge redusert, styrkene i artillerikompaniene innskrenket, trenet oppløst og hestene levert tilbake til bøndene.

De tre neste årene skulle kampen mellom de svenske styrkene på den ene side og Danmark og de allierte, Russland, Sachsen og senere også Preussen og Hannover, foregå i Nord-Tyskland. Her skulle nå de norske legdssoldatene og inntektene fra Norge settes inn. Men dette skjedde ikke uten motstand.

I de samme år Fredrik 4.s styrker gikk fra slag til slag, fra beleiring til beleiring i Nord-Tyskland og Holsten, stod han overfor omfattende bondeuroligheter i Norge.

Skattetrykk og bondeuroligheter

Den 20. august 1715 gikk det ut en kongelig ordre til Slottsloven i Kristiania om at den «af yderste ævne skulde besørge, at så mange matroser og befarne Søfolk som i Norge kan skaffes, straxen vorder anskaffed jo før jo kiærere, på hvad måde best skee kand». Tidligere hadde det ofte hendt at så snart vervingstrommen ble rørt, «søfolk til H.M.s tieneste at antage, haver de sig forstukken og efter deris allerunderdanigste pligt icke villet møde». Den slags måtte ikke lenger forekomme. Distriktsskriverne ble pålagt å presse så mange matroser og befarne folk som de kunne overkomme, for å sende dem til København snarest mulig.

Denne ordren av 20. august 1715 var en av mange som ble sendt til Norge i årene 1712–15, og som hadde som mål å skaffe matroser til marinen og knekter til hæren. I oktober 1712 ble det gitt ordre om å sende tre norske regimenter til Danmark, og i februar 1713 ble de – omkring 4000 mann –

sendt over Skagerrak for senere å settes inn i kampene i Nord-Tyskland. I 1715 ble det sendt ytterligere 1500 legdssoldater. Samtidig pågikk det en nesten kontinuerlig verving og pressing av sjøfolk til marinen. Mer enn tre årsklasser ble i årene 1712–15 sendt fra Norge til Danmark.

Mens utskrivningen ikke synes å ha vakt større misnøye i Norge i de første krigsårene, skapte nye og store skatter uroligheter i store deler av landet. I de gode årene fram til 1709 hadde det lykkes den dansk-norske statsledelsen å redusere rikenes gjeld fra 3 millioner riksdaler til 500 000 riksdaler samtidig som det var opparbeidet en kassabeholdning på 2

En av de mange nordmenn som gjorde tjeneste i den dansk-norske marine i begynnelsen av 1700-tallet var matros Niels Danielsen Trosner. I hans dagbok fra 1710–14 finnes en rekke randtegninger fra livet om bord. På denne og neste side, gjengis to som viser forskjellige straffemetoder. Her «springer en mann fra råen».

Denne tegningen av Niels Trosner viser en mindre raffinert av-strafning. Matrosen får bank ved stormasta.

millioner riksdaler. Finansielt stod Danmark-Norge såle-des sterkt ved krigens utbrudd. Men krigen kostet enorme summer. De oppsparte reserver var snart brukt. I 1711 ble det skrevet ut en lang rekke nye skatter, som var beregnet å ramme alle lag i samfunnet, fra skatt på karosser og karjoler og parykker, til skatt på sko og skatt på tjenestefolk.

Skattesystemet fra 1711 var imidlertid innviklet, og i 1712 besluttet man å skrive ut en krigsstyr eller dagskatt med et fast beløp på hvert av de to rikene, et beløp som igjen ble fordelt med en bestemt sum på hver by og hvert fogderi. In-nen byene og fogderiene skulle imidlertid den videre forde-ling skje ved en utligning basert på de enkelte skatteyteres eiendommer og inntekter. Da rikene i 1709 ble kastet inn i Den store nordiske krig, beløp de samlede inntekter fra Norge seg til omkring 600 000 riksdaler årlig, og av dette beløpet kom over halvparten inn i form av toll og forpakt-ninger. Den påbudte krigsstyren for 1712 ble for Norges vedkommende fastsatt til 410 648 riksdaler. Nå ble riktignok beløpet senere redusert med en fjerdedel, men selv da ut-gjorde den nye skatten over 308 000 riksdaler, eller mer enn alle de gamle skattene til sammen. Det nye skattepålegget vakte med ett en storm av forbitrelse utover landet, og i bygd etter bygd ble det «tumultuariske optrin» og skattestreik.

Urolighetene begynte i Hallingdal. Den 11. august sendte fogden en rapport til stiftsamtmann Tonsberg hvor han klaget over allmuens «opsetsighed, imod den nådigste påbudne krigsstyr og dens ligning». Skatten ble forsøkt inndrevet med militær eksekusjon, men intet hjalp. Bøndene erklærte at de bare ville utrede de ordinære skattene, «og de extraordinære skatter forbandet de sig på ikke at betale». Hallingdal var det første urosentret. Sogn ble det neste. Her var det Nils Hvithovet som etter Slottslovens beretning var hovedmannen, og som med «stempling og oprør» forledet allmuen til «opsetsighed». I 1714 var gjæringen størst i Hardanger, på Jæren og i Dalane. Etter amtmannens beretning hadde Morten Gitlesen Hæstad og Harald Jacobsen Vestre Borestad gjort «den ganske almue oprørisk», og nektet de tolv edsvorne menn som hadde fordelt krigsstyren å forsegle ligningsdokumentet. To bønder reiste dessuten til København med en supplikk som de hadde tvunget sorenskriveren til å sette opp, og reisen gikk «på almuens store bekostning uden øfrighedens tilladelse». Etter de beretninger som kom til Slottsloven, hadde allmuen i Hardanger omtrent på samme tid «ytred deris ondskab og uskikkelighed imod fogden» og «forlangte at han skulle være fornøyet med hvad de tilbøde», og dersom han kom for å «exequere dem for resten» så «vilde de siden exequere ham».

Kort etter krigsutbruddet hadde Slottsloven bedt om og fått utvidede fullmakter til å gripe inn om det skulle oppstå uro i landet. I 1711 ble det således utferdiget en kongelig ordre om å «lade enhver, som viste ringeste vægring eller modvillighed imod dens befalinger gribe og sette inn på Akershus». Visestattholderen utferdiget også en ordre om at enhver bonde som viste «modvillighed» kunne settes i nærmeste festning i tre måneder uten rettergang. Slottsloven fikk også adgang til å suspendere embetsmenn som ikke med «tilbørlig respekt og lydighed» etterkom befalinger.

Bondeurolighetene og skattenektelsene satte imidlertid Slottsloven overfor problemer av et omfang den ikke hadde regnet med. Uroen i Hallingdal søkte den å slå ned ved hjelp av seksti dragoner som ble sendt opp gjennom dalen.

Overalt ble hovedmennene arrestert og satt i fengsel. Fra Hallingdal havnet ti bønder på Akershus. I Sogn ble Nils Hvithovet og hans tjenestepike ført til Bergen og satt i fengsel der. Samme skjebne fikk hovedmennene for reisningen i Hardanger, på Jæren og i Dalane. Slottsloven satte dessuten ned spesielle kommisjoner som skulle undersøke sakene og dømme hovedmennene. Den kommisjonen som fikk til oppgave å undersøke saken mot Nils Hvithovet og hans tjenestepike, endte med å dømme dem begge til døden fordi de hadde «opviglet almuen med magt at sætte sig imod dagskattens indfordring».

En ting var det imidlertid å dømme opprørslederne til døden, noe annet og langt mer alvorlig å eksekvere dommene. Det kan nettopp saken mot Nils Hvithovet tjene som eksempel på. Opprinnelig gav Slottsloven ordre om at Nils Hvithovet og tjenestepiken skulle føres den vanlige veien fra Bergen gjennom Sogn og over fjellet til Kristiania, hvor dommen skulle prøves for overhoffretten. Men ordre ble fulgt av kontraordre. Det var altfor risikabelt å føre Nils Hvithovet gjennom Sogn hvor han hadde vært hovedmann for urolighetene. Det kunne føre til nye uroligheter, uroligheter som også kunne nå de legdssoldatene kongen trengte til sin krig. Det ble derfor gitt ordre om at Nils Hvithovet og tjenestepiken skulle føres av en fregatt fra Bergen rundt kysten til Kristiania.

I Hallingdal hadde man brukt dragoner mot bøndene, mot den «oprøriske almue». Amtmannen i Stavanger hadde ingen militære avdelinger å sette inn og spurte rådvill kongen om «hvorledis de sig med den opsetsige almue skal forholde». Kongens svar ble reduksjon av krigsstyren. Gjæringen var så stor i mange bygder i Norge og misnøyen så utbredt, at han våget ikke å skrive ut krigsstyren på bøndene. I 1712 var skatten blitt redusert til tre fjerdeparter av det som opprinnelig var påbudt. I 1713 ble det bestemt at det skulle kreves inn halv krigsstyr av embetsmenn og borgere, men den «gemene almue» skulle bare betale en fjerdepart. I 1714 gikk man enda et skritt videre. Borgere og standspersoner måtte riktignok betale tre fjerdeparter av det opprinnelige krigsstyrspålegget, men allmuen ble fritatt. Bøndene i Norge hadde vunnet den første skattekrig mot staten. Et halvt århundre senere skulle de vinne den andre, den såkalte strilekrigen.

På kort sikt kunne Fredrik 4.s kapitulasjon overfor bøndene i skattesaken oppfattes som et nederlag for kongens politikk. Men på lengre sikt var kanskje denne kapitulasjonen en seier, en seier som skulle sikre ham bøndenes støtte da Karl 12. i 1716 og 1718 gjorde Norge til krigsteater. Det var en avgjørelse i tråd med den politikk Ulrik Frederik Gyldenløve hadde ført overfor de norske bøndene under Den skånske krig tretti år tidligere.

Fra Gadebusch til Stralsund

I 1712 ble den svenske seierherren fra Skåne, Magnus Stenbock, på Karl 12.s ordre sendt til Tyskland for å ta kommandoen over de svenske styrkene der. Selve overfarten ble noe bortimot en katastrofe for de forsterkningene han brakte med. Men etter en kort våpenhvile fortsatte felttoget, og 20. desember 1712 vant Stenbock en like overlegen seier over danskene ved Gadebusch som han tre år før hadde vunnet ved Helsingborg. Fra Gadebusch rykket Stenbock videre vestover og brente Altona. Deretter vendte han nordover. Tanken på å kopiere Lennart Torstenssons og Karl 10. Gustavs bedrifter har neppe vært fjern. Da han ble jaget av saksiske og russiske styrker, ble han overtalt av den gottorpske minister baron Georg Heinrich von Görtz til foreløpig å søke tilflukt i Tönning festning. Men dermed var også Stenbocks skjebne beseglet. Fredrik 4. brukte dette som et påskudd til igjen å angripe Gottorp. Tönning var isolert, Stenbock avskåret fra å få forsyninger. Da krigskassen var tom, matlagrene tømt og soldatene truet med mytteri, hadde han bare én ting å gjøre. Den 16. mai 1713 måtte han kapitulere, og han selv og mesteparten av hans soldater kom i dansk fangenskap. Dermed var det bare et tidsspørsmål før de siste svenskene i Nord-Tyskland måtte strekke våpen, men før det skjedde, hendte et intermesso som i neste omgang skulle bety at Norge skulle bli slagmark.

Etter Tönnings kapitulasjon i mai 1713 ble Sveriges krigshelt fra Helsingborg (s. 401), Magnus Stenbock (ca. 1664–1717) tatt til fange. Fangenskapet var det første året meget humant, men etter at det ble oppdaget at han planla å flykte, ble han satt i en elendig celle i Fredrikshavn Kastell hvor han satt til sin død i februar 1717. Magnus Stenbock malte flere malerier i Kastellet, blant annet dette selvportrettet. På lappen han har i hånden, står det: «Herr lass deinen Gefangenen los», Herre slipp din fange løs.

Etter nederlaget ved Poltava hadde Karl 12. søkt tilflukt i Tyrkia, som han ville trekke inn i krigen mot Russland. Fra Tyrkia fjernstyrte han gjennom fem år også Sverige og Sveriges krig i Nord-Tyskland. – Men den 20. november 1714 stod han plutselig selv i Stralsund etter seksten dagers vanvittig ritt gjennom Mellom-Europa, og omgående skulle han kaste seg inn i forsvaret av byen, hvor det var samlet en styrke på 15 000 mann. Festningen holdt stand i over ett år mot en styrke på omkring 50 000 russere, saksere og dansker. Først 23. desember 1715 måtte festningen omsider over-

411

gi seg; men for seierherrene rommet overgivelsen én stor
skuffelse. Dagen før kapitulasjonen hadde Karl 12. forlatt
byen i en liten båt, og ved et like stort under som hans ritt
gjennom Mellom-Europa klarte han å lure seg forbi den
danske orlogsflåten.

Karl 12.s første felttog i Norge

Det Sverige Karl 12. møtte da han første nyttårsdag 1716
nådde fram til Skåne, var et land preget av pest, krig, hun-
ger og nød. Overalt var det et sterkt ønske om fred. Men
Karl var fortsatt innstilt på ikke å gi opp. Krigen skulle
fortsettes, de siste reserver mobiliseres. Holsteneren baron
Görtz ble hans nærmeste rådgiver, og var en ren trylle-
kunstner når det gjaldt å stampe fram reserver av penger
og mannskap. Ved en hard utskrivning lyktes det å reise en
hær på 40 000 mann og utruste en ny flåte. Nå var målet
Danmark-Norge. Da isen i januar 1716 la seg over Øresund,
planla han et felttog mot Sjælland, selve hjertet i Fredrik
4.s riker. Men planene måtte oppgis på grunn av mildvær.

Men Karl slo seg ikke til ro med det. I slutten av februar
rykket han selv i spissen for en styrke på 3000 mann gjen-
nom Värmland direkte mot Kristiania, samtidig som en
annen styrke la veien sør om Fredrikshald og Fredrikstad
for senere å rykke nordover. Den 8. mars passerte Karl 12.
selv grensen og overrumplet samme kvelden en liten norsk
avdeling ved Høland prestegård. Men kort deretter ble han
selv angrepet av en annen norsk styrke under oberst Ulrik
Christian Kruse, og det var først og fremst takket være hell
at ikke kongen ble tatt til fange.

I Slottsloven skapte etterretningen om Karl 12.s innmarsj
i Norge spenning, angst og iltre diskusjoner. Etter at Løven-
dal hadde forlatt landet, var stillingen som visestattholder
og kommanderende general igjen delt. Tyskeren Claus
Henrik Vieregg var blitt utnevnt til ny visestattholder, men
døde kort etter han kom til Norge. Den neste som kom til å
inneha embetet var en danske, baron Frederik Krag, som
tidligere hadde vært stiftamtmann i Viborg. Ulrik Frederik

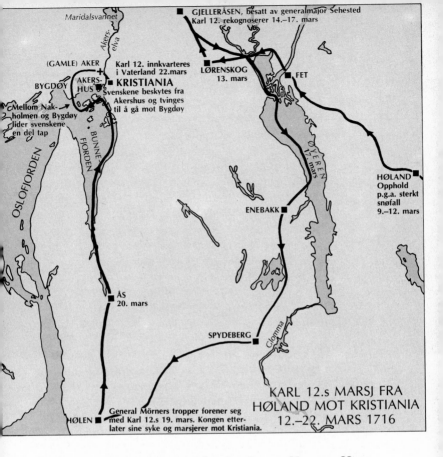

Maridalsvannet

GJELLERÅSEN, besatt av generalmajor Sehested
Karl 12. rekognoserer 14.–17. mars

(GAMLE) AKER

Karl 12. innkvarteres
i Vaterland 22.mars

BYGDØY

AKERS-
HUS

KRISTIANIA

LØRENSKOG
13. mars

FET

Svenskene beskytes fra
Akershus og tvinges
til å gå mot Bygdøy

Mellom Nak-
holmen og Bygdøy
lider svenskene
en del tap

BUNNE-
FJORDEN

HØLAND
Opphold
p.g.a. sterkt
snøfall
9.–12. mars

OSLOFJORDEN

ØYEREN
12. mars

ENEBAKK

ÅS
20. mars

SPYDEBERG

Clomma

KARL 12.s MARSJ FRA
HØLAND MOT KRISTIANIA
12.–22. MARS 1716

General Mörners tropper forener seg
HØLEN   med Karl 12.s 19. mars. Kongen etter-
later sine syke og marsjerer mot Kristiania.

Gyldenløves halvbror, generalmajor Caspar Herman Haus-
mann, ble ny øverstkommanderende, men kort etter ble han
avløst av Barthold Henrich Lützow.

Karl 12. hadde uten tvil håpet å ta Kristiania gjennom et
kupp og tvinge igjennom en rask avgjørelse. Men hellet
fulgte ham ikke. Lützow besluttet å trekke norske styrker
sammen ved Bagåsen og Gjelleråsen, og Karl ble tvunget til
å gjøre omveien om Hølen, hvor han kunne forene sin styrke
med general Mörners styrke. Den 21. mars hadde han nådd
fram til Bunnefjorden, men det lyktes heller ikke å rykke
fram under Ekeberg. Styrkene måtte gå over isen til Bygdøy,
og derfra kunne han rykke inn i Kristiania. Erobringen av

413

*En av de episoder de fleste nordmenn kjenner fra Den store nor-
diske krig, er beretningen om hvordan prestekonen Anna Col-
bjørnsdatter Ramus narret den svenske oberst Axel Løwen på
Norderhov prestegård, slik at hennes pike kunne få varslet de
norske soldatene om fiendens ankomst. Historien – som her er
foreviget i et kobberstikk av J. M. Haas etter et maleri av Erik
Pauelsen fra 1779 – er både dramatisk og flatterende for norsk,
kvinnelig snarrådighet, men er neppe riktig. At oberst Løwen ble
overrasket på Norderhov prestegård av en norsk styrke under
ledelse av oberst Øtken søndag morgen 29. mars 1716, er derimot
korrekt. Løwen og 130 av hans menn ble tatt til fange.*

Norges hovedstad ble ingen stor militær seier. De norske
styrkene var fortsatt intakt. På Akershus lå det mer enn
tusen mann, og den norske hovedstyrken hadde Lützow
samlet ved Gjellebekk, én mil øst for Drammen. Et forsøk
fra Karls side på å ta Akershus lyktes ikke. Det neste målet
ble derfor å falle den norske hovedstyrken i ryggen ved en
omgående bevegelse, og med det for øyet ble oberst Axel

Løwen sendt med 500 ryttere over Hadeland og Ringerike. Men på Harestuskogen ble Löwens styrke holdt tilbake omtrent en dag av Gregers Granavollen i spissen for seksti bønder bevæpnet med børser, kårder og økser. Senere ble den stanset ved Norderhov og Løwen selv tatt til fange. Den omgående manøvre var dermed mislykket.

Samtidig viste det seg at Karls forbindelseslinjer bakover ikke var tilstrekkelig sikret, og plutselige angrep av norske avdelinger skapte forvirring i planene og førte til store tap i mannskap og materiell. På Moss ble således nærmere 400 offiserer og menige ved et kupp tatt til fange av norske styrker samtidig som store svenske magasiner ble ødelagt. I Enningdal ble en svensk avdeling revet opp og tilintetgjort. General Ascheberg, som skulle sikre forbindelseslinjene bakover til Sverige, fant det tryggest å trekke seg tilbake.

Etter som dagene gikk, ble stillingen mer og mer vanskelig også for Karl 12. i Kristiania. Ved Gjellebekk lå fortsatt store styrker. Akershus var fremdeles intakt med en besetning på mer enn tusen mann. Fra Danmark kom det tre norske regimenter til Fredrikstad, som få dager senere definitivt skulle tilintetgjøre de svenske styrkene på Moss. Den 29. april brøt han omsider opp fra Kristiania, og takket være hell og passivitet fra de norske styrkenes side, lyktes det ham å komme over Glomma ved Onstadsund. I midten av mai samlet han sine styrker i Berg nord for Fredrikshald etter å ha herjet og brannskattet det omliggende distrikt.

Forsøket på å ta Akershus var mislykket. Nå ble målet å ta Fredriksten med omkring 1300 mann. Dessuten var det organisert to borgerkompanier i Fredrikshald på omkring 200 mann som skulle delta i forsvaret av selve byen.

Natten til 4. juli klarte Karl 12. å rykke ubemerket fram med en stor styrke, og etter heftige og blodige kamper tok han Fredrikshald, men et forsøk på å storme festningen ble totalt mislykket. Det skulle dessuten vise seg at også erobringen av Fredrikshald i virkeligheten var et nederlag. Størstedelen av de norske styrkene som lå i byen, reddet seg nemlig inn i festningen, og svenskene ble utsatt for et intenst bombardement ovenfra. Midt under dette bombarde-

Natten til 4. juli 1716 erobret Karl 12. Fredrikshald og rykket inn i byen. De norske styrkene kom seg opp på Fredriksten (til venstre). Derfra bombarderte de sin egen by som var satt i brann av byens borgere. Haldensernes heltemodige opptreden ble sterkt beundret av samtiden, og I. T. Tischbein laget dette kobberstikket til minne om begivenheten. I stikkets tekst heter det: «Paa Normands Tapperhed og patriotisk Iver / De fredrichshalder her, et rart Exempel giver.»

mentet satte Fredrikshald-borgerne selv fyr på byen, og da ilden bredte seg i de tørre trehusene, måtte Karl 12.s styrker i all hast flykte om de ikke selv ville bli brent sammen med byen. Under heftig bombardement fra festningen trakk de seg tilbake, og for å beskytte retretten satte de fyr også på den nordre bydelen. Da kvelden kom, var der neppe et hus igjen, men heller ingen svensk soldat på det området som engang hadde vært byen Fredrikshald. Karl mistet en rekke av sine beste offiserer, og led et tap på 500 mann.

Når Karl 12. ikke hadde kunnet innlede en regulær beleiring av Akershus, skyldtes det mangel på tungt artilleri. Dette var også grunnen til at han satte inn hovedangrepet mot Fredrikshald og ikke mot selve Fredriksten 4. juli. Men tungt skyts var underveis fra Sverige. I Dynekilen lå det en stor svensk transportflåte med det utstyret Karl trengte for å erobre Fredriksten. Det var bare et spørsmål om dager før forsyningen ville nå fram til Fredrikshald; men forsyningene kom aldri fram.

Peter Wessel Tordenskiold

Enhver krig har sine helter, og Elleveårskrigen dannet ikke i så måte noen unntagelse. Menn som gjennom tapperhet vant avgjørende seire, eller utmerket seg ved dristighet og pågangsmot, ble hyllet av samtiden og husket av ettertiden. Det var bonden Gregers Granavollen som med seksti bønder sinket svenskenes fremmarsj over Harestuskogen en hel dag. Det var de to Fredrikshald-borgerne Peder og Hans Colbiørnsen, som satte fyr på sin egen by for å drive ut Karl 12. og styrkene hans. Det var den norskfødte sjøoffiseren Iver Huitfeldt som lot seg selv med skip og mannskap sprenge i luften for å redde resten av den danske flåten. Det var først og fremst Peter Wessel – Tordenskiold – som skulle overstråle dem alle.

Peter Wessel var født i Norge, sønn til Jan Wessel i Trondheim, og vokste opp på Ringve i en barneflokk på 18. Mange av de historiene som senere ble knyttet til hans navn, er fri diktning. Men selv om en skreller bort mye, står

Iver Huitfeldt (1665– 1710). Utsnitt av et samtidig maleri. Huit- feldt ble kommandør i 1704 og samme år sjef for orlogsverftet i Kris- tiansand. Under Den store nordiske krig fikk han kommandoen over linjeskipet Dan- nebrog som i 1710 var med i slaget i Køge- bugt. Dannebrog kom i brann, men beskjøt fienden friskt med sine 82 kanoner til ilden nådde kruttkammeret og skipet sprang i luf- ten. Bare to mann over- levde.

417

han igjen som den dristige våghals, hard og brutal mot sitt mannskap, arrogant og overlegen overfor sine motstandere, men først og fremst som den overlegne sjøoffiser, som hadde handlekraft og taktisk dyktighet til å gjennomføre sine hasardiøse operasjoner.

Peter Wessels første inntreden på den historiske arena har noe av eventyret over seg. Da Fredrik 4. i 1704 forlot Trondheim, flyktet Peter hjemmefra, og i kongens følge kom han til København, bare 14 år gammel. Det var hans håp å komme inn i marinen, men de første årene måtte han nøye seg med å fare på koffardiskip, og var med på langtokt både til Trankebar i Ostindia og til Vestindia. Da han kom hjem til København i 1710, var krigen alt brutt ut, og han fikk nå sitt store ønske oppfylt om å bli sjøkadett. Året etter fikk han sin første selvstendige kommando på snauen Ormen av Waldemar Løvendal, og gikk i konvoitjeneste mellom Norge og Danmark. Alt nå utmerket han seg ved sin dristighet og sine hånske tilrop til svenskene. Året etter avanserte han til kapteinløytnant, og fikk kommandoen på en ny norskbygd fregatt, Løvendals galei, med en besetning på 100 mann, 50 soldater og en bestykning på 18 kanoner. Ikke minst takket være ham lyktes det å ødelegge en svensk transportflåte i Østersjøen. Året etter hadde han sin berømte kamp med en stor svensk fregatt under engelsk kommando, en kamp som begynte den ene ettermiddagen og endte først neste formiddag med at Wessel beklaget at han måtte slutte kanonduellen, fordi han ikke hadde mer krutt, mens sjefen på den svenske fregatten drakk Wessels skål fulgt av et sju ganger hurra fra mannskapet. Wessel ble stilt for retten for sin dristighet, men ble frikjent og forfremmet til kaptein.

Peter Wessel gikk fra den ene dristige og hasardiøse operasjonen til den andre, og tross nederlag hadde han stort

Peter Wessel Tordenskiold malt av Jacob Coning kort tid etter slaget i Dynekilen i 1716. Samme år var han blitt adlet, og vel en uke etter slaget ble han gitt bestalling som kommandør. Sjøhelten har derfor all mulig grunn til å bære både adelsdrakt og allongeparykk. På brystet bærer Tordenskiold Dynekil-medaljen, og i bakgrunnen har Jacob Coning gjengitt det berømte overfallet mot den svenske flåten (se også illustr. s. 421).

sett hellet med seg. I februar 1716 ble han opphøyet i adels-
standen med navnet Tordenskiold. Samtidig fikk han ledel-
sen av en flåteavdeling på to fregatter, to stykkprammer og
tre norske galeier, og det var med denne styrken han skulle
utføre sin dristigste operasjon og gripe mest avgjørende inn
i krigens gang. Med tanke på erobringen av Fredriksten
hadde Karl 12. ført fram store forsyninger av ammunisjon,
våpen og mat sjøveien, og skipene og forsyningene var gått
inn i den trange Dynekilen ikke langt fra Strömstad. Den
2. juli var Tordenskiold gått ut fra København med sin flå-
teavdeling, og fem dager senere nådde han fram til kysten
utenfor Strömstad, hvor han fikk kjennskap til den svenske
transportflåten. Natten til 8. juli kunne Tordenskiold seile
helt inn på havnen uten å bli observert. Svenskene anså
Dynekilen så trang og vanskelig å manøvrere i at de ikke
engang hadde satt ut vakter ved innseilingen. Først da Tor-
denskiold var vel inne i havnen med sin eskadre, ble svens-
kene klar over den kritiske situasjonen de med ett var satt
i. Det ble riktignok ført et heftig forsvar fra to svenske
krigsfartøyer og et batteri på land. Men tapperhet var ikke
nok. Resultatet av kanonduellen ble en overlegen seier for
Tordenskiold. Svenskene mistet i alt 44 fartøyer og veldige
mengder av våpen og forsyninger. 13 orlogsfartøyer kunne
Tordenskiold bringe med seg til Danmark som bytte. Res-
ten av den svenske flåten ble enten brent eller senket.

For Tordenskiold brakte seieren i Dynekilen ny berøm-
melse, og året etter fikk han kommandoen over hele nord-
sjøeskadren. For Karl 12. betydde slaget i Dynekilen at han
foreløpig måtte gi opp sitt forsøk på å storme Fredriksten.
Han måtte rykke tilbake til Sverige for å samle nye styrker
og reise nye økonomiske ressurser for sitt neste og langt
større felttog mot Norge. Men det kunne først skje to år etter
nederlaget i Fredrikshald og Tordenskiolds kupp i Dyneki-
len. I disse to årene skulle en på dansk og norsk side få et
kjærkomment pusterom for å forberede seg til Karl 12.s
neste store angrep mot Norge, det angrepet som kanskje
skulle avgjøre Norges fremtidige skjebne.

*Samtidig kobberstikk med siste fase av Tordenskiolds «Navn-
kundige Tog paa Dynekilden» 8. juli 1716. I forgrunnen eskorte-
res de erobrede skipene ut av havnen med Tordenskiolds eget
skip i spissen. 5000–6000 infanterister (markert med bokstaven n)
beskyter flåten fra land. På norsk side var tapet 19 døde og 57
sårede.*

Karl 12.s andre felttog i Norge og krigerkongens død

Karl 12.s tap av de svenske provinsene i Tyskland, russer-
nes erobring av Finland og de baltiske provinsene og Sve-
riges svake stilling innad førte til at Fredrik 4. og Peter den
store besluttet at det skulle rettes et kombinert russisk-dansk
angrep mot Skåne, og i juli 1716 kom Peter den store selv til
København. Ved utgangen av sommeren stod det 30 000
russiske og 23 000 danske soldater på Sjælland ferdig til å
gjøre landgang på den andre siden av Øresund. Det var sør-
get for transportskip, og en stor dansk-norsk-russisk flåte
skulle sammen med en engelsk eskadre dekke overfarten.
Karl 12. hadde fremdeles en stor del av de svenske styrkene
ved Strömstad. Alt syntes å skulle gi de kombinerte dansk-

russiske styrkene lett spill i Skåne. Men plutselig endret tsaren mening. Han hevdet at det var for sent på året med et felttog i Sverige, og i oktober vendte han tilbake til Tyskland med sin armé. Atter en gang skulle Karl 12. tilrive seg initiativet.

Norge var fortsatt hovedmålet for Karls politikk, og bevisst og systematisk forberedte han sitt andre norske felttog, diplomatisk, økonomisk og militært. Våren 1718 innledet hans nære holstenske rådgiver, baron von Görtz, forhandlinger med Russland på Åland, og i september var man nådd fram til et traktatutkast, som Peter den store aksepterte. Sverige forpliktet seg her til å avstå til Russland de baltiske provinsene foruten Kexholm og Viborg, og som erstatning skulle de blant annet få Norge. Nå gav riktignok ikke Karl traktatutkastet sin godkjenning, men traktatutkastets eksistens sikret Sverige mot angrep fra russisk side under det andre felttoget mot Norge.

Parallelt med Görtz' diplomatiske spill foregikk det omfattende forberedelser til felttoget på svensk grunn. Alt i 1715 var tollsatsene på stangjern og ubearbeidet kopper mangedoblet for å holde prisene oppe på verdensmarkedet. Nå ble hele eksporten gjort til et statsmonopol. Samtidig ble det skrevet ut et obligasjonslån med sikkerhet i statens fremtidige inntekter, og i stigende utstrekning ble det slått nødmynt, med det resultat at kursen på nødmynten sank til en brøkdel av dens pålydende. De økonomiske ressursene ble presset til det ytterste; det samme gjaldt også de siste mannskapsreserver. Kongens vilje ble trumfet igjennom, og høsten 1718 kunne Karl 12. selv lede den svenske hovedstyrken på 40 000 mann mot Fredriksten, mens general Karl Gustaf Armfelt i spissen for en styrke på 7000 mann rykket inn i Trøndelag.

I Danmark-Norge var man ikke ukjent med Karl 12.s planer, og i 1717 og -18 foregikk et omfattende arbeid for å slå tilbake det forventede svenske angrepet. – Det svenske innfallet i 1716 og de svenske herjingene innen de områdene som var besatt, hadde uten tvil bidratt sterkt til å endre stemningen i landet. Det er betegnende at i 1716 våget Fred-

Karl 12. og holsteneren baron Georg Heinrich von Görtz (1668–1719) som fra høsten 1715 var i Karl 12.s tjeneste. Samtidig stikk. Baron von Görtz fikk stor makt og klarte ved harde midler å tilfredsstille heltekongens krav om stadig flere penger og mannskaper. Men han fikk også mange uvenner og ble arrestert straks etter Karl 12.s død i 1718. Året etter ble han halshogd offentlig i Stockholm.

rik 4. igjen å skrive ut krigsstyr også på allmuen: «endskjønt Vi intet hellere hafde ønsket, end voris kiære og troe undersåtter udj vort rige Norge både af kongelig omhu og forsorg, så og formedelst deris nu ved fiendens uformodentlige invasjon udviste tapperhed og troskab for videre skatter og pålæg allernådigst kunne forskånes have vi dog uomgjengeligt været foraarsagit, en krigsstyr udj Norge for dette indeværende aar 1716 allernaadigst at påbyde». Krigsstyr ble skrevet ut også for de kommende år uten at skattekravet nå syntes å vekke motstand. Men skattekravet var moderat. Allmuen måtte ikke noe år utrede mer enn en fjerdepart av det den var pålagt i 1712.

Muligheten for et nytt svensk angrep førte også til et omfattende arbeid for å utbedre forsvaret i Norge. På festningene foregikk det omfattende reparasjonsarbeid, og grensefortene ble forsterket. Resten av de norske styrkene som var sendt til Danmark og som hadde deltatt i kampene ved Tönning og Stralsund, ble nå trukket hjem til Norge sammen med åtte danske bataljoner. Ved et kongelig reskript

423

24. desember 1717 gikk man til et nytt og drastisk skritt. Tidligere hadde to fullgårder til sammen måttet stille og utruste en soldat; nå ble det gitt ordre om at de skulle stille og utruste to soldater. Det betydde at den norske legdshæren ble bortimot fordoblet fra sju regimenter til tretten regimenter à tolv kompanier, hvert på hundre menige. Sønnafjells ble det dessuten opprettet et regiment av landdragoner på tolv kompanier, samtidig som det ble gitt ordre om å utruste to skiløperkompanier også i det nordafjelske. Rundt regnet må sju-åtte årsklasser ha vært innrullert i hæren samtidig som en lang rekke nordmenn var utskrevet til marinen. Det ble ikke menn igjen på gårdene og plassene rundt i landet. Mange steder fant en bare oldinger og barn.

Den svenske innmarsjen i Norge ble innledet i slutten av august på det nordlige frontavsnitt, hvor Armfelt rykket inn i Trøndelag med omkring 7000 mann. Fra Værdalen rykket han raskt sørover, brannskattet, herjet og brente, og 15. november kunne han slå leir like øst for Trondheim. Generalmajor Vincent Budde, som var øverstkommanderende på norsk side, hadde trukket sammen de norske styrkene omkring Trondheim. På Kristiansten festning lå 1000 mann, på Munkholmen 400 mann, mens hovedstyrken var forlagt til selve byen. Både blant de norske og de svenske styrkene herjet det veldige epidemier som tynnet raskt ut i mannskapsrekkene. Av den norske styrken på opprinnelig 7287 mann var således 109 befal og 2621 menige enten syke eller døde 6. januar 1719. Like hardt ble Armfelts styrker rammet, og dette sammen med mangelen på beleiringsskyts, betydde at han ikke våget å gå til angrep på selve Trondheim. I stedet lyktes det ham å passere Nidelva sør for byen og etablere sitt hovedkvarter på Leinstrand, mens svenske avdelinger rykket opp gjennom Gauldalen helt til Røros, hvor de tok det kopper som fantes og bergkompanienes faner, som ble sendt til Sverige som troféer.

Først i annen halvdel av november passerte Karl 12. den norske grensen i sør med den svenske hovedstyrken, og Fredriksten var første mål for hans operasjoner. Barthold Nicolai Landsberg var kommandant på festningen og dispo-

Kristiansten festning i Trondheim ble anlagt etter J. C. Cicignons
tegninger i 1682. Høsten 1718 skulle festningen få sin ilddåp. 1000
mann ventet på general Armfelts tropper, som den 15. november
bare lå noen få kilometer fra Trondheim. Men Armfelt hadde bare
sju små feltkanoner og våget ingen storm mot festningen. Han
gikk utenom byen.

nerte en styrke på 1550 tjenestedyktige. Alt 21. november
var byen og festningen fullstendig innesluttet og beleirin-
gen kunne begynne. Planmessig nærmet svenskene seg fest-
ningsverkene gjennom et nett av løpegraver, og det var i en
slik løpegrav kongen stod om kvelden 11. desember da en
kule endte hans liv.

Beleiringen av Fredrikshald og Fredriksten festning i november–
desember 1718. Utsnitt av et samtidig kobberstikk av Johan Ho-
mann i Nürnberg. Kartet er orientert med nord mot venstre.
Øverst til høyre sees svenskenes hovedleir i Tistedalen. Mellom
den og festningen ligger tre svenske batterier med i alt 18 kanoner
som fra 6. desember beskjøt fortet Gyldenløve. Fortet falt etter

det tredje stormangrepet anført av Karl 12. selv 8. desember. Mellom festningen og Gyldenløve anla beleirerne deretter et system av løpegraver under stadig ildgivning fra festningen. I en av dem ble Karl 12. skutt søndag 11. november. På nordsiden av Tistedalselva (til venstre) ligger en avdeling danske infanterister ved Rødsberget, og på fjorden sees danske og svenske skip i kamp.

En trefning mellom dansk-norske og svenske skip på Iddefjorden 14. november 1718, kort tid før beleiringen av Fredriksten begynte. For å unngå dansk-norske fartøyer i åpen sjø, hadde svenskene slept sin flåte av galeier (robåter med hjelpeseil) to mil over land fra Strömstad til Iddefjorden. I bakgrunnen sees Fredrikshald og Fredriksten festning. Utsnitt av et samtidig kart.

Det var to mulige kandidater til tronen ved Karl 12.s død. Den ene var Karl Fredrik, sønn til hans eldste søster Hedvig Sofia og hertugen av Gottorp. Den varmeste talsmann for dette «holstenske partiet» var Karls nære medarbeider, Görtz. Den andre tronkandidaten var Karl 12.s yngre søster, Ulrikke Eleonore, som var gift med Frederik av Hessen. Det var det «hessiske partiet» som er blitt mis-

tenkt for å stå bak kongens død for å hindre at Görtz og
det holstenske partiet skulle vinne overtaket. Tross inn-
gående analyse av det skriftlige materiale og gjentatte ana-
lyser av Karl 12.s kranium har det ikke vært mulig å gi et
sikkert svar på spørsmålet om det var en norsk kule eller en
svensk snikskytter som drepte kongen, og spørsmålet vil
sikkert bli stående ubesvart i fremtiden. Men ett er sikkert.
Kulen brakte en brå slutt på beleiringen av Fredriksten.
Alt dagen etter kongens død ble beleiringen hevet, og de
svenske styrkene ble trukket tilbake til Sverige. Karls 12.s
siste forsøk på å erobre Norge var med andre ord avsluttet
med krigerkongens død.

*Etter Karl 12.s bisettelse i Riddarholmskyrkan 26. februar 1719
har hans kiste vært åpnet mange ganger, og hans kranium er blitt
inngående undersøkt for å avgjøre om det var en norsk eller svensk
kule som drepte ham. Dette bildet av kongens kranium med
kulehullet tvers gjennom skallen ble tatt i 1917.*

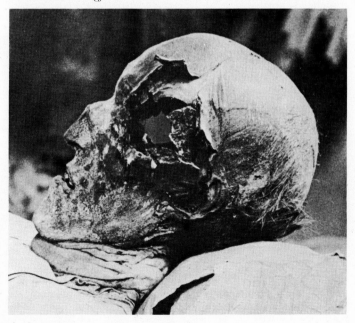

Retretten for de svenske styrkene i sør foregikk uten tap av betydning. For de svenske styrkene i nord betydde den katastrofe. Alt før nyttår skal Armfelt ha fått beskjed om den skjebne som rammet kongen. Den 12. januar begynte marsjen fra Tydalen over fjellet til Sverige. Om morgenen var været godt, men utpå dagen brøt det ut en snøstorm som raste i flere dager. Da uværet hadde lagt seg, kom kaptein Jens Henrich Emahus opp på fjellet med en tropp skiløpere, og hans rapport forteller i sin nakne enkelhet om den katastrofe som hadde rammet Armfelts armé: «Det var et sørgelig og gyselig syn! Menneskene lå døde i hobe på 30, 40, 50 og flere, i fuld mundering med randsel på ryggen, nogle med geværet på armen, andre lå døde på veien med

Karl 12. bæres hjem fra Fredriksten av sine trofaste karoliner. Utsnitt av Gustav Cederströms maleri fra 1878. Bildet gjenspeiler den heltedyrkelse Karl 12. var, og fortsatt er, omfattet med. At han ikke var mer enn 36 år, synes ikke å gå helt klart fram av bildet.

«Saa var hans Skiebne.» Minnemedalje slått ved Den kongelige mynt i København i anledning den svenske løvens fall ved Fredriksten i 1718. Til høyre sees festningen og den falne løve.

mad i hånden, ja endog i munden. Rytterne stod på hovedet i sneen langs veiene, således som de var kastede af hestene, man havde slået kolberne af sine geværer for at gjøre op ild med (...), nei, jeg kan ikke beskrive det. Jo længere man kom op på fjeldet, des flere døde mennesker og hester fik man at se.» Det var den tragiske slutten på Karl 12.s stolte karoliner, kransen som storm og kulde flettet av hans uthungrede og trofaste soldater til krigerkongens båre.

Men i København lot Fredrik 4. slå en medalje til minne om seieren og sin fetters fall:

> Den svenske løve faldt for norske løvens fod.
> Der miste hand sit liv og sidste helteblod.

Krigens sluttfase

Med Karl 12.s fall var drivkraften i den svenske krigspolitikken borte, men riket befant seg fortsatt i krig med Russland, Sachsen, Hannover, Preussen og Danmark-Norge. Overalt i landet kunne en spore virkningene av bortimot tjue års krig. Både økonomisk og finansielt stod man overfor et regulært sammenbrudd, og i mange bygder fantes det nesten

431

ikke ungt mannskap igjen på grunn av de store utskrivningene. Alt tilsa at Sverige måtte slutte fred.

Heller ikke i Fredrik 4.s land og riker stod det stort bedre til. Krigførselen hadde ført til en veldig økning i statsutgiftene, og i Danmark og hertugdømmene var de blitt femdoblet i tiåret 1708–18. For å løse de finansielle problemer hadde man skrevet ut nye skatter og drevet skattene inn med militær eksekusjon. For første gang hadde staten også utstedt pengesedler, men resultatet ble en ren fiasko. Det ble tatt opp store lån og tvangslån. Alt fra krigsutbruddet hadde staten krevd inn halvparten av kirkenes inntekter i Norge til krigsformål, og i 1719 ble idéen unnfanget at kongen kunne selge de norske kirkene med tilhørende kirkegods og tienderettigheter, en idé som ble realisert fire år senere.

I Norge hadde eksporten holdt seg på et relativt høyt nivå gjennom alle krigsårene, men for norsk sjøfart hadde krigen blitt et drepende slag. I de første årene etter krigsutbruddet var en stor del av den norske flåten blitt oppbrakt av fiendtlige kaprere. Bare Bergen alene mistet over 60 skip, og bedre var det ikke i Kristiania. Etter freden i Utrecht kunne sjømaktenes koffardiskip igjen seile på Norge uten fare for oppbringelse og på det nærmeste konkurrere ut de få skip som kaprerne hadde spart. Det skulle gå mer enn seksti år før landets flåte igjen kom opp på nivået fra før krigen.

Den store utskrivningen til hær og flåte gjennom elleve år hadde ført til et veldig tap av menneskeliv, og bygdene var blitt berøvet sin beste arbeidskraft. Rent katastrofalt ble det etter 1717 da utskrivningen av soldater fra legdene ble fordoblet. Dermed ble de siste reserver trukket inn til militærtjeneste.

I de første krigsårene hadde Norge vært forskånt for fiendtlige plyndringer. Men Karl 12.s to felttog hadde satt dype spor etter seg. Hans opphold i Kristiania hadde kostet borgerne en dagskatt på 7000 riksdaler pr. dag. Samtidig var de brannfrie kjellerne brutt opp og plyndret. I Fredrikshald var 330 hus lagt i aske under kampen om byen i 1716. Ikke minst hadde det gått utover bygdene. Hele det store området av Smålenene og Romerike som lå øst for Glomma, var blitt brannskattet og plyndret av fiendtlige styrker, og også i mange områder vest for Glomma var det rikelige spor etter fiendens herjinger. Enda verre var det kanskje i Trøndelag hvor Armfelts hær hadde drevet en ren utplyndring i Fosen, Værdal og Stjørdal. Bøndene hadde mistet alt, husdyr, såkorn og ofte var selve husene brent ned. Og i fiendens spor fulgte en veldig tyfusepidemi, som betydde at dødsratene økte til det mangedobbelte av det normale.

Men Fredrik 4. var fortsatt oppsatt på at krigen skulle fortsette. De fredskrav som han fremsatte overfor svenskene var så store at de ikke kunne aksepteres. Tross de økonomiske og finansielle vanskeligheter, tross de veldige offer som de store utskrivningene betydde, var Fredrik 4. fast be-

Denne tegningen av Tordenskiold, av ukjent opprinnelse, gir et mindre flatterende og kanskje riktigere bilde av sjøhelten enn de mer offisielle bilder.

stemt på å gå til angrep på Sverige nå når han hadde overtaket. Fra Norge skulle norske og danske styrker igjen rykke inn i Båhuslen mot Göteborg slik som i Gyldenløves tid, mens Tordenskiold skulle blokkere byen fra sjøen.

Fredrik 4. var så ivrig opptatt av tanken på krigens fortsettelse at han selv kom til Norge for personlig å bivåne innledningen til den nye fase i oppgjøret. De norske landstridskreftene nådde uten motstand av betydning fram til Strömstad, som ble base for styrkene. Tordenskiold skulle atter en gang få anledning til å gi bevis på sitt mot, sin dristighet og sin handlekraft. I Göteborg hadde svenskene selv senket fire linjeskip for å sperre innløpet til havnen, og Tordenskiolds primære oppgave var dermed faktisk løst av göteborgerne selv. Hans neste mål ble derfor Marstrand, hvor det lå sju svenske linjeskip, to fregatter og åtte mindre krigsskip. Takket være kombinerte land- og sjøoperasjoner lyktes det ham å sette hele den svenske flåtestyrken i Marstrand ut av spill. En rekke skip ble tatt som bytte, resten senket. Men ikke nok med det. Det overraskende angrepet fra sjøen, og antydninger om at norske landstyrker var underveis, betydde at også besetningen på Karlsten festning besluttet å kapitulere mot å få fri avmarsj. Marstrand kom dermed under dansk-norsk kontroll. Beslutningen om å overgi festningen kostet kommandanten, oberst Dankwart, livet. For Tordenskiold betydde erobringen av Marstrand og Karlsten forfremmelse til viseadmiral.

Suksessen i Marstrand fristet Tordenskiold til å gjøre et lignende overraskende angrep på festningen Ny Älvsborg, men det ble mislykket. Men om kvelden 7. oktober skulle han avslutte sin karriere som sjøoffiser med et overraskende og vellykket kupp mot Göteborg. I begynnelsen av september hadde svenskene tatt to av hans kanonprammer og ført dem inn til Göteborg, og det var disse som nå skulle hevnes. I mørke seilte de dansk-norske krigsskipene inn til Göteborg, og de svenske vaktpostene lot dem passere uten å gjøre alarm fordi de trodde de var svenske. Ved midnattstid var båtene inne i selve havnen. En del av mannskapene sprang i land og overmannet de svenske vaktene, mens andre

23. juli 1717 angrep Tordenskiold Marstrand, men før han rakk å komme om bord i skipene på havnen, hadde svenskene, til Tordenskiolds enorme ergrelse, slått hull i bunnen av sine egne skip. To av dem sees på dette samtidige stikket. Karlsten festning i bakgrunnen overgav seg uten kamp.

435

Tordenskiolds vitalitet, vågemot og snarrådighet dannet grobunn for en lang rekke mer eller mindre troverdige beretninger om sjøhelten. En gang skulle han for eksempel ha gått i land ved Torekov i Skåne for å speide på svenske tropper. Det gikk ikke bedre enn at han ble overrasket av noen svenske karoliner som oppfordret ham til å overgi seg. Idet soldatene trodde de hadde Tordenskiold, hogg han til med kården, sprang i sjøen med kården i munnen og svømte ut til skipet sitt. «Dengang ei, sa Tordenskiold.» Episoden er her skildret i et samtidig stikk.

satte fyr på de svenske krigsskipene som lå i havnen, og skip etter skip sprang i luften etter som varmen nådde kruttrommene. Etter en rask operasjon på to timer kunne Tordenskiold trekke seg tilbake uten at den 4000 manns sterke besetningen i Göteborg hadde rukket å gjøre noe, og uten at han selv hadde tapt én mann. Hevnen for prammene var fullført.

Erobringen av Strömstad, Marstrand og Tordenskiolds nattkupp i Göteborg skulle ikke få noen politisk betydning. Den 8. august hadde Fredrik 4. besluttet å trekke sine styrker tilbake fra Strömstad. Fredsforhandlingene stod foran sin begynnelse.

Freden

Gang på gang fra midten av 1600-tallet hadde det vist seg umulig å føre en selvstendig nordisk utenrikspolitikk. Danskene og svenskene kunne føre krig. De kunne seire og lide nederlag. Men når fredsforhandlingene begynte, var likevel stormaktsinteressene avgjørende. Freden i København i 1660 var nærmest fastsatt gjennom Haag-konsertene. Freden etter Den skånske krig ble formet etter Ludvig 14.s ønsker. Freden i Travental ble tvunget igjennom av sjømaktene, England og Nederland, og deres tilbaketrekning av flåtestyrkene fra Sundet tvang Karl 12. til å evakuere Sjælland. Stormaktenes interesser var avgjørende. Det samme skulle nå vise seg ved fredsoppgjøret etter Den store nordiske krig.

I Sverige ønsket det hessiske partiet en tilnærming til England, og med engelsk støtte lyktes det Sverige å få fred med Hannover mot å avstå Bremen-Verden og med Preussen mot å avstå en del av Pommern. Fredrik 4.s planer om å fortsette krigen og den nye offensiven i Sverige møtte bestemt motstand fra engelsk side fordi man fryktet at Russland ville bli for dominerende i Østersjøen om Sverige ble ytterligere redusert. Det ble også gjort uttrykkelig klart at man ikke ville akseptere at Göteborgs havn ble ødelagt fordi Göteborg var en hovedhavn for den engelske handelen mellom Sverige og Østersjøen. Under presset fra engelsk side fant Fredrik 4. det nødvendig å gjenoppta fredsforhandlingene, som ble avsluttet ved freden på Frederiksborg 3. juli 1720. For Danmark-Norge brakte ikke elleve års krig så store gevinster som Fredrik 4. hadde håpet da han kastet rikene inn i krigen. Men på to punkter vant han avgjort en seier. Sverige mistet sin tollfrihet i Sundet og Sverige måtte også forplikte seg til ikke å gripe inn i sønderjydske forhold. England og senere Frankrike garanterte Danmark besittelsen av hele Sønderjylland. Dermed falt en hjørnesten i den svenske utenrikspolitikken bort.

For Sverige ble rekken av fredsslutninger avsluttet med freden med Russland, som ble undertegnet i Nystad 20. november 1721. Med den avstod Sverige til Russland de baltiske provinsene, Livland, Estland og Ingermanland, en del av Karelen og Viborg len av Finland foruten Dagö og Ösel.

Selv om Fredrik 4. ikke vant så mye direkte som han hadde håpet ved fredsslutningen med Sverige, skapte fredsslutningen etter Den store nordiske krig likevel en totalt ny utenrikspolitisk situasjon for Danmark-Norge. Danmark-Norge befant seg ikke lenger i en knipetang mellom stormakten Sverige og et fiendtlig Gottorp. Karl 12.s fall ved Fredriksten markerte den definitive slutt på den svenske stormaktstiden, og Gottorp stod helt under dansk kontroll. Det var igjen etablert maktbalanse mellom de to skandinaviske statssystemene. Den store krigsperioden i Nordens historie var til ende.

Men dermed begynner også et nytt avsnitt i Norges historie.

Statssystemet på prøve

Da Karl 12. i 1716 for første gang rykket inn i Norge, hadde han uten tvil et visst håp om å få tilslutning iallfall fra visse kretser i landet. Tross vakre ord om at Norge ved statsomveltningen igjen var blitt et eget rike, ble landet i virkeligheten mer og mer integrert i det oldenborgske statssystem. Alle viktige politiske avgjørelser ble fattet på topplanet i København. Dit gikk også i fredstid ⅔ av statsinntektene i Norge. Fra 1650-årene var landet rammet av en rekke harde nødsår, og store epidemier hadde gjort veldige innhogg i befolkningen. Den ene blodige krigen hadde fulgt den andre i rask følge, og krigene hadde krevd store økonomiske offer og tappet bygdene for den beste mannlige arbeidskraften. Men krigene, de var først og fremst et resultat av Fredrik 3.s, Kristian 5.s og Fredrik 4.s revansjeplaner overfor Sverige. Det syntes således å være et bredt fundament for misnøye i Norge, og det fantes misfornøyde. Den slappe krigførselen i 1709 hadde endog gitt Fredrik 4. mistanke om at enkelte nordmenn stod i forbindelse med svenskene, og de omfattende bondeurolighetene i 1713 og -14 var et talende tegn som måtte gi Karl 12. håp om støtte.

Men da den store krigerkongen i 1716 første gang rykket inn i Norge, ble han ikke hilst som noen befrier, verken av embetsmennene, byborgerne eller bøndene. Når embetsmennene var lojale mot regimet, var ikke det egentlig merkelig. Den embetsstanden som hadde avløst den gamle lensadelen, var nemlig selv en del av regimet, av det sentraliserte byråkrati. Embetsmennene hadde fått sine embeter av kongen, og med embetet fulgte inntekter, makt, karrieremuligheter. Embetsmennene fikk en naturlig herskerstilling i lokalsamfunnet, og deres innstillinger og betenkninger var ofte avgjørende for de beslutninger som ble fattet på høyeste plan. Embetsstanden var det ene ankerfestet for det eneveldige regime i Norge. Det andre var det nye storborgerskapet.

Det storborgerskapet som var vokst fram til en økonomisk herskerklasse i Norge i siste halvdel av 1600-tallet, var som embetsstanden stort sett av fremmed opprinnelse. Fundamentet for dets maktstilling lå dels i behovet for kapital, erfaring, forbindelser i utlandet, dels i omfattende kongelige privilegier og monopoler. Men det betydde at også storborgerskapet ble knyttet til det eneveldige regime med sterke bånd, noe som skulle dokumenteres da Karl 12. rykket inn i landet. Borgerne i Kristiania viste ingen begeistring da krigerkongen holdt sitt inntog i Norges hovedstad. I Fredrikshald tente borgerne selv fyr på byen for å drive ut Karl 12. og hans soldater. Selv i Trondheim, hvor man i 1658 åpenbart ikke hadde hatt noe imot et svensk herredømme, stod man i 1718 fast bak Vincent Budde i forsvar av byen.

Fremveksten av en sterk embetsstand var en konsekvens av statsomveltningen og den veldige utvidelse av statens virksomhet. Men embetsmennenes maktposisjoner var også kjøpt med innskrenkninger i bøndenes hevdvunne medbestemmelsesrett på det lokale plan, og borgernes herskerstilling og utstrakte privilegier betydde store inngrep i bøndenes gamle friheter og rettigheter på det økonomiske plan. Bøndene måtte også utrede størstedelen av de skattene som ble skrevet ut i Norge, og det er et stort spørsmål om det til sist ikke var de som måtte svi for de høye tollsatsene. Soldatene til hæren ble utelukkende rekruttert fra bygdene. Det var derfor i bondestanden en først og fremst burde vente å finne misnøye med regimet, med den politikk som ble ført.

Men tross de store innskrenkninger som var foregått i bøndenes stilling i løpet av siste halvpart av 1600-tallet, tross skatter og militærtjeneste, tross overgrep av embetsmenn og storborgere, var det likevel mye som bandt dem til eneveldet og regimet. Enevoldsregimets rettssystem arbeidet sent, men grundig. Ingen kom under bøddelens øks før hans sak var grundig prøvd. Selv om lovgivningen på mange måter tilgodeså de herskende klasser, stod ikke bøndene forsvarsløse. De kunne spille på motsetninger mellom embetsmenn og mellom embetsmenn og borgere. De kunne sende supplikker til stattholder og konge, og et utrolig stort antall av disse ble behandlet i konsilet og avgjort ved kongens underskrift. Og dersom en ikke nådde fram gjennom de normale embetskanaler, kunne en dra til København og legge fram klagene for kongen der, eller man kunne drive sine krav igjennom med «bulder og opsetsighed» på tinget. I krigstider ble nok bygdene tappet for sin beste mannlige arbeidskraft, men utskrivningene til hæren gav samtidig bøndene en maktposisjon som kanskje mer enn noe annet bidrar til å forklare den frie stilling den norske bonde fikk på 1700-tallet.

Helt fra Hannibal Sehesteds tid hadde den norske bondehæren vært en hovedbrikke i rikenes militærvesen ved siden av flåten og den vervede hæren i Danmark. Men den norske hærens store betydning gav den norske bonde en maktstilling som den danske bonden ikke hadde, en maktstilling han kunne bruke overfor urimelige embetsmenn, mektige borgere og ikke minst overfor nye store skattekrav. Gyldenløve hadde tatt konsekvensene av dette under Den skånske krig. For å sikre seg bøndenes lojale støtte i felten hadde han etter 1675 nektet å skrive ut nye skatter på bygdeallmuen. Det samme gjentok seg under Den store nordiske krig. Behovet for en slagkraftig norsk hær tvang Fredrik

4. til å bøye seg for bøndenes «tumultuariske» òg «opset-sige» protester i skattespørsmål. Krigen ble derfor en tre-dobbelt seier. Det var en seier for Fredrik 4. i oppgjøret med Karl 12. Det var en seier for det oldenborgske statssystem som ikke hadde slått sprekker i en vanskelig krisetid. Det var også en seier for allmuen i Norge. Innad hadde den norske bonde tapt i kampen mot et fremvoksende borger-skap og den nye sterke embetsstanden. Men samtidig var den norske bondestanden styrket i forhold til kongemakt og statsledelse. Behovet for soldater, for å ha en slagkraftig norsk hær, betydde at statsledelsen, først under Den skånske krig, senere under Den store nordiske krig, hadde måttet føre en moderat skattepolitikk, og det de norske bønder hadde vunnet i krigstid, skulle de krampaktig kjempe for å befeste i fredstid.

LITTERATURVEILEDNING

Dette bindet av Norges Historie er dels bygd på førstehånds gjennomgåelse av trykt og utrykt kildemateriale, dels på oversikter som Norges Sjøfartshistorie, by- og bygdehistorier, dels på spesialundersøkelser.

OVERSIKTSVERK

Coldevin, Axel: Vårt folks historie bd. 5. Enevoldstiden. Oslo 1963.

Den svenska utrikespolitikens historie bd. 1,3 ved Georg Landberg og bd. 2,1 ved Jerker Rosén. Begge Stockh. 1952.

Det danske Folks historie. Red. af Aage Friis, Axel Lindvald, M. Mackesprang, bd. 5. Kbh. 1926–28.

Holm, Edv.: Danmark–Norges indre Historie under Enevelden fra 1660–1720. Kbh. 1885–86.

Johnsen, O. A.: Norges historie fremstillet for det norske folk bd. 5, 1–2. Kra. 1911–14.

Olsen, Gunnar og Finn Askgaard: Danmarks historie bd. 8. Kbh. 1964.

Sars, Johan E.: Udsigt over den Norske Historie bd. 4. Kra. 1891.

Steen, Sverre: Det norske folks liv og historie bd. 5. Oslo 1932.

For øvrig vises til den rike norske by- og bygdehistoriske litteraturen, som er et overmåte rikt arsenal for den som vil arbeide med norsk historie på 1600- og 1700-tallet.

FRA ADELSMONARKI TIL ENEVELDE

Aschehoug, T. H.: De norske Communers Retsforfatning før 1837. Kra. 1897.

Bøggild-Andersen, C. O.: Hannibal Sehested 1–2. Kbh. 1946–68.

– Statsomvæltningen i 1660. Kritiske studier over kilder og tradition. Kbh. 1936.

Fabricius, Knud: Kollegiestyrets gennembrud og sejr, i: Den danske Centraladministrasjon. Kbh. 1921.

– Kongeloven. Kbh. 1920.

Fridericia, J. A.: Adelsvældens sidste Dage. Kbh. 1894.

Johnsen, Arne Odd: Krabbekrigen og gjenerobringen av Jämtland. Oslo 1967.

Johnsen, Oscar Albert: De norske Stænder. Kra. 1906.

Jørgensen, Johan: Rentemester Henrik Müller. En studie over enevældens etablering i Danmark. Kbh. 1966.

Koht, Halvdan: Inn i einveldet 1657–61. Oslo 1961.

Lidbæk, J.: Aktstykker og oplysninger til Statskollegiets historie 1660–1676 1–2. Kbh. 1903–10.

BEFOLKNINGSUTVIKLING, BOSETNING OG YRKE

Aschehoug, T. H.: Statistiske studier over folkemængde og jordbrug i Norges landdistrikter i det syttende og attende aarhundrede. Kra. 1890.

Dyrvik, Ståle, Knut Mykland og Jan Oldervoll: The Demographic Crisis in Norway in the 17th and 18th Centuries, Bergen 1976.

Dyrvik, Ståle: Befolkningsutvikling og sosiale tilhøve i Etne prestegjeld 1665–1801. Hovedfagsoppgave. Bergen 1971.

Juhaz, L.: Demografiske kriser, i: Heimen bd. 15. Oslo 1976.

Lanes, A.: Befolkningsutvikling og yrkesstruktur i Lyngen prestegjeld 1660-åra–1801. Hovedfagsoppgave. Bergen 1973.

Lindstøl, Tallak: Mandtallet i Norge 1701. Kra. 1887.

Nakken, Kjell Arne: Befolkningsutvikling og sosiale og økonomiske forhold i Vestnes og Tresfjord sogn ca. 1660–1800. Hovedfagsoppgave. Bergen 1976.

Oldervoll, Jan: Befolkningsutviklinga i Os prestegjeld ca. 1660–1801. Hovedfagsoppgave. Bergen 1970.

Skorgen, Bjarne: Befolkningsutviklingen og yrkesstrukturen i Nesset Prestegjeld 1665–1801. Hovedfagsoppgave. Bergen 1973.

Thomassen, Erik: Befolkningsutvikling og yrkesstruktur i Lindås prestegjeld 1660-åra–1801. Hovedfagsoppgave. Bergen 1973.

Aanby, Anne Tone: Befolkningsvekst og næringsforhold i Øyestad sogn på Agder 1660–1800. Hovedfagsoppgave. Bergen 1976.

JORDA, EIERNE OG BRUKERNE

Bjørkvik, H. og A. Holmsen: Kven åtte jorda... Trondh. 1972.

Borgedal, Paul: Norges jordbruk i nyere tid bd. 1. Oslo 1966.

Dyrvik, Ståle: Overgangen til sjøleige i Norge. Nokre nye data for 1700-tallet, i: Historisk tidsskrift bd. 56. Oslo 1977.

Hasund, S.: Norsk landbrukshistorie. Oslo 1932.

Holmsen, Andreas: Gard, bygd, rike. Oslo 1966.

Johannessen, Knut: Eiendomsfordeling og eierinteresser. Trekk av jordeiendomsforholdene i Høland på 1600-tallet. Oslo 1973.

Johnsen, O. A.: Norges bønder. Utsyn over den norske bondestands historie. Kra. 1917.

Lunden, K.: Agrartilhøve ca. 1600–1700, i: Historisk tidsskrift bd. 48. Oslo 1969.

Skappel, S.: Det norske jordleievesens geografiske utbredelse i eldre tid og overgang fra leie til selveie, i: Historisk tidsskrift bd. 30. Oslo 1934.

TRELASTHANDEL OG SKOGBRUK

Bugge, Alexander: Den norske trælasthandel bd. 2. Skien 1925.

Tveite, Stein: Engelsk–norsk trelasthandel 1640–1710. Oslo 1962.

For øvrig inneholder de fleste byhistorier mengder av opplysninger om skogbruk og trelasthandel i denne perioden.

443

LITTERATURVEILEDNING

FISKET OG FISKEHANDELEN

Coldevin, A.: Næringsliv og priser i Nordland 1700–1880. Bergen 1938.

Kiil, A.: Nordlandshandelen i det 17. århundre. Svorkmo 1941.

Nilsen, H.: Bergensernes handel på Finnmark i eldre tid. Et bidrag til Bergens og Finnmarks handelshistorie. Oslo 1966.

GRUVEDRIFT OG BERGVERK

Moen, K.: Kongsberg Sølvverk 1623–1757. Oslo 1976.

Vogt, J. H. L.: De gamle norske jernverk. Kra. 1908.

Øisang, Ole: Røros Kobberverks historie, i Rørosboka bd. 2. Trondh. 1942.

SJØFART OG SKIPSBYGGING

Barfod, J. H. P.: Danmark–Norges Handelsflåde 1650–1700. Kbh. 1967.

Berg, Henry: Trondhjems sjøfart under eneveldet. 1660–1814. Trondh. 1929.

Jørgensen, Dagny: Danmark–Norge mellom stormaktene 1688–1697. Oslo 1977.

Tank, Roar: Fra hollændervældet til handelsempiren, i: Den norske sjøfarts historie bd. 1. Kra. 1923.

Tveite, Stein: Framgangen for norsk skipsfart etter 1690, i: Sjøfartshistorisk årbok. Bergen 1966.

Opplysningene om Jørgen Thormøhlen er meddelt av Anders Bjarne Fossen.

ETT LAND – TO KULTURER

Buggeland, Tord: Den al. mandtz ringe efterladenschab i løst og fast. Hovedfagsoppgave. Bergen 1969.

Eidhammer, Nils: Studiar kring offisersstanden i Noreg 1700–1814. Hovedfagsoppgave. Bergen 1969.

Engevik, Anders Kåre: Bonde og embetsmann. Ei undersøking av formuestilhøva hjå bønder og embetsmenn i Søndhordlehn 1690–1722 uttrykt gjennom arveskifte. Hovedfagsoppgave. Bergen 1975.

Kvalvåg, Hans Magne: Tjenerne som samfunnsgruppe 1711. Hovedfagsoppgave. Bergen 1974.

Lindøe, Hans Petter: En undersøkelse vedrørende rekrutteringen til sorenskriverembetet i Norge i tidsrommet 1700–1814. Hovedfagsoppgave. Bergen 1969.

Mæland, Johannes: Bøker i bondesamfunnet. Hovedfagsoppgave. Bergen 1969.

Olafsen, A.: Våre sorenskrivere. 1–2. Oslo 1940.

Ovenstad, O.: Militærbiografier 1–2. Oslo 1948–49.

Reksten, Erling: Fra adelsvelde til enevelde. Kongemakt og embetsstand i Bergenhus len. Utrykt manuskript.

Ødegaard, Leif: Tjenestefolk som samfunnsgruppe 1711. Hovedfagsoppgave. Bergen 1975.

RIKSDEL OG RIKSPOLITIKK

Bergersen, O.: Fra Henrik Bielke til Iver Huitfeldt 1–4. Trondh. 1953–57.

– Viceadmiral Tordenskiold 1–2. 1925.

Christiansen, Carl: Bidrag til dansk Statshusholdn. Historie 1661–99 1–2. Kbh. 1908–1922.

Johansen, Jens: Danmark–Norges deltagelse i den Store Nordiske Krig. Kbh. 1935.

Johansen, Ulf S.: Stattholder Ulrik Frederik Gyldenløve. Bakgrunn, virksomhet og politikk til høsten 1667. Hovedfagsoppgave. Bergen 1974.

Mathisen, Trygve: Fra bondeoppbud til legdshær. Oslo 1952.

Munthe af Morgenstierne, O. v.: Ulrik Frederik Gyldenløve. Kbh. 1944.

Regjeringens forordninger og åpne brev for årene 1670–1719, trykt og samlet i to bind.

Schiøtz, Johannes: Elleveårskrigens militære historie 1–2. Oslo 1936–1949.

Thorrud: Ulrik Frederik Gyldenløve. Utnyttelsen av de norske ressurser i krigsøyemed 1673–79. Hovedfagsoppgave. Bergen 1975.

Vaupell, O.: Den Dansk–norske Hærs Historie. Kbh. 1870.

ILLUSTRASJONSKILDER

Aust-Agder-Museet, Arendal s. 214.

Cappelens arkiv s. 11, 35, 36, 45, 92, 108, 143, 157,181, 204, 207, 210, 213, 239, 246, 361, 397, 419.

De danske kongers kronologiske samling paa Rosenborg, København s. 15, 112, 123, 139, 142, 293, 323, 346, 411.

Det kongelige Bibliotek, København s. 119, 148, 149, 258, 259, 261, 263, 266, 428.

Det kongelige norske videnskabers selskab, Trondheim s. 62, 218, 289, 311.

Det Nationalhistoriske Museum på Frederiksborg, Hillerød s. 8, 13, 16 (begge to), 33, 41, 42, 57, (begge to), 77, 79, 84, 86, 93, 104, 107, 111, 116 (begge to), 131, 135, 136, 168, 270 (t.v.), 319, 350, 351, 355, 356, 366, 370, 373, 374, 388, 396 (t.h.), 403, 417.

Drammens Museum, Drammen s. 209.

Ellingsen Foto, Stavanger, s. 89.

Fjellanger Widerøe A/S, Oslo s. 173.

Historisk museum, Bergen s. 175, 195, 196, 199, 206, 234, 251 (begge to), 257, 291, 294, 301, 303, 310, 327, 344.

Hærmuseet, Akershus festning s. 339.

Københavns Bymuseum, København s. 83.

Rasmus Meyers Samlinger, Bergen s. 185.

Nationalmuseet, København s. 91.

Nationalmuseum, Stockholm s. 363, 430.

Norges geografiske oppmåling, Oslo s. 275.

Nordenfjeldske Kunstindustrimuseum, Trondheim s. 154.

Norsk Folkemuseum, Oslo s. 126, 170, 178, 193, 202, 205, 223, 237, 242, 308, 414.

Norsk Sjøfartsmuseum, Oslo s. 304, 306.

Oslo Bymuseum, Oslo s. 22, 113, 188, 189, 200, 389.

Politikens Forlag, København s. 141.

Rigsarkivet, København s. 31, 99.

Riksantikvaren, Oslo s. 90, 132, 165, 169, 269, 270 (t.h.), 279, 285, 314, 328, 341, 378.

Riksarkivet, Oslo s. 145, 151, 187, 233, 349, 406, 407.

Riksmarskalksämbetet, Stockholm s. 429.

P. A. Røstad, Grefsen s. 152, 180, 182, 282, 425.

Statens historiska museum, Stockholm s. 358.